文化民生背景下的人口老龄化问题研究

郭莲纯 著

辽宁大学出版社

图书在版编目（CIP）数据

文化民生背景下的人口老龄化问题研究/郭莲纯著.
--沈阳：辽宁大学出版社，2011.8
ISBN 978-7-5610-6491-7

Ⅰ.①文… Ⅱ.①郭… Ⅲ.①人口老龄化—研究
Ⅳ.①C913.6

中国版本图书馆 CIP 数据核字（2011）第 174283 号

出 版 者：辽宁大学出版社有限责任公司
（地址：沈阳市皇姑区崇山中路 66 号　　邮政编码：110036）
印 刷 者：辽宁彩色图文印刷有限公司
发 行 者：辽宁大学出版社有限责任公司
幅面尺寸：148mm×210mm
印　　张：12.625
字　　数：340 千字
出版时间：2011 年 8 月第 1 版
印刷时间：2011 年 8 月第 1 次印刷
责任编辑：贾海英
封面设计：韩　实
责任校对：王　海

书　　号：ISBN 978-7-5610-6491-7
定　　价：28.00 元

联系电话：024—86864613
邮购热线：024—86830665
网　　址：http：//www. lnupshop. com
电子邮件：lnupress@vip. 163. com

前　言

老龄化是社会发展的必然趋势，也是社会进步的标志。我国是世界上人口第一大国，也是老龄人口数量最多的国家。根据联合国提出的老龄化标准，即60岁以上的老龄人口占全部人口的10%，或者65岁以上的老龄人口占全部人口的7%，即为老龄化国家。2011年我国第六次全国人口普查数据显示：这次普查中国60岁及以上人口占13.26%，比2000年上升2.93个百分点，其中，65岁及以上人口占8.87%，比2000年人口普查上升1.91个百分点。中国老龄化进程逐步加快。我国已经进入老龄化社会。

我国的老龄化有几个基本特征：一是老龄人口规模大，发展速度快；二是人口老龄化在时间和空间上不平衡；三是呈现高龄化趋势；四是人口老龄化超前于社会经济的发展。从我国人口老龄化的趋势和特征看，老龄化问题应当引起全社会的高度重视，要从多方面做好迎接“银发浪潮”的准备。其中，理论研究是先导，要通过对老龄化问题的社会属性研究，为老龄问题提供指导和帮助。

2002年第二届世界老龄大会召开期间，中国代表团阐明的中国关于老龄问题的立场包括：

1. 世界各国应该正确评价老龄人的价值，老龄人既是社会发展的参与者，也是社会的受益者；老龄人在受益的同时，继续为社会和家庭做出贡献。

2. 老龄人仍然可以发挥巨大潜力，应当鼓励老龄人以各种方式参与社会发展活动，发挥余热，使其度过愉快和有意义的晚年。

3. 老龄人是脆弱群体，应当通过法律手段，切实保障老龄人的合法权益。

4. 在制定政策时，应充分考虑老龄人的特点和需求，将老龄化问题融入国家社会和经济工作中去。

5. 要重视老龄人的精神文化生活。在现代社会中，老龄人要勇于打破传统观念的束缚，不满足于休闲、娱乐，要树立更高的人生目标，积极参与社会活动，寻找发挥余热的方式和途径，在为社会做出贡献的过程中，实现自己的人生价值。

我国老龄学理论研究概况：

1. 20 世纪上半叶及 80 年代初期为呼吁和早期初步研究阶段：我国著名社会学者潘光旦和费孝通等先生曾在《中国之家庭问题》和《乡土中国》等文章和书中谈及老龄人问题。

2. 20 世纪 80 年代中后期为我国有组织、有领导地开展老龄学研究和国内外学术交流阶段：1986 年 4 月，中国老龄学会宣告成立，并召开了全国第一次老龄问题学术研讨会，标志着我国老龄学的研究进入了一个新的发展时期。1985 年 7 月，在美国纽约举行了第十三届国际老龄学大会，袁缉辉作为中国老龄社会学的代表，参加了这次大会，并做了题为《中国的老龄赡养》学术报告。1987年9月，召开了全国第二届老龄学术研讨会，主题是对建立老龄学及其学科体系进行研讨，会议征集论文136篇。1989年3月，召开了全国第三次老龄学术研讨会，征集到论文218篇，主题是老龄社会保障问题。1989年6月，邬沧萍和袁缉辉两位学者，参加了在墨西哥召开的第十四届国际老龄学大会。1993年7月，在匈牙利召开了第十五届国际老龄学大会，中国大陆出席会议的代表有十多篇论文在大会上宣读与交流。这段时间研究的主要特点：一是研究趋于科学化，并采用定量与定性相结合的研究方法；二是调查研究的内容趋于专题化；三是调查研究开始跨地区之间进行协作，如美国密歇根大学和武汉大学合作，进行“农村老龄人健康与社会生活比较研究”，美国北卡罗莱纳州与上海大学文学院合作，开展“家庭生活周期的调查”等；四是开始编写专著，由袁缉辉、王因为、徐勤等人主编的《当代老龄社会学》于1989年由复旦大学出版社出版。

3.20世纪90年代开始为老龄社会学著作陆续出版阶段：如1991年，田雪原主编的《中国老龄人口问题》，袁缉辉、张钟汝主编的《老龄化对中国的挑战》和《金色的晚晴——老龄生活质量研究》，1993年，唐仲勋、戴惠珍主编的《人口老龄化与社会现代化》，1999年，由石涛主编的《老龄学文集》，1995年，由袁缉辉主编的《市场经济与老龄保障》，熊必俊、郑亚丽编著的《老龄学与老龄问题》，袁方主编的《老龄学导论》，邬沧萍主编的《社会老龄学》等著作先后出版发行。这些论著的出版，一方面总结了20世纪80年代中后期，我国一些科学家开展老龄社会学实证调查的研究成果；另一方面是结合中国国情，对于在社会主义市场经济条件下，如何把老龄学调查研究，集中于老龄社会保障、社会服务的照料、老龄人生活质量的提高，即实现健康老龄化等几个热点问题进行了深入的探讨。

但这些研究成果多注重老龄人的社会保障及医疗方面的问题。事实上，养老不仅包括物质支持和生活照料，还包括精神的愉悦与满足。在现实生活中，人们往往会忽视精神赡养，认为老龄人不愁吃穿，老有所养就可以。实际上，精神上的慰藉和寄托往往是人们进入老龄期后最缺乏的需求之一。本文从哲学角度透视了文化民生背景下的人口老龄化问题，并且结合社会学、经济学、心理学、教育学知识，对如何开展老龄文化建设、发展老龄文化产业、解决老龄文化问题提出了对策和建议。

作　者

2011年8月

目 录

第一章 人口老龄化

第一节 全球背景下的人口老龄化

一、人口老龄化

人口老龄化又称人口老化（population of aging）。人口老化是指一个国家或地区在一个时期内老龄人口在总人口中的相对比例不断上升的现象和过程，一般60岁以上老龄人口占总人口比例超过10%，或者65岁以上的老龄人口在总人口中的比例超过7%，既可看做是老龄型人口，也称人口老龄化。人口老龄化将带来一系列重要的社会问题，对经济的发展也将产生深远的影响，这是全人类面临的一项重大挑战。

任何一个国家和地区的人口都是由少年儿童人口、劳动年龄人口和老龄人口组成的。人口年龄结构反映的就是各个年龄组人口在总人口中所占的比例关系。

根据反映年龄结构的一定指标，按照一定的标准，把人口区分为三个不同的类型，即年轻型、成年型和老龄型。1956年联合国发表的《人口老龄化及其经济社会含义》，提出了划分人口年龄类型的标准，如下页表所示：

国际通用的人口年龄结构类型划分标准

	年轻型	成年型	老龄型
65 岁及以上人口比重	4%以下	4%～7%	7%以上
0～14 岁少年儿童比重	40%以上	30%～40%	30%以下
老龄比＝（老龄人口/少年儿童人口）15%以下	15%～30%	30%以上	
年龄中位数	20 岁以下	20 岁～30 岁	30 岁以上

表中列出的有四种划分标准分别为：老龄人口在总人口中所占比重，少年儿童人口在总人口中所占比重，老少比（老龄人口/少年儿童人口）和年龄中位数。其中以老龄人口在总人口中所占比重是划分人口年龄类型最常用的一种指标。本书采用的就是这种指标。由于当时制定这项指标是按发达国家老龄的起点年龄 65 岁计算的，因此表中所用的是“65 岁及以上人口比重”达到 7%及以上的人口，属于老龄型人口，老龄型人口的国家和地区，称为老龄型国家和地区。1982 年联合国在维也纳召开的老龄问题世界大会为了适应发展中国家和地区的需要，在原来以 65 岁作为老龄的起点年龄的同时，把 60 岁也作为老龄的起点年龄，因此，在划分人口类型时，也可使用 60 岁及以上老龄人口比重作标准，60 岁及以上老龄人口占总人口的比重达到 10%及以上的人口，也属于老龄型人口，这种老龄型人口的国家和地区，同样称为老龄型的国家和地区。

我国属于发展中国家，社会老龄化的标准，若依 60 岁以上为老龄人计算，在 10%以上，为老龄化；若依 65 岁以上为老龄人计算，在 7%以上，为社会老龄化。2011 年国家统计局公布第六次全国人口普查数据。这次普查中国 60 岁及以上人口占 13.26%，比 2000 年上升 2.93 个百分点，其中，65 岁及以上人口占 8.87%，比 2000 年人口普查上升 1.91 个百分点。中国老龄化进程逐步加快。

二、人口老龄化是全球性问题

人口老龄化在20世纪中叶以前，还仅局限于欧洲社会，而进入20世纪70年代，迅速发展成为全球范围的“银发浪潮”。

世界上率先进入老龄化社会的国家是法国，1870年，法国60岁及60岁以上老龄人上升到12%，65岁及65岁以上老龄人口比例超过7%，42年后，瑞典人口年龄结构也过渡到老龄型，英国也在61年后达到老龄型标准。其后，老龄化大门向着发达国家敞开，在20世纪四五十年代，发达国家人口老龄化达到高峰，目前发达国家总体60岁及65岁以上老龄人口比例超过18%，65岁及65岁以上老龄人口比例超过13.5%，达到严重老龄化阶段。

进入20世纪70年代后，人口老龄化成为全球范围的普遍发展趋势。特别是发展中国家后来居上，人口老龄化速度远远快于发达国家，纷纷进入了人口老龄化社会的行列，1975年，世界上超过半数（52%）的老龄人口居住在发展中国家。到2000年，发展中国家的老龄人口数量超过世界老龄人口的60%。

联合国2002年的统计表明，2000年全世界60岁及以上老龄人口比重已达到10.0%，各地区老龄人口比重如下：

按经济发展水平划分：发达地区为19.4%，欠发达地区为7.7%，不发达地区为4.9%。

按自然区域划分：非洲为5.1%，其中，东非为34.5%，中非为4.9%，北非为6.2%，南非为5.7%，西非为4.7%；

亚洲为8.8%，其中，东亚为11.3%，南一中亚为7.1%，南一东亚为7.1%，西亚为7.1%；

欧洲为20.3%，其中，东欧为18.6%，北欧为20.4%，南欧为21.8%，西欧为21.7%；

北美洲为16.2%，拉丁美洲和加勒比地区为8.0%，其中，加勒比海为9.9%，中美洲为6.7%，南美洲为8.2%；

大洋洲为13.4%，其中，澳大利亚与新西兰地区为16.2%，美拉尼西亚为4.6%，密克罗尼西亚地区为6.8%，波利尼西亚地区为6.8%。

美国人口普查局（U. S. Bureau of the Census）在一篇题为《进入21世纪的全球人口老龄化》的预测，在21世纪上半叶，发展中国家的人口老龄化进程将进一步加快，年增长率高于发达国家。与发达国家相比，发展中国家到2025年的老龄化水平相当于发达国家1950年的水平。尽管发展中国家的老龄化程度比发达国家低，但是老龄人口数量的增长速度却比发达国家快。1950～2025年发达国家老龄人口将增加2.2倍，而发展中国家将增加5.8倍。发展中国家经济不发达，加上老龄人口增长快、人数多，老龄问题更加难以解决。目前全世界60岁以上老龄人口总数已达6亿，有60多个国家的老龄人口达到或超过人口总数的10%，已经进入了人口老龄化社会的行列。世界卫生组织于1996年发表的一份关于世界人口老化问题的调查报告中，估计到2020年，全世界老龄人口将超过10亿，占总人口比例的9.5%，其中，发展中国家将占7.1亿，世界人口老龄化趋势将继续发展，范围将更为普遍，速度将明显加快。老龄化社会将成为所有国家发展的共同归宿。如果说20世纪老龄问题为发达国家关注的话，那么21世纪的老龄问题将是一个既包括发达国家又包括发展中国家在内的全球性的问题。

联合国经济与社会事务部2002年出版的《1950～2050年世界人口老龄化》报告审视了整个世界：较发达及较不发达区域、主要地区与区域以及个别国家的人口老龄化进程。对每一个国家提供1950至2050年期间的人口统计概况，并突出人口老龄化的相关指标。《1950～2050年世界人口老龄化》报告说明下列四个主要调查结果：

1. 人口老龄化现象是世界历史上空前的状况。60岁及以上老龄人所占比例的增加是伴随着15岁以下年轻人所占比例的减少同时发生的。预测到2050年，世界上老龄人的数量将在历史上首次超过年轻人的数量。而且，1998年较发达国家已经发生了这种年轻人和老龄人的相对比例的历史性扭转。

2. 人口老龄化是普遍性的，是影响全球的一种现象。各个国家人口中的老龄人数和劳动年龄人口数相比较而言，有稳步增多的趋势，这将直接影响作为社会基石的世代间和世代内的平等与团结。

3. 人口老龄化对人类生活的各个方面都将产生重大的后果和效应。在经济领域，人口老龄化已经或将对经济增长、储蓄、投资与消费、劳动力市场、养老金、税收及代际转让发生冲击。在社会层面，人口老龄化影响了保健和医疗照顾、家庭结构及生活安排、住房与迁徙。在政治方面，人口老龄化会影响投票模式与代表性。

4. 人口老龄化是长久的。在 20 世纪内，老龄人口比例继续上升，预测这个现象在 21 世纪仍将继续存在。例如，老龄人口的比例 1950 年为 8%，2000 年是 10%，预测 2050 年将达到 21%。

报告的还有以下主要调查内容：

1. 老龄化的趋势大体上是不可逆转的，过去那种年轻人口比例高的情况，不可能再度发生。

2. 人口的增加是人口从高生育率和高死亡率转变为低生育率和低死亡率的结果。当 21 世纪开始，世界人口中有接近 6 亿老龄人，为 50 年前数量的三倍。到 21 世纪中叶，将有约 20 亿老龄人，这一年龄组在 50 年间将再一次翻两番。

3. 就全球而言，老龄人口每年以 2% 的速度增长，比整个人口增长快很多。预期至少在今后 25 年内，老龄人口将继续比其他年龄组更快速地增长。60 岁及以上的老龄人口的年增长率在 2025 年至 2030 年间将达到 2.8%。这种迅速增长在大多数国家将需要在经济和社会方面作广泛深入的调整。

4. 在老龄人口的数目和比例上，不同区域之间有显著的差距。在较发达国家，2000 年有将近 1/5 的人口年龄在 60 岁及以上；预计到 2050 年这一比例将到达 1/3。在较不发达国家，目前仅有8%的超过60岁，不过，到2050年老龄人口将接近总人口的20%。

5. 由于发展中国家人口老龄化的速度比发达国家快得多，发展中国家就没有太多时间调整适应人口老龄化的后果。而且，发展中国家的人口老龄化的社会经济水平比发达国家更低。

6. 今天世界的年龄中位数为26岁。人口最年轻的国家是也门，其年龄中位数为15岁，最年老的国家是日本，其年龄中位数是41岁。到2050年，预计世界年龄中位数将会增加10岁，到达36岁。届时，人口最年轻的国家预期将是尼日尔，其年龄中位数为20岁，预计最老的国家是西班牙，其年龄中位数为55岁。

7. 老龄人口本身也在老龄化。世界上增长最快的年龄组是最老的，其年龄在80岁及以上。他们目前是以每年3.8%的速度增长，占老龄人口总数的1/10以上。到本世纪中期，有1/5的老龄人将是80岁及以上。

8. 可能支助比（每个65岁或更老的人有多少个15至64岁的人），或用PSR表示，其含义为可能劳动年龄人口所承担的负担。从可能支助比可以看出人口老龄化的冲击，可能支助比已经下降和将继续下降。从1950年至2000年，可能支助比从每个65岁或更老的人有12个工龄降至9个工龄的人。到21世纪中叶，预计可能支助比将下降至每个65岁或更老的人有4个工龄的人。可能支助比对社会保险计划，特别是传统的制度（在这种制度下目前的工人支付当下退休者的福利）有重大的影响。

9. 老龄人口中妇女占大多数，因为女性的预期寿命高于男性。在2000年，60岁及以上的人口中，妇女比男人多6300万人，妇女人数为男人的两倍至五倍。

10. 老龄人的健康状况一般随年龄增加而恶化，因此随着老龄人口的数量增多，长期需要照顾的人数也增多。父母支助比，就是85岁以上的人口与50至64岁的人的比数，显示家庭可能必须向其最老的成员提供支助的状况。就全球而言，在1950年每100个50至64岁的人有少于2个85岁以上的人。到2000年，这一比例提高至4∶100，预计到2050年将达到11∶100。

11.发达国家年老工人的参与率较低。在较发达国家，60岁以上的男人有21%在经济上是活跃的，而较不发达国家的男人则50%经济上是活跃的。在较发达国家，老龄妇女有10%是经济活跃的，而较不发达国家则是19%经济活跃。较不发达国家的老龄人较大程度地参与劳动力市场，主要是由于退休计划所覆盖的范围有限以及所提供的收入相对地说来较少。

世界经合组织2007年的统计表明：经和组织成员国65岁及以上老龄人口比重，2005年平均为13.95%，比1960年的8.5%上升了5.5个百分点。同期上升幅度最大的是日本，上升了14.5个百分点。

很显然，史无前例的人口老龄化，源自19世纪和20世纪，继续发展至21世纪，这种现象正在改变这个世界。生育率降低加上日益长寿在所有社会的结构方面都产生了和继续产生重大变动，最值得注意的是在年轻人和老龄人的比例上发生了历史性的倒转。人口老龄化的深远、普遍和持久的后果向全球都提出了巨大机遇和挑战。

三、世界人口老龄化的未来

现在世界人口老龄化的情况是经济发达地区的国家已经基本上都进入了老龄型国家的行列，其中绝大部分国家的65岁及以上人口比重超过10%，欧洲除阿尔巴尼亚以外，全是老龄型国家，是全世界老龄化程度最高的地区。最年轻的地区是非洲，老龄人口比重仅为3%。

但是不论是发达国家还是发展中国家，老龄人口的增长速度都将超过总人口的增长速度，进入21世纪以后，人口老龄化的速度进一步加快。发达国家老龄人口比重将超过13%，一部分国家的老龄人口将会朝着高龄化发展，目前世界老龄人口中80岁和80岁以上的高龄人口占14%（发达国家为19%，发展中国家为11%)，预测很多国家的高龄人口的增长速度将是老龄人口中增长速度最快的一个年龄组。目前美国的高龄老人有600多万(占老龄人口的22%)，预计40年后将增加到1400万，2005年美国80岁和80岁以上的高龄人口在老龄人口中所占比重达到31%。现在80岁及以上的人口超过100万的国家有9个，它们是美国、中国、俄罗斯、印度、日本、德国、法国、英国和意大利。预计到2025年这一类国家将增加到18个。除上述的9个国家外，增加的有巴西、印度尼西亚、墨西哥、西班牙、波兰、尼日利亚、土耳其、加拿大和阿根廷。对高龄老人的照料将成为这些国家的一个重大问题。

四、解决全球人口老龄化问题的新思路

首先，转变思想观念是解决人口老龄化的首要问题。观念转变体现在如何看待人口老龄化问题以及如何看待老龄人两个方面。

其次，使老龄人成为经济社会发展的资源。“21世纪仍然需要老龄人”，这将成为世界人口老龄化的发展机遇。全社会要转变观念，消除年龄歧视，充分认识到老龄人是社会的宝贵财富，是经济社会发展的资源。

最后，积极老龄化政策正成为解决人口老龄化问题的重要对策。积极老龄化是指老龄群体和老龄人自身在整个生命周期中，不仅在机体、社会、心理方面保持良好的状态，而且他们要积极地面对晚年生活，作为家庭和社会的重要资源，可以继续为社会作出有益的贡献。各级政府和非政府组织以及全社会各行各业要根据老龄人的需要、愿望和能力，努力创造条件，使他们参与社会发展，充分发挥他们的作用。

第二节 我国人口结构发展变化的趋势

一、人口年龄结构的变化

人口老龄化对老龄人年龄的界定划分是根据客观实际情况而变化的，随着社会经济的发展和人们预期寿命的不断延长，这个标准也会相应改变，这个改变取决于多种因素。目前，《中华人民共和国老龄人权益保障法》（1996）确定“本法所称老龄人是指六十周岁以上的公民”。

我国第五次人口普查结果表明，2000 年 10 月 31 日，全国 60 岁以上的老龄人口比例达到 10.2%，标志着我国人口年龄结构已转变为老龄型，进入老龄化社会。2001 年年底，我国 65 岁以上人口占总人口比重为 7.1%，进入人口老龄化国家行列。截至 2008 年，我国 60 岁以上人口达 1.5989 亿，占总人口的 12%，其中，65 岁以上人口为 1.0956 亿，占总人口的 8.3%，已成为世界上老龄人口最多的国家，60 岁以上老龄人口占全球 60 岁以上人口的 1/5，相当于整个欧洲 60 岁以上人口的总和。国家统计局公布第六次全国人口普查数据显示：这次普查中国 60 岁及以上人口占 13.26%，比 2000 年上升 2.93 个百分点，其中，65 岁及以上人口占 8.87%，比 2000 年人口普查上升 1.91 个百分点。中国老龄化进程逐步加快。

（一）我国人口年龄结构经历的 50 年变化（1950～2000 年）

我国人口年龄结构在 1950～2000 年中发生了巨大的变化。60 岁以上人口数量从 1953 年中国第一次人口普查的 4150 万增长到 2000 年第五次人口普查的近 1.3 亿，增长了 3 倍。

学者们对我国人口年龄结构变化有各种描述和解读，一般来说归纳为人口经历了从高出生率、高死亡率、低自然增长率到高出生率、低死亡率、高自然增长率，再到低出生率、低死亡率、低自然增长率3个阶段的转变。随着对人口学研究的不断深入，对我国前50年的人口发展和转型方式，近年来产生了更为详细的分析解读。

田雪原等学者对此进一步进行了划分，将1950～2000年的人口转变划分为五个阶段。第一阶段为1949～1952年人口再生产类型转变阶段，由“高出生、高死亡、低增长”向“高出生、低死亡、高增长”转变；第二阶段为1953～1957年的第一次生育高潮阶段，人口再生产转变到“高出生、低死亡、高增长”类型；第三阶段为1958～1961年的第一次生育低潮，在这个特殊时期，三年经济困难使得人口出生率下降、死亡率上升，自然增长率很低，1960年甚至出现负增长；第四阶段为1962～1973年的第二次生育高潮，又呈现“高出生、低死亡、高增长”，而且延续时间较长；第五阶段为1974～2000年的第二次生育低潮，由于计划生育政策的实施并取得显著成绩，人口增长由“高出生、低死亡、高增长”向“低出生、低死亡、低增长”过渡，并且在20世纪90年代中期达到人口出生率、死亡率、自然增长率“三低”阶段，总和生育率降低到2.1的更替水平后，并且一直保持在低生育水平，少儿年龄段、劳动年龄段和老龄年龄段的人口结构发生了根本转变。

我国人口年龄结构在20世纪80年代中期达到成年型，世纪之交达到老龄型，15年走完了许多国家需要50年甚至上百年才完成的转变，而且这种转变被视为在相当长的时期内是不可逆转的。

（二）我国人口年龄结构的发展趋势预测（2001～2050年）

2001～2050年，我国的人口性别年龄结构都将会发生巨大转变。未来40年我国人口性别年龄结构未来的变化中，最值得关注并且对未来影响最大的，就是老龄人口数量的增长和人口老龄化发展趋势。由于受1953～1957年和1962～1973年两次生育高潮的影响，大量人口在2013～2017年和2022～2033年陆续达到60岁以上，相应推移5年后进入65岁以上，形成老龄化加速发展的两个时期。而受第二次人口出生高潮“惯性”作用引起的1985～1991年左右形成的第三次人口出生高潮，将会在2045～2050年前后进入老龄期，使60岁以上或65岁以上老龄人口数量和老龄化水平达到一个最高峰值，前者约为4.3亿～4.5亿，占总人口1/3左右，后者约为3.3亿～3.5亿，占总人口1/4左右。

2006年发布的《中国人口老龄化发展趋势预测研究报告》指出，我国人口老龄化具有发展迅速、规模巨大、持续时间长的特点。根据预测，2030年以前是我国人口老龄化发展最快的时期；2030～2050年是我国老龄化最严峻时期。

从预测数据中可以看出，不论是60岁以上、65岁以上还是80岁的老龄人口，其增长幅度和增长速度在未来的40年都远高于总人口的增长速度，表明人口结构问题的突出性和严重性。考察老龄人口的绝对数量的同时，还值得关注的是我国人口的老龄化速度和老龄化程度问题。在过去的30年间，我国老龄人口的增长速度超过了总人口的增长速度，同时，据预测，中国人口的老龄化过程在未来的二三十年内还将进一步加快发展，而老龄化程度则取决于生育水平、死亡率、平均预期寿命和总人口的变化。

（三）我国总抚养比和老龄抚养比的变化及趋势预测

人口老龄化将会增加劳动年龄人口的负担，我国的老龄化发展趋势在这个问题上有别于其他国家和地区的独特的表现过程。

总的来说，发达国家是“先富后老”，对人口老龄化所带来的赡养需求有较强的经济承受能力；而我国“未富先老”，2000年进入老龄化阶段时的人均GDP才850美元左右，远远落后于发达国家进入老龄化时的水平。值得注意的是，我国人口总抚养比正在经历一个由下降到上升的过程，总抚养比在50%以下时被称为开启了“人口红利”窗口，这个过程从1990年将一直持续到2032年左右，在劳动力资源相对丰富、总抚养比较低的阶段，社会负担较轻，是加快经济社会发展的人口变化战略最佳机遇期，可为社会养老保障和相关社会服务体系的发展以及制度安排奠定良好的基础。但是随着我国人口总抚养比的逐步上升，2032年左右“人口红利”窗口关闭，而老龄人口抚养比将在2030年左右超过少儿抚养比，老龄人口将成为主要抚养人口。

二、近十年我国老龄化与高龄化趋势

（一）我国人口结构变化速度加快

我国进入人口老龄化以来的老龄人口增长速度由平稳上升期即将进入快速增长期，老龄化程度比预测要高，老龄人口高龄化趋势明显加快。

从1999年以来我国每年新出生人口、新增总人口和新增60岁以上老龄人口情况可以看到，2008年60岁以上老龄人口比2007年增加649万人，同年总人口净增673万人，新增老龄人口与新增总人口规模已大体相当。由于新出生人口总量保持平稳，新增老龄人口数越来越接近于新增人口总数，逐步进入老龄人口绝对数和相对数增长均快于总人口增长的时期。

相对总人口而言，60岁以上和65岁以上人口的规模表现出更明显的增长势头。到2008年年底，60岁以上和65岁以上老龄人口数量分别比1999年年末增加了27%和26%，而同期总人口只增加了5.5%。2011年国家统计局公布第六次全国人口普查数据，这次普查中国60岁及以上人口占13.26%，比2000年上升2.93个百分点，其中，65岁及以上人口占8.87%，比2000年人口普查上升1.91个百分点。中国老龄化进程逐步加快。

（二）老龄人口开始显现高龄化的趋势

80岁以上高龄老龄人口的规模不断扩大，相对于60岁以上和65岁以上老龄人口，80岁以上高龄老龄人口以61.3%的增长势头尤显迅猛，其在60岁以上老龄人口中所占比重不断提高，到2008年年末已占11.3%，比1999年年末上升27%，净增686

万人①。随着社会经济的发展，平均预期寿命的延长，80岁以上高龄老龄人口必将越来越多，上升趋势也将保持在较高速度。

（三）人口出生高峰对年龄结构的影响

我国人口结构进入老龄化以来，在保持稳定的低生育率状态下，人口出生率比早年预测结果要低，人口增长速度减缓，老龄化速度相对加快，实际老龄化水平比预测要高，所以人口老龄化速度会加快，老龄化水平有高于预测的趋势。

在未来的几年内，我国将迎来第一次老龄人口增长高峰。其主要原因是新中国成立后第一次人口出生高峰时出生的人群从2009年开始陆续进入老龄人行列，这种人口增长规模的结构影响与成功实施计划生育政策带来的低生育水平的惯性影响作用叠加，直接加速了人口老龄化发展速度。

从1950～2050年这100年的人口结构变化，可以看出：人口规模影响将直接作用于我国整体人口结构变化，新中国成立初期生育高峰时期出生的人口将直接影响人口老龄化结构，从而对经济社会发展产生进一步影响。这种由出生高峰带来的人口变化需要引起高度重视。

三、我国人口老龄化的分布特点

（一）人口老龄化的城乡分布变化

我国在人口老龄化过程中存在一个显著特点，就是农村人口老龄化程度高于城市（或城镇）。农村地区老龄化程度更高的原因之一，是由于农村人口向城镇转移是以青壮年劳动人口为主，而老龄人大都留在农村家乡。2040年之前农村老龄化速度和程度高于城镇。此后，随着城市化率达到稳定后，人口的城乡转移趋于平衡，城乡老龄化差距缩小并发生转换，城镇老龄化程度将

① 资料来源于国家统计局：《2000～2008年国民经济和社会发展统计公报》。

开始高于农村①。

（二）人口老龄化的区域分布特征

2002年，人口老龄化呈东高西低分布，从2000年第五次人口普查和2005年1%人口抽样调查结果观察，我国人口老龄化程度很不平衡，其中长江三角洲地区几个省和直辖市人口老龄化尤为突出。

（三）各省、自治区、直辖市的老龄化情况及变化

根据2000年第五次人口普查结果，我国大陆地区有14个省、自治区和直辖市进入了人口老龄化，大都集中在东部地区，其中只有重庆市、四川省和广西壮族自治区地处偏西部地区。根据2011年第六次人口普查结果，大陆31个省、自治区、直辖市和现役军人的人口中，60岁及以上人口的比重上升2.93个百分点，65岁及以上人口的比重上升1.91个百分点。

我国人口老龄化的地区差异比较明显。第六次人口普查资料显示，北京、上海、天津、重庆四个直辖市和江苏、浙江、山东等东部经济比较发达的省人口老龄化的程度比较高，而西部一些经济欠发达的省（自治区）如新疆、西藏、青海、宁夏等的人口老龄化程度较低。

通过2005年1%人口抽样调查数据可以看到，由于是常住人口调查，从2000～2005年各省（自治区、直辖市）老龄化（65岁以上比例）都有加重趋势，进入人口老龄化的省、自治区、直辖市从14个发展到26个；各省老龄化速率发生变化不一，表现为中西部地区老龄化速度相对加快，这与劳动力流动相关，吸纳劳动年龄人口较多的省（直辖市）老龄化速度相对于劳动力流出省（自治区）总体要慢，如果仅以户籍人口作为统计依据，一些东部省和直辖市的老龄化程度和发展速度仍然很快，以上海市为例，截至2007年年底，户籍60岁以上人口占户籍总人

① 李本公. 中国人口老龄化发展趋势百年预测［M］. 北京：华夏出版社，2007.

口的20.8%，相应的65岁以上人口占15.3%，80岁以上人口则占60岁以上人口的17.5%，各项老龄化指标都处于各省（自治区、直辖市）前列，从区域人口老龄化变化发展规律来看，我国人口老龄化呈现明显的农村劳动年龄人口向城镇流动的劳动力流动牵引特征，这对我国城乡劳动力整体变化将产生重要影响。这样，在降低城镇的老龄化水平的同时，会提高农村的老龄化水平。2000年，我国农村老龄化水平为10.92%，比城镇高1.24个百分点；预计，2020年农村老龄化水平将提前突破20%，比城镇高5个百分点；2030年老龄化速度发展最快时，农村和城镇老龄化程度将分别达到29%和22%，差距也会拉到最大，相差7个百分点之后，农村率先进入重度人口老龄化的平台期，农村地区将是我国经受人口老龄化大潮冲击最严重的地区①。

第三节　我国人口老龄化的历史、现在与未来

中华人民共和国统计局2011年4月28日发布《第六次全国人口普查主要数据》显示：这次普查中国60岁及以上人口占总人口13.26%，比2000年上升2.93个百分点，其中65岁及以上人口占8.87%，比2000年人口普查上升1.91个百分点。中国老龄化进程逐步加快。

人口老龄化是世界人口发展的普遍趋势，是科学与经济不断发展进步的标志。人口老龄化是人口年龄结构变化所产生的，而人口年龄结构的变化取决于出生、死亡和迁移三个因素。决定人口老龄化最主要的因素是生育率下降，20世纪50年代以前西方国家人口老龄化主要是由于生育率下降造成的。

中国的人口老龄化也不例外，它是在经济社会发展、科技进

① 资料来源：2000年第五次人口普查和2005年1%人口抽样调查，国务院人口普查办公室，国家统计局。

步和生育率下降的情况下出现的。各国之间生育率的下降既有相同的原因，也有不同的原因。中国人口老龄化与其他国家相比既有共性，也有特性。研究中国老龄化的趋势、特点及其可能产生的影响，是我们迎接老龄化挑战，促使老龄化与社会经济协调发展的客观要求。

一、我国人口老龄化的历史和现状

我国是世界上老龄人口最多的国家，也是世界老龄人口大国。据世界银行统计和预测，1950 年中国 60 岁及以上老龄人口为 4160.7 万人，占世界老龄人口总数的 13.4%，1990 年为 9935 万人，占世界老龄人口总数的 21%，2030 年将增加到 32845 万人，占世界老龄人口总数的 26%。现在是世界上每 5 个老龄人中，有 1 个中国老龄人；2030 年将是世界上每 4 个老龄人中，就有 1 个中国老龄人。

我国人口老龄化的发展进程具有明显的中国特色。新中国成立 60 年来，我国人口数量在急剧增长的同时，人口年龄结构也经历了年轻型、成年型及老龄型的快速转变，短时间内迈进了老龄化国家的行列。

20 世纪 40 年代末至 60 年代末，我国人口的出生率非常高，除了 1960 年和 1961 年外，年出生率都在 30%以上，生育率最高的 1963 年竟高达 43%。持续的高生育率使少年儿童人口占总人口比重增加，导致老龄人口比重减少，这一段时间我国人口年龄属于年轻型。20 世纪 70 年代末，我国开始全面落实计划生育政策，控制人口的出生率，使出生率大幅降低。1975～1990 年间，人口出生率锐减为 23.01%以下，其中，生育率水平最低的 1984 年为 17.5%，不断下降的出生率使少年儿童人口在总人口中所占比重减少，而在上一个生育高峰期出生的人已经开始成年，成年人数在总人口数中所占比例越来越大，我国人口年龄结构由年轻型转向成年型。判断某一社会总体人口年龄结构是否趋于老龄化，最终取决于老龄人口数量变动与总体人口数量变动之间的方向和变动的速度。1982～1999年，特别是20世纪90年代以来，随着计划生育政策的不断落实，我国人口出生率持续降低，全国人口出生率下降到14%以下。同时，由于改革开放后，我国经济迅速发展，人民的生活水平有了极大的提高。医疗卫生事业的发展，使老龄人的健康水平普遍提高，人均寿命达到70岁，与发达国家持平。人均寿命的不断提高使人口的死亡率持续下降，老龄人的绝对数和相对比例均在增加。1990年，我国第四次人口普查资料显示，全国0～14岁的少年儿童占总人口的比例是27.69%，60岁以上老龄人口占总人口的8.59%（9724.9万），其中，65岁及以上占总人口的5.58%（6319.4万）。2000年的第五次人口普查结果显示，0～14岁的少年儿童占总人口的22.89%，60岁以上老龄人口已达到1.3亿，占总人口的10.41%，其中65岁及以上的为8811万人，占6.96%。2011年的第六次人口普查结果显示，0～14岁人口为222459737人，占16.60%；60岁及以上人口为177648705人，占13.26%，其中65岁及以上人口为118831709人，占8.87%。同2000年第五次全国人口普查相比，0～14岁人口的比重下降6.29个百分点，15～59岁人口的比重上升3.36个百分点，60岁及以上人口的比重上升2.93个百分点，65岁及以上人口的比重上升1.91个百分点。

老龄人口的比重上升和少年儿童的比重下降，使老龄人口在总人口中的相对比例也在增加。我国仅用了十几年的时间即完成了发达国家几十年甚至上百年的过渡期。

根据联合国的标准，目前我国人口的年龄结构已由成年型人口转向老龄型人口，进入了老龄化社会。20世纪50年代以前，中国的人口再生产属于高出生、高死亡和较低自然增长的传统型，年龄结构年轻，不存在老龄化问题。新中国成立后，我国社会经济开始有较大发展，但总和生育率在前一段时间仍维持在一个较高水平上，1950～1955年总和生育率为6.2%，人口预期寿命为40.8岁，因而在人口年龄结构上仍然没有出现老龄化的迹象。1953 年 60 岁及以上人口比例为 7.4%，1964 年为 6.1%（同年度 65 岁及以上老龄人口比例分别为 4.41%和 3.56%），这表明老龄人口比例实际上在下降，人口年龄结构趋向年轻化。

从 20 世纪 70 年代起出生率开始下降，从而使人口年龄结构逐渐从年轻型向成年型转变。中国 1955～1990 年出生率的变化情况见下表。

1955～1990 年中国的生育变化情况（%）

年份	出生率	总和生育率	年份	出生率	总和生育率
1955	32.60	6.26	1984	17.50	2.19
1965	38.06	6.08	1985	17.80	2.20
1975	23.13	3.46	1986	20.77	2.41
1980	18.21	2.24	1987	21.04	2.49
1981	20.91	2.58	1988	20.78	2.31
1982	21.09	2.57	1989	20.83	2.30
1983	18.22	2.25	1990	20.06	2.31

资料来源：《1990 年中国人口统计年鉴》，第 305 页。

出生率和总和生育率对人口年龄结构所产生的影响，如实地反映在 4 次全国人口普查的结果上。由于 20 世纪 50 年代和 60 年代前半期出生率和总和生育率居高不下，因此在 1953 年和 1964 年的人口普查时，人口年龄结构都属于年轻型。在此以后由于出生率和总和生育率下降，从而使少儿（0～14 岁）人口比例明显下降，65 岁及以上人口比例逐年上升，到 1982 年第三次人口普查时，少儿人口比例下降到 33.59%，老龄人口比重为 4.91%，年龄中位数上升到 22.9 岁，人口年龄结构接近于成年型。1990 年第四次人口普查时人口年龄结构完成了向成年型转化的全过程，开始向老龄型过渡。2000 年第五次人口普查时 65 岁及以上老龄人口比重达到 7%，成为老龄型国家。2011 年的第六次人口普查结果显示，60 岁及以上人口占 13.26%，其中，65 岁及以上人口占 8.87%。把六次人口普查获得的人口年龄结构数据与国际通用年龄结构类型标准相对照，可以进一步了解新中国成立后50年期间人口年龄结构由年轻型向成年型过渡继而向老龄型发展的趋势和轮廓。

二、我国人口老龄化的发展趋势

我国人口老龄化的发展历程呈现出一定的阶段性，自20世纪60年代中期开始起步，20世纪70年代以来推行的计划生育政策，在有效控制人口数量的同时，也加速了人口老龄化进程。1999年，中国60岁及60岁以上老龄人口占总人口的比例已达到10%，步入老龄型社会的国家。根据目前的人口形势和经济社会发展情况推算，未来我国人口老龄化的发展趋势还将呈现阶段性特点。

2000～2010年，这一时期老龄人口由1.32亿增长到1.73亿，老龄人口的比重从10.31%上升到12.54%。预计到2015年，60岁以上人口将超过2亿，约占总人口的14%。至2025年，我国65岁及65岁以上老龄人口占总人口的比例将从7%左右上升至超过12%，在这一时期进入老龄人行列的城市老人，平均有3.5个子女，农村老人平均有4.5个子女，这一阶段人口老龄化速度呈上升趋势。

2010～2040年将是我国人口老龄化高速增长期，这一时期老龄人口比重每年平均上升0.4个百分点。老龄人口总数从1.73亿上升到4.09亿，老龄人口比重将从12.54%上升到26.53%，人口老龄化趋势达到顶峰。这是因为从20世纪70年代末加大计划生育工作力度显现明显效应，生育率连续30年下降，独生子女的父母逐渐进入老龄。

2040～2060年是我国人口老龄化发展的减速期，这期间老龄人口比重每年上升的速度回落为0.1%。尽管此时65岁以上的老人比重已达21%，但预计最高也不会超过25%。从2060年以后，我国人口老龄化发展进入稳定期，老龄人口比重将停止上升，全国人口基本上趋于稳定，人口总量逐步回落。将成为典型的老龄型人口类型，彻底完成从成年型向老龄型的转变。

对于我国人口老龄化发展前景，尽管不同单位的预测结果不完全相同，但是对发展趋势的看法是一致的。综合多方面的条件和因素，笔者认为，如果一方面把总和生育率分别下降到2000年的2.1和2010年的1.8，然后把这一水平保持到2050年；另一方面假定男性和女性出生预期寿命分别从1990年的67.58岁和70.91岁延长到2050年的75岁和80岁，那么60岁及以上人口将从2000年的1.283亿到2030年的3.354亿和2050年的4.12亿。65岁及以上人口将相应分别达到0.87亿、2.23亿和3.06亿。

据预测数据可以把20世纪80年代至21世纪上半叶的人口老龄化进程划分为如下三个阶段：

1. 从1982年到2000年为人口老龄化的前期阶段，在这期间70年代生育率下降对总体年龄结构的影响作用刚刚开始，因此老龄化的速度不是很快，老龄化的程度也不很高，老龄人口从0.77亿增加到1.28亿，老龄人口比例从7.63%上升到9.84%，年均上升0.12个百分点，接近老龄型的标准，因此可以称之为“老龄化前期”。

2. 从2000年到2030年为高速老龄化阶段，在这期间生育率下降对人口年龄结构的作用和影响已经充分显示出来，因此老龄化速度加快，在2020年开始进入峰值期。预计老龄人口将从2000年的1.28亿增加到2030年的3.35亿，年均增长668万；老龄人口比例将从9.84%上升到21.93%，年均上升0.39个百分点。

3. 从2030年到2050年为高水平人口老龄化阶段，在这期间老龄化速度开始减慢，老龄人口数量增长幅度由上一阶段的年均增长668万下降到364万，但是由于少儿人口比例和劳动年龄人口比例同时下降，因而老龄人口比例从21.93%上升到27.43%，始终长期保持在一个高水平上。

三、我国人口老龄化的特点

在世界人口走向老龄化和发达国家人口老龄化发展的同时，我国人口老龄化也在加速发展。综观我国人口老龄化发展的历史、现状和前景，可以看到它具有以下三个特点：

（一）人口老龄化的速度迅猛，并呈现出高龄化趋势

中国1999年进入老龄型社会，比所有发达国家和地区都晚了许多，但是人口老龄化的进程已经显现出比发达国家速度快、势头猛的特点。现在我国60岁及以上老龄人口已超过1.2亿，预计今后40年间将以年平均3%的速度递增，大大超过总人口的年平均增长速度（1.68%），也高于世界平均速度和欧美各国的发展速度。据美国人口普查局的统计和预测，65岁及以上人口比例从7%上升到14%需要经历的时间，法国为115年，瑞典为85年，美国为66年，英国为45年，中国走完这段历程大约只要25年。另据世界银行1994年预测，60岁及以上老龄人口比重从9%上升到18%所需要经历的时间，法国为142年，意大利为100年，瑞典为86年，英国为43年，中国仅为33年。

我国人口老龄化呈现出高龄化趋势。1982～1990年，我国80岁及80岁以上的高龄老人年平均增长速度达到5%，快于60岁及60岁以上老龄人口的增长速度。1990年至今，我国高龄老龄人口以每年5.4%的速度增长，高龄人口已从1990年的800万增长到2000年的1100万，到2020年将达到2780万。我国高龄人口占世界高龄人口总数的比重，1950年为0.42%，2000年为1.07%，预计到2025年，这一比重将达到1.76%。我国的人口老龄化已经表现出明显的高龄化趋势。古语说“人生七十古来稀”，现在有人用上海俗语说：“七十多来兮，八十不稀”，“百岁乐熙熙，九十不稀奇，八十多来兮。”老龄及高龄老龄人增加所带来的养老、医疗和照料的负担，会使我们真正感到老龄问题的压力。

（二）人口老龄化超前于经济的发展

与发达国家不同，我国人口老龄化是在经济不发达的情况下到来的，是典型的“未富先老”国家。发达国家在进入老龄型社会时，人均国内生产总值一般在5000到1万美元左右，而中国目前尚不足1000美元。因此发达国家对老龄化的承受力强。同时由于老龄化速度慢，相对有一段较长时间的准备和适应。根据资料，世界上70个人口年龄结构进入老龄型的国家中，只有包括中国在内的4个国家人均国民生产总值不足1000美元。

一般情况下，经济发展、出生率下降和人口老龄化三者大致是同步的。发达国家人口老龄化伴随着城市化和工业化，呈渐进的步伐。当它们的65岁以上老龄人口达到7%时，人均GNP一般在1万美元以上。人口是先富后老，即使是一些发展中国家，在进入老龄化社会时，人均国民生产总值也大大超过我国现阶段的人均800美元水平，例如乌拉圭，在进入老龄化社会时，人均国民生产总值也在2000美元左右。而我国人口老龄化发展速度快是由于生育率急剧下降造成的。中国1999年进入老龄型社会时，人均国民生产总值大约为800美元左右（世界银行统计1998年为750美元），低于人口预期寿命和老龄人口比重相近国家的水平。人口老龄化是在经济发展水平不高、综合国力不强、人民生活水平还比较低的情况下到来的，人口老龄化超前于社会经济的发展，增加了解决老龄问题的难度。到21世纪中叶，我国的老龄化水平接近发达国家水平时，我们的经济实力也仅相当于中等发达国家水平。因此，经济发展滞后于老龄化速度，将是困扰我国现代化建设的主要问题。

经济学家刘国光认为，如果用购买力评价来估算，中国的GDP总量，2010年居于世界第二，2020年可居于世界第一；但在人均收入水平、经济发展质量等方面与发达国家相比仍有很大差距。从中期来说，到本世纪中叶我国人口老龄化达到峰值时，人均国民生产总值也只能达到目前中等发达国家的水平。这表明我国人口老龄化进程与经济发展不同步的矛盾还将继续一段较长时间。经济是社会进步和发展的基础，人口老龄化超前于经济发展这一局面，是需要我们认真对待和争取尽快解决的重要问题。

人口高潮期出生的一代处于劳动年龄阶段时，总供养系数和老龄赡养系数都比较低；而当他们将来陆续进入老龄时，人口老龄化速度就加快，并在一段时间内形成累进态势。其结果将是劳动年龄人口比例从2020年起逐年递减，老龄供养系数大幅度上升，从2030年起就大大超过最大极限，到2050年劳动年龄人口与老龄人口之比几乎是2∶10。

（三）人口老龄化的地区差异和城乡差异

到1998年底，我国已经有近一半的省区60岁及60岁以上老龄人口占本地区总人口的比例已经超过或基本接近10%，率先成为老龄型省区。但从总体上看，我国人口老龄化在空间区域分布上是不均衡的，农村地区快于城市地区，汉族地区快于少数民族地区，东部沿海地区快于中、西部地区。人口老龄化呈现出明显的地区差异和城乡差异。我国东北、东部、东南部沿海省份，经济较为发达。与之相比之下，西北地区，西藏、新疆等地自然条件差，经济发展滞后。发达地区人口老龄化发展较快，而内陆地区人口老龄化相对缓慢。如上海市老龄人口2000年已达238万，占总人口的18.5%，到2025年将达到最高峰468.8万，占总人口的32.7%；北京市2000年老龄人口为188万，占总人口的14.6%，到2025年将会猛增到416万，老龄人口的比例接近30%，大大超过现在发达国家人口老龄化的程度。而在中西部地区，人口老龄化的程度低于东部。30个省、自治区、直辖市中65岁及以上人口比例为5.57%，高于这一水平的有12个，大多分布在沿海地区，低于这一水平的有18个，其中在4%以下的有4个，分布在东北和西北地区。老龄人比例最高的上海市为9.38%，最低的青海省为3.07%。人口年龄中位数全国平均为25.25岁，沿海各省为26～30岁，西北地区为22～24岁，最高的上海市为33.80岁，最低的宁夏仅为21.86岁。各地老龄人口比例的差异导致对老龄人的负担各异，据统计，1993年对65

岁及以上老龄人口的供养系数平均为9.22，最高的上海市为16.11，最低的新疆维吾尔自治区仅为7.75，两地相差一倍多。

在城乡差异上，一方面由于城市计划生育政策得到较好的落实及医疗卫生技术、生活水平的提高，使人的寿命延长而表现为大城市人口超前老龄化；另一方面又表现为近年来农村地区青壮年劳动人口大量外流而使农村人口老龄化程度迅速提高。2000年人口普查还给我们以新的警示：当前农村人口的老龄化水平已经超过了城镇，农村为7.35％，城镇为6.30％。人口的流动和户籍制度的改革，城市对农村剩余劳动力吸纳能力的提高，城市打工和做生意的收益刺激，使农村有较高文化程度的青年人口，越来越多地移居到了城市。这在给城市带来新活力的同时，也加剧农村人口的老龄化进程。农村人口老龄化水平的提高，已经使农村老人的赡养问题凸现了出来。2000年11月“第五次人口普查”表明，上海乡村的老龄化水平已经达到了13.73％，浙江达到了10.51％，江苏达到了9.73％，山东达到了9.15％，北京市达到了8.35％，重庆市达到了8.04％。农村老龄人口数量庞大，已占全国老龄人口总数的74.9％。今后，农村地区将是我国未来人口老龄化最严重的地区。

第四节　人口老龄化带来的影响及其对策

一、人口老龄化给发达国家带来的社会问题

（一）家庭规模缩小，赡养比重增大

虽然发达国家的社会福利项目和社会服务机构日益增多，老龄人的物质生活有一定的保障，但是老龄人对家庭的依赖不是物质生活能替代的。由于年轻人工作压力的不断增大，家庭中的赡养压力也随之上升，于是不少年轻人对婚姻有一种恐惧心理，认为结婚就意味着照顾的人增多，因而迟迟不愿结婚。一些年轻人

结婚后立即另立门户，甚至还未结婚就搬离家庭。因此，作为维护社会传统秩序的基础——传统的大家族正在被老龄化社会侵蚀着。家庭的规模在缩小，核心小家庭结构成为当前西方发达国家的广泛流行家庭结构模式。

（二）老龄化人口增多，劳动力资源不足

无论是最先进入老龄化社会的法国还是最快速度进入老龄化社会的日本，他们所面临的共同问题都是随着老龄人口数量的增加，人口出生率的逐年下降，劳动人口所占比例越来越小，导致劳动力资源不足和劳动力年龄老化，劳动生产率下降，直接影响到这些老龄化国家的经济增长速度。因此，西方一些发达国家只能从发展中国家大量输入劳动力，这虽然在一定程度上缓解劳动力资源短缺的困境，但最终无法解决老龄化社会所带来的劳动力老化的根本问题。

（三）加重了社会和政府的经济负担

发达国家进入老龄化社会虽然经历了较长的过程，客观上给这些国家一个缓冲适应的机会，使他们有一定的时间来考虑老龄化社会所带来的种种问题以及制定相应的对策。其主要手段就是发展社会保障事业，建立社会养老保险体系。但是在给予老龄人足够社会保障的同时，也给这些国家带来巨大的经济负担。

1. 日益增多的老龄社会保障项目，已成为国家财政的沉重负担。老龄保障项目的增多，投入的比重增大，虽然在经济上解决了老龄人的后顾之忧，但是，随着老龄化状况的日益严重，老龄人口所占的比例越来越高，老龄社会各种保障开支在国家和政府的总财政支出中所占的比重越来越大，国家财政越来越不堪重负。

2. 老龄福利开支的日益增多，严重影响了国家的经济发展。一方面，国家经济发展所需的资本，由于老龄福利开支的分流而减少，经济发展速度也因此减慢；另一方面，由于老龄人数的不断增多，就业人口与领取养老金人数不断接近。社会赡养负担日益加剧，加重了政府解决老龄化问题的难度。例如，美国战后就业人员与养老人员的比例是16：1，现在是2.5：1，50年后，将可能发展到1：1；欧盟成员国1990年就业职工人数与养老金的领取者的比例是1.5：1，而50年后很可能是1：1.50。

3. 降低了国家储蓄和老龄资源的再开发。由于过分依赖社会福利，老龄人自我养老意识削弱，形成高消费低储蓄状况，影响国家的资本积累；同时，老龄人在退休后都不愿意再工作，而是愿意享受生活，老龄人的人力资源也未能得到充分地开发和利用，这也是发达国家劳动力资源严重不足的原因之一。

4. 代际冲突不断扩大。西方社会的年轻人普遍认为老龄人是社会的负担，他们只会消耗社会财富。于是歧视老龄人的现象日益严重。但是由于老龄人数量庞大，是一支强大的政治力量，他们为了争取老龄人的权益，经常采取组织行动，迫使政府增加老龄人的福利开支。因此政府的开支越来越大，老龄人享受的福利待遇越高，年轻人纳税就越重，引起了纳税人的普遍不满，因此，日益扩大的代际冲突成为西方社会一个重要的政治问题。

二、人口老龄化对我国社会发展的影响

人口老龄化是经济发展水平和人口发展达到一定阶段的产物，它反映了人类社会的进步和美好的愿望，标志着经济、文化、卫生和社会安定的水平。虽然人口老龄化对社会、经济和文化的发展产生了一定的影响。但是人口老龄化与社会各项事业发展的内在联系已被发达国家及我国部分地区的人口老龄化进程所证实。因而，我们要以辩证的观点客观、全面地看待我国人口老龄化对经济和社会带来积极的和消极的影响，就一定能够解决好人口老龄化的问题。

（一）人口老龄化给社会带来的影响

1. 人口老龄化影响着我国国民经济的运行。老龄人口的不断增加，已成为国民经济中一支重要的力量，对国民经济的运行过程中的投资、消费、储蓄和税收等各项工作都带来了较大的影响。国民收入经过初次分配和再分配后，最终形成积累基金和消

费基金两部分，而且二者此消彼长。一般情况，未成年人口无力储蓄，而老龄人口则减少投资，并开始动用已有的储蓄。人口老龄化使人口从劳动状态转移到了退休状态，这样未成年人口和老龄人口都成为单纯的消费人口，成为国家税收的享受者，这样就形成税基缩小、税收减少、储蓄率下降、投资率比例降低、单纯消费增加的格局。当然从短期看，可以扩大内需，刺激消费，但从长期看，我国是发展中国家，为使经济发展产生强大的动力，首先必须继续扩大资本积累，持续地增加投资。纯消费的增长显然不利于国民经济的长久发展。但同时，老龄人口增长引发的衣、食、住、行、医疗、精神消费等方面的需求，使老龄消费在社会总体消费中的比例越来越大，这将直接影响经济结构、产业结构和投资结构的变化，促使老龄产业的兴起、发展，也会给经济发展带来新的生机，开辟新的经济增长点。

2. 人口老龄化影响着国民收入的分配格局。老龄人的生活费支出大约是未成年儿童的 2 倍左右，由于老龄人口的增加，社会分配将直接增加老龄人的供养性开支，从而引起国民收入在少年、成年、老龄这三部分人口之间重新分配的格局。如 1997 年我国国内生产总值是 1984 年的 10.3 倍，这期间离退休人员保险福利费用增加 19.5 倍，可见供养性开支增长速度大大高于经济的增长速度，社会分配格局已经发生了向老龄人口倾斜的变化。国际上一般将老龄人保险福利费用占国民收入比重的 10%，作为社会经济承受力的“警戒线”，我国 1997 年这一比例为 4.4%，用于老龄人的保险福利费用处于较低水平。在人口老龄化的进程中，大多数老龄人将获得合理的生活保障。对老龄人的保险费用投入也将逐步增加。政府用于离退休职工养老金和社会福利费用的财政支出，1982～2000 年间增加了 37.4 倍。

3. 人口老龄化关系着政府财政支出的结构。国家的财政支出结构对经济建设至关重要。由于人口老龄化的程度不断发展，财政中用于社会保险、社会福利、社会救济、社会服务的支出不断增加。据统计，1985～1997 年 12 年间，我国用于社会保障的资金从 327 亿元增加到 3043 亿元，增长近 10 倍，其中用于支付离退休职工的各种费用从 149 亿元增加到 2068 亿元，增长了 12 倍以上，高于同期经济增长速度。近几年来，由于完成“两个确保”的任务，全国各地区普遍调整了财政预算结构，为确保“两金”发放，实行财政兜底，使各地的财政负担十分沉重。

4. 人口老龄化加重了劳动人口的经济压力和赡养负担。劳动是创造社会财富的源泉，老龄人口的迅速增长，使劳动年龄人口的比重下降，创造的财富相对减少，我国的社会保障体系还尚未完全建立，导致了无论从社会还是从个人的角度，劳动年龄人口对老人的赡养负担都很沉重，人口年龄结构预测表明，1990 年，我国劳动年龄人口对老人赡养比为 13.7%，2000 年上升为 15.6%，预计到 2025 年上升为 29.46%，2050 年上升为 48.49%。除此之外，再加上对幼年子女的抚养，劳动年龄人口的总抚养比上升得更为迅速，2025 年达到 59.5%，2050 年达到 76.8%，劳动年龄人口要面临巨大的经济压力，背负日益沉重的经济负担。

人口老龄化也冲击着传统的家庭结构和功能，我国长期以来形成了长辈抚养子女、子女赡养长辈的家庭关系，这种“哺育”与“反哺”的关系，形成中华民族尊老敬老的传统美德。然而伴随着人口老龄化的进程，高龄老人日益增多，三代同堂的家庭比例加大，又由于我国实行计划生育政策，家庭的代际人口结构呈“四二一”和“四二二”型。家庭“少子化”使家庭赡养老人的功能弱化，使传统家庭养老模式受到严重冲击。目前我国农村的养老方式仍然以家庭养老为主。城市中获得子女在经济支持的老龄人为 30%以上，而农村老人高达 60%以上。由于小家庭日益增多，家庭结构和功能逐渐发生微妙变化，社会上出现了重小轻老、淡漠、远离老龄人的现象，甚至出现了歧视老龄人的现象，虐待、残害老龄人的案件也时有发生，形成社会道德危机的局面。

家庭也正在逐渐削弱对老龄人提供最基本生活保障，而且社会保障制度又未完善，一旦子女不承担养老责任，将成为我国人口老龄化过程的一个突出问题。所以如何建立新型代际社会关系，营造尊老、敬老、养老、助老的社会氛围，继续弘扬中华民族尊老敬老的传统美德，培育社会养老功能，以弥补家庭养老功能的不足，解决老龄人的后顾之忧，这都是目前人口老龄化提出的新课题。

（二）老龄人口自身的问题

1. 老龄人口贫困问题。全国老龄工作委员会办公室 2002 年进行的“全国城市贫困老龄人状况调查研究”，确定了以“难以维持基本生活”为贫困老龄人标准，即：城镇地区是收入水平在当地最低生活保障线以下以及由于疾病、意外事故等原因，难以保障基本生活的老龄人；农村地区有最低生活保障制度的地方，以最低生活保障线为标准；其他地区按照收入难以满足基本生活需求，包括因为疾病、自然灾害、意外事故原因，难以保障基本生活的老龄人。根据调查结果测算，2002 年我国城乡老龄人有 1010 万，其中城镇 150 万，农村 860 万。在人口各年龄组中，老龄人是“穷人”居多的群体。据统计，50％以上的城镇老龄人口和 80％左右的农村老人在银行中基本上没有存款，只能依靠子女或社会供养。老龄人口的储蓄水平也低于全国人均储蓄水平。如果再身为孤寡，或染病在身，或身患残疾，在人生的晚年他们将忍受着生活的艰辛和病痛的折磨，成为社会最需要帮扶的贫困和脆弱群体。

2. 老龄人口心理健康问题。首先是人到老龄，感觉、知觉衰退；言语能力衰退、记忆力下降；想象、思维能力衰退；情绪变化不稳，容易焦虑不安；意志衰退，且容易自卑；个性心理特点明显，习惯心理顽固；性格更容易发生变化，敏感多疑，易产生孤独感和失落感，害怕衰老和死亡。有的老龄人还患有各种心理疾患，如老龄性痴呆、老龄期抑郁等精神疾病，这些心理疾患不仅严重影响了老龄人的身心健康，而且给他们带来了许多烦恼和痛苦。其次是老龄期特有的如离退休综合征、丧偶问题、再婚问题等心理问题。老龄人由于各种生理器官的退化而导致某些实践能力的丧失。因此，社会也不再认为他们有实践社会的能力，由此剥夺了他们从事实践活动的权利，老龄人自身也感觉到身体素质下降而放弃自己进行社会实践的机会，导致老龄人处于不实践的状态中，与社会实践脱离。正如法国哲人莫洛亚所言：老人的真正不幸，不是身体的衰败、生理的退化，而是固有知识的禁锢而造成的心灵的冷漠。再次是缺乏独立的经济来源或可靠的经济保障。这类老龄人在与人相处的过程中就比较郁闷，容易产生自卑心理。他们如果再得不到家庭成员的理解、支助，甚至受到子女的歧视或抱怨，往往会酿成家庭以及社会的悲剧。老龄人口的心理变化和心理障碍日益成为普遍的社会问题，需要格外的安慰、体贴、照料和尊重，需要全社会的认同和理解。

3. 老龄人口的社会保障问题。由于我国传统农业经济条件的限制和实现城乡“二元”体制的管理模式，使得这种社会化的养老方式基本处于一种低水平、缓慢发展的层次上，所遇到的问题和阻力也是十分明显的。而且社会保障重在城镇，而占人口2/3的农村老龄人口，却缺乏养老、医疗等基本社会保障，养老问题主要通过家庭赡养自行解决，医疗保障的水平较低，而老龄人口的发病率随着人口老龄化的发展而逐步提高，出现了“因病致贫”、“因病返贫”的现象，这不仅加重了家庭负担，也很难保证社会保障的水平，老人赡养纠纷和因赡养引起的自杀事件时有发生，于是农村老龄人口实际上成了经济上的最弱势群体。这种现象在我国中西部及贫困地区尤为突出，影响社会安定和发展。

城镇职工社会保障体制基本形成，但随着人口老龄化，老龄人口数量的增加和寿命的延长，老龄人因疾病、伤残、衰老而失去生活能力的人显著增加，医疗保障费用显著增长，因此医疗保障也面临着挑战。

4. 老龄人口生活质量问题。由于身体健康状况的下降，老龄人的生活质量必然深受影响，但心理、膳食和社会因素对老龄生活质量的影响也不容忽视。研究表明，有1/3左右老龄人存在失落、孤独、抑郁、焦虑等心理问题需要调适。随着年龄增高，大脑功能减弱，心智功能需要改善，膳食结构也亟须调整。调查发现，城市部分老龄人体重超重，农村部分老龄人则存在营养不良。不合理的膳食还导致了冠心病、高血压及糖尿病的发生。忽视个体在体力和智力上的差异，“一刀切”的退休制度，也在一定程度上造成老龄人才的丧失和社会参与率低，使老龄人过早处于被“养”起来的生活状态。庞大的老龄人群，漫长的老龄期，单调的闲散生活，应引起全社会关注。

5. 老龄科学文化教育问题。中国的老龄教育只有20多年历史。20多年来，虽然老龄教育取得长足的进展，但与铺天盖地而来的“银发浪潮”，对于日益增长的老龄教育需求而言，无论在数量上还是在质量上都还比较滞后。

老龄文化教育的管理制度化程度低。在目前看来，首先，政府还没有设立统一的老龄文化教育的领导和组织机构。其次，由于老龄文化教育有的归老龄委、老干部局或民政部门管理，有的则归教育部门或文化部门管理，还有的归社区管理，这样的局面虽有利于发挥所长，但却造成教育资源的浪费和发展的不平衡。

对老龄文化教育认识不足。一是老龄人自身对老龄文化教育的认识不足。由于我国长期以来形成的以居家养老为主的养老方式，特别是农村老龄人由于受传统观念和当前经济条件的制约，往往对老龄文化教育对他们健康生活、服务社会、实现自我价值所具有的重要性和紧迫性的认识不够，这势必给老龄文化教育的社会地位带来影响，导致老龄人缺乏社会参与力度。二是社会缺乏对老龄文化教育的正确认识。认为老龄文化教育是休闲教育，老龄工作重点应放在老有所养、老有所医上，老龄文化教育可有可无。他们没有认识到老龄文化教育对于创建学习型社会、建立终身教育体系、综合解决人口老龄化问题具有的重要意义。正是由于社会上对老龄文化教育认识存在种种偏见，一定程度阻碍了我国老龄文化教育的更快更好发展。

老龄文化教育的模式相对单一。教育应具有时空的整体持续性，即使是老龄文化教育阶段，教育的内容与形式应该是多样的，教育对象的需求也应是多样的，这就决定了教育主体应当是多元的，目前老龄文化教育从内容到形式却显单一。

老龄文化教育内容贫乏。目前老龄大学中所开设的课程以健身休闲类的课程为主，如书法、戏曲、缝纫、烹调、健身操、太极拳、绘画、唱歌、舞蹈等课程居多，课程种类单一，此外还包括一些生活知识和时事新闻类课程。将老龄文化教育仅局限于生活实用课程，缺乏对其心理状态和健康状态的引导。

6. 老龄社会工作问题。老龄社会工作就是对有困难有需求的老龄人提供服务，帮助他们走出困境与误区，使他们能够保持独立与尊严，幸福地安顿晚年。但是人到老龄，随着身心日趋衰老，自我料理生活的能力必然逐步下降。丧偶率也随年龄增长而提高。老龄人的生活不仅需要最起码的经济做保障，而且需要有人照料、帮助，但由于家庭规模缩小、子女忙于工作等原因，由家庭成员承担老龄人服务的传统模式已经发生了变化，老龄群体向社会提出了服务的需求。在现代社会中，许多老龄人也不甘寂寞，希望继续走向社会，参与个人喜欢的活动，或者做力所能及的工作。虽然各类老龄大学、老龄活动中心、老龄就业咨询中心、老龄婚姻介绍所等应运而生。但老龄服务机构的发展良莠不齐，如何更好地为老龄人口服务，为老龄人参与社会提供方便条件，是社会不能回避的问题。

三、人口老龄化的对策建议

我国目前已经步入人口老龄化社会，老龄化给社会经济发展带来的影响是积极的还是消极的，我们要结合实际，以科学的、客观的、公正的态度对待人口老龄化问题，采取积极的对策，迎接人口老龄化的挑战。

（一）正确对待人口老龄化问题

首先应该有正确的态度，树立正确的老龄观，既不能盲目悲观或有意回避，否认人口年龄结构老化的现实问题。当务之急是加强舆论宣传和引导，强调我国人口老龄化趋势加快的严峻性，对社会经济发展影响的紧迫性，以及实施健康老龄化战略的重要性，提高社会对人口老龄化问题的认识，增强全社会的老龄意识。站在科学发展观的高度，把解决人口老龄化问题列入经济社会可持续发展的重要内容，将实施“积极老龄化”战略纳入国家中长期发展规划，结合经济发展进程和城乡不同情况，精心设计和构筑我国老龄工作体系，明确提出目标要求、工作重点，使“老有所养、老有所医、老有所为、老有所学、老有所教、老有所乐”成为我国人口老龄化的最终目标和归宿。

（二）大力发展经济，为人口老龄化问题的解决奠定物质基础

我国人口老龄化现象是在社会经济发展水平较低的情况下出现的。未富先老，是我国人口老龄化的特色，也是我国与发达国家在人口老龄化问题上的显著区别。伴随着人口老龄化的进一步发展，社会的经济压力将越来越严重。人口老龄化给社会经济的发展带来的消极影响将日益显现出来。虽然由于人口年龄结构的变动给我国的社会经济发展提供了许多有利的条件，带动和促进了相关产业的发展。但现在解决人口老龄化问题归根到底要靠经济的发展。所以，我们要抓住当前有利时机，保持经济的持续、稳定、健康发展，才是解决人口老龄化问题的根本，也为最终解决我国的人口老龄化问题奠定了坚实的物质基础。

（三）发展社会保障事业，提高老龄人的生活质量

提高老龄人口生活质量是人口老龄化的核心和关键问题。我国当前的社会保障制度起步晚，保障水平低，在人口老龄化到来的时候，养老和医疗是关系着老龄人口生活质量的关键问题，将是解决我国人口老龄化问题的难点，值得社会高度重视。解决老龄人口的赡养和医疗问题，根本的办法是发展社会保障事业，健全社会保障制度，使老龄人口晚年生活得到有力保障。尤其在农村，对孤寡老人，应继续保吃、保穿、保住、保医、保葬“五保”供养制度，并提高供养水平；建立特困医疗救济基金和农民生活最低保障线；逐步建立健全农村的养老保险和社会医疗保险

制度，并在此基础上，建立社会互助制度，使农村老人得到全社会的关注。在城镇，要采取各种措施，完善城镇离退休人员基本养老金的正常增长机制，完善相对独立的养老金经办机构，保证全额按期予以支付。并积极推进城乡养老、医疗方面的社会保险和商业保险，逐步建立起城乡老龄人的社会保障体系。

适度发展公共养老的福利设施。对政府设立的敬老院等养老、安老机构和设施，要根据当地经济发展水平和需要公共福利机构抚养的老人情况，政府要增加投入资金，努力改善公共服务设施，逐步提高居住和养老水平。鼓励和扶持社会民办公共养老设施，制定优惠政策，积极发展福利性公共养老设施，形成对家庭养护困难老人的救助保障体系。积极探索新型的以家庭养老为基础多样化的养老道路。

（四）德治和法治相结合，保护老龄人的合法权益

尊老敬老是我们中华民族的传统美德。尊重老龄人就是尊重人生和社会发展的规律，就是尊重历史。老龄人口在各个历史阶段，为民族解放、国家富强和家庭幸福奉献了青春和力量，建立了光辉的业绩，他们是社会和家庭的财富，而不是社会和家庭的负担，他们理应得到社会的尊重，因而，要弘扬尊老敬老的传统文化，加强伦理道德建设，应向全社会倡导，充分理解和尊重老龄人，热情关怀和照顾老龄人，提高群众的尊老敬老意识。

随着人口老龄化的到来，如何保护老龄人这一最大的弱势群体的利益，是我们面临的一个大挑战。因此，借鉴发达国家的经验，尽快完善老龄人保护法规，健全老龄人权益的行政保护机构，为老龄人口权益的有效保护建构一个法律安全网，是当前我国亟待解决的问题。

（五）加强老龄问题的科学研究，为解决人口老龄化问题提供理论支持

人口老龄化是一个动态的过程，各种不同的问题，如老龄心理健康、老龄伦理、老龄社会参与等，都会伴随着这一过程的推进而不断显现出来，成为影响社会生活的重要因素，因而，必须

重视针对老龄问题的科学研究与教育工作，普及老龄学知识，加强老龄学各专业人才的培养，比如，在医学院校设置老龄医学和老龄护理专业，在社会科学院校设置社会老龄学专业。要加强老龄基础医学理论的研究，建立跨学科的老龄科学研究中心，特别是老龄生理科学研究中心，建立国家老龄病医疗研究中心。为解决人口老龄化问题提供理论支持。高新科学技术（包括老龄医疗生物用品）要为老龄化服务，以提高老龄人的生命质量。

（六）建构老龄服务体系，发展老龄产业，提高老龄人口的社会参与度

老龄人口的生活需求是多方面的，为了满足老龄人口的需求，首先需要建构适合城乡不同特点、多层次、多功能、多项目的社区老龄人服务体系，使老龄人能就近得到咨询、购物、清扫、陪伴、护理、紧急救护等各种服务；通过组建老龄人俱乐部、老龄人大学、老龄公寓能够方便地进行学习、文体、康乐、交往等社会活动；积极参政议政，参与社会活动；健康老龄人应继续在原岗位工作。

老龄产业是为了满足老龄人物质和精神生活需求而形成的产业，既包括生产性产业，也包括服务性产业，是解决人口老龄化问题的重要手段。发展老龄产业，一是要从我国实际出发，以满足老人物质和精神生活的需要为目的；国家经济管理部门应运用市场机制，制定一些必要的优惠政策，扶持具有福利性质的为老服务产业发展。二是要以市场为导向，按经济规律办事，根据人口老龄化发展趋势，围绕老龄人物质需求和精神需求，对一些产业进行结构调整，开发生产适用对路的各种老龄用品，鼓励和引导老龄产品市场的发展。三是以老龄产业发展社会福利事业，要保证养老费用的合理使用，提高老龄人的消费能力。四是多层次、多渠道筹集发展老龄产业的资金，努力提高资金利用率。充分利用金融杠杆作用，在税费征收政策上，考虑扶持为老服务产业的发展。

要提高老龄人口的社会参与度，老龄人口同样是社会的主

人，不能也不应该被边缘化。

老龄人口尤其是科、教、文、卫系统的老龄人，是国家科研、教学、文化和卫生战线上的带头人和骨干力量。他们知识丰富、技术娴熟、社会关系练达，具有深厚的专业技术功底和丰富的政治生活经验。具有很强的创造发明潜力和传、帮、带、教能力，是国家难得的智力资源和智囊集团，对这一部分人应该充分发挥他们的智力和科技带头作用。老龄人还可以参加社会团体组织，如老龄专家组，使老龄人从家庭中、从孤独中走出来，参加国家改革开放和经济建设，干一些力所能及的工作，继续发挥余热。在地、市、县、乡也应有老龄人参政议政，如县级人大、政协应有一定比例的老龄人，使他们能够为老龄人说话，代表老龄人的政治主张、意志和利益。省级、国家级老龄人参政议政已很常见，但各地、市、县、乡对老龄人参政议政仍重视不够，应引起重视。我国老龄人占总人口的10%左右，是一支非常重要的社会力量，全社会要重视发挥他们在经济建设、科学实验中的巨大作用。

第二章　人口老龄化背景下的积极老龄化政策

第一节　积极老龄化的概念、内涵和作用

一、积极老龄化概念解读

从 20 世纪 90 年代开始，受后现代思潮与心理学中的积极心理学运动的影响，美国掀起了一场积极老龄化（positive aging）的运动。美国著名的社会建构论者格根夫妇将 20 世纪六七十年代至 90 年代左右持有“消极的老龄观”的时代称为老龄化的黑暗时代。他们指出：“历史不是命运，我们正处于这样一个关键时期：一个用全新的理念、概念与实践改变传统老龄化图景的时代。老龄化黑暗时代已经让位于新的老龄化时代，积极老龄化的时代已经到来。”

积极老龄化就是以“积极的老龄观”代替“消极的老龄观”。积极老龄化导致人类社会老龄观的两大变革：一是人口老龄化是人类社会走向成熟的产物，在人类社会走向老龄化的过程中，社会经济的发展也是突飞猛进，人口老龄化完全可以与社会经济共同发展，老龄化的社会同样能够实现可持续、健康的发展。二是老龄人口是社会的宝贵财富，是社会经济发展的重要人力资源，他们的经验、智慧和创造力是整个社会的一笔宝贵财富，挖掘老龄人潜能，是社会发展的重要组成部分。所以积极老龄化将有利

于社会消除对老龄人的歧视和不利影响，提高老龄人的生活质量。

积极老龄化已经成为世界卫生组织在20世纪90年代后期开始采用，并为2002年联合国第二届世界老龄大会所接受的一个老龄工作政策框架。在《积极老龄化——政策框架》中，世界卫生组织将“积极老龄化”界定为“参与”、“健康”和“保障”。如果说“健康老龄化”强调的重点是人在进入老龄之后，尽可能长久地保持在生理、心理、智能等方面良好的状态，“积极老龄化”就是指老龄人要以积极的态度面对老龄生活，不仅保持身心健康状态，而且作为社会的重要资源，要融入社会，参与社会发展。

2002年，联合国第二届世界老龄大会所通过的《政治宣言》和《老龄问题国际行动计划》对“积极老龄化”概念的形成、理论基础以及积极的老龄化政策进行了更为详尽的论述，强调各国应把老龄人作为社会的重要力量，而不应把他们看作负担。国际社会既鼓励和支持家庭对老龄人进行赡养，又积极倡导政府、国际组织和民间社团制定“积极老龄化”的政策和计划，促进老龄人的健康、参与和保障，以帮助国家应对老龄化社会的挑战。主要有以下几个方面：

首先，老龄人口是社会的重要资源，老龄人对社会经济的发展会起到不可忽视的作用。全社会都要关心老龄人，努力营造支持性氛围，保障他们的合法权益，使他们生活得健康、快乐、充实。其次，进一步完善社会保障制度的建立，从社会服务的角度保障老龄人的合法权益，积极推进社会保障体制的改革与创新。再者，各国政府应将老龄事业发展规划纳入国家社会经济发展规划中，合理配置资源。要使他们享受终身教育，加强立法，实行弹性退休年龄制度，消除年龄歧视与性别歧视，消除对老龄人的怠慢、虐待和暴力行为，加强社区建设，建立社会支持网络，改善老龄人参与社会的自身条件和社会条件，从而共建不分年龄、人人共享的社会，这是积极老龄化的意义所在。

积极老龄化的提出不仅仅是一个概念的定义，更重要的是一种理念的形成与实践的探索。“积极老龄化”现已成为全球应对人口老龄化问题的一个重要理念，老龄人应像其他公民一样享有同等的权利，是社会中平等的公民，在如何对待老龄人的问题上，我们不能仅仅把老龄人当作需要照顾的对象，需要帮助的弱势群体，还应看到他们的潜在价值和能力，让他们参与到社会的发展之中，更好地与社会相适应。“积极”强调的是继续参与社会、经济、文化、精神和公益事业。积极老龄化就是让老人们能够发挥自己在物质、社会和精神方面的潜力，按照自己的需要、愿望和能力参与社会，在需要帮助时，获得充分的保护、安全和照料。积极老龄化的社会是通过进一步完善社会养老保险和医疗保险制度、完善医疗保健体系，提供老龄人参与社会发展的机会和营造全社会共同参与的良好氛围，让老龄人都能够享受高质量的生活，并且生活得有尊严、有价值、有意义，让他们成为受社会尊重的人。

二、积极老龄化的内涵

一个人老龄化是自然化的生命历程，必然伴随着生理的衰退。一些人认为“老龄无用”，于是产生了消极老龄化的观念，导致了老龄群体处于社会边缘化和病态化。“老而无用”、“老人是家庭负担”、“老龄是社会问题”等一些负面评价。使老龄人形成和强化消极自我认知度，使老人产生自卑和惭愧心理，特别是那些身体自理能力有困难的老人更容易产生畏惧心理、消极情绪以及自暴自弃等不良后果。因而不能很好地应对外部环境和社会的变迁，也影响自己社会适应能力。积极老龄化就是要解决这一应对人口老龄化的主要理念，引导老龄人以积极的态度来对待人口老龄化这一社会问题，积极地采取措施为老龄人建立一个健康乐观的社会生活环境。

积极老龄化比“健康老龄化”内涵更为广泛，它关注的不仅仅是健康照料因素，还包括其他影响老龄人个体和老龄人群体的因素。在《积极老龄化——政策框架》中指出：积极老龄化是人到老龄时，为了提高生活质量，使健康、参与和保障的机会尽可能发挥最大效益的过程。“积极”被赋予了很大的内涵，它强调的是老龄人继续参与社会、经济、文化等事务，而不仅仅是体力活动的能力或参加体力劳动的能力。世界卫生组织在《积极老龄化——政策框架》中认为，积极老龄化是指老龄人要积极地面对老龄生活，不仅保持身心的健康状态，而且作为家庭和社会的重要资源，要融入社会，参与社会发展，将积极老龄化界定为“参与”、“健康”和“保障”。积极老龄化强调了老龄人不是社会的负担，不是一个被动接受照顾和帮助的群体，在某种程度上，鼓励老龄人积极主动地参与社会，这对于老龄人自身权利的实现和对社会的贡献都有着积极的影响，王树新认为积极老龄化是针对个人、家庭成员和社会三个层面而言的，对于不同的层面积极老龄化有不同的概念和内容。对于个人来说，积极老龄化是指进入老龄的人享有充实的生活（包括健康、安全及积极参与经济、社会、文化和政治生活）；能够按照自己的需要、愿望和能力继续学习，参与社会、经济、文化、精神和公益活动，使其宝贵才能和经验得到充分运用，继续各尽所能，发挥自己的潜力，对社会做出有益的贡献。对于家庭和社会来说，积极老龄化是指为老龄人创造参与活动和学习的一切可能机会与条件，满足他们的需求，帮助老龄人尽可能长期地不依赖他人，延长余寿的健康期和自立期。所有这些观点都表明，积极老龄化的一个潜在内涵就是老龄人作为社会整体的一部分，应该积极参与到社会发展的过程之中，必须享受社会的福利，必须更好地适应社会。而且让老龄人更好地适应社会并不仅仅是让老龄人可以生存下去，更重要的是让老龄人可以发展下去，让他们老有所用，充分肯定老龄人是社会不可或缺的重要资源①。

① 王树新．北京市人口老龄化与积极老龄化［J］．人口与经济，2003（4）．

三、积极老龄化的作用

积极老龄化的作用在于使所有进入老龄的人，包括那些虚弱、残疾和需要照料的人，都能提高健康的预期寿命和生活质量。积极老龄化的目的并不是确定“老龄化”的“真理”，而是要展现更多的“可能世界”①。也就是说，积极老龄化展现的“可能世界”是多方面的，包括：（1）让老龄人继续发挥余热，改善自己的生活条件和生活状态；（2）让老龄人积极参与政治、经济、文化和社会活动，使他们的宝贵知识、经验和技能得到充分发挥与运用；（3）让所有进入老龄的人，包括那些残疾、残障以及需要照料的人都能够满足安全的需要，获得经济、医疗等方面的保障，提高老龄期的健康质量和生活质量；（4）让老龄人老有所养、老有所医、老有所教、老有所学、老有所为、老有所乐。这些目标的实现，离不开老龄人自身的努力，更离不开国家和社会的必要支持。从个人层面来说，只有助长自身的社会适应能力，主动适应社会变革，才有可能改善生活水平，提高生活质量。从国家和社会层面来说，只有积极地引导老龄人展现“可能世界”，才有可能让老龄人不断发挥自身的潜能，完善自己的生活自理和适应能力，这也是老龄人社会化的可行途径。

随着老龄人口的不断增长，老龄人口的经济与政治基础的强大以及技术力量的迅速发展，老龄人口正以一种积极的方式进行着自我的建构。所以，格根夫妇提出了积极老龄化运动的三大核心主题：（1）自我：注重“在生理、心理及社会方式上的自我提高”，创造与维持美好的外貌、扩展知识或自我意识、学习新技能或提高已获得的技能等，是老龄人积极的日常生活的重要激发因素。（2）人际关系：注重维持与扩展社会关系网络。最常见的是以配偶与孩子为中心向其他家庭成员、邻居、朋友等的关系网

---

① 郭爱妹，石盈盈．“积极老龄化”：一种社会建构论观点［J］．江海学刊，2006（5）．

络的扩散。(3）社区参与：基于社区基础之上的生活方式扩展了原有的家庭/朋友网络，拓宽了老龄人参与社会生活的范围，广泛的社区参与能给老龄人带来自我效能感、自豪感以及成就感等。因此，格根认为，“生理、心理及社会方式上的自我提高”、“社会关系网络的扩展”以及“广泛的社区参与”等都是积极老龄化的有效方式。

积极老龄化强调积极的生活态度和模式，正如格根夫妇所指出的，老龄阶段“没有必要因为不再年轻而充满着绝望，它可以是美丽的。我们还强调积极地生活并不意味着追求财富、强壮与健康，而是完全地把握自己，甚至对于那些看起来残疾或生病的人也是这样”。

第二节　我国实施积极老龄化政策的现实性

作为老龄人口数量庞大的国家，我国实施积极老龄化是必然的选择。在全球应对人口老龄化带来的许多问题的同时，我国也不可避免地出现了很多的老龄化问题，如老龄医疗、老龄保险等，都是现今的重大问题。要想妥善解决这些问题，我们就得选择适合的方式，把积极老龄化作为一个行动目标。

1. 老龄化问题是国家的重要问题。由于我国人口老龄化与先期进入人口老龄型的发达国家相比，具有老龄化发展快、老龄人口数量大、地区之间不平衡、超前于社会经济发展等特点。2030 年到 2050 年将是中国人口老龄化最严峻的时期，那么，中国将面临人口老龄化和人口总量过多的双重压力。因此，我国的养老保险制度面临严峻的考验，我国属于“未富先老”型，现行的养老保险制度是“以支定收，现收现付，收支平衡”的基金管理方式。这样的实施方式，最重要的一个后果就是使得收不抵支，缺口越来越大，势必影响经济的发展。但这也是我国实施改变的一个契机，政府应该引导各方面共同构建一个多元化、多层次化的混合型老龄保障体系，把人口老龄化带来的经济压力和社会服务压力化解在一个责任共担、纵横交错的安全网络之中。这个大保障体系包括：自我保障层次、政府保障层次、单位负责层次、市场提供层次、其他层次。在每一个层次中既包含经济保障，也包含服务保障的内容（家庭保障还包含着情感满足）。这不仅为养老保障制度的改革提供了可靠性，同时也给老龄人提供了一个和谐、安稳的环境，使老龄人在晚年生活时，可以有更多种选择，可以把自己积累的社会财富用于其社会活动中。而且政府也十分重视人口老龄化问题，他们在不断思考，不断实践新的改革措施，也在不断完善社会养老保障制度和措施，这些都为我国实施积极老龄化提供了可行条件。

2. 老龄人的社会价值。过去，老龄人总是被视为弱势群体，人们容易过分关注老龄人或忽视老龄人。一些政策都对老龄人有特别说明，强制老龄人要怎样做或不能怎样做，往往导致许多老龄人自身心理压力加大，思想包袱沉重，认为自己是社会的负担，自己做事受到各方面的阻挠，使他们没有安全感，这样的结果是使老龄群体处于社会的边缘，产生病态的心理，使老龄人在社会上呈现一种负面的形象，老龄群体的价值得不到充分发挥。但是，作为对社会做出重大贡献的一个群体，老龄群体自身的特点天然成为社会的一笔宝贵财富，老龄群体蕴含着技能、经验、智慧，挖掘老龄人的潜能，也让他们成为具有开发潜力的人力资源。老龄人中的很多人有广大的人脉关系，丰富的阅历和经验，他们积累了大量的知识和技能，可以继续发挥余热，继续从事社会工作，这是积极老龄化实施的一个重要方面。实现积极老龄化的效益是所有国家都能使有技术、有经验的老龄人继续参与工厂、学校、科研部门、社区、宗教机构以及商业、卫生和政治机构的活动会弥补人力资源的欠缺，积极影响社会经济的持续发展。就多数老人而言，他们的家务劳动也具有可贵的社会经济价值。因为，老龄人家务劳动可以为其他家人的社会劳动创造必要的条件，使之全身心地投入到工作中去。例如，老龄人照顾子孙等可以直接减轻成年子女的家务负担，全力做好工作。

文化价值是老龄人价值的重要方面，指老龄人的知识、经验和技能对社会发展和对下一代成长的重要指导或影响作用，即老龄人以自己的知识和经验文化直接贡献于社会。老龄人的知识和经验中凝结着人类的智慧和思想的精华。这种文化价值内容中最重要的一个方面是精神道德的力量。老龄人群体经历了生活的考验和磨炼，一般在道德规范方面更臻于成熟。他们在处理人际关系方面更多地表现出忍让、谦和；在家庭生活中，他们尽自己的能力为晚辈操劳和为晚辈着想，体现出伦理道德和亲情关系上的表率作用。在文化价值上，老龄人除了以自己的文化优势直接贡献于社会外，更为重要的是他们起着文化传承的作用，即把人类优秀的文化成果传递给下一代。老龄人处于人生成熟阶段，可以用自己的经验或教训对年轻人的生活给以启迪、教导和借鉴。对人生的意义给以昭示。

3. 老龄消费渐渐成为社会消费的重要部分。老龄人消费市场需求的增长可以带动老龄产业的发展。随着老龄人生活水平的不断提高，老龄人口绝对数量的不断增长，老龄人的购买力也在不断提高，一些老龄人逐步抛弃了“重积累、轻消费”“重子女、轻自己”的传统观念，形成积极消费的观念，大大增强了购买力。现在许多老龄人远比过去开放，因此老龄人消费市场的前景是十分美好的，如何发挥老龄产业的积极作用也是一个值得重视的问题，它可以满足老龄人的物质需求和精神需求，有利于老龄人健康生活，提高其生活质量。可见，老龄产业的形成与发展也为积极老龄化提供了可行途径。

老龄产业作为社会保障事业的重要组成部分，它的发展标志着一个国家文明和社会的进步程度。市场专家指出，全国老龄消费者中每年有 100 亿的购买力没有实现，换句话说，老龄产业现今还无法满足老龄人的需求。促进老龄产业，推崇稳固的“银发价值文化”，有针对性地开发产品是提高老龄人生活水平的最佳方法。

为老龄人提供精神文化产品。老龄人的需求有很多层次，如有满足精神上的，或者满足生活习惯上的，也有满足基本的安全和自尊的独立生活的需要。比如，开发适合老龄人的音乐、玩具等帮助老龄人激发兴趣，主动动脑筋，增加灵活性。

为老龄人提供时尚的生活用品。在老龄产业的产品和服务方面按照消费者需求进行市场细分，协调多种行业的产品和服务之间互补和替代关系，向目标老龄人群提供有针对性的产品和服务。就像对中青年白领人群的整体产业营销模式，从衣、食、住、行多方面、多层次地引导和满足老龄群体的需求。

4. 和谐社会是我国实施积极老龄化的重要条件。和谐社会的新理念，要求各因素之间要保持平衡，保证社会的稳定发展。解决人口问题，促进人口与经济、社会、环境相协调，可以加快社会主义和谐社会的步伐。积极应对人口问题是统筹解决人口问题的重要内容，这为积极老龄化的实施提供了有利的社会背景。所以，构建和谐社会必须解决好人口老龄化的问题，因为它直接关系到我国经济和社会发展的安全与稳定。老龄人口结构的和谐程度是衡量一个社会是否和谐的重要指标。人口结构的和谐必须有利于构建老龄人与各阶层人口的和谐，除人口年龄结构和性别结构的和谐外，还必须包括老龄人各阶层之间关系的和谐。总之，在和谐社会的建构中实施积极老龄化是可行的。

第三节 我国现阶段老龄化政策的现状

一、现阶段人口政策的现状

我国的人口政策最关注的是人口数量问题，其解决方式主要是控制人口数量，其内涵可以概括为“控制人口数量，提高人口质量”。现行的计划生育政策为控制人口数量做出了很大的贡献，使得我国人口数量的增长速度得到了很大的缓解，然而随着老龄人口的增多，人口构成的“倒金字塔”现象越来越明显。人口老龄化对社会、经济、政治各方面都造成了很大的影响，对我国社会的发展提出了新的挑战。特别是人口老龄化对劳动力市场产生了很大的影响。表现为三个方面：一是对劳动力资源，二是对劳动力人口年龄结构，三是对劳动力参与率。伴随着人口老龄化进程必然出现劳动年龄人口比重的下降，从而影响劳动力的有效供给①。在人口老龄化过程中，年轻劳动力的比重会降低，老龄劳动力的比重会上升，严重影响劳动力的使用状况。

可见，现在的人口政策对人口数量的控制起到了很大的作用，但是却忽视了老龄人群的社会保障问题。而且，现有的政策还存在缺陷，其本身对老龄人就采取消极的态度，把老龄人当作社会的负担，当作边缘化群体，从“问题解决”的角度制定政策，不符合社会发展的要求；同时政策的内容也不完善，没有覆盖老龄人生活的各个方面，没能够从社会适应的角度来分析问题，不能从根本上改变社会对老龄人群的认知，不利于改善老龄人的社会适应性。

我国老龄人的需求发生了变化，一是需求内容的多元化，二是需求水平的提升化。同时，老龄人的社会福利制度也发生了变化，主要是逐渐形成了由单纯的国家保险向国家、企业和个人三方筹集资金的方式过渡，逐渐形成了以国家、集体兴办的老人社会福利机构为骨干，以社会力量兴办的老人社会福利机构为新的增长点，以社区老龄人福利为依托，以家庭养老服务和保障为支撑的社会福利服务体系。

二、现阶段的养老制度的现状

我国的养老保险主要由三个部分组成：第一部分是基本养老保险，第二部分是企业补充养老保险，第三部分是个人储蓄性养老保险。20 世纪 90 年代之前，我国企业职工实现的单一的养老

① 黄彦萍．积极人口老龄化研究［J］．人口与计划生育，2008（7）．

保险制度。1991年，《国务院关于企业职工养老保险制度改革的决定》中明确提出："随着经济的发展，逐步建立起基本养老保险与企业养老保险和职工个人储蓄性养老保险相结合的制度。"从此，我国逐步建立起多层次的养老保险体系。由于城乡差别，城市和农村的养老保险制度明显不同。城市的养老保险制度主要是基本养老保险制度，实行的是社会统筹与个人账户相结合的模式，即"统账结合"。2000年，中国大部分城镇地区养老保险实现了地、市级以上地域范围的社会统筹。社会统筹制度体现出社会保险的共济性，在一定程度上克服了企业、行业之间由于条件、发展水平和效益不同所造成的不公平问题。现在我国基本养老保险的覆盖范围涉及城镇各类企业的职工。其运行机制为：企业缴纳的基本养老保险费一部分用于建立统筹基金，另一部分划入个人账户；个人缴纳的基本养老保险费计入个人账户。基本养老金由基础养老金和个人账户养老金组成，基础养老金由社会统筹基金支付，个人账户养老金可以继承。目前养老基金实行社会统筹和个人账户混账管理，从一本账中支出，剩余部分留作积累。由于社会统筹资金不足，实质上执行的是现收现付制度。社会统筹基金长期透支个人账户基金，造成个人账户"空账运行"。

由于我国快速的人口老龄化，退休人员快速增加，养老金资金来源不能满足迅速增加的需求。很多地区出现了养老基金收得少、发得多的局面，导致资金缺口越来越大。资金缺口由1998年的100亿元增加到2003年的400亿元。据有关部门测算，2000～2005年期间的资金缺口累计有1.8亿元，平均每年700亿元左右，如果将每年的缺口资金纳入预算，相当于财政收入的5%①。

农村的养老保障制度存在很多的缺陷，如农村的养老保障水平低、社会保障严重短缺、社会救济面窄。现阶段实行的养老保

① 屠年松．减持宜从国有控股上市公司开始［N］．中国证券报，2007-07-12．

障制度实施效果不显著，没能覆盖整个老龄群体，不适合社会的发展。特别是获得社会救济的老龄人会认为自己比别人差，自我贬低，不利于其身心发展和社会适应。

农村养老保险制度的基本运作方式是：建立农村社会养老保险管理机构，农民设立以“个人交费为主、集体补助为辅、政府给予政策扶持”为基本原则，实行基金积累的个人账户模式。据统计，至2003年年底，全国有5428万农民参加了养老社会保险，已有198万老龄人从中受益。

近年来，农村养老保险制度也受到了质疑。养老问题是老龄化社会面临的最主要的经济和社会问题，养老模式必然受到人口老龄化的影响。“老有所养”应该包含三个方面的内容：经济供养、生活照料和精神慰藉。传统的养老模式以家庭养老为主，由家庭承担老龄人的经济供养、生活照料和精神慰藉。

由于传统农业经济条件的限制和我国实行城乡“二元”体制的管理模式，使这种社会化的养老方式基本处于一种低水平、缓慢发展的层次上，所遇到的问题和阻力也是十分明显的，主要有：(1) 社会化水平低，目标人群的覆盖面过窄。绝大多数老龄人没有被纳入社会化养老体系中。(2) 保障水平低，没有起到社会保障的作用。多数地区的养老金水平只能起到一种生活补贴的作用，没有起到生活保障的作用。只有在少数经济条件好、投保能力强的地区，老龄人的社会保障水平才较高，大多数老龄人能够享受的社会养老程度较低。(3) 农村养老保险缺乏健全的法制化的管理和规范。特别是养老保险的管理和运行以及社会救济的具体实施方面，缺乏规范的法制化措施，某些方面的工作流于形式，或者受人为因素影响，致使实际工作中漏洞较多，导致某些社会养老措施不能充分落实。(4) 思想观念不适应。农民群众对社会保障这个新事物认识不足，很多人持怀疑、观望态度。(5) 农村经济发展水平不高，农民投保的能力有限。农村地区之间发展不平衡，个人之间收入差距较大。多数人收入水平仍然偏低。收入和支出相抵之后所剩无几，个人投保能力不足。

城市与农村的养老有一定的相同性。在城市，退休职工享受退休金待遇，有一定的经济保障，但一些低收入者仍然需要家庭的补贴，很多仍以家庭养老为主；在农村，家庭是老龄人经济和生活的主要依靠。这种以家庭为主的养老方式已经不适合现代社会的发展，它把养老的主要责任都放在家庭，增加了家庭的经济负担，使得家庭成员把老龄人当作负担，视老龄人群为问题群体，不利于老龄人口的身心健康发展。

我国现有的养老机构，如敬老院、养老院、福利院、疗养院等数量少，供养水平也较低，结构不太合理、杂乱无章，并且存在发展不平衡与功能不完善的问题，不能满足社会对养老的要求，使得养老制度也不能很好实施。而且这些机构针对的是没有能力照顾自己的老龄人、没有子女的老龄人或者是因天灾人祸失去亲人的老龄人，覆盖范围有限，不能满足所有老龄人的需求。更重要的是，我国当前出现了一个奇怪的现象，即养老服务机构总量满足不了需要，但是养老院利用率却不高，其利用率远低于发达国家5%～7%的老人进福利院的社会供养比例①。这一矛盾的出现反映了我国的制度在分配实施上存在很大的不合理性。

三、现阶段的老龄社会福利政策现状

社会福利政策包括很多方面，主要有住房政策、医疗卫生政策、社会救助、教育政策等。它表现为国家及社会团体兴办的多种福利设施、提供的社会服务以及各项社会福利事业。老龄社会福利是国家为改善老龄人物质生活和精神生活所提供的福利项目、设施和服务的总称。然而，我国的老龄社会福利具有特殊性，其享受对象是丧失劳动能力、体弱多病、特殊地区的老龄人，这就使得老龄社会福利不能保证全体老龄人的福祉，具有片面性。老龄福利应该随着经济的发展水平和社会文明程度的提高

① 陈敏．加强养老服务机构建设　积极应对人口老龄化——我国养老服务机构存在的问题及应对措施浅析［J］．经济与社会发展，2008（1）．

而逐步得到落实和完善。

（一）老龄人的住房福利现状

1976年《联合国人权公约》确认："人人有权享受本人及家属所需要的适当社会生活程度，包括适当之衣食住及不断改善之生活环境"。1981年国际住宅和城市问题研究会提出的《住宅人权宣言》着重指出：有良好环境适应于人的住处，是所有居民的基本人权，批评有些政府不公平合理地对待土地和住宅的反社会的行为，衷心期望把供应关心人类尊严的良好住宅作为政府的责任。

我国的住房政策从1998年开始改革，实行住房商品化、住房货币化。国家制定了关于老龄人的住房补贴和住房福利，但主要为机关、事业单位未达标的离退休人员提供住房补贴以及对受灾地区、贫困地区等老龄人才给了临时住房补贴，其他企业、农村的老龄人则无权享受。这说明住房补贴的范围小、覆盖面窄，把很大部分的老龄人排除在外。住房是老龄人基本的生存保障，如果不能保障多数老龄人的住房问题，那就会对社会造成重大的影响。

老龄人是社会的贡献者，国家的住房优惠政策理应享受，事实上很多老龄人的住房至今仍无保障，居无定所，严重影响他们的生活水平，日常生活水平低下，精神生活严重匮乏。文化权益更难以保障。所以我国老龄人的住房保障建设应该是廉租房、贴租房和租金补贴等多种方式并存，让所有的老龄人能够居有定所，保障他们基本的晚年生活。但事实上，现阶段的住房保障政策没有考虑到老龄人的权益，忽视了老龄人作为社会贡献者的价值和权利，所以老龄人的民生问题亟待解决。为了维护社会整体的长远利益，也为了保障老龄人的合法权益，我国必须通过实施公共政策帮助，解决那些依靠自身能力无法解决住房问题的老龄人群体，让他们也能安居。老龄人大多数都是低收入群体，他们没有能力购买"昂贵"的住房，也无法满足生活上需求，无法保障自己的生存与发展。因而政府不能通过简单的"买卖"这种交易方式，他们的住房需求应当通过住房保障体系下的救助、援助来得以实现。

（二）老龄人的医疗保险制度现状

医疗保险制度在我国已经取得了一定的发展，1998 年开始政府在全国建立城镇职工基本医疗保险制度，随后又在农村推行合作医疗制度，但是整体水平不高，需要逐步改善。基本医疗保险制度是实行社会统筹与个人账户相结合的模式。城镇职工基本医疗保险覆盖城镇所有用人单位及其职工。城镇职工基本医疗保险制度的运行方式是：单位缴纳的基本医疗保险费一部分用于建立统筹基金，另一部分划入个人账户；个人缴纳的基本医疗保险费计入个人账户。统筹基金和个人账户分别承担不同的医疗费用支付责任，统筹基金主要用于支付住院和部分慢性病门诊治疗的费用，个人账户主要用于支付一般门诊费用。我国现行的基本医疗保险制度主要分为三种：一是企业职工的劳保医疗制度；二是机关事业单位工作人员的公费医疗制度；三是农村居民的合作医疗制度。劳保医疗制度主要适用于国有企业和部分集体企业的职工。公费医疗制度实施范围包括各级国家机关、党派、人民团体、事业单位的工作人员和革命残废军人、高等院校在校学生等。合作医疗制度主要适用于农村地区，是通过集体和个人集资筹集医疗经费，为农村居民提供医疗保健服务的一种互助救济制度。

医疗保险制度实施 10 年来，在城镇地区取得了很大发展，但不同地区、不同单位的退休人员在养老待遇上存在着很大差别，在农村地区多数老龄人仍然没有覆盖在社会保障制度内，而且农村地区的医药费报销个人担负的比例大，还需要预先垫付全部医药费用。所以整体保障水平有待进一步提高。老龄人群随着年龄的增高，他们的生活自理能力越来越受到人们的关注，因而医疗健康服务急剧增长，如果不能让老龄人“老有所医”，就无法有效保证老龄人健康生活，老龄人也就不可能安享晚年。现行的医疗保障制度有些地方并不符合老龄人的需求，也不是积极老龄化社会所倡导的。医疗健康保障是老龄人民生建设的基础，只有保障老龄人老有所医，才有可能让其有效地、更好地建设和谐社会。

我国城镇医疗保险制度存在一定缺陷：(1) 在医疗保险制度中引入积累制的个人账户，不符合医疗保险制度设计的基本原则。其一，医疗保险所依据的基本原则是社会共济，个人账户的设立显然降低了医疗保险的互济功能。其二，个人的医疗卫生服务需求是随机性的，不可能先积累后消费；引入积累制并不符合医疗需求规律。从国际经验看，除新加坡外，世界上没有一个国家在医疗保险（保障）制度中引入个人账户。况且，新加坡的个人账户功能与我国制度设计中的功能也相去甚远。新加坡个人账户中积累的资金主要用于住院治疗中的个人自给部分，而在我国，却要求个人账户支付平时的门诊费用，实质上是要求个人自己来解决基本医疗服务问题。这种“大病统筹，小病自费”的制度设计，违背了“预防为主”的医学规律。(2) 现行城镇医疗保险制度的目标人群只包括就业人员及符合条件的退休人员，将绝大部分少年儿童、相当一部分老人以及其他无法就业的人员排除在外。这样的制度设计会导致如下结果：一是上述人群的医疗需求难以得到制度化的保障，个人及家庭面临的医疗风险难以化解，从而带来经济、社会方面的消极后果。二是在一部分人有医疗保障而另一部分人没有医疗保障的情况下，无法避免体制外人员以各种方式侵蚀体制内医疗资源的问题。(3) 现行医疗保险制度设计及相关配套措施没有解决对医疗服务提供者的行为约束问题，以至医疗服务费用仍无法控制。在这种情况下，维持资金平衡就成为医疗保险自身的难题。在实际操作中，主要做法就是强调参保者享受的待遇与缴费紧密挂钩，不能缴费甚至不能及时缴费就无法享受相关保障待遇。长此以往，医疗保险事实上就演变成自愿参加的，且只有具备缴费能力才能参加的“富人俱乐部”。在无法控制服务提供者行为的情况下，有关制度转而将控制重点改为患者，通过起付线、封顶线、多种形式的个人付费规定，实施对患者的全面经济限制，以至于能够进入该体系的参保者也无法得到应有的保障。(4) 现行医疗保险设定的统筹层次过低，以至于无法在较大范围内实现风险共担。在参加医疗保险的不同类型人群中，也存在保障标准上的差异，影响到制度的公平性。

上述问题的存在，影响到城镇医疗保险制度自身的可持续性和实际效果，继续推行下去的难度很大。正是由于我国城镇医疗保险制度存在上述缺陷，所以更需要在保险市场上充分发展商业医疗保险，让商业医疗保险成为老百姓医疗保障水平的有力支柱。

四、现阶段老龄人的社会救助现状

社会救助是指国家和社会依照政策和法律的规定，通过国民收入的再分配，向那些因各种（自然的、社会的、个人的）原因导致基本物质生活陷入困境、自己无力维持最低生活水平的社会成员给予救助，以保障其最低生活水平，提供各种形式援助的一种社会保障制度。社会救助是社会保障制度中的一种，其目标是扶危济贫，救助社会脆弱群体。目前在我国存在的社会救助主要包含三方面的内容：(1) 自然灾害救助，是在公民遭受自然灾害后造成生活困难时，由国家和社会提供维持最低生活水平和简单再生产的资金和物质；(2) 孤寡病残救助，是国家和社会对无法定抚养人抚养、没有维持正常生活的劳动能力、无保障正常生活经济来源的老人、残疾人和未成年孤儿提供最低或基本生活需求保障；(3) 贫困地区和贫困户救助，是国家和社会对老、少、边、穷地区和人口多劳动力少、生活困难、三年内自身难以改变贫困面貌的贫困户提供最低或基本生活水平，发展生产、脱贫致富的资金和服务。社会救助作为社会保障的一个重要方面，它的资金主要来源于国家财政拨款与社会筹集，是面向全体人民的。只要符合条件，任何人都可以享受社会救助。

在 20 世纪 80 年代，中国社会救济工作在各级民政部门的统一组织和管理下，对社会救济工作进行了一系列的改革，主要包括4个方面：救灾、救济、“五保”和扶贫。救灾是为帮助灾民脱离灾难险情，减轻灾害损失，克服灾后生活和生产困难而提供的社会援助。“五保”是指由农村社区（集体）负责保证无法定扶养人、无劳动能力、无可靠生活来源的老龄人和残疾人及孤儿基本生活需求的社会援助，即对他们“保吃、保穿、保住、保医、保葬”，简称“五保”。社会救济是中央和地方政府通过财政拨款，依法对特定的社会救助对象按规定向他们提供的社会援助。中国的社会救济分为定期定量救济和临时救济两种。享受定期定量救济的对象主要有三种人：城镇中无法定扶养人、无劳动能力、无可靠生活来源的老龄人，严重残疾人和未成年的孤儿和部分农村“五保”对象；符合救济条件的精简退职老职工；符合党中央、国务院有关文件规定的需要特别给予救济的人员。扶贫是指对农村中有一定的生产经营能力的贫困户，从政策、思想、资金、物资、技术、信息等方面给予扶持，旨在使其通过生产经营活动摆脱贫困的社会援助。但老龄人的收入水平相对偏低，特别是一些农村老龄人，主要靠务农为生，由于身体状况无法继续劳动时，他们又没有退休金，其生活只能等待政府的补贴。但是他们又不属于“五保”人群，也没有受到自然灾害、经济突发状况等的原因，所以他们无法享受到这份补贴，于是给老龄人生活造成了严重的经济负担，使得生活水平越来越差。就是农村低保受政策影响，每户每月人均补助水平仅为城市的1/3，但他们的救助需求和愿望比城市老龄人更为迫切，需要资金帮助愿望也更强烈，但当前的救助现状与他们的救助需求形成反比。

很多老龄人无法享受到社会的基本保障，生活非常艰辛。这些都不利于老龄人生活，导致生存、生活质量下降，生活满意度差，于是形成抱怨社会的不满情绪。民生建设初衷就是要让全体公民的基本生活得到保障，因而老龄人作为一个重要的群体，他们的生活理应得到保障，民生政策应该根据实际情况作出相应的改变。而且社会救助体系的救助能力不强、水平较低，不能很好地发挥其作用，所以国家和政府对救助体系理应作出相应的完善。

农村社会救助工作存在的问题：(1) 治病难的问题。由于存在救助资金短缺和医疗费用高等客观实际，农村最普遍、最突出的就是五保户、特困家庭治病难的问题。目前，农村五保对象供养标准低，仅够维持基本生活，根本无钱治病，其基本医疗费用、丧葬费用也无法解决，这已成为农村五保供养工作中的最大难题。(2) 保障资金不足的问题。由于我国经济发展水平不高，财政紧张，社会保障事业相对滞后，农村的五保户、困难对象多，救助资金总量还很小，部分农村五保户、特困家庭的基本生活困难仍然得不到很好的解决，五保户的供养标准与当地群众的平均生活水平相比仍有较大差距。(3) 口粮落实难的问题。农村税费改革后，大多数人认为五保户是政府供养的，不应该再由他们提供口粮、柴火，加之有的村社外出务工人员多，甚至很多家庭全家外出多年，导致农村五保户的口粮无着落。随着市场物价上涨等多种因素，仅靠每月领取的低保费已不能满足农村五保老人的基本生存生活需要。

五、现阶段老龄教育现状

中国的老龄教育只有 20 多年历史。20 多年来，虽然老龄教育取得长足的进展，但与铺天盖地而来的“银发浪潮”对于日益增长的老龄教育需求而言，无论在数量上还是在质量上都还比较滞后。科学发展观的第一要义是发展，对于老龄文化教育而言，更应该是一个永恒的主题。

我国的老龄教育经历了创立、发展和创新等阶段，老龄教育从无到有，老年学校规模从小到大，老龄教育内容从养老休闲到参与社会，老龄教育的需求层次从填补生活的空虚提升到精神文化生活需求和开发老龄人潜能的需求层次，这表明我国的老龄教育取得了长足的发展。为响应联合国第二届世界老龄大会“积极老龄化”的主旨，我国大力发展老龄教育，到 2010 年，老年大学和老年学校在现有的基础上增加了 1 万所。完善老龄教育网络。各级政府加大对老龄教育的投入，同时动员了社会力量，因地制宜办好老龄教育。积极发展老龄远程教育，开办老龄电视大学、老龄网上学校，倡导社区办学等多种形式的老龄教育。2010 年国务院发布的《国家教育事业“十二五”规划纲要》强调“构建灵活开放的终身教育体系。发展和规范教育培训，统筹扩大继续教育资源。鼓励学校、科研院所、企业等相关组织开展继续教育。加强城乡社区教育机构和网络建设，开展社区继续教育资源。”这就是说，我国的老龄教育已经成为国家继续教育的规划之一，老龄教育已经引起了国家的高度重视，也充分证明了人口老龄化对老龄教育的需求。然而，具体的实施状况与政策所要求的存在着差距，街道、乡镇办老龄大学的规定并没有在全国贯彻，各个地区之间发展的不平衡性很严重，而且老龄电视大学、老龄网络大学的覆盖面有限，特别是农村地区的老龄人没有条件上网络大学，这就使得老龄教育的目标不能有效实现。现在老龄人的文化教育还存在以下问题：

1. 老龄文化教育的管理制度化程度低。在目前看来，首先，政府还没有设立统一的老龄文化教育的领导和组织机构。其次，由于老龄文化教育有的归老龄委、老干部局或民政部门管理，有的则归教育或文化部门管理，还有的归社区管理，这样的局面虽有利于各发挥所能，但却造成教育资源的浪费和发展的不平衡。但要真正落到实处还须列入市政府监督的范围。老龄文化教育工作的发展程度，多数取决于各部门领导的关心和重视程度，因此，对政府有关部门老龄文化教育的职责还需进一步明确，目前对老龄文化教育思想认识不统一造成老龄文化教育工作的参差不齐。

2. 对老龄文化教育认识不足。一是老龄人自身对老龄文化教育的认识不足。由于我国长期以来形成的以居家养老为主的养老方式，特别是农村老龄人由于受传统观念和当前经济条件的制约，往往对老龄文化教育对他们健康生活、服务社会、实现自我价值所具有的重要性、紧迫性认识不够，这势必给老龄文化教育的社会地位带来影响，导致老龄人缺乏社会参与力度。二是社会普遍缺乏对老龄文化教育的正确认识。认为老龄文化教育是休闲教育，老龄工作重点应放在老有所养、老有所医上，老龄文化教育可有可无。他们没有认识到老龄文化教育对于创建学习型社会，建立终身教育体系，综合解决人口老龄化问题具有的重要意义。正是由于社会上对老龄文化教育认识存在种种偏见，一定程度阻碍了我国老龄文化教育的更快更好地发展。

3. 老龄文化教育的模式相对单一。教育应具有时空的整体持续性，即使是老龄文化教育阶段，教育的内容与形式是多样的，教育对象的需求也应是多样的，这就决定了教育主体应当是多元的。主体单一难以担负老龄文化教育，产生了供不应求的突出问题。我国老龄文化教育的实际状态主要集中在大、中城市和经济较发达地区的老龄大学，而接受老龄文化教育的老龄人数量少，多数老龄人尤其是农村老龄人没有得到应有的受教育权利，主要参加老龄文化教育的是退休公务员、教师、国企工人，而面广量大的老龄农民极少参加。因为忽视了广大农民的教育，所以城乡老龄文化教育发展极不平衡。老龄文化教育照此发展，形成了“马太效应”，这与教育公平相违背。多数老龄人一般都希望参加学习，即使是生活难以自理的情况下，也需要有一个对疾病与临终的正确认知，处理好怎样乐观对待人生问题。

4. 老龄文化教育内容贫乏。目前老龄大学中所开设的课程以健身休闲类的课程为主，如书法、戏曲、缝纫、烹调、健身操、太极拳、绘画、唱歌、舞蹈等课程居多，课程种类单一，此外还包括一些生活知识和时事新闻类课程。将老龄文化教育仅局限于生活实用课程，缺乏对其心理状态和健康状态的引导。此外，老龄大学无法做到为老龄人寻找心理寄托、寻找良好的生活环境而创造条件，也无法使老龄人在接受教育的同时消除孤独感、寂寞感、失落感，摆脱觉得自己是负担的错误想法。在老龄人的社会适应性教育方面，缺少“死亡教育”与退休前教育，实行老龄文化教育是为了保护老龄人、“准老人”心理健康，帮助他们平稳过渡到老龄阶段，适应老龄生活。“而我国的老龄教育体系中对心理健康方面的教育关注程度还不够，因此导致不少离退休人员在初期无法适应这种闲适的退休生活，从而引发一系列生理与心理上的不适，严重者甚至会引起精神方面的疾病。”①

因此，老龄文化教育，就应该在提升广大老龄人科学素质和人文关怀教育方面，开展和谐科技文化教育，使老龄人在自立、自强、自信、自尊中，积极参与社会活动，倡导科学、文明、健康的生活方式和行为方式，不断提高老龄人的生命质量和生活质量，在社会进步和社会保障中，实现新的人生价值。

第四节　我国积极老龄化对策建议

一、积极老龄化需要科学、健康的理念

（一）正确认识人口老龄化，树立“不分年龄，人人共享”的老龄观

老龄化是一个责任社会无法回避的问题，与其悲观应对不如积极面对。“积极老龄化”是最新的国际老龄发展战略，其内涵是“健康、参与、保障”，强调引导全社会接纳老龄人，鼓励老龄人参与社会、经济、文化、精神和公民事务，为社会做贡献。“积极老龄化”为解决老龄人问题提供了新的思路，推广“积极老龄化”理念，由“输血”式帮扶转变为“造血”式引导，充分调动广大老龄人的参与热情，使老龄工作走可持续科学发展之路。

人类个体老龄化是历史的必然。因此，世界各国应该共同谋

① 陈昀．和谐社会视角下的中国老龄教育现状及对策［M］．长沙：湖北省社会主义学院学报，2006（6）．

划应对人口老龄化问题。为此，国际社会已召开第一次、第二次老龄问题世界大会并共同签署了《联合国老龄人原则》，共同决定“老龄人日”和“国际老龄人节”，而且各国首脑共同承诺要在各国建立一个“不分年龄、人人共享”的社会等。人口老龄化对人类是共同的问题，但由于各国发展水平不同，政治社会制度不同，历史文化传统不同和人口老龄化所达到的程度不同，各国对老龄化的战略对策重视的程度不同，重点不同，因而老龄政策既涉及对自然规律的认识，又涉及对社会规律的认识，既要认识普遍规律，更要认识具体规律。

联合国卫生组织在 2002 年发表的“积极老龄化”政策中，积极倡导老龄人继续参与社会、经济、文化、精神、市民社会等各个领域的活动，并强调：“必须认识到老龄人不仅有能力带头改善自身的状况，而且有能力带头改善整个社会，从而对社会作出贡献。前瞻性思考要求我们把发挥老龄人口的潜力作为今后发展的基础。”老龄人拥有丰富的知识、经验和技能，是社会的一笔宝贵财富，全社会要转变老龄人无能、老龄人是负担、老龄人是帮助照顾的观念，消除老龄歧视主义，积极地对待老龄人，让老龄人安享晚年。

国务院副总理回良玉指出，“十二五”期间，我国依然面临“未富先老”基本国情，人口老龄化、高龄化、空巢化将进一步加速，制定好老龄事业发展“十二五”规划，安排好当前和今后一个时期的老龄工作，是关系全局的一件大事和要事。要立足当前，着眼长远，着力推进“六个体系”建设：一要着力构筑老龄战略对策体系，强化战略思维，从物质、精神、制度和体制、机制等方面做好应对人口老龄化的全方位准备。二要着力发展老龄服务体系，培育壮大老龄服务事业和老龄服务产业，满足老龄人多层次、多样化的服务需求。三要着力完善老龄经济供养体系，加快推进覆盖城乡居民的社会保障体系建设，推进新型农村养老保险，解决无收入老龄人的社会保障问题，扩大覆盖面。四要着力建设老龄健康支持体系，大力倡导健康老龄化理念，大力发展老龄文化教育事业，加快建设老龄医疗服务设施，不断提高老龄人生命生活质量。五要着力打造老龄宜居环境体系，关注老龄人的特殊需求，弘扬尊老敬老赡养老人优良传统，探索推进“老龄友好城市”、“老龄宜居社区”和“老龄温馨家庭”试点，将老龄人宜居环境建设纳入城市总体规划，打造安全、便捷的居民生活圈。六要着力完善老龄工作体系，继续坚持“党政主导、社会参与、全民关怀”工作方针，规范发展基层老龄工作机构和老龄群众组织，构建齐抓共管的老龄工作格局。

因此，应对我国人口老龄化问题，必须强调老龄事业的“社会参与，全民关怀”。有必要采取积极有效措施提高全民对人口老龄化问题的认识，树立正确和积极的观念。老龄化问题是整体性的社会现象，如果把老龄化看作生命周期中的结构变迁，是每个人都身在其中，是每个人人生的必经阶段，与每个人的利益攸关，属于全社会的议题。

人口老龄化是历史的进步，是社会文明的成就。积极老龄化概念的提出不仅为研究人口老龄化提供了一个全新的问题解决模式，而且从开发“银发经济”、促进社会和谐发展的角度而言，也具有重大的现实意义。一方面，老龄化带来了健康消费品市场需求的急剧增加，为经济发展提供了内在需求。譬如，日本是老龄化最快的发达国家，由于担心今后老龄人得不到年轻人的照顾，许多新奇的发明和创意因此而生，促进了产业发展；另一方面，老龄人力资本也可以转换为生产力，促进经济的发展。老龄人的人生阅历积累带来的经验和智慧可以进一步为社会作出贡献，如科学型、技术型、知识型、管理型人才，他们对社会的价值创造并不会因为到了60岁的年龄而有所减少。这些人才完全可以通过各种方式组织起来，继续为社会创造财富。因此，人口老龄化并不可怕，社会应充分认识到老龄人的潜能，重视发挥老龄人的价值。在未来社会中，随着老龄人口质量的提高，老龄人不仅可以发挥余热，还可以主动地积极参与社会、融入社会、共享社会，这是积极老龄化思想的体现。

（二）树立积极的养老观念

养老起源于原始社会末期，经过夏商两代继承下来，但到了西周才在制度上臻于完善。《礼记·王制》："凡养老，有虞氏以燕礼，夏后氏以飨礼，殷人以食礼，周人修而兼用之。五十养于乡，六十养于国，七十养于学，达于诸侯。"这说明西周规定按年龄大小由地方或国家分别承担养老责任，在政策上，不仅中央要负责养老，地方也要负责养老。凡年满 50 的则养于乡遂之学，年满 60 的则养于国学中的小学，年满 70 的则养于国学中的大学。这种养老制度，自天子以达诸侯，都是相同的。不过一国的长老，由诸侯致养，若是天下的长老，则由天子致养。西周养老不仅鉴于老龄人积累有丰富的知识经验，更出于宗法的等级社会的需要：按长幼之序，定尊卑之礼。正如《王制》所说："养耆老以致孝。"《礼记·乡饮酒义》也说："民知尊长养老而后能入孝弟；民入孝弟，出尊长养老，而后成教；成教而后国可安也。"这就是西周重视养老制度的根本原因。

养老观是对老龄人晚年生活的总体看法，可以分为两类：积极的养老观和消极的养老观。现阶段很多老龄人持消极的养老观，因而要让老龄朋友树立"积极的养老观"，珍惜晚年生活，让晚年生活更有意义与价值。特别是在老龄工作中，通过对老龄人做思想政治动员、心理沟通，引领广大老龄人树立"积极养老观"，这一点应成为我国老龄工作的重中之重。

目前，我国的养老工作布局开始发生了变化。现在发展到了以居家养老为基础，开始兼顾养老护理，应该说开始了多元化的、多层次的一个政策性、结构性的调整。包括推进民间的养老机构的建设，使整个中国养老服务业的布局产生了重大的推进。

家庭、社会等要更新旧的养老观念，促进传统养老观念向现代养老观念的转变，促进家庭养老、社区养老与社会服务相结合的居家养老模式的实施。家庭养老模式是儒家文化的"孝"的强调，是中华民族绵延了几千年的优良传统，赡养老人的义务已经变成了每一个中华儿女的内在责任和自主意识，是其人格的一部分。这在广大农村也表现得毫不例外，而且由于我国广大农村的社会经济发展水平低下，实施其他养老模式的条件不太具备，家庭在提供生活照顾和精神慰藉方面又具有无可替代性。因此，目前家庭养老仍是我国农村养老的最主要模式。家庭养老的主要责任由经济供养转为提供精神慰藉和生活照料；社区根据邻里照顾模式，提供生活照料；社会通过社会保险、医疗保险等制度为老龄人提供基本的经济保障，同时也提供一部分生活照料和精神慰藉。而且我国现阶段已经在一些地方开始尝试实施居家养老，这一服务形式可以扩大到全国范围内，因为这一形式更新了养老观念、创新了养老方式，是解决养老问题的重要途径。只有树立正确的养老观念，才能发挥各方的优势，保证老龄人安享晚年。

随着经济社会走向现代化，养老方式必须从传统的家庭养老向社会化养老转变。我们国家长期是分散的、单家独户的小生产经营，家庭既是生产单元、消费单元、生儿育女单元，也是养老送终单元。在这种情况下，养儿防老就是顺理成章的事情。甚至认为“多子多福”，子女多，孝顺的人也多，是一种福气，导致人口膨胀。

随着经济社会的发展，社会化生产不断扩大；随着计划生育政策的推进，独生子女成为主流。家庭养老的方式显然已经不适应了。首先，在市场经济的大潮中，竞争很激烈，子女都要走出去求学、务工，创造自己的事业，实现自己的人身价值。如果按照“父母在，不远游”的老传统，子女常守在父母身边，不仅自身不能发展，社会也不可能进步。其次，子女自身也要组建家庭，他们的子女需要呵护，需要培养，需要花费时间和精力。再次，独生子女家庭越来越多，两个人要负责赡养和照顾四个老人，显然会力不从心。因此，转变养老方式，由传统的家庭养老转变为社会化养老是必然趋势，而且是当务之急。

在市场经济发达的国家，基本公共服务方面也发展得很好，从摇篮到坟墓都纳入了社会化服务的范畴，人们没有后顾之忧，可以集中精力学习，可以甩开膀子大干。所以，在经济发展到一定水平以后，一定要把发展社会事业放到重要位置，包括社会化养老事业。

同时，作为老龄人，要加强自己的修养，坚持终身学习理念，做到老有所学、老有所为。老龄人应在其身体力所能及的前提下，积极主动参加社会活动。特别是具有专业技术特长的老龄人，应增强自我开发意识，在更大范围内寻找适合自己发挥余热的岗位，发挥自己的专业才智与兴趣爱好。老龄人本身拥有丰富的知识、经验和技能，应该在培养教育下一代中，发挥示范和教育作用，将知识、经验和技能传授给年轻一代，积极适应晚年生活。而且老龄人自身必须自主自立，树立自信心，积极主动应对老龄期。

（三）培养积极的老龄经济理念

随着老龄人口数量的增加，老龄劳动力也随之递增，老龄资本也是社会财富的一种，同样创造经济价值。我国现阶段及未来的人口结构都显示了消费市场人群结构的变化，老龄人的增多加剧了老龄产品和服务需求的增加，也可以促进老龄产业的发展，因而要树立积极的老龄经济理念。

老龄社会的经济是可持续发展的，老龄产业的发展前景非常广阔。老龄产业的发展是满足老龄人物质需求和精神文化需求的重要保障，可以提高老龄人的生活质量。将老龄产业列入经济、社会发展目标，推动其健康发展。社会消费观念的整体变化、经济生活水平的提高和老龄人对生命价值的追求，我国老龄人的消费观念已经发生了巨大的变化，这些变化将有助于提高老龄人的消费欲望，促进老龄人对老龄产品和服务的消费。

加快老龄产业发展步伐，有利于最大限度地满足老龄人不断增长的物质、文化和精神需求，提高老龄人生活和生存质量，切实使改革开放的成果惠及到广大老龄人，为构建新时期不同利益群体提供必要的经济基础；有利于正确引导老龄人的消费观念与消费行为，促进老龄消费市场的繁荣和发展；有利于推动老龄产业成为国民经济中的支柱产业。

近几年来，老龄产业有了较快的发展，其在满足老龄人的物质、精神、文化生活需求方面，起到了积极作用。但是，总体看来，老龄产业还处于起步阶段，尚未形成一定的产业规模和产业链，其发展严重滞后于人口老龄化和经济发展。老龄产业发展滞后的原因是多方面的，主要存在以下问题：思想认识不足、政策扶持不得力、职能部门条块分割、政府和社会投入不足、产品与服务的研究开发不足、社会化程度较低、缺乏市场规范和行业标准、老龄产业整体经营粗放、社会保障制度不健全、老龄人的消费理念和水平有待提高、老龄产业人才匮乏等问题。为了加快老龄产业的发展步伐，应对人口老龄化高峰的到来，促进全国经济社会的协调发展，着力解决老龄人最关心、最直接的利益问题，推进和谐社会的建设。让老龄人既享有和谐社会的成果，也能成为构建和谐社会的一个有利因素。所以对老龄产业的发展问题提出如下几点建议：

1. 政府要加强对老龄产业的宏观指导和调控。老龄产业与其他产业的不同在于其公共性、福利性，它是产业和事业的结合，因而公共政策的推动不可缺少，社会管理和公共服务职能必须进一步加强。社会保障又是政府的责任和义务，发展老龄产业，需要各级政府的扶持和帮助，为老龄产业发展创造一个良好的条件。因此，各级政府应尽快制定老龄产业发展规划和产业政策，推动老龄产业健康快速发展。要逐年加大对老龄产业发展的财政投入，增加政府对老龄产业发展的扶持力度，并根据物价的变化相应地增加对老龄人服务产业的资金投入比例，在财力允许的范围内尽力为老龄服务机构和设施以及为老龄人提供服务的产业给予相应的资金支持，为老龄产业的发展提供资金保障。要采取政府主导的市场化、社会化、多层次的产业模式，引导社会各方面力量参与对老龄产业的投资，盘活存量，吸引增量，构筑多种经济成分并存和多种服务形式融合的新兴产业体系。要突出发展重点，合理布局，建立老龄产业开发示范区，并由此辐射建成涉及老龄产业的产业集群。要加大对发展老龄产业的宣传力度，努力为老龄产业的发展营造良好的社会氛围。要促进全社会的思想解放和观念更新，调动广大群众支持和参与发展老龄产业，推动老龄产业发展，使其逐步成为经济发展的新增长点。

2. 为老龄人提供合适产品和专业化服务。不同年龄的人群消费、需求是不一样的。老龄人是一个特殊的社会群体，不同年龄段的老人，在衣、食、住、行、用、医、娱、学、乐等方面，对消费产品和社会服务有不同要求，而这些要求又随地域、性别、文化、习俗、家庭、收入等背景的差异又有不同，这本身就构成了一个规模庞大、结构多元、丰富多彩的老龄人需求市场。因此，要加强老龄产业的市场研究，针对老龄人特点提供合适产品和专业化服务。政府和相关行业组织要加大支持力度，大力发展老龄产业连锁中心，加快老龄房地产业市场发展，开拓老龄康乐服务营销市场，开设老龄人用品专营市场、老龄用品专柜，辅以优惠政策，引导、培养、更新老龄人消费观念，让老龄人意识到改善生活质量、提高生活水平、适度消费是必要的。而老龄用品生产企业应认真搞好市场调查，摸清老龄人口规模、老龄人口结构、老龄人口的收入水平、老龄人口的特殊消费需求对市场结构的影响以及老龄人的消费心理和消费特征，增强预见性，使老龄产品的开发符合老龄人的实际需要。

3. 加快老龄产业人才培养。一是积极培育和发展为老龄服务的中介组织和志愿者队伍，并教育他们树立起“今天的老龄人，就是明天的自己”、“为老龄人服务光荣”的思想。二是加快培养老龄产业管理、服务人才。老龄服务产业涉及多个专业，应该鼓励医学、心理学、社会学、公共管理、管理学等相关专业的人才从事老龄产业的管理和研究。同时，有计划地在有条件的高等院校开设人口老龄学专业和老龄工作与管理专业的本科和研究生课程，培养正规的老龄服务、管理的专业人才。三是实现老龄服务人员的职业化、专业化。鼓励和支持有条件的高等院校、职业教育机构、医院和疗养院等部门，大力开展老龄服务人员的培训工作；要鼓励和支持更多人投身老龄服务产业，不断扩大老龄产业从业人员队伍。

4. 充分发挥老龄人的社会价值。老龄人群体是蕴藏着技能、经验、智慧的人才宝库，忽视老龄群体的作用，会导致人才资源的极大浪费，影响社会经济的可持续发展。老龄群体不仅是社会资源的消费者、社会化发展的受益者，更是未来社会发展的参与者、建设者。我们要充分认识到，在社会飞速发展的今天，老龄人力资源，特别是人才资源的价值和重要性在日趋升温，一个健康的、有知识、有技能、有爱心的老龄人群体是极为宝贵的社会财富。一个社会越是能及早地认识这一点，就越能及早地获得老龄化的净收益。因此，我们必须高度重视老龄人在社会经济发展的重要作用，大力挖掘、开发、利用老龄人群中的人力资源，最大限度地发挥老龄人在构建和谐社会、全面建设小康、建设社会主义现代化中的作用。要根据社会需要和自身意愿，鼓励、支持老龄人参与社会事务，既为社会创造了财富，减少社会对老龄人的供养成本，维护社会的稳定，为社会做出重要贡献，也是对老龄人群社会价值的尊重。实现老有所为，可以给予老龄人极大的社会满足感，有利于其身体健康，更大程度地满足老龄人的精神和生活需要，也可为老龄人增加收入，提高生活质量。

（四）更新老龄人介入社会工作的理念

随着人口老龄化程度的不断加深，特别是老龄人口的高龄化，给社会经济发展和人民生活等各个领域带来广泛而深刻的影响。因此，要注意人口老龄化给社会生产、消费、分配等领域带来的影响，从改革、发展、稳定的高度，把老龄事业纳入社会可持续发展战略。因此老龄人要适当地介入社会。

1. 老龄人自身角色的调整

老龄人自身应该加强道德修养，及时调整退休以后的生活角色，尽快地建立起科学的生活方式。老龄人应该培养更多、更健康的兴趣爱好，以便使退休以后的生活更加健康、合理和丰富多彩。

（1）参与家务劳动。老龄人退休之后，参与力所能及的家务劳动，比如整理房间、清洗地板、洗刷衣服、购买日常生活用品、洗菜做饭等，帮助下一辈照顾孩子。这样既能保持自己身体的运动能力、调整退休以后的生活，增进与后辈的感情，又有利于家庭关系和睦。

(2) 加强体育运动。很多老龄人十分注意饮食起居，坚持早晨起来锻炼身体，通过打太极拳、慢跑、舞剑以及跳舞等体育运动，一方面保持或改善自己的生理机能，从而促进心理健康；另一方面充实自己的闲暇时间和提高生活质量。健康的、适量的体育运动对老龄人顺利度过闲暇时间十分有益。

(3) 增进脑力活动。老龄人坚持让自己的大脑处于运动状态。如果平时通过读书、看报、欣赏电视节目和收听广播、下棋打牌以及与人交谈来增加脑力活动，就可以使智力和心身健康保持在正常的水平之上。

(4) 培养兴趣爱好活动。老龄人离休、退休之后都能有意识地培养几项自己所感兴趣而且健康、有益的爱好活动来充实自己的晚年生活。比如，上老龄大学学习绘画、书法、推拿、烹饪、歌唱、摄影、编织等技术和知识，或者在家里探索种花、养鸟、雕刻等方面的技艺和经验，或者在公园里参加老龄人“戏剧角”、“交谊舞天地”、“棋牌室”等的娱乐活动。丰富多彩的兴趣活动既能使老龄人科学地利用退休以后的空闲时间，又陶冶了老龄人的道德情操。

(5) 参加社交互动。许多老龄人在社区里通过加强人际交往来构筑互相帮助和互通信息的网络。许多老龄人组织并参加各种协会，在协会的日常活动中增进与其他老龄人的协商和沟通，齐心协力办好事、办实事。有少数身体状况不错的老龄人自觉组织起社区治安老龄巡逻队，既增强了老龄人之间的凝聚力，也进一步密切了老龄人与社区其他成员的关系。这些走出家门的社交活动使老龄人的晚年生活更加充实、愉悦。

2. 政府部门的正确督导

政府部门应该根据本地区人口老龄化的发展态势，对老龄人活动设施的开设，在人力、财力和物力上予以更多的投入，对老龄人发挥余热的积极性要予以保护、引导和鼓励。

(1) 加强老龄人活动的硬件设施建设。建设社区老龄活动室和老龄健身广场，组织开展好各种活动，要将积极老龄化的理念融入老龄工作中，努力调动老龄人的自身潜能，让他们更加积极乐观地参与社会、参与生活，健康快乐地欢度晚年。

(2) 增加家庭及社会各阶层对老龄人的关心。

社会各个阶层特别是社区组织和家庭成员要多关注老龄人的心理动态，多关心老龄人的生活起居情况，要经常开展咨询教育等活动，帮助部分老龄人把主要精力重新放到有益的事情上来。一是要帮助老龄人“老有所学”，21 世纪是学习的世纪，由于新知识、新技术日新月异，这就需要人们通过不断的学习去掌握；社会转型期出现的新情况、新变化要求人们经过不停的学习去适应。正如美联储前主席艾伦·格林斯潘所讲的“中学或大学教育就能管一辈子的时代已经一去不复返了，学习越来越有必要成为一种终身的行为”。社会各个阶层应努力为老有所学营造一个良好的环境和氛围。老龄人用于学习的时间多了，用于其他心思的闲暇时间就少了，日子也就过得更加充实。二要帮助老龄人“老有所养”。这不仅仅是物质生活上的赡养，更指精神生活中的敬老、护老。要动员家庭成员增进对老龄人的关心和呵护，多与家庭中的老龄人交流沟通，对于消除老龄人消极情绪会有很大帮助。同时，要发动社会各界力量探索建立老龄人与子女“分而不离”的模式，让子女与老人之间始终保持密切的联系。三要帮助老龄人“老有所乐”。一方面，老龄人要培养健康、积极的兴趣爱好，善于从日常生活中寻找乐趣；另一方面，是我们社会各个阶层的人群都要改善老龄人的精神生活环境。社区应该发挥主体作用，组织形式多样、内容丰富的文化娱乐活动。比如，组织老龄人京剧戏迷社、秧歌队、夕阳合唱团、书画组等。老人们通过参与这些文化娱乐活动，可以排遣心中的衰老感、孤独感、失落感，心情愉悦欢乐。社会各个阶层也要通过各种宣传工具和教育方式，引导老龄人主动寻求欢乐。通过宣传和教育，让更多的老龄人领悟这样的道理：欢乐有利于调节自身的生理机能，使老龄人身体健康长寿；欢乐能增进人与人之间的和谐，使老龄人在充满关爱的人文关怀中安度晚年。因此，老龄社会服务工作需要全社会的参与及支持。

二、积极老龄化需要政策的保障

世界卫生组织在积极老龄化——政策框架中指出：积极老龄化对个人和群体两者都适用。它容许人们在一生中能够发挥自己在物质、社会和精神方面的潜力，按照自己的需要、愿望和能力参与社会，在需要帮助时，能获得充分的保护、安全和照料。所以，积极老龄化政策的制定要针对个体老龄人和群体老龄人所遇到的问题，制订符合实际情况的计划。使老年人进入老龄时能够按照自己的能力和爱好继续工作，由于老龄人年龄结构的不同，低龄老龄人和高龄老龄人面临的问题也不同，因而制定积极老龄化政策时要考虑年龄结构的因素和人口老龄化社会结构与未来经济社会发展所需的劳动力需要。通过人口结构的变化来缓解人口老龄化，有效地应对人口老龄化。

（一）积极老龄化中的老龄养老制度

大力发展居家养老，拓展社区养老功能，完善社区老龄服务产业。居家养老是指以家庭为核心、以社区为依托、以专业化服务为纽带，重点为居住在家的老人们提供日常生活和精神生活的社会服务模式。具体说就是“双家式养老”，即老人白天生活在社区，晚上生活在自己家，在特殊情况下由社区提供服务。大力发展居家养老和社区养老服务是最符合中国的文化传统和现实国情的养老模式。社区是人们的社会活动和社会交往的空间地域，是联系政府、社会和家庭、个人的桥梁与纽带。随着老龄社会的来临，社区成为老龄人口活动的基本场所。依托社区，为居家老龄人提供生活照料、家政、康复护理和精神慰藉等服务，让老龄人既不脱离家庭，又能获得专业化的社会服务。政府有关部门要把社区为老龄服务工作列入重要工作日程，应以社区公共服务设施为基础，建设生活服务、文化娱乐、医疗康复和紧急救助设施，为居家养老设立量身定做的服务。以社区服务站为依托，为社区老龄人提供家政服务；以社区卫生服务站为中心，为社区老龄人开展健康服务；以社区为基点，全力保障社区老龄人权益；以社区居民学校为阵地，加强社区老龄教育和思想政治工作；从设施、管理、服务、资金筹措、从业队伍等几个方面入手，逐步形成多方参与兴办，运作机制完善，政策法规配套，管理规范有序，专业化程度高的社区为老服务体系，并以此为依托，逐步满足社区老龄人物质文化生活需要为目标，积极探索新时期社区为老服务的新路子，全面提高社区老龄人的生活质量。所以，完善老龄人养老制度，一方面积极倡导家庭养老模式，重视家庭养老的功能，投入足够的人力、物力、财力，为居家养老提供有效的服务；另一方面，重视社会养老机构的建设，把国家、政府、社会提供的养老设施作为老龄人的最后保障。与此同时，要实行多层次的养老保障制度，国家、企业、个人都要积极参与。在新的形势下，单独依靠任何哪一方都不可能解决所有的养老问题，政府、市场、单位、社区、家庭和个人是合作关系，而不是依赖关系。为此，各方都不要等、靠，而是要积极做好自己的工作，主动应对人口老龄化及其带来的问题，以此提高老龄人的生活水准与质量，达到与社会的和谐。

建立和完善异地养老新模式。异地养老，就是指老龄人离开现有住宅、到外地居住的一种养老方式。异地养老的实质是非出生地、非户籍所在地的养老方式，包括长期性迁居养老和季节性休闲养老。异地养老是对居家养老的重要补充，主要针对那些有经济实力、身体状况都比较好且有异地养老意愿的老人。异地养老体现了老人养老能力的增强、养老观念的更新和养老需求的多样化。

异地养老在我国已具备了可行性：一是由于人们思想观念的转变，许多老人产生了“趁身体还可以，到外面走走看看”的愿望；二是随着人们生活水平的提高，一些老人自己或子女具备了一定的经济能力和异地养老消费能力；三是各地养老机构的数量及规模、服务水平及设施都有了显著的提高，能够为老人提供较好的甚至个性化的服务。异地养老其意义和作用是巨大的：一是异地养老打破了传统养老的时空界限，为全社会老龄人安度晚年提供了更大更广泛的时空选择，也为更好地缓解和解决亿万老龄人的养老问题开辟了新的途径，减轻了巨大压力。二是异地养老可以使养老资源的配置更加适合市场经济发展的客观要求，有利于缩小和消除地区间养老事业发展的不平衡性。三是异地养老有利于使现有的养老资源充分利用起来，最大限度地发挥出其应有的作用，可以更好地避免有限养老资源的闲置和浪费。四是异地养老可以通过养老对象的流动迁移和对照比较，通过各地养老机构的观摩、交流、学习和竞争、优化，大幅度提升全国为老服务机构和设施的软、硬件质量，提升为老服务人员的素质和服务技能。五是异地养老可以开辟和培育出一批新兴的老龄产业发展基地，造就并形成规模宏大的老龄产业链，催生专业化、规范化、标准化的新兴为老服务业，为整个国民经济发展注入新的生机和活力，为下岗再就业工程的实施做出更大贡献。

总之，异地养老是市场选择和社会选择的结果，应该成为我们更多地关爱老龄人的新型养老方式，其发展需要科学的理论指导和有效的政策推动。政府要着力减少和打通异地养老的政策与法律障碍，力争早日实现异地养老“全国一盘棋”的政策和制度环境。

建设社会化养老事业，既要参照国际行之有效的经验，也要从中国的实际出发，逐步形成有中国特色的社会养老服务体系。一是构建覆盖城乡居民的社会保障体系。要使城乡居民中的老龄人都能享受到养老金，享受到医疗保障，逐步做到基本公共服务均等化。二是建立社区养老服务体系。居家养老，社区提供服务，这是目前值得大力推广的模式。社区服务包括生活照料、医疗、保健、康复、文体以及精神慰藉等。现在一些空巢老人请了保姆，只能起到生活照料的作用，不仅服务内容单一，而且还要协调关系，成本也比较高。如果由社区统一安排经过培训的人员上岗，服务人员按照专业分工，可以同时为几家老人服务。社区统一管理，统一收费，不仅服务质量高，而且也可减轻老龄人的经济负担。三是建立老龄公寓，让入住老龄人享受优质服务。过去的城市福利院，是收养那些无子女、无工作能力、无生活来源的老人。农村的敬老院，是收养五保户。老龄公寓是设施完善、统一为老龄人提供优质服务、让老龄人颐养天年的场所，是集生活照料、医疗保健、文娱体育、琴棋书画、看书学习、精神慰藉等为一体的服务机构。四是医院要为住院老人提供优质护理，使所有护理均由护士承担。

随着社会化养老服务事业的推进，急需建立一支具有职业道德、专业知识的养老服务队伍，鼓励大专毕业生到养老服务机构工作。职业院校应有这方面的专业。同时要建立一支养老服务的志愿者队伍，使老龄人生活在处处受到关爱的环境中，使中国尊老爱幼的美德真正落到实处，使中国的敬老事业迈向现代化、社会化。提倡“文化养老”的理念，解决老龄人贫乏的文化生活现状，亟须党和政府统筹谋划，相关部门联手协作，配套措施及时跟进。譬如：政府需加大投入，完善健身、休闲设施；出台灵活机制和优惠政策，开放公共服务领域，满足老人健身、娱乐之需；健全制度、完善措施，跟踪保障老龄人的活动安全等。鼓励离退休人员“走出来、学起来、动起来、乐起来”，离退休人员在加入了适合自己的社团组织后，真切感受到了“乐在学中、乐在动中、寿在其中”。

（二）积极老龄化社会的老龄人健康标准

从全球范围来看，人口老龄化的趋势不可逆转。人口老龄化给世界经济社会发展带来的影响不断显现，其与国际金融危机经济动荡交织在一起的现实，使得世人为此忧虑。以美国为例，随着婴儿潮二代人逐渐进入退休者行列，社会养老保险与老龄医疗服务的开支将会猛增，美国政府在未来10年内可能面临新增10

万亿美元债务的局面。在我国每个人和家庭都应该为自己或家人进入老龄期做充分的准备，所以在进入老龄之前努力进行个人的健康实践。健康的老龄人很少在生活上遇到障碍，他可以自己照顾自己，也会缓解社会照料不断增加的压力。

老龄人基本解决温饱问题后，最关心的就是自身的健康和医疗卫生保障，同时这也成为其家人最为关注的问题之一，老龄人的健康状况往往会影响到整个家庭的生活水平。家庭的小型化使家庭养老功能弱化，而社会为老服务发展严重滞后，难以满足老龄人群体，特别是迅速增长的"空巢"老龄人、高龄老龄人和带病老龄人的服务需求。许多生活照料、精神慰藉等为老服务也都存在发展缓慢的问题，还不能满足老龄人群日益增长的需求。

同时，政策制定者有必要考虑一下降低病残率所带来的好处。降低残病率，可以增加老龄劳动力，他们在社会上工作将带来很大的社会效益和经济效益，而且也减少了医疗开支，缩减了医疗保险费用，减轻了国家和社会的负担。身体健康是一方面，但是仅靠身体的健康是不行的，21 世纪的健康观念已扩展到了心理健康等方面。新的健康的观念：包括身体健康、心理健康、社会健康和道德健康，综合起来就是身心健康。因而，在制定老龄政策时，要树立健康长寿的思想，把老龄人的健康作为考虑的因素之一，树立健康第一的观念，让老龄人积极进行自我保健，在参与活动的过程中，保持身心和谐，达到身心健康。从积极老龄化的观点来看，老龄人也要保持积极的心态，这样才能有效地参与社会生活，有效地为社会保障贡献力量或有效地享有社会提供的保障。拥有积极心态的老龄人，尽管生理年龄很大，但他们拥有年轻的心理年龄，其良好的心理状态可以提高其生活质量和满意度，减少对社会的抱怨，这也是主动适应社会的表现。我国社会经济发展带来的巨大成果之一，就是人口寿命延长，而卫生事业的发展和医疗技术水平的不断提高，使得老龄人即使在带病情况下也能够更长寿。

（三）积极老龄化社会的老龄医疗保障体系

积极老龄化倡导提高老龄人的生活和生命质量，为老龄人提供物质方面和精神方面的健康服务，因而要建立和完善有利于促进健康的政策体系，这也是老龄人医疗保险要达到的目的，即提升老龄人的生命质量。这项政策体系应该有利于所有年龄段人群的健康：生理、心理健康和适应社会的能力。降低慢性病和机能下降的风险因素，提高保障因素，使人们享受时间更长、质量更高的生命；使所有的人进入老龄后仍然保持健康和生活自理，较少的老龄人需要昂贵的医疗和照料服务；对于那些确实需要每日照料的人，应当让他们享受到全方位的健康服务和社会服务，保障他们的权益。

随着社会经济的不断发展，我国老龄人口的预期寿命逐渐延长，但同时由于人们生活行为方式和习惯的某些改变、环境污染、社会竞争程度造成的心理压力加剧等因素，使得老龄人脑血管病、心血管病、恶性肿瘤、糖尿病、消化系统疾病、精神性疾病和骨儒疾病等慢性、非传染性疾病的发病率居高不下，甚至出现较快上升的趋势，总体健康状况令人担忧，由于这些慢性疾病的带病期较长，家庭经济负担相对高，既影响老龄人的生命生活质量，又形成严重的公共卫生问题，使老龄人健康和长期照料问题面临挑战。

医疗服务的获得和费用承担能力对老龄人的生活质量有着十分重要的影响。通过对医疗服务问题的几个方面进行了考察，包括正规医疗服务（到医疗机构看病、医生上门看病、住院）、非正规服务、医疗服务的使用和医疗费用承担问题。尽管我国医疗制度的改革正进行得如火如荼，但对于老龄人使用医疗服务的研究却尚未得到广泛开展。中国城乡老龄人口抽样调查数据提高了我们对使用各种医疗服务的老龄人的特征的经验性认识，也提供了关于影响医疗服务使用的各种因素的信息。到医疗机构看病的次数是评估对正规医疗服务使用的一个指标。我国老龄人 2006 年平均每人到医疗机构就诊 5.2 次。城乡居住地点的差异对老龄人看病的次数有影响，调查中发现，城市老龄人平均每人看病6.1次，农村老龄人平均4.8次。

（1）城乡老龄人就医情况的年龄和性别差异。

医疗服务的使用频率一般随着年龄的升高而上升。城市70～79岁组的老龄人到医院看病的平均次数最多，反映出这一年龄段老龄人的高发病期特征；而80岁以上老龄人请医生上门看病的平均次数最多，表明高龄老龄人的行动不便状况要比低龄老龄人严重得多，这对社区卫生服务提出了更高的要求。

医生上门服务在城市开始普遍，反映了我国城市社区医疗卫生事业的蓬勃发展，老龄人一般就医和治疗可以在社区内解决；而医生上门服务在农村地区的盛行至少在一定程度上是对医疗服务的有效补充。鉴于医生上门服务是农村老龄人医疗服务的普遍形式，因此保证农村地区医务人员素质和医疗物资的可及性具有十分重要的意义。一些研究显示，农村地区的医生很多都是乡村医师，他们接受的专业培训比较少，服务规范也有待加强。

（2）不同婚姻和受教育状况城乡老龄人的就医情况。

受教育程度对老龄人医疗服务的利用有直接的相关关系。文化程度高的老龄人到医院看病的次数相应高些，而小学和文盲文化程度老龄人分别平均看病5.1次和4.8次，这主要还是受医疗保障程度的影响。请医生上门看病和住院次数并不因受教育程度不同而有差异。不同婚姻状况的老龄人对医疗服务利用的差异不大，从未结过婚的单身老人对就医等医疗服务的使用相对较低，分居及离婚后的老人使用医疗服务的频率较高。

（3）城乡老龄人就医状况的变化。

城乡老龄人平均看病次数变化不大，只增长了8.3%，而平均住院次数和平均卧床天数上升幅度较大，其中，高龄老龄人总数增长较快是个不可忽视的因素，高龄老龄人的平均卧床修养天数明显高于其他年龄段的老龄人。

（4）医疗卫生资源保障。

经过近60年的建设和不断努力，我国医疗卫生体系达到了一定的规模和比较完整的体系，医疗水平迅速提高。但是我们必须看到发展中还存在许多问题，最突出的就是城乡发展不平衡，城市的医疗卫生服务体系相对比较健全，而在农村地区还有较大的欠缺。随着农村经济体制变革，农村的医疗保障体系遇到了很大的困难。面对医疗服务水平要求的提高，改革开放前的乡村医疗队伍难以适应农村的医疗需求，缺乏后继专业人员，多数农村合作医疗体系解体，农村的医疗卫生仍然面临着很严峻的形势和挑战。医疗服务体系作为供给方，如何实现其公平性，如何使卫生保障费用的分担更加合理，如何更合理地配置和发挥有限资源的效率，为全体国民，特别是老龄人提供基本的、可靠的、有保障的医疗卫生服务，政府制定的相关公共政策及其导向、协调作用是决定因素。

由此可见，从政府方面来说，要建立和完善医疗保险制度，让农村和城市的老龄人都享有基本医疗保险，缩小城乡差别。同时也要重视社区医疗的作用。社区是老龄人生活的基本环境，解决老龄医疗保障的基点应当放在社区，形成老龄医疗保健体系。该体系应以社区为中心，以家庭为单位，以社区医疗服务站为依托，为老龄人提供综合的卫生保健服务。除此之外，政府还应该建立一套可行的、高质量的、适合老龄人的健康和社会服务体制，提供终身保健服务，包括促进健康、预防疾病、平等的社区支持、有尊严的长期保健和临终关怀等贯穿于生命各个阶段的照料体制，保障老龄人都能够“老有所医”。

把老龄卫生工作与医疗体制改革相结合，积极发展社区卫生服务，提倡老龄人科学健康的生活方式，对高发慢性病采取有效干预措施、提高健康教育水平、防治结合，预防或推迟疾病和伤残的发生，延长老龄期健康期望寿命，提高老龄人生命生活质量，已经成为重要而紧迫的任务之一。

（四）积极老龄化社会的社会救助工作

社会救助是依据法律的规定，政府和社会对于因为自然灾害和其他原因无法维持最低生活水平的个人或家庭给予帮助。救助的内容可以分为贫困救助和灾害救助。

从我国现在的社会救助实践看，国家已经建立和实施了城市居民最低生活保障制度、救灾制度、农村五保供养制度、农村特困户救助制度、流浪乞讨人员救助制度。医疗救助、教育救助、住房救助、法律救助等专项救助也正在积极推进中。随着社会救助单项制度的不断健全完善，制度之间的衔接和配套正在推进，现在的社会救助已经进入了制度体系建设的阶段，而民政部门是救助活动实施的执行主体。2002 年，国务院召开第十一次全国民政会议表示，社会救助要以救灾分级负担制度为基础，社会动员机制为补充应急措施配套的灾害救助体系。

1. 城镇“三无”老人与农村五保户的社会救助

《关于加强老龄人优待工作的意见》要求，贫困老龄人要按规定纳入城乡社会救助体系。《城市居民最低生活保障条例》规定，城市“三无”（无劳动能力，无人赡养，无经济来源）老人均可按当地城市居民最低生活保障标准，全额享受低保救助。目前，全国所有城市贫困老人均已纳入低保救助范围，实现了“应保尽保”，一些地方还对鳏寡老人、贫困老龄人给予重点救助，将其享受的低保金在当地规定标准的基础上上浮 20%左右。

2. 城市贫困老龄人家庭的救助

我国已向城市最低生活保障家庭提供最低生活保障救助，并保障城镇地区最低生活保障资金每月足额发放，低保对象中的老龄人因患大病住院治疗，发生的医疗费用经大病医疗保险报销后，符合条件的可到民政部门申请医疗救助。

3. 农村贫困老龄人家庭的救助

中国目前的农村社会救助对象有三个部分，一是农村低保对象；二是农村特困救助对象；三是农村五保对象。

目前，农村社会救助人数占到农村人口的 1.4%。农村最低生活保障家庭户数达到了 406 万户，人数达到 825 万人；农村地区最低生活保障平均标准达到每月 76 元，平均补差水平达到 38 元。农村特困救助达到 654.8 万户，人数达到 1066.8 万人；农村特困救助的救助标准是每月 40 元，平均补差水平达到 24 元。同一年，农村五保户达到 349.7 万户，救助标准为每月 136 元。根据 2005 年全国调查推算，有大约 516 万户农村老龄人家庭申请了低保救助，有 413 万老龄人家庭，546 万农村老龄人获得了救助。

相对而言，城市的社会救助（低保）比农村的社会救助做得要好。城镇退休职工的基本生活保障已按规定实施，也取得了一定的成效；农村则不然，很多贫困户、贫困人口没能够享受到国家和社会的帮助，依然未脱贫。尽管国家制定了关于贫困地区社会救助的政策，投入了大量的资金，在很大程度上取得了一定的成效。但是积极的政策应该是让所有贫困地区利用国家给予的资金和技术投入，实施专项的发展项目策划，发展经济。为此各地纷纷出台政策制度规则。比如，广东省出台了《广东省最低生活保障资金管理暂行办法》和《关于进一步落实我省农村最低生活保障制度的工作方案》。文件规定，低保资金按属地管理原则列入财政预算，省财政对经济欠发达地区按城市 30%、农村 50%的比例给予补助；低保资金要建立专户，并实现转移支付和社会化发放制度，保证低保资金安全及时足额发放到低保对象手中；建立低保工作奖励机制，特别是经济欠发达地区开展低保工作成绩突出、做到应保尽保的，省财政按上年度安排补助资金数的 10%给予奖励。对于老龄群体，国家和社会应该做的是，不仅保障其基本生活，更要让老龄人在晚年生活中，有效地利用其自身优势，发挥余热，老有所为。农村老龄人特别是贫困户、五保户的救助涉及经济、社会、文化等社会性问题，政府应该充分动员全社会广泛参与，从实情出发，制定救助规划，及时调整政策，在经费来源渠道、供养标准、发放方式等方面采取有效措施，让农村老龄人在其最后一个生命历程中得到帮助。

我国政府应积极完善社会救助机构，建立协调机制和管理平台。严格监督经费的落实工作，做到有部门管理、有规范的制度、有保证的体系。政府各部门要形成相互理解、齐心协力的工作机制和氛围，共同建设好社会救助体系；加强社会救助队伍的建设，合理配备人员。救助工作人员不仅要有过硬的专业知识，还需要有爱心和耐心，必须照顾到救济对象的尊严，要避免施舍、恩赐等错误想法及态度。同时要大力发展社会救助工作志愿者，不断提高社会救助工作的质量；要整合救助资金。逐步将目前的城市低保资金、农村低保资金、农村五保资金、医疗救助资金及社会福利资金等进行适当整合为社会救助资金，集中统一使用，统一管理，以发挥救助资金的最大使用效益，达到对困难群众的救助目的；全面、深入宣传社会救助政策。政府部门在宣传和努力做到“应保尽保”的同时，要让大家明白享受社会救助是公民的一项基本权利，但同时也必须尽公民的义务，如参加社区组织的公益劳动，在接受帮助的同时力所能及地帮助别人等。

（五）积极老龄化社会的老龄人力资源政策的作用

老龄人作为重要的人力资源，还可以为社会创造更多的价值。然而，在我国的老龄劳动力却受到冷落，甚至遗弃，这就造成了大多数老龄人退休后没有继续为社会工作而赋闲在家，只有少部分老龄人继续参加自愿的、临时的社会服务工作，这就造成了人力资源的浪费。与我国情况不同的是，在发达国家，老龄人是非常重要的人力资源。很多老龄人退休后愿意继续为社会工作，他们认为工作是他们融入社会的又一个机会，是他们发挥余热的一个重要的舞台，是他们的一大乐趣，所以老龄人的就业前景非常广阔。比如，近年来，美国老龄劳动力日渐“走俏”。这一趋势在零售、保健以及其他服务业中表现尤为突出，美国60岁以上的人口就业率近几年也出现较快增长。据美国劳工部统计，在1994年至2004年间，65岁至69岁年龄段的老龄男性就业率从27％上升到33％，女性就业率也从18％上升至23％。目前美国60岁至64岁的老龄人就业率为49％，其中男性和女性就业率分别达到近55％和44％，均比10年前有较大幅度提高。而且，一些公司为了吸引更多的老龄人就业，还提出了不少优惠条件。例如，一些大型零售公司对老龄雇员进行“候鸟”式工作安排，即冬天到南部气候温和的佛罗里达州的连锁店上班，夏季则将其安排到气候凉爽的北部地区工作①，实施了很人性化的管理，既考虑了老龄人的利益，也为公司赢得了利益。这样不仅降低了整个社会的养老成本，而且还增加了税收收入，经济发展较之前取得更快增长。

老龄劳动力的再就业，对老龄人自身来说，除了丰富晚年生活外，还能增加收入，积累更多的物质财富，为以后生活提供物质保障；对企业来说，可以减少生产成本，提高劳动竞争力；对于政府来说，老龄人继续工作不但推迟了领取社会养老保险金的时间，相反还通过纳税等继续为社会养老保险基金的积累作出贡献。可见，老龄劳动力的就业使老龄人力资源得到了进一步的发挥，减少了社会劳动力的浪费，为社会创造了巨大的财富。我国应该吸收国外的经验，充分发挥老龄劳动力的优势，实现老龄人的价值。因此，制定老龄政策时，要充分考虑老龄人的需求与意愿，让老龄人在其老龄前期继续就业，实现个人价值，创造社会价值。

从我国劳动力市场结构的角度看，劳动力退休后的再就业应受到鼓励。因为老龄人是社会人力资源的一个重要组成部分，特别是我国的“年轻老龄人”数量巨大，在他们之中蕴藏着无限的知识、经验和智慧，应该得到充分的发挥与运用。在我国目前产业结构调整与转换过程中，将不可避免地出现一些特殊工作岗位的机构性缺失，而这些空缺极可能就是年轻劳动力不愿意做或不能做的。而且重视老龄劳动力的就业问题，可以为未来经济和社会发展提供有益经验。

（六）积极老龄化中的老龄教育政策

老龄人不仅是受教育者，同时也是教育者。老龄人作为教育的主体，需要继续学习，终身学习。老龄退休后面临着从职业角色向非职业角色的转变，角色适应性问题给老龄群体带来了强烈

① 方丽．老龄人成美国职场“新宠”[J]．老友，2006．

的心理困扰。老龄人在离退休之前，有一定的社会地位和广泛的社会关系，其生活的重心由单位工作变成了家庭琐事，广泛的社会联系忽然减少，这使他们感到很不习惯、难以适应。在目前中国的家庭养老模式状况下，由于老龄人收入水平下降，社会地位下滑，子女们又忙于自己的工作和生活，对老龄人缺乏应有的孝敬或尊重，无法满足老龄人的情感需求，也会给老龄人带来较为严重的孤独感。孤独感严重的老龄人产生了消极自卑心理，甚至萌发自杀意向。渴望平安、健康、幸福地安享晚年是每一个老龄人的心理期待，如果这种美好愿望遇到现实生活中的意外打击，这种负性刺激就会形成强烈的冲撞。譬如遇到老龄丧偶的打击，再加之缺乏强有力的社会和家庭支持，老人的精神会很快垮掉，甚至导致早亡。

老龄人虽然离开了工作岗位，但是并没有脱离社会。他们回到家里生活之后，很多人不能很快转变思想，尤其是一些高级领导干部，生活落差比较大，很难适应新的角色。如果让老龄人参加一些力所能及的社会活动，接受各种各样的社会类老龄教育，这样就能慢慢地适应退休后的生活。老龄人参加学习、接受教育，不仅能使他们获得各种知识和技能，在心灵上获得更多愉悦，而且能够充分发挥老龄人的主动性和创造性，提高老龄人的生命质量和生活质量。只有充分发挥老龄人的主动性和创造性，才能实现人的全面发展，达到人与社会的和谐。

首先，老龄阶段是人生重要的、有价值的阶段，尽管老龄人的社会活动有所减少，但他们本身仍具有的自主能力和实践能力，甚至在自觉性方面还超越了其他阶段。因此，我们不能仅仅因为老龄人本身生理机能的减退而否认老龄人为社会做贡献的自主能力。因而老龄人具备巨大的发展潜能，并需要接受继续社会化教育；其次，老龄人的智慧是人类社会整体智慧的重要组成。一个人在人生最后阶段达到的智慧是一生智慧的最高阶段，经历了几十年社会实践和风雨洗礼的老龄人，以其丰富的阅历、经验体现着人的本质。就老龄群体而言，他们传承了上一代人的劳动生产力、社会环境、文化的积累，自己又从事大量的社会劳动和生活实践，积累了丰富的经验，因而对世事有着广泛的阅历和深刻的体会，对社会活动和劳动生活掌握较多的知识和技能，而且在人生历程中经受过多方面的磨炼，具有全面而丰富的存储量。但随着老龄人体力、智力的减退以及逐步退出经济和社会发展的领域，成为社会闲散人口，心理就形成巨大的落差，这就孕育着潜在的心理危机；再次，社会传统思想和文化在老龄人生活中根深蒂固。他们往往按照自己获得知识的方式，希望以其"学富五车"的巨大信息和能力，像接力赛一样地把接力棒传递给下一代，他们所具有的丰富的生产劳动经验和技能，是家庭和社会的无形资产。因此，任何个人通过社会化的过程接受千百年来人类创造的文化与文明，这种接受不是自然的获得，而是通过一代代人的培育和教化，具有丰富社会经验的老龄人正是这种接力棒的传递者。但是，现在的年轻人不再完全接受"听老人言"为准则的几千年的尊老传统文化教育，加之老龄人生理功能减退，这种高度的自我认同感渐渐被强大的失落感所覆盖。

老龄人虽然以其丰富的人生阅历彰显了巨大的生命价值，但随着新技术革命的兴起给全球带来了翻天覆地的变化，现代社会生产生活方式的快速变化使老龄人的心理蒙上了一层阴影，他们眷恋过去、恐惧未来，对自身生存的价值感到迷惘、困惑。所以，要促进老龄人的心理健康，发挥老龄人的社会价值，老龄文化教育无疑是一条最好的途径，通过老龄文化教育能够使老龄人获取新知识与生活乐趣，并使他们不脱离社会，结交新朋友，消除老龄孤独与寂寞。

社区教育以行政划分的居民生活区为实施教育的范围，充分利用地区各种教育资源，旨在提高社区居民的整体素质和生活质量。老龄人退休后，其主要生活环境除家庭外，就是自己所在的社区。同其他成年群体相比较，老龄人在社区活动的时间更长，社区成为老龄人退休后的主要人际交往场所。开展社区教育可以融合社区的各种资源，提高老龄教育的质量。老龄教育是社区教育的一个重要组成部分，社区教育促进老龄教育的发展，丰富老龄教育的内容和形式。

因而，在制定积极老龄化下的老龄教育政策时，不能仅仅是让老龄人自己学习，同时也要考虑如何更好地让老龄人将其知识、经验和技能传授给他人，发挥自身价值。

三、积极老龄化政策需要付诸实践

积极老龄化的理念是前提，它是制定积极的政策和采取积极行动的基础，它决定着积极行动的方向和力度。但积极的行动是关键，是积极观念和积极政策的具体体现和落脚点。

（一）保障老龄人身心健康

健康对老龄人至关重要，健康包括健康的身体和健康的心态。要保持老龄人的身体健康最主要的就是减少老龄人的发病率，特别是在日常生活过程中，在人生的各个阶段，要注重饮食与健康，同时也要保持良好的心态，以轻松、健康的心情安度晚年。全社会要共同帮助老龄人养成健康的生活方式，树立科学的医疗保健观念，增强老龄人的自我预防和保健意识，多开展对老龄人身心健康有益的活动，逐步改善老龄人身心健康状况。

我国老龄人中普遍出现高血压、心脑血管病、骨质疏松、糖尿病、早老性痴呆等，这些疾病因素在成年、青少年、婴幼儿时期已经潜伏下来，只不过是在老龄期、高龄期才暴露出来。现在老龄人多数是病死的，而老死的是少数。因此要着眼于生命的各个过程，立足于早期预防和治疗，从生命全程关注健康。只有健康的体魄，才有机会参与社会、经济、文化等生活，才能增强适应社会的能力。同时，也要提高自我保健意识。世界卫生组织向全世界宣布“人的寿命60%取决于自己”，因此，人们理应掌握自己的生命健康权。

第一，开展适合老龄人的健康教育。有针对性地介绍一些老龄病的基本防治常识，帮助老龄人正确了解疾病，增强自我保健和自我照顾的能力。第二，鼓励老龄人做健身运动，锻炼身体。

在老龄人身体允许的情况下，鼓励老龄人参加适当的活动，如唱歌、跳舞、打太极拳、练气功等健身活动。这样可以促进身心健康，延缓衰老，丰富老龄人的生活。第三，让老龄人保持乐观开朗的态度，处事坦然。家庭成员要关心体贴老龄人，多与老龄人沟通交流，安慰开导老龄人，老龄人自己也要学会调节情绪，保持乐观、积极向上的态度。第四，要给予老龄人各方面的支持，特别是精神支持。要了解老龄人的思想和情绪变化，在接触过程中，耐心听取其意见，帮助其解决一些问题，使其感受到社会的支持。

老龄人的心理状况同样不容忽视。中国几千年的尊老文化代代相传，孩子们一出生就开始以“听老人言”为准则进行教育，给老龄人推到了至尊的位置。从老龄人个体的生命发展历程来讲，发展到老龄阶段时便开始对生命的始终产生高度的敏感，并开始对自己生命存在的意义产生困惑感，于是开始怀疑自身的主体地位，然后把自己陷入自我迷茫的危机之中。尤其是现代社会纷繁复杂、变幻莫测产生各种可能性，人们的生活节奏也越来越快，也开始动摇了老龄人至尊的地位，使他们对眼前的生活和人生的意义感到迷惘、困惑。随着各种器官的衰退，使他们的身体不再像以前那样强壮、精力也不再充沛，无论是体力还是智力方面都明显感觉到渐渐不如从前，视觉的衰退使他们减少了活动的范围，听觉的衰退使他们感觉好像受到冷落和歧视，尤其面对久治不愈的疾病，甚至是长期卧床已经成为子女的生活和精神的负担。于是，老龄人常常感到失去原有的生活依托和追求，开始不由自主地萌生出一种被社会遗弃的失落感。

人们对死亡的恐惧来源于在日常生活中耳闻目睹的各种死亡现象，直面生命终结的老年人，就会不可避免地会生发死亡的意识。当有限的生命遭受到死亡的威胁时，就会自然而然发出对生命的眷恋和对死亡的恐惧。对此，著名的哲学大师海德格尔认为：“死亡作为此在的终结乃是此在最本己的、无所关联的、确知的、而作为其本身则是不确定的、不可逾越的可能性。死，作为此在的一个终结存在，存在在这一存在者向其终结的存在之中。”① 死亡是“此在”走向终结的最本己的可能性。死亡既是个体自身的事情，又具有个体的不可逾越性，其本己性、不可替代性和不可避免性使人们对死亡怀有恐惧心理。“作为此在的终结不是完成，完成不能用来规定此在，而只能是现成在手事物或当下上手事物的规定。死所意指的结束意味着的不是此在的存在到头，而是这一存在者的向终结存在。”② 所以，人们总是对死亡感到害怕，尤其是意识到生命即将结束的老人们油然而生恐惧感。

(二) 老龄人的社会实践

老龄人社会实践所强调的是“老龄人能够按照自己的需要、愿望和能力参与社会”。老龄人社会实践活动不宜参加压力过大、过度紧张的工作，否则影响身体健康，导致无法继续参与。

1. 老龄人的积极社会实践

老龄人参与社会实践服务表现为三方面：第一，经济方面的社会实践。老龄人的再就业是老龄人一种社会实践方式。充分鼓励低龄老龄人再就业，这既可以减少人口老龄化带来的经济压力，也为社会创造财富。老龄阶段是人生智慧的最高时期，老龄人具有较丰富的知识和经验，他们如果继续在原岗位工作，在技术上非常娴熟，能够充分发挥重要作用，尤其是那些专业技术性较强的工作。第二，公共事业的社会实践。老龄人需要依靠自身的努力，积极寻求参与社会发展的机会，组织起来开展自救和互助，结成一支强有力的老龄群体，同其他人口群体去追求自身的共同利益。也可以结成老龄志愿者为社会大型活动、维持社会秩序贡献自己的力量。第三，社会文化活动方面的社会实践。老龄人可以在不影响身体健康的前提下，根据自身能力、爱好、意愿和社会需要，积极参与社会生活。如参加老龄大学及各类教育机

① 海德格尔著. 存在与时间［M］. 王庆节，译. 北京：三联书店，1999.

② 马克思. 1844 年经济学哲学手稿［M］. 北京：人民出版社，2000.

构的学习活动，参加各种社团和老龄活动中心的文化娱乐活动，参与各种体育健身活动，参与各种专业知识和学术交流活动，参与自愿服务活动等。

发挥老龄人力资源和人才资源的作用，推动老有所为，实现积极老龄化，是老龄战略对策中一项独特和不可代替的内容。随着社会中的老龄人越来越多，占人口的比重越来越高，有的国家现在已占到人口的1/4，不久要占到1/3。如果把老龄人全体看成是财富，充分发挥老龄人的作用，就会有利于社会全面发展。当代所有国际研究都证明老龄劳动资源对家庭、社区和社会都是不可或缺的。特别是一些老龄人才资源对国家发展、社会全面进步能做出重要贡献。当代老龄人知识、文化教育科学水平不断提高，老龄参与意识随之增强，老龄人的知识、经验、技能对社会的贡献将会大大增加。老龄人是连接过去和现在的文化传递者，是永不枯竭的资源。因此，实现积极老龄化、促进老龄人参与社会已是全球共同的要求，对改善我国的经济、文化、科技落后也能起到更大的促进作用。

社会如果没有老龄人的主动参与，再多的社会需求和再充分的社会支持也无法转变为老龄人的人生价值。老龄人的主动参与社会需要解决以下几个问题：

第一，培养参与意识。年老体弱常常会形成惰性，这就需要老龄人读书读报、看电视、与人交流，激励自己的参与意识。有了参与意识就能获得很多机会，当然也就容易实现人生价值。一般来说，老干部和老知识分子的参与欲要强于老工人和老农民，老龄男子的参与意愿要强于老龄妇女，城市老人的参与意愿要强于农村老人。

第二，客观认识自己。老龄人的自身条件千差万别，老龄人应根据自身特点（性别、性格、身体状况、心理类型、家庭情况等）决定参与程度。无论是老有所为、老有所学，还是老有所乐，无论是继续就业、料理家务，还是娱乐保健，都是有益的参与方式，都有利于老龄人生价值的实现。

第三，正确认识人生价值。评价人生价值的标准是客观的社会实践而不是老龄人自己的观点。个人观点局限于周边环境，会产生片面性。有些老龄人盲目攀比，选择参与方向不当，给自己和国家造成损失。所以，正确认识人生价值，使个人评价与社会评价保持一致，也是老龄人主动参与的重要一步。

2. 政府的大力支持

政府对现有的政策法规进行检查落实，发现问题，寻找差距，总结经验，在实践中不断健全完善，为老龄人提供参与社会发展的机会。政府不仅要保障养老服务设施所需要的预算固定资金，还应鼓励社会各界人士捐款以及借助其他方式来为实施积极老龄化社会提供资源。现实中由于老龄人社会参与缺乏具体的保障机制与制度，政治参与机制不完善，有的流于形式，更增强了老龄人在社会参与过程中的挫败感，进而弱化了老龄人对社会参与的积极认知。因此，政府和社会应该提供公平、公正的机会，借助有效的社会政策消除政策性歧视，为加强老龄人群体与社会的联系、顺利实现老龄社会的和谐发展创造条件①。

老龄人是社会群体中的弱势群体，要参与社会，实现其人生价值，仅靠自身的力量是不够的，必须得到社会的支持。社会支持包括两点：一是提供必要的条件，比如，经费的投入，人力的支持，组织管理，协调关系，等等。二是坚持正确的舆论导向。老龄人参与社会需要正确的舆论环境：一方面要敬老助老养老，充分考虑到老龄人年老体弱的实际情况；另一方面又要尊重老龄人，平等对待老龄人，不能随意剥夺老龄人的合法权利。特别是做儿女的更应注意不将自己的意志强加于老龄父母。

就我国而言，一方面，政府要加大对社区的投入，积极鼓励老龄人参与社区活动。老龄人生活的重要场所集中在社区，在老龄社会参与社会实践问题上，社区有着其他单位无法比拟的优

① 李宗华. 老龄人社会参与的理论基础及路径选择［J］. 山东省农业管理干部学院学报，2009.

势，它拥有丰富的社会资源、人力资源，能够为老龄人提供多种社会实践的平台，满足不同年龄、不同兴趣、不同能力、不同经验老龄人的需求，所以要在社区范围内有效地开展活动，增强社会参与度。另一方面，要组织协调好各事业和部门之间老龄工作的开展，完善老龄服务的基础设施，为老龄人参与社会做好充足的准备。

我国正处在经济高速发展、经济体制转轨、社会结构转型、文化和家庭模式转变、利益格局变化的背景下。所以老龄人的大多数处于劣势地位。一方面，我国是未富先老，老龄人大多数长期以来生活艰苦贫困，没有积蓄和财产。城市老龄人群体收入主要来源是退休金，农村老龄人主要靠土地和子女供养。中国的老龄人晚年生活基本上没有积累基金和私有财产来维持。老龄人生活改善主要来自当年国民生产总值的再分配，这就很容易同劳动年龄人口在分配利益上有矛盾；另一方面，老龄人需要照顾的群体规模很大。因此在经济利益分配上对老龄人倾斜是必要的，这就需要年轻人弘扬中国传统的孝文化，发扬尊老、敬老的传统美德。因为人人都会老，家家都有老人，只有社会和谐才能解决老龄问题，实现积极老龄化。

目前我国老龄人只占人口 1/10，老龄人群中有各种知识、技能的老龄人，不同的老龄人都有发挥各自积极性的问题，尤其对于刚进入老龄期的老龄人充满活力，在工作岗位、在家庭、在社区都能做出重大贡献，意味着这些老龄人都能用积极态度对待人生的晚年期，积极参与社会生活，积极投身志愿工作，自觉参与学习。一些有特殊专长、有丰富经验、技能和知识的老龄人还可以继续为社会做出贡献。老龄人只有用积极、乐观的态度对待人生，他们的安全和生活得到保障，在社会和家庭受到应有的尊重，而且能够充分实现自己的价值，才符合建设积极老龄化社会的要求。

我国老龄化对策必须有自己的特色。中国人口多，底子薄，特别是农村人口多，城乡二元结构的格局持续已久并且还将持续下去，地区差别大，等等。经济转型、社会转型、下岗失业、城乡和地区间的差别进一步扩大，又造成我国解决老龄问题新的困难。诸如人口多、老龄人多、增长快、老龄化速度快、未富先老，农民必须面对家庭养老和土地养老弱化的困境；历史上缺乏社会保障的传统，社会保障覆盖面窄、保障程度低，农村老人又必须面对子女迁离农村后的新困难。发达国家和地区有许多行之有效的对策，譬如，对老龄人普遍给予定期津贴、补助，国家营造大批优惠的集体养老机构收养老人，对老龄人实行普遍优惠医疗等福利政策，同时采取提高生育率以缓解老龄化，提高退休年龄，从国外移民入境等，这些在中国至少在目前还是不能普遍适用。因此，要走出一条有中国特色的老龄对策之路，与时俱进。随着人口老龄化的发展和综合国力的提高，不断改善社会经济条件。

3. 社会的舆论导向的宣传

社会要营造良好的氛围，从社会舆论和思想意识上宣传教育公民尊老、敬老，比如，要经常地发现和总结敬老方面的好人、好事、好典型并给予宣传报道与表彰奖励，为老龄人树立积极养老观的榜样，营造尊老爱老的社会风气；宣传老龄人的社会价值，引导老龄人积极参与到各项社会活动中去。改变过去老龄人颐养天年的传统观念，把老龄人真正看作是参与创造社会进步的可利用力量，开展开发利用老龄人才。同时，建立社会支持网络，改善老龄人参与社会的自身条件和社会条件，消除年龄的歧视，实现代际之间的和谐。如一些老龄机构和组织可以以先进典型为例，宣传敬老的传统美德，培育良好的社会风气，呼唤全社会对广大老龄人的关怀等。

和谐社会被古今中外仁人志士视为美好的社会、崇高的理想，是鼓励人们为之奋斗的精神力量。中国传统文化中，诸子百家也不乏对家庭、社会、国家有关和谐、协调的立论。儒家关于和谐的思想在“仁政”、“中庸之道”中都表现出来。不过由于时代的局限性，儒家的和谐是立足于家庭和谐，以孝文化为中心思想，提出诸如尊老爱幼、孝悌忠信，以维系家庭和谐并推及国家，也提出“老吾老以及人之老，幼吾幼以及人之幼”等处理代际关系的道德准则。老龄人晚年生活方式大多倾向于居家养老和社区助老，这就有一个家庭和谐、家庭美德和社会公德、职业道德以及建设社会主义和谐社区的问题。社会是人群生活的共同体，其中有人与人的关系、人与社会的关系和人与自然的关系。在老龄社会，代际关系问题突出。青年一代在经济上的独立性增强，不再完全依靠老一代的帮助，他们自己的创造能力和旺盛的精力适应了社会化大生产的需要。其生活资料的来源可以通过自己的劳动获取，而不再完全寄希望于从长辈那里继承财产。他们的生活方式也发生了根本性的变化，不再局限和满足于传统的大家庭生活，而是追求独立的小家庭生活。两代人在生活方式上的差距不断拉大，老一代人倾向于保持稳定的、收支合理的生活方式，青年一代更倾向于生活现代化、快节奏、多元化和时尚化的生活。这种代际关系不仅关系到当代发展，还涉及社会继承、世代交替。老龄人是代际的传承者，又是历史上的贡献者，也是现实社会中能继续做出贡献的宝贵财富。老龄社会的可持续发展和老龄群体生活质量提高，都要求有一个安定有序的社会主义和谐社会。

（三）为老龄人的权益提供法律保障

随着人口老龄化的迅猛发展，我国的老龄社会保障体制已表现了许多不适应性。老龄群体是一个特殊的社会群体，他们为社会做出了贡献，也要求承认老龄人在社会仍有价值，有权利享受社会的成果。社会理应为老龄人提供住房、医疗、保健、福利以及生活照料等方面的保障，但现实状况并不理想。在这个问题上，已退出劳动力主流的老龄人和正在全力参与社会发展的劳动者（主要是中青年），在社会成果分配的权利认识和分配的份额上是有利益矛盾的。在这种矛盾中老龄人属于弱势群体，这是社会结构和社会关系失调的表现。现阶段最主要的是要完善社会养老保障体制，健全社会服务体系，让老龄人受到保护和照料，享受有关的服务。比如，以居家养老的社区服务需要由政府买单，为社区提供养老的物质、医疗、精神等需求；以机构养老的也要采用政府资助，费用和税收减免，实施优惠政策；在社会上要鼓励社会力量兴办养老院、福利院、老龄公寓等养老机构。再比如，一些城市为解决老龄人看病难的问题，开办了老龄医院、老龄病门诊、开设老龄家庭病床等。这都是对社会保障制度进行改革的有效措施。

老龄问题是一个重大的社会问题，它关系到代际关系和谐、关系到社会稳定和发展。因此，西方许多发达国家均把解决老龄问题、发展老龄福利事业、保障老龄人合法权益作为法律调整的重要内容，是社会发展的稳定器。因此，只有通过法制化，才能更好地预防社会冲突，解决社会问题，从而使老龄人保障制度极大地发挥保障老龄人权益的作用。这就需要社会的公平正义来妥善解决。

老龄人在一个文明社会享有人权和合法权益。但是老龄人又是一个弱势群体，他们的权益常常被漠视，更谈不上老人尊严的维护，因而世界各国都在各级权力机关制定老龄人权益保护的法律。通过立法，将老龄人保障的各项制度以法律的形式确定下来，这些制度也就具有可以连续实施的生命力。与此同时，透过这些稳定的、不会轻易变更的老龄人权益保障法律制度，老龄人对于自己的权利义务就会有明确的预期，根据社会弱势群体的成因不同，老龄人群体被认为是生理性社会弱势群体的一部分①。弱势群体由于在经济、文化、体能、智能、处境等方面处于一种相对不利的地位，所以，法制社会应该从法制的公正性出发，对老龄人群体予以公平的对待，法制的普遍性要求对所有人不能有任何歧视，对老龄人群体的人权保障要给予例外对待和特别保

① 陈成文．社会弱者论——体制转换时期社会弱者的生活状况与社会支持[M]．北京：时事出版社，2000：34．

护，最大限度地缩小弱势群体与强势群体的差距①。

所以，我国应尽快制定有关新的老龄事业发展等方面的老龄法律、法规，形成以《老龄人权益保障法》为基本法的老龄法律体系，例如，应进一步明确老龄人在职业、劳动强度和时间、劳动报酬及劳动保护等方面应有的特定规范，以充分发挥老龄人的“余热”②。制定与之相应配套的规划、政策、法规，既保障老龄人参与社会的权利，又使他们能够履行相应的义务，保护老龄人的基本合法权益，明确法律责任，促使老龄事业逐步走上法制化道路。除此之外，我国还应及早建立管理全国老龄社会保障工作的权威机构。目前我国涉及管理老龄人社会保障工作的部门很多，但这些部门各自为政又相互牵制，不利于老龄社会保障事业的发展，所以应该建立一个统一的部门对老龄社会保障工作进行统一研究、统一计划、统一管理和统一服务。这样就可以从制度上规范社会保障，有利于老龄保障工作的开展与实施。

① 李林．法治社会与弱势群体的人权保障［J］．前线，2001（5）．

② 韩青松．老龄社会参与的现状、问题及对策［J］．南京人口管理干部学院学报，2007．

第三章　文化民生的哲学解读

第一节　文化民生的哲学探讨

一、民生哲学的溯源

民生思想源远流长，我国自古以来就将“民生”和“国计”相提并论。据考证，“民生”一词最早出现在《左传·宣公十二年》，即“在勤，勤则不匮”。但是，这里的“民生”不是作为一个词来使用，“民”和“生”各自有各自的含义，合起来的意思无非是百姓生活或百姓生存的意思。“民生”随着时代的发展而发展，是一个动态的、不断发展的概念。存在本身就体现为发展的，发展是存在的表现形式。因此，哲学对民生的解读就是“民”的存在和发展。关于民生存的学问，或者让民生存的学问，它实际上是“官学”，因为“民”是相对于“官”而言的，是为“官”思民的哲学，官学也就是统治者的哲学。所以，现在西方学界把其称为是政治哲学。

从中国哲学发展历史看中国自古就是一个农业国家，几千年来对农业和农民的认识和管理积累了丰富的理论和经验。民生哲学建立的基石就是古代先民求生存的原理，或者说是中国古代农业社会中的“民”求生存和求发展的本能诉求，关注“民”的生存和发展历来是中国古代哲学的道统。国学道统的核心思想就是视宇宙为生生不息的浑然一体，社会是人类求生存目的的组合体。《易经》的根本精神是“生生之谓易”（《系辞》），孔子曰，“天何言哉！四时行焉，百物生焉”，“万物并育而不相害，道并行而不悖”（《中庸》），并且孔子认为，“君子之道，造端乎夫妇”，“饮食男女，人之大欲存焉”（《礼运》）；孟子认为“食色，性也”（《孟子·告子上》）。可见，中国古人把宇宙视为生生不息的现象，人是宇宙的一部分当然也是生生不息的，因此，“天地之大德曰生”人类求生存的民生问题是宇宙本质的体现。

民生也是中国古代圣贤明君为政的第一要务。历朝历代的统治者都重视这个问题。民生就是政治问题。尧之“允厘百工庶黎咸熙”，舜要人“播时百穀”，“汝共工”，都是倡导农牧工事情的证明。禹曰：“行在养民。水、火、金、木、土、平穀惟修。正德、利用、厚生惟和”。汤为政的目的，是“贲若草木，兆民允殖”。文王治岐“耕者九一，关市讥而不征，泽梁无禁”（《孟子·梁惠王下》），并实施仁政于“天下之穷民而无告者”；且进而对人民“制其田里，教之树畜，导其妻子，使养其老”。武王克商，随即“散鹿台之财，发钜桥之粟，大赉于四海，而万姓悦服”（《尚害·武成》）。周朝推行“井田”制度，目的是为了养民。孔子曰“足食、足兵、民信之矣。”（《论语·颜渊第七》）；“不患寡，而患不均”，即为政之道要先养后教。孟子主张“保民而王”，认为“黎民不饥不寒，王道之始也”（《孟子·梁惠王上》）。管子曾说：“凡治国之道，必先富民，民富则易治也，民贫则难治也”（《管子》第四十八篇《治国》）。董仲舒也主张要缩短贫富差距，避免以强凌弱出现，“使富者足以示贵，而不至于骄。贫者足以养生，而不至于忧。以此为度，而调均之，是以财不匮而上下相安”（《春秋繁露·度制》）。富者可“示贵”，贫者可以“养生”，富者“不骄”，贫者“不忧”，各得其分，如此，才能“上下相安”。“调均之”指的就是要协调好贫富关系，把贫富差距控制在一定的限度之内。唯有如此，社会才能和谐发展，趋于稳定和安宁，百姓的生活才能恬静而祥和。

由此可见，中国古代历史上历朝政府为政皆重民。都非常重视民生问题，“民生”二字为中国数千年民族文明和文化发展中已有之理念。以民生为中心是中国古代哲学的一个显著特征，也是中国古代哲学对中国历史上农业社会发展面临主要问题的概括和总结。

孙中山对什么是民生曾经有过这样的论述：“民生就是人民的生活，社会的生存，国民的生计，群众的生命。”这个论述基本上涵盖了民生的主要内容。也就是说，民生问题包括人民的生存、社会的生活、国家的生计和群众的生命。其中，“民”的生活是最基本的，倘若没有民的生活，就没有社会的生存和国家的生计，民的生活是社会和国家存在的基本前提，因此，强调的顺序是“民生国计”。所以，民生的核心就是“民”的生活问题。但是生活的内涵是要“生”并“活”着，“生”就是生存，“活”就是要持续下去，就是要持续地存在，西方哲学的各个派别都在呼吁关注人的存在和发展问题，并且不断关注民生实际生活的改善、民生文化的发展等问题。从现当代西方哲学的一些哲学学派的宗旨也可以充分印证其民生本位的变化特点。

从西方哲学发展历史看，民生问题（人本问题）也是现当代西方哲学的研究中心。从古希腊哲学家毕达哥拉斯、苏格拉底、柏拉图到英国的罗素，都肯定智慧至上论这个特点。无论这种智慧体现为世界观、认识论、方法论、价值观和信仰观，其核心都是为了实现一个目的：通过使人类在自然和自我面前变得越来越睿智，而实现不断地改善人类生存和发展的境遇条件。因此，所有人生的学问都是哲学，西方哲学就是通过勾画人类的理想、阐明人生的意义和价值及追求，来告诉人类应该怎样更好生活（生存）的一种学问。从古代到现当代，西方哲学思想本位经历了一个变迁过程，可以概括为：古代哲学以道德为本位，强调人类通过自身道德完善才能生存和发展得更好；中世纪经院哲学以宗教为本位，强调人类通过树立一个坚定的信仰才能生存和发展得更好，而近代哲学以科学为本位，强调科学技术对改变人类生存和发展境遇的意义和价值；现当代哲学则以民生（人本本位）为本位，通过强调人的本体存在性是人类社会发展的中心，实现了发展支撑理念的转换，进而明晰了人的生存和发展的地位。这种演变过程从历史的时空上表明一个以民生为中心思想的哲学建构走向趋势。

德国哲学家文德尔班认为，哲学的工作，在于处理关于世界及人生的总问题。美籍俄国人摩里斯·威廉的《社会史观》认为，“所有以往的历史，不过是人类努力求生存的试验与失败的记录”，人类一切社会进步的目的和宗旨，都在于解决自身的生存发展问题①。而美国的实用主义学派的根本精神就是追求民生实际生活的改善。英美的实在论更是以实现大多数人的福利为哲学目的；社会主义传入中国前被称为是民生主义，其更力主改善社会生活，实现经济平等和社会公平。所以，现当代的西方哲学一直是以人类生活为中心，普遍关注人的生存权利、存在境遇、自由发展的目的和结果等一系列民生问题②。

二、马克思民生思想的内涵

马克思主义哲学历来强调，人类生存的第一个前提是必须能够生活，而全部社会生活在本质上是实践的，历史不过是人的实践活动在时间中的展开。为此，马克思主义哲学关注人的存在条件，并为人的自由全面发展而奋斗。马克思对民生问题的关切不是停留在感性层面上，而是对民生的内涵、改善民生的途径进行了前瞻性的研究。

马克思认为，“民生”从静态上看，是由“现实的个人”、“他们的活动”以及“他们的物质生活条件”三个要素高度整合而形成的人的现实生活情景。马克思指出：这是一些现实的个人，是他们的活动和他们的物质生活条件，包括他们已有的和由他们自己的活动创造出来的物质生活条件。这里，“现实的个人”

---

① ［德］文德尔班．哲学教程（上卷）［M］．北京：商务印书馆，1997:78.

② 牟岱．民生哲学问题研究［M］．北京：人民出版社，2011.

就是民生的主体，“他们的物质生活条件”是民生的起点，“他们的活动”是民生的载体、轴心或生成机制，这就是马克思民生思想中的“原始生活态”。“他们的物质生活条件”是民生最基本的内容。

人类物质生活的生产制约着整个社会生活、政治生活和精神生活的过程。物质生活是一种生产活动，包括物质生活资料生产和人口生产。人类只有通过物质生活资料的不断生产，才能满足人类不断增长的需要。人口的繁衍生息，也是民生活动。人口的繁衍同家庭和社会的需要紧紧相连。随着人口的增长又不断产生了新的需要，伴随着“需要的增长”，“新的社会关系”又产生了，随之出现的是满足这种“需要”的新的生产活动。

由于人的生存需要自然、社会和精神的统一。因此，除了满足人们的物质生活条件外，还需要有社会生活、精神生活。人作为社会存在物，只有存在于社会中才能满足其需要，社会需要的满足要求社会生活。社会生活是人的社会存在的形式，是人生活的基本维度，只有在健全的社会中，人才能真正达到精神的健康和自我完成。正如马克思所说：“个体是社会存在物。因此，他的生命表现，即使不采取共同的、同他人一起完成的生命表现这种直接方式，也是社会生活的表现和确证。”① 人的精神存在需要精神生活的形式得以表现和确证，即“通过实践创造对象世界，改造无机界，人证明自己是有意识的类存在物”②。人的精神存在是精神生活的内涵，而精神生活则是精神存在的方式。值得注意的是，马克思在这些“原初的历史的关系”上得出的“历史观”都是最基本思想。所谓“原初的”，在这里是指一切历史都具有的内容。那么，在“非原初的历史关系”上，“民生”内容在不同历史阶段上有差异。在现代社会中，“民生”还包括人

① 马克思. 1844年经济学哲学手稿［M］. 北京：人民出版社，2000.

② 马克思. 1844年经济学哲学手稿［M］. 北京：人民出版社，2000.

们的就业状况、社会保障条件、普遍教育程度等内容①。

马克思民生思想的基本内涵概括为：关心群众疾苦，同情他们的不幸生活处境，并且深刻认识到，这种疾苦是人类分裂时代的产物，是必然要遭到扬弃的。这种思想在《1844年经济学哲学手稿》中有明确的表述："共产主义是私有财产即人的自我异化的积极的扬弃……它是人向自身、向社会的人的复归。"②

马克思的民生思想，是历史和逻辑相结合的产物，具有现实指导意义。因此，我们需要弘扬马克思关于"民生"的思想传统，使之成为推动科学发展、和谐发展、和平发展，保障和改善全体中国人民"民生"的精神动力和理论支撑。

三、文化民生哲学的内容

民生问题，就是有关国民生计与生活、生存和发展等最广大人民群众的根本利益问题，它是一个由多元素构成的系统，在经济生活中，实现人民群众日益增长的物质需求；在社会生活中，让人民群众普遍享受公共服务的需求；在文化生活中，人民群众合法的文化权益得以落实；在政治生活中，人民群众正当的政治权利得以保障等一系列问题。所以，我们研究民生问题，既要关注人民基本的衣、食、住、行需求，更要随着社会的发展，全面关注人民的经济生活、政治生活、文化生活、社会生活、生态环境及相关的基本权益。

近些年来，由于科学发展观的确立，使民生问题成为当代中国社会的政治、经济和文化等领域关注的主要问题，国内的王伟凯、霍益辉等一些学者开始关注和研究民生的哲学问题和民生哲学，并纷纷提出民生哲学的界定含义。其中比较有代表性的观点主要有王伟凯研究员提出的"民生的层次论"问题③。首次提出

---

① 王健．马克思民生思想及其当代启示［J］．求实，2010（1）．

② 马克思恩格斯选集：第一卷［M］．北京：人民出版社，1972．

③ 王伟凯．论"民生"的哲学性特征［J］．理论界，2008（10）．

了民生问题存在一个层次问题，对理论研究和实践操作具有启发意义。霍益辉在其《共产党的哲学是民生哲学》一文中提出了民生哲学的概念："民生哲学是以人民的经济生活、政治生活、精神文化生活和社会生活的本质、特征、相互关系和发展规律，以及人民的生活与环境的相互关系为研究对象，以不断改善人民的生存和生活状态为目的的一种社会哲学。"① 这些研究对于开拓当代中国哲学研究视野，指导民族的理性实践，都具有一定的理论意义和现实意义。

民生哲学的理论本质要求是物质和精神统一的理论，这也是宇宙生命的本质和本体要求。物质和精神二者相辅相成，不能分离。因此，民生哲学不仅仅是研究保障人民衣食住行的生命物质、保障问题，还要包括研究保障人民的精神生活需要的问题，因为生命存在是物质和精神在运动中的统一。这就要重视解决人民生存和发展的必需的经济利益，同时也重视解决人民生存发展必备的道德利益。这主要表现在统治者既要注重保障人民的衣食住行，同时也要注重保障人民在生存和生活中对真、善、美的境界追求。为此，文化民生就是要确保实现"民"的生存和管理"民"的生存以及为"民"的生存和延续服务。法律、道德、风俗、习惯等是指导、规范和调控人民的生存；教育、哲学、科学是指导人民的生存；艺术（各种形式的审美艺术）美育是美化和净化人民的生存。这样就使人民的生存变得积极而有意义，实现了心智平衡、物我平衡，成为健全和谐发展的人。

文化民生以建立和谐自身、和谐群体、和谐社会、和谐自然以及和谐宇宙为理论的终极价值目的。从保民、养民、教民的理念出发，满足个体生存和发展需要，是和谐理论的首要民生问题。这包括满足个体的经济需要、政治需要、社会需要、文化需要、教育需要、审美需要等多种生存和发展的外在需要。这些需要也包括心理学家马斯洛的理论概括的一些个体的内在需要：①

---

① 霍益辉：共产党的哲学是民生哲学［OL］. 人民网，2009-08-06.

生理需要；②安全需要；③爱的需要；④自尊的需要；⑤自我实现的需要，满足个体生存和发展的内外需要。还要教育个体处理好人与自然和谐关系、人与社会和谐关系、人与他人和谐关系、人与自身和谐关系。教民重在提高人的素质，养教结合，使“民”的物质需要和精神需要都得到保障，从而实现“民”的自由全面发展，实现人与人互助的和谐社会。

文化民生，就是指文化层面的人民生计，事关人民群众的精神信仰、思想状况、文化权益和生活品质，体现国家的“软实力”，是民生之魂。现代社会随着经济的发展和科学技术的进步，工业文明所带来的负面效应使技术理性居于统治地位，功利主义膨胀，人类的生存与文化的发展危机四伏、困境重重。同时，人类的文化重心由思想精英型向消费大众型转化，许多大众被巨大的生存压力和快速的流行时尚所左右，沦为工业化和市场化的奴隶，丢失了精神家园。因此，建设文化民生、丰富人民文化生活已迫在眉睫。关切文化民生，首先，要激发全民族的文化创造活力，提高国家文化软实力，使人民基本文化权益得到更好保障，使社会文化生活更加丰富多彩，使人民精神风貌更加昂扬向上。其次，要加快文化事业和文化产业的发展，着眼于满足人民群众的文化需求，保障人民文化权益，逐步建立覆盖全社会的公共文化服务体系。再次，政府优先安排关系群众切身利益的文化建设项目，加强城乡社区体育设施建设，广泛开展全民健身活动，使人们在物质生活方面得到满足的同时，精神生活也日益丰富。此外，关切文化民生也是文化自身发展的要求，人民大众的文化生活是文化发展的源泉，是中国特色社会主义文化建设的根本要求和出发点，必须注意其人民性，否则就会使文化发展失去活力、失去对象。

践行文化民生哲学的伦理基础是中国古代的儒家哲学的“仁爱”和墨家哲学的“兼爱”理论。“仁爱”是中国伦理道德的总称，也是中华民族伦理文化的精粹灵魂所在。“仁”者爱人，“爱”者利他，所以，实践文化民生的基础就是爱人利他，就是说要关爱别人和帮助别人，帮助别人是实现自己生存的前提和基本条件。

生存和延续是人类的原始目的，也是人类存在和发展的终极目的。文化民生哲学的目的论强调，“民”生存和发展就是人作为“类”的生命和生活的唯一目的，其他一切人类现象和行为都是实现其民生的手段，都是服务和服从于民生主题的手段。

第二节　老龄文化民生哲学概述

一、解决民生问题必须“以人为本”

马克思指出，个人与社会是一个共同体，个人无法离开社会而存在，“一个人的发展取决于和他直接或间接进行交往的其他一切人的发展”。未来社会与过去一切社会的本质不同，就在于未来社会是一个自由人联合体。这种联合体不是个人发展必须服从于社会，而是社会按照个人自由发展的目标进行改造的结果。这种联合体用《共产党宣言》里的话说就是“在那里，每个人的自由发展是一切人的自由发展的条件”。马克思的这一思想给了我们深刻的启示：解决民生问题必须努力促进个人利益的实现。中国社会主义制度的建立，使无产阶级和劳动人民在整体上获得了解放，促进了个人需要的满足。随着我国社会的进步和发展，人们的利益虽然在逐步实现。但对于个人权利和利益的观念还相当薄弱，个体保护的制度性机制尚未形成。在价值取向上，仍表现为以集体利益为重。我们往往强调了社会整体发展的优先性，而忽视个人需要及尊重；强调了国家宏观利益，而忽视了群众个人的切身利益，甚至以牺牲个人利益为代价换取整体发展，从而导致民生发展水平落后于社会整体经济发展水平。所以长期以来，对于个人权利和个人利益需要的观念还相当薄弱，个体权益保护的制度性机制还未形成。当前，城乡居民收入的增长、就业的增长以及教育医疗事业的发展滞后于GDP增长，就是社会整体利益与个人利益存在矛盾的表现。这些矛盾反映在民生中，产生了就业难、看病难、上学难、住房难，以及社会分配不公、社会保障体系缺失等难点问题。党的十七大提出“加快推进以改善民生为重点的社会建设”，中心任务就是“着力解决人民最关心、最直接、最现实的利益问题”，“使全体人民学有所教、劳有所得、病有所医、老有所养、住有所居，推动建设和谐社会”。这就要求我们制定和实施各项经济社会发展的方针、政策和措施要以人民群众的利益需要和福祉为着眼点和落脚点。因而随着和谐社会建设的深入，我们现在不仅要重视社会整体发展，更要促进和实现个人的发展。只有促进个人利益的实现，社会主义才有感召力和现实基础，发展成果只有惠及到个人，才能不断改善民生。

我国社会当前正处在快速转型过程中，经济体制转轨和社会结构转型相互交织，社会分化趋势加剧，不同社会利益群体之间的一致与摩擦、相同和相异，形成了不同利益要求的相互博弈，利益多元化格局鲜明地呈现在人们面前。在这样的情况下，一方面，政府制定政策要公平地反映和协调不同地区、不同行业、不同阶层、不同群体的利益，在代表最广大人民根本利益的基础上，兼顾最大多数人的共同利益与不同阶层的具体利益，充分考虑社会各方面的承受能力，坚决反对和纠正各种侵害群众利益的行为；另一方面，要开展社会互助，动员主流社会阶层特别是富裕阶层向贫困阶层、弱势群体提供资金、物资、服务（如义务培训、志愿服务）等实际帮助，并使之经常化、制度化；增进不同社会阶层之间的沟通与理解，减少乃至避免由于相互之间的长久隔阂、误解而可能引致的摩擦与冲突，共同促进社会整合与民生改善。

此外，我们还要在科学和谐发展、实事求是、循序渐进、统筹兼顾及重点突出的原则要求下，促进民生建设，保障人民的话语权、参与权、知情权和监督权，让不同群体的利益诉求充分实现。始终坚持以人民为主体的唯一实践标准，建立健全一系列法律、制度和机制，切实保障民生建设的高效运行。

总之，马克思的“民生”思想启示我们，社会主义制度的巨大优越性就在于对民生问题的真正解决。在当代中国，继承、弘扬和实践马克思关切民生的思想传统，在一定意义上，是当代马克思主义理论创新的需要，也是构建中国特色社会主义的“和谐社会”和实现全面建设小康社会目标的需要。

二、老龄文化民生的哲学内容

（一）老龄人的世界观

我国已步入老龄社会，这将给政治、经济、文化、家庭带来一系列新的变化，让老龄人幸福、快乐的生活，不仅要在物质生活上满足他们的需要，更要关心他们精神方面的需求，要搞好这项“阳光工程”，就要全面了解老龄人的哲学思想，加强对老龄人世界观的研究。

世界观是人们对生活于其中的整个世界以及人和外在世界之间关系的根本观点、根本看法。哲学是其理论表现形式。它是在社会实践的基础上产生和逐渐形成的。人们在实践活动中，首先形成的是对于现实世界各种具体事物的看法和观点。久而久之，人们逐渐形成了关于世界的本质、人和客观世界的关系等总的看法和根本观点，这就是世界观。一般说来，人人都有自己的世界观，并以此来观察问题和处理问题。世界观的基本问题是精神和物质、思维和存在的关系问题，根据对这两者关系的不同回答，划分为两种根本对立的世界观基本类型，即唯心主义世界观和唯物主义世界观。

步入老龄阶段，不仅有年龄的变化、感觉知觉的变化，还有记忆的变化、智力的变化和情感的变化。由于老龄人的这些变化，而直接影响到他们的世界观，所以老龄人的世界观与年轻人的世界观相比，首先具有丰富性。虽然人们都是同自然界、社会交往，但老龄人的人生经历更为丰富而复杂，他们经历了更多的人生洗礼、事业磨练、生活奔波、情感的起伏，可以说阅尽人间沧桑，看透世间百态。老龄人在物质生产活动中，在进行政治、思想等各种社会活动中，认识了世界、体验了人生。他们这种认识和体验必定是丰富多彩的，由此而形成了独特的世界观。其次是深刻性。由于老龄人有着丰富的人生阅历，有正反两方面的经验教训，他们对社会、人生和自己的认识，大多不只停留在表层，往往入木三分。而正是这种深刻性，左右着他们对世界上各种事物的看法和行动形成独特的世界观。

明白老龄人的世界观，有助于我们了解和理解老龄人，并在生活中给他们以积极的引导。客观世界是不断变化的，老龄人的主观世界也应适应时代的发展和进步。因此，老龄人的世界观也要继续改造。首先，人们的思想观念是会不断变化的，所以世界观一旦树立并不是一劳永逸、一成不变的。大多数老龄人的世界观是健康的、正确的，但是，老龄人由于外界环境的变化、社会地位的变化、心理的变化等因素的影响，如果不注意加强学习和改造，也可能导致世界观发生转变，受到消极的、不健康的事物影响。其次，客观世界是在不断变化的，如果要跟上发展的时代，就要正确地看待和顺应这种发展变化，与时俱进。如果仅凭自己阅历的丰富、认识上的深刻性，而不继续学习，不注意改造自己的世界观，就会落后于时代，很可能会发生认识上的偏差，甚至会误入歧途。因此，老龄人也需要活到老、学到老、改造到老，跟上时代的步伐。

（二）老龄人的人生观

人生观是关于人生目的、态度、价值和理想的根本观点。它主要回答什么是人生、人生的意义、怎样实现人生的价值等问题。内容包括幸福观、苦乐观、荣辱观、恋爱观、生死观等。它是世界观的一个重要组成部分，受到世界观的制约。人生观的核心问题是如何认识和处理个人发展同社会进步的关系，即私与公的关系问题。马克思主义认为，各种人生观都是一定的社会生产力和生产关系的产物。由于各个时代的各个阶级所处的社会地位不同，生活经历和境遇不同，对人生的意义和目的认识不同，人生观也就必然不同。评价一种人生观是进步的、革命的，还是落后的、反动的，根本标准就在于看它是否符合社会发展的要求。

在人类历史上曾出现过以下几种有代表性的人生观：(1) 享乐主义人生观。它从人的生物本能出发，将人的生活归结为满足人的生理需要的过程，提出追求感官快乐，最大限度地满足物质生活享受是人生的唯一目的。(2) 厌世主义人生观。宗教的厌世主义认为，人生是苦难的深渊，充满各种烦恼与痛苦，唯有脱俗灭欲，才能真正解脱。(3) 禁欲主义人生观。它将人的欲望特别是肉体的欲望看作一切罪恶的根源，主张灭绝人欲，实行苦行主义。(4) 幸福主义人生观。一种观点是强调个人幸福是人生的最高目的和价值；另一种观点是在强调个人幸福的同时，也强调他人幸福和社会公共幸福，认为追求公共幸福是人生的最高目的和价值所在。(5) 乐观主义人生观。它认为社会发展的前途是光明的，人生的目的在于追求社会的文明和进步，在于追求真理，对人生抱着积极乐观的态度。(6) 共产主义人生观。它是无产阶级的科学的人生观。它把人的生命活动历程看作是认识和改造客观世界的过程，把消灭资本主义，实现共产主义，为绝大多数人谋利益，看作是人生的崇高目的和最大幸福。人生的价值和意义在于对社会所尽的责任和所做的贡献，人生的最大价值和意义，在于努力为人民服务，无私地把自己的一切精力贡献给共产主义事业。

人生的意义即人生价值，是指人的生活、生存实践对自我、他人和社会所产生的意义及影响。人生的目的是指人在一生中所追求并努力使之实现的某种目标和对象。人生理想是人为自己设定的并为之奋斗的目标。人生态度是指怎样做人，做什么样的人。人生观的这些方面是紧密地联系在一起的，其中人生意义是人生观的核心。而世界观是人生观的理论基础，人生观是世界观在个人、自我生存意义上的特殊表现。一般说来，一个人用什么样的观点、方法去观察世界，也就会用什么样的观点、方法去观察人生。世界观不同，人生观也必然不同。

由于老龄人有其自身的世界观，这就直接影响了老龄人的人生观。人到老龄，由于资历长久、阅历深邃，看人看事见解比较透彻。他们对待事业、爱情、荣誉、地位、家庭、幸福等的看法，比年轻人成熟得多，也深刻得多。但是，生活中我们常常也会看到，相当一部分退休的老龄人由于社会地位的改变，不如在位时受人尊重。如果再有一些不顺心、不如意之事接踵而来，自控能力也随之降低，就会产生急躁心态；老龄人离退休回家后，由于无所事事，久而久之，便会产生孤独、空虚和被冷落、被遗弃的心理状态，对其身心健康产生了较大影响。每个人在每个不同的时期都有自己的社会定位，都扮演一定的社会角色。所以老龄人退休后，与年富力强时期相比，的确是脱离了社会的主流，而处于一个相对平静、闲适的边缘。这就需要老龄人调整好自己的心态，接受现实的改变。

由于老龄人在社会实践中所处的地位不同、经历不同，所形成的人生观也不尽相同。有高尚与平庸、正确与错误、积极与消极之分。不同的人生观可以直接影响到老龄人的晚年生活。因此，树立正确的、积极向上的人生观是十分重要的。有的离退休老龄人的人力资源得到二次开发利用，重新被社会认同，自身价值继续得以体现，心理需求得以满足。

（三）老龄人的价值观

价值观是社会成员用来评价行为、事物以及从各种可能的目标中选择自己合意目标的准则。价值观通过人们的行为取向及对事物的评价、态度反映出来，是世界观的核心，是驱使人们行为的内部动力。它支配和调节一切社会行为，涉及社会生活的各个领域。价值观是人们对社会存在的反映。人们所处的自然环境和社会环境，包括人的社会地位和物质生活条件，决定着人们的价值观念。处于相同的自然环境和社会环境的人，会产生基本相同的价值观念，每一社会都有一些共同认可的普遍的价值标准，从而发现普遍一致的或大部分一致的行为定势，或曰社会行为模式。

价值观取决于人生观和世界观。一个人的价值观是从出生开始，在家庭和社会的影响下逐步形成的。一个人所处的社会生产方式及其所处的经济地位，对其价值观的形成有决定性的影响。当然，报刊、电视和广播等宣传的观点以及父母、老师、朋友和公众名人的观点与行为，对一个人的价值观也是不可忽视的。价值观不仅影响个人的行为，还影响着群体行为和整个组织行为。在同一客观条件下，对于同一个事物，由于人们的价值观不同，就会产生不同的行为。在同一个单位中，有人注重工作成就，有人看重金钱报酬，也有人重视地位权力，这就是因为他们的价值观不同。同一个规章制度，如果两个人的价值观相反，那么就会采取完全相反的行为，将对组织目标的实现起着完全不同的作用。所以价值观念是通过社会化培养起来的。家庭、学校等群体对个人价值观念的形成起着关键的作用，其他社会环境也有重要的影响。个人价值观有一个形成过程，是随着知识的增长和生活经验的积累而逐步确立起来的。个人的价值观一旦确立，便具有相对的稳定性，形成一定的价值取向和行为定势，是不易改变的。但就社会和群体而言，由于人员的更替和环境的变化，社会或群体的价值观念又是不断变化着的。传统价值观念会不断地受到新价值观的挑战，这种价值冲突的结果，总的趋势是前者逐步让位于后者。价值观念的变化是社会改革的前提，又是社会改革的必然结果。

价值观是一种内心尺度，它存在于整个人性当中，支配着人的行为、态度、观察、信念、理解等，支配着人认识世界、明白事物对自己的意义和自我了解、自我定向、自我设计等；也为人自认为正当的行为提供充足的理由。价值观具有下列特性：（1）价值观是因人而异的。由于每个人的先天条件和后天环境不同，人生经历也不尽相同，每个人的价值观的形成会受到不同的影响。因此，每个人都有自己的价值观和价值观体系。在同样的客观条件下，具有不同价值观和价值观体系的人，其动机模式不同，产生的行为也不同。(2) 价值观是相对稳定的。价值观是人们思想认识的深层基础，它形成了人们的世界观和人生观。它是随着人们认知能力的发展，在环境、教育的影响下，逐步培养而成的。人们的价值观一旦形成，便是相对稳定的，具有持久性。(3) 价值观在特定的环境下又是可以改变的。由于环境的改变、经验的积累、知识的增长，人们的价值观有可能发生变化。

社会生活的一切领域都存在价值问题，它渗透于人的全部实践活动和认识活动中。不同的社会和不同发展的老龄价值观，有各自衡量老龄人价值的不同标准和尺度。西方的一些流派中，有的用“权力”作标准，有的用“利益”作尺度。马克思主义者运用历史唯物主义、辩证唯物主义的观点看待社会地位和作用，把人对社会的贡献作为衡量其社会价值的唯一标准。人的价值包括两个方面，一是个人对社会的责任和贡献；二是社会对个人的尊重和满足。我们按照这个基本观点来探讨人生价值中的老龄价值观问题。

个人的社会价值是个人与社会、他人的关系的一个重要方面，是指个人通过自己的实践活动为满足社会或他人物质的、精神的需要所做的贡献和承担的责任。人的社会价值大小取决于个人对社会所做奉献的多少。这主要通过个人劳动所创造的满足人类生活需要的价值物体现出来。他创造的成果越大，对社会的贡献越大，他的社会价值也就越大。人的自我价值是个人存在对自身的意义，这主要通过社会对个人的尊重和对个人发展需要的满足体现出来，自我价值包括两方面的内容。其一，人作为人的存在就要有人的尊严，要自尊、自信、自爱、自强、自立等。其二，社会应能提供保证个人的尊严、满足个人需要的物质的和精神的条件和手段。人的社会价值和自我价值是不可分割的。自我价值是社会价值的必要前提；社会价值是自我价值的外在表现。一方面，社会应尽可能地创造条件，使人的自我价值得到保证；另一方面，个人必须努力对社会尽责，尽可能地奉献自己的才能和智慧，为人类造福①。

人生价值贯穿于一个人在社会生活中生命的全过程，其中包括老龄阶段。作为社会的人，他对社会的生存与发展负有应尽的责任和义务；在他尽义务的同时，也享有相应的权利和受到社会尊重。老龄人作为家庭的尊长和社会的资深公民，他们在劳动年龄阶段完成了国家社会和家庭赋予的生产和生育的责任。按照唯物主义的发展观、代际交换的经济观、“老龄所终、壮有所用、幼有所长”的大同思想和“老者安之、朋友信之、少者怀之”的伦理观，国家、社会和家庭理当感谢和尊重他们，保障他们的“老有所养”。

老龄人是社会的财富不仅仅体现在他们在劳动年龄阶段为“两种生产”即物质资料生产和人类自身生产所做的贡献上，也体现在他们的成果和成就在现在和将来继续发挥积极作用上。尽管人到老龄由于劳动能力衰弱退出了劳动队伍，不再直接参加生产，但是他们在劳动阶段所创造的价值成果，仍然在社会进步和经济发展中继续发挥作用。恩格斯指出：“劳动产品超出维持劳动费用而形成剩余以及社会生产基金和后备基金从这种剩余中的形成和积累，过去和现在都是一切社会的、政治的和智力的继续发展的基础。”我们的先辈和现在的老龄人作为创造这些基金和积累的人，当然是有价值的。在现实社会中，由于老龄人所处的地位和生活环境发生了改变，老龄人的价值观也有了一些变化。老龄人随着年龄增长的变化，所带来的身体衰退与疾病，开始对身体健康的担忧以及对死亡的恐惧与日俱增。老龄人脱离了原先的工作环境和人际关系，个人价值不再能够通过劳动来衡量，自己也被家庭和社会视为是需要照顾的一类人。因此有些老龄人会产生畏老心理、孤独心理、失衡心理等，觉得自己对社会、对他人、对家庭不再有社会价值，此时的价值标准变成了自我肯定、自我定义和以自我价值为主。

① 曲江川. 老龄社会学［M］. 北京：科学出版社，2007.

总之，老龄人是一个特殊的社会群体，随着年龄的增长，工作环境、生活方式发生了较大的变化，世界观、人生观、价值观都有自己不同的特点。老龄人除了要享受生活，还要勇于实现自身的价值，满足精神文化生活的需要，提升生活的质量。

第三节　老龄文化民生哲学的作用

一、敬老养老的伦理道德观

我国历代思想家、政治家对保障老有所养，从伦理、道德、文化、礼法等方面有诸多论述。诸如：孔子伦理道德的核心是“仁”。涉及敬老养老方面他对“仁”的解释是“爱人”，首先是孝亲，其次是扩展到对社会上一般人的爱。孔子主张养老为本，敬老为先。他在回答子游问孝时说：“今之孝者是谓能养，至于犬马皆能有养，不敬，何以别乎？”这里强调的是养老是天经地义的，但是若能养其亲而敬不至，与弄犬马又有什么区别呢！①孟子发展了孔子的伦理思想，他把孔子主张的“仁”同“义”的概念结合起来，以“仁义”为最高道德。孟子说：“仁之实，事亲是也；义之实，从兄是也”，“亲亲仁也；敬长义也”。他强调“事孰为大，事亲为大”，“未有仁而遗其亲者也”，“孝子之至，莫大乎尊亲，尊亲之至，莫大乎以天下养”。他还说：“朝廷莫如爵，乡党莫如齿，辅世长民莫如德”，提倡“老吾老以及人之老”，强调尊老敬贤的重要性。并认为“人人亲其亲，长其长，而天下平”②。荀子是战国时代后期的大儒，他继承了孔子的学说，认为“礼”是最高的道德，在《荀子·大略》中说：“夫行也者，行礼之谓也。礼也者，贵者敬焉，老者孝焉，长者弟焉，

① 《论语》[M]．济南：山东友谊书社，1990.

② 《孟子》[M]．上海：上海古籍出版社，1987.

幼者慈焉，贱者惠焉。”作为儒家经典著作的《孝经》和《礼记》对敬老养老也多有论述。《孝经》中说：“教民亲爱莫善于孝，教民礼顺莫善于佛”。又说：“夫孝，德之本也，教子所由生也”①。

这些伦理思想，所提倡的道德原则和规范，都对老龄人不仅仅要“养”更要“敬”，给他们一种精神慰藉。为此我们要加强文化民生建设，丰富老龄人的晚年生活。

二、敬老养老的宗教哲学观

宗教是人类古老的意识形态之一。各民族的发展历史中，宗教观念和宗教活动产生重要作用。宗教从不仅仅是作为一种观念而存在于人类社会中，而且它一旦掌握群众，结成了团体，便成为一种社会力量。在不少国家和地区宗教在政治、经济、哲学和文化等领域中仍有很大的影响，有些国家甚至把宗教尊为国教。我们中华民族在自身的发展中，宗教也曾无例外地发挥过作用。特别在文化和道德规范上，宗教的功绩不容抹杀。

宗教的敬老养老观，特别是其中的一些有益于人类社会进步与发展的道德规范和训教戒律，是值得我们借鉴的。在我国影响比较大的佛教、基督教和伊斯兰教有关敬老养老的方面如下：

1. 佛教。佛教在《长阿含经》中有要求信徒孝敬父母和做到父慈子孝的训教，其中强调“善生者，夫为人子，当以五事敬顺父母。云何为五？一者供养，能使无乏。二者，凡有所为，先告父母。三者，父母所为，恭顶不逆。四者，父母正令，不敢违背。五者，不断父母所为正业。善生，夫为人子，当以此事敬顺父母”②。

2. 基督教的基本主张是“博爱”，它包括两个方面，一是爱上帝；二是彼此相爱。耶稣认为“爱人如己”是仅次于“爱上

① 《孝经》[M]. 济南：山东友谊出版社，1993.

② 雷镇阁，林国灿. 宗教知识宝典 [M]. 北京：中国广播电视出版社，1991.

帝”的最大诫命，“是律法和先知一切道理的总纲”①。《圣经》是基督教的经典，被认为是上帝启示的记录，是永恒的真理，是基督徒信仰的依据和宗教生活、日常生活的规范。“箴言”是阐述宗教生活和世俗生活的格言，是用以规诫他人或自己为目的的一种文体，也是古代贤哲阐述世俗生活的伦理道德观点的格言。《旧约全书》在“箴言”第一章中表明了基督教的敬老观，强调“老龄人的白发是荣誉的冠冕，在公义的道路上必能得善”②。第二十章说：“强壮乃少年人的荣耀，白发为老龄人的尊荣”③。在《圣经》里也记载有耶稣和基督教对敬老爱老的训诫。《新约全书·彼得前书》的第五章中，又强调“你们年幼的也要顺从年长的”④。基督教主张博爱，特别强调对老龄人要谦让，不可深责。《新约全书·提摩太前书》第五章要求人们“不可深责老龄人，只要劝他如同父亲，劝少年人如同弟兄，劝老龄妇女如同母亲”⑤。基督教把子女必须孝敬父母规定为信徒和人们必须遵守的训诫。

三、老龄人宗教信仰的辅助作用

宗教所追求的是一种自我灵魂的安慰。它是社会意识的一种形式，是人们对社会现实生活的一种反映。在其发生的初期，是人类对周围世界恐惧和无能为力的反映。宗教的历史和人类文化历史一样久远，它同人类文化一同产生，其后来的历程就是在人类文化的各个方面拓展它的领域。宗教也是一种世界观，哲学要解释世界的存在，人与自然的关系；也要为人生的目的、人世的苦难以及人的一切活动找到一种理论依据。宗教也是如此。不过，从辩证唯物主义角度来看，宗教与人类求真、创造的积极、

---

① 雷镇阁，林国灿. 宗教知识宝典［M］. 北京：中国广播电视出版社，1991.

② 中国基督教协会. 旧约全书［M］. 南京：南京爱德印刷厂，1987.

③ 中国基督教协会. 旧约全书［M］. 南京：南京爱德印刷厂，1987.

④ 中国基督教协会. 新约全书［M］. 南京：南京爱德印刷厂，1987.

⑤ 中国基督教协会. 新约全书［M］. 南京：南京爱德印刷厂，1987.

现实的精神相反，它所追求的至圣不在现世，而是立足于虚无的天国，彼岸的世界，希求奇迹的出现，因而它是一种“颠倒了的世界观”。但宗教与人类创造的文化，又确实存在着密切的关系，以至于一讲到文化，就无法摆脱宗教。应当看到，宗教具有群众性、长期性、复杂性、民族性等特点，作为历史文化现象，它不会伴随着阶级根源的消失而立即消亡。它在社会上还有认识根源，还有其本身内在的独特规律在起作用，是一些人尤其是老龄人和弱势群体心理寄托的基石。

在中国传统文化当中，作为有着深刻和谐思想与和平理念的宗教，可以在缓和人与自然、人与人之间的紧张关系以及促进社会和谐等方面发挥独特作用。

历史上佛教思想和理念对于老龄养生曾起过重要作用。在古代，人到了老龄常喜欢学禅，尤其是文人，更热衷于谈论禅学，对于诗词书画作品，也讲究“禅机”、“禅心”。其实撇开宗教的神秘色彩，禅理也是一种人生哲理、一种精神境界、一种生活态度。

在今天，从老龄养生的角度，“禅”在一定意义上即是“淡”。“淡”可以指生活的恬淡、心境的淡泊、名利的淡化、饮食的清淡、审美的散淡求真、处事的从容淡定等，但首要的是淡化欲望、淡化小我。老龄人要淡化对大大小小各种名利的追求和对自己历史的过度眷恋。有些老人，退休后老捉摸怎样能赚些钱，忙着做生意、炒股票，甚至去赌钱，有的老想着“天上掉馅饼”，结果落入网络或马路骗子“中奖”、“高息集资”、“买便宜货”等圈套；有些老人不甘于退休后居于社会边缘的定位，老想挤回社会中心去再创辉煌，一旦未能“辉煌”，便产生心理失落；有些老人念念不忘自己的光荣历史，退休后老觉得人家不像过去那样尊重他了，整天耿耿于怀。

欲望既能创造人生，又能毁灭人生，成为痛苦的根源。只有淡化欲望，才能做到快乐宁静。所谓“安神必先澄心，澄心必先遣欲”。不为物欲牵累，不为虚浮搅扰，让自己活得简朴单纯，进入从容、自如、恬淡的简单意境，会获取别人没有的更高层次的充实和丰富。这些对老龄人养生处事十分有益的观念，得益于相关宗教的辅助意义。

在我国，老龄人普遍存在着“宗教亲近”现象，这与老龄人所承受的生理压力、社会压力、精神压力有关。首先，老龄人在生理上逐渐衰老并趋向死亡，行动也日益迟缓呆滞不便，各种疾病不断增多，这种现象给老龄人造成了很大的精神压力。尤其是有亲人照顾的老龄人，总怀着拖累别人的内疚感，精神压力更甚，于是有的老龄人选择了自杀。所以老龄人相对于青年人来讲，需要更多的帮助和关怀。但是，过去与自己的事业有密切联系的社团、组织和人群，却远离了自己。再加上亲人们、子女们都忙于自己的工作和照顾小家庭，对他们的关怀少了，他们感到自己受到了冷落。人类缺少了关怀和爱，不管是婴儿、青年还是老龄人，都意味着失去了生存的意义。为了摆脱心灵的孤寂，有些老龄人加入了信教的行列，在宗教中寻找心灵的安慰。其次，老龄人虽然承认死亡是一切的终点，但真正面对死亡的时候，许多老龄人还是感到害怕、恐惧和悲哀。而宗教的死亡教育是：死亡是人生的升华，是人解脱了世间的烦恼和痛苦而进入了天堂。这种教育的积极意义是使人对死亡报以从容和乐观的态度。所以，老龄信教人士都认为神灵能帮助他们解脱苦难，并给他们再生的机会。因此，在死亡时往往显得较为安详和从容。老龄人希望得到“终极关怀”，宗教就能够提供这种关怀，帮助老龄人消除死亡忧患和死亡恐惧。这就是许多人退休后就信仰宗教的原因，这对他们来说是莫大的安慰。再次，老龄人大多有孤独感，宗教教团中教友之间的交往和帮助，能够较好地消除孤独感。宗教的这种功能也吸引着原来不信教的老龄人。老龄人在参加宗教聚会的时候，可以从中获得社交机会。这种同龄人的交往，使自己减少了孤独感，并且从这种群体活动中感受到了力量。宗教活动使老龄人交上许多新的朋友，他们彼此谈心，互相帮助，并互相关怀和鼓励。从客观的角度上说，这是有一定的积极意义的：它可使老龄人获得一群新伙伴，生活中互相鼓励和参谋，强化生存发展的力量，互相给予必要的支持和安全感。同时，宗教还为他们提供了许多种修身养性的方法，“神圣”的无私、慈悲、博爱为老龄人做出了最高的表率，适合他们求安定、稳定的心理。失意者也往往愿意到宗教中寻找一块安身立命的“绿洲”。

当然，由于各种各样的原因，不少人对宗教尚缺乏客观、正确的认识和评价，其实宗教是一种复杂的社会现象，在现实生活中，对它的社会作用不能简单地概括为消极的、保守的和有害的。宗教在一定的历史阶段有其存在的必然性，它能给一些人们的心灵带来安适与平和，它为人类社会关系的维护也设定了较好的规范。因此，我们不能用行政命令去消灭宗教，不能强制人们不信教。恩格斯曾说，对宗教采取取缔手段，是巩固不良信念的最好手段。我国宪法规定，公民有信仰宗教的自由和不信仰宗教、宣传无神论的自由。信仰宗教，进行正常的宗教活动，这是受到法律保护的，是信教群众的正当权利。信教的老龄人，总是以自己独特的心理体验对待宗教。老龄人依赖宗教的心理原因可能主要有以下几点：

由以上的分析不难看出，老龄人对临终、来世避免痛苦而享受幸福的追求，仍然是宗教信仰的最基本目的。通过信教，一些老龄人的精神和行为得到了净化，还有些老龄人改变了不良的处事方式，人际关系变得融洽和谐，并经常做好事，身心得到健康的发展。

不过，在这里提醒老龄人注意的是，要警惕邪教的陷阱。邪教不是宗教，而是一种巫教或巫术。邪教之所以是邪教，根本之点在于其具有反世俗生活和反国家性。真正的传统宗教都是反对邪教的，尤其是反对那种欺世惑众、非理性的邪教。邪教往往利用老龄人的善良、单纯或性格、心理上的某些弱点，逐步将这一精神鸦片注入痴迷者的思想中，毒害他们的身心。因此，希望老龄人能以正确的世界观、人生观和价值观为指导，以积极的态度和正确的方式去调适自己，去解决问题，拥有一个幸福、愉快、健康、安详的晚年。

第四章　老龄文化民生的社会学概论

第一节　老龄文化民生的社会学阐释

一、老龄社会学的研究

老龄社会学的定义，诸多学者从不同角度提出各自的观点。1982年，美国学者把老龄社会学研究范围扩展至包括老龄学史、老龄人口学、老龄经济学、老龄心理学、老龄教育学、老龄就业问题、老龄保健、老龄社会保健与养老制度、老龄人的社会工作、老龄立法、老龄人生活质量、老龄退休和娱乐、老龄人培训、宗教与信仰、老龄人居住条件与环境、老龄人的政治与老龄政策等诸多方面，可谓内容极为丰富、广泛。丹麦老龄社会学家符瑞斯认为："老龄社会学主要是研究老龄人生活条件和行为，以及人类衰老与某些生物因素和生存环境之间相互关系的科学"。我国人口学家邬沧萍教授等人提出了社会老年学。社会老年学只从社会科学角度进行研究，也属交叉学科。"社会老年学的一个突出特点是既要研究个体也要研究群体的老龄化规律及其与社会生活的相互关系，既要研究老龄人问题，也要从宏观方面研究"。同时还提出"社会老年学的研究应以经济作为基础，但又不能把经济因素看成唯一的因素，还应注意社会和文化因素的作用。"老龄社会学是坚持以辩证唯物主义和历史唯物主义为指导思想，运用社会学的理论方法，从微观和宏观角度，研究老龄个体老化和群体老化与社会各要素之间关系的学科，它是具有跨学科、带有交叉性、边缘性的一门新兴学科。它兼有老龄学和社会学的特点，主要包括老龄人口学、文化学、经济学、心理学等内容，研究与老龄人有关的政治、经济、教育、文化、社会制度、家庭结构、娱乐和环境及风俗习惯等相关的问题，重点是研究老龄人的智能、心理、行为、教育、社会福利、保健护理、合法权益的保护等问题。

老龄社会学的研究对象和范围，当前学术界有几种不同的观点：第一种认为是研究“老龄过程及其与社会发展的相互关系和相互作用”；第二种认为是研究“老龄人口（群体)”；第三种认为是研究“老龄人与社会诸因素之间的相互关系及其规律性”。这几种观点各有侧重，分别从不同的角度阐明了老龄社会学的研究对象。老龄社会学是以社会学的理论和方法研究老龄人社会关系、社会行为与相应的社会条件之间的内在联系及其发展规律的科学，所以，老龄社会学的研究内容如下：

1. 老龄社会学的主要研究对象是老龄人。“老龄人”指的是老龄群体，因此，老龄群体是老龄社会学研究的主要课题。

2. 老龄人的社会关系与社会行为。老龄社会关系指的是老龄人在社会活动过程中结成的各种关系，包括政治、经济、文化、婚姻家庭等关系。社会行为是指老龄人在社会生活和社会活动中表现出来的各种行为。

3. 老龄人社会关系、社会行为与相应的社会条件之间的内在联系。社会条件指的是形成这些关系和行为的外部条件，如人口、社会、经济发展、社会保障等，主要阐明这些外部条件对老龄人的社会关系和社会行为的影响。

4. 揭示发展的规律性。通过对不同研究对象的分析，探讨发展规律和趋势。

二、老龄社会学的形成与发展

对于老龄学的研究，是从19世纪末20世纪初才出现的。开始只从人类衰老和医学角度进行一些研究，直到 20 世纪 40 年代人们才开始把老龄人问题作为一门学科，从自然科学和社会科学两方面进行研究。而老龄社会学学科的确立与研究则是随着老龄学的发展而逐步确立和发展的，是老龄学领域当中重要的新课题之一。

老龄学首先产生于研究人类和个体老化。一般来说，人到老龄阶段会自发地产生一种企求长生不老或返老还童的愿望，这种愿望导致社会出现了各种各样延缓衰老和照顾老人的方式方法，可谓老龄学的萌芽。

老龄学的研究由 20 世纪 20 年代的老龄医学发展到 20 世纪 40 年代的老龄学，标志着老龄学的研究由考察人类个体老化发展到考察群体老化，即从社会、经济、心理等角度，运用自然科学和社会科学的理论与方法进行综合研究。老龄社会学的产生主要有以下几方面原因：

1. 人类平均寿命的延长，促进了老龄社会学的兴起。在农耕社会之前，由于科学技术落后，生产力水平低下，人类对自然灾害的征服能力和适应能力都很差，因此，人类平均寿命是很短的。50 万年前，北京猿人平均寿命仅为 14 岁；4000 年前，青铜、铁器时代人类平均寿命为 18 岁；公元前，欧洲人的平均寿命为 20 岁，古罗马人为 22 岁；18 世纪后期，英国医学家琴纳发明了“牛痘”，使人们获得了对天花病的免疫力，人类平均寿命由 18 岁增加到 40 岁，英格兰人平均寿命 33 岁，美国马萨诸塞殖民地时期平均寿命为 35 岁；到了 20 世纪初，青霉素药物的出现，使人类平均寿命由 40 多岁延长到 65 岁。在农业社会里，老龄人在人口结构中的比重很低、老龄人的社会问题也就不突出。

2. 老龄人口及其所占比重的增加，促进了老龄社会学的发展。从全世界看，发达国家人口老化现象比较严重，据 1990 年统计，在全世界 173 个国家 53 亿人口中，已有 47 个国家 13 亿人口进入老龄型社会。全世界老龄型国家，1950 年只有 15 个，

1960年增加到20个，1984年为42个，1990年为47个，1991年达50多个。老龄型国家人口占世界总人口比重也由1958年的18.7%，1960年的19%，1981年的20%，增加到1990年的24%。1950年，60岁以上老龄人口有2.14亿，占世界总人口的8.5%。1985年，60岁以上人口4.2亿，占全世界总人口的8.8%。1990年发展到4.85亿，占世界人口的9%。1999年世界60岁以上的人达到5.6亿，占世界总人口的9.6%。从中国情况看，老龄人口增长速度特别快。1953年，全国第一次人口普查时60岁以上人口只有4154万人，占全国总人口的7.32%。1990年，第四次人口普查时，60岁以上人口达到9711万人，占全国总人口的8.54%。1999年10月，60岁以上人口达到1.26亿，占全国总人口的10%，中国已提前进入老龄型国家。2011年第六次人口普查显示：60岁及以上人口占13.26%，比2000年人口普查上升2.93个百分点，其中65岁及以上人口占8.87%，比2000年人口普查上升1.91个百分点。我国人口年龄结构的变化，说明随着我国经济社会快速发展，人民生活水平和医疗卫生保健事业的巨大改善，生育率持续保持较低水平，老龄化进程逐步加快。从发展速度看，中国老龄人口增长速度超过全国人口增长速度，1953～1982年29年间，全国人口增长77%，而老龄人口增长95%，尤其是80岁以上的高龄老人增长速度之快尤为突出。老龄人口增长过快，给国民经济发展带来一定影响，也促进了老龄社会学的发展。

3. 人类快速老化，给国民经济发展带来重大影响，也促进了老龄社会学的发展。作为发展中国家的中国，在经济不发达情况下，提前进入老龄型国家，给国家财政带来沉重的负担。从全国退休职工人数看，20世纪60年代，我国退休职工每年只增加7万多人，20世纪70年代增加到100万人，20世纪80年代每年增加180万人，20世纪90年代每年增加300万人。1978年，全国退休费用为20亿元，相当于职工工资总额的3.5%；1985年，全国退休费用156.6亿元，相当于职工工资总额的11.1%；

2000 年，退休职工达到 4000 万人，退休金开支为 520 亿元，占职工工资总额的 17%，这是一个沉重的负担。发达国家用于职工的社会保障费用也很大，如瑞典，用于职工的社会保障费用占国民收入的 39.5%，法国占 33.3%，英国占 21.1%，德国占 29.9%，日本占 14.5%。人口老化增加了国民经济的投入，养老保障及医疗保险等问题日趋突出，从而促进老龄社会学的研究。

4. 家庭经济结构的变化，也促进了老龄社会学的研究。在农业社会里，家庭承担着两种职能，即物质资料生产和人类自身的生产。老龄人在家庭中享有绝对权威，既是生产指挥者，又是生活的主持者，在家庭结构中家长占统治地位，子女既有财产继承权，也有赡养父母的义务。因此，在农业社会里，老有所养的问题，主要靠家庭养老的方式来解决，家庭结构为反哺型。随着工业化、城市化发展进程，家庭结构发生了质的变化，传统的宗族式大家庭逐步解体，被小规模、核心家庭所代替。在发达国家中，家庭结构为接力型。父母只抚养子女到成年（18 岁），待子女就业工作就自立了。

三、老龄社会学研究的主要内容

国内外许多学者对老龄社会学研究的主要内容进行了广泛探讨，加拿大约克大学的费洛利克认为，老龄社会学研究的主要内容应包括以下几个方面：不同群体老龄人的寿命、性别及家庭地位的变化；老龄人继续工作与退休问题以及老龄人职业、工种、退休前后休闲时间安排比较研究；不同国家的退休政策，如退休与养老制度，管理老龄人的行政管理设置等；老龄人的经济状况（经济来源及消费结构、消费水平等）；老龄人的居住条件与家庭情况；社会对老龄人的态度等。我国老龄社会学研究的基本内容有以下几个方面：

（一）人口老龄化与社会经济发展的关系

老龄社会学主要是研究人口、社会及经济发展之间的相互影响问题，即不仅要研究社会发展引起人口老化的机制，还要研究人口老龄化对社会、经济、科技发展的影响。因为一方面，人口老龄化是社会发展的结果；另一方面，人口老龄化一旦出现，它又反果为因，给社会、经济的发展以巨大的反作用。因此，必须制定相应的政策，及时调整相互之间的关系。这是老龄社会学研究的重要内容。

（二）老龄群体的特殊需求与社会保障

老龄群体具有自身的特点，这些特点主要体现在生理、心理及社会这三方面属性的变化上。

1. 老龄期的生理功能必然随着年龄的增长出现老化。这种老化将体现在身体的各个器官、组织和功能方面，在此基础上，老龄社会学还要探讨老龄健康保健及疾病的防治等问题。

2. 心理或精神功能也必然随着年龄的增长发生衰退。这种老化不仅表现在感知系统，而且表现在思维、人格及自我意识等方面的变化上，老龄社会学的任务是探讨老龄人的心理变化特征，分析这种特征的形成原因，探讨老龄人心理健康的途径和方法。

3. 社会参与的积极性和能力也逐步减退。主要表现在退出职业生涯和社会角色的变化。老龄社会学要探讨老龄人角色变化的表现、要求及其特点，研究老龄人的社会适应等方面的问题。

老龄人的这些特点，必然影响老龄人的日常生活需求，特别是由于老龄人各种功能的衰退，需要家庭和社会给予特殊的照顾，维也纳《国际老龄行动计划》称之为“老龄问题的人道主义方面”。与老龄人的特殊需求相关的是社会特殊保障的重要性，如何满足老龄群体的特殊要求及合理调节社会保障也应当成为老龄社会学研究的重要内容。

（三）老龄人的价值观念及生活方式

人进入老龄期，不仅生理、心理和社会等方面的功能会发生变化，而且对生活的看法、态度及生活方式等方面也会发生相应的变化。因此，老年社会学要研究的重要内容有：

1. 老龄人价值观念的变化，主要是老龄人的世界观、人生观和价值观的变化及主要表现。

2. 老龄人的退休和闲暇生活，如老龄人的文化特点、老龄人的兴趣爱好、老龄人的教育和学习等。

3. 老龄人的家庭生活。家庭是老龄人的主要活动场所，尽管在现代社会，家庭养老功能有所弱化，但近年来在发达国家又兴起了“居家养老”的社会服务形式以及一些适应老龄人特点的新形式，如法国的老龄村、日本的小型敬老院等。老龄人的家庭观念较重，对家庭成员的感情依赖性很强。

4. 老龄人的社会交往与社会参与。主要是指老龄人退出职业生涯后，社会角色发生了变化，老龄人需要重新进行角色定位，需要一个再社会化的过程。老龄人参与社会交往不仅是老龄人自身的需要，也是社会发展的需要。老龄人利用自己的知识和经验服务于社会，应当提倡和鼓励。

（四）老龄人的社会问题与未来社会发展

随着社会老龄化的发展，老龄人的社会问题越来越突出，最主要的是经济问题、心理问题、老龄再婚问题、代际关系问题等。老龄群体与未来社会发展的关系，也是老龄社会学必须研究的课题。随着经济的发展和社会的进步，老龄群体的社会生活必将发生新的变化，而这种变化本身又会反过来影响未来社会及经济的发展。我们应当以立足于现实的研究为主，并从现在和过去的对比中，把握未来的发展趋势。

四、老龄人文化民生的社会学解读

个人与社会的关系问题是社会学的基本问题，也是老龄人文化民生的本质问题。因此，社会学是老龄人文化民生问题研究最重要的学科基础。从社会学研究的立场、方位、视角、基本观点以及认识和解剖研究对象应遵循的基本原则与逻辑程序等理论层面和方法论层面出发，对老龄人文化民生这一社会问题或现象进行较为全面的社会学理论探讨。

（一）社会学关注老龄人文化民生问题或现象的焦点

社会学是一门试图用科学的思维逻辑来讨论人类社会和社会生活的科学。但是，社会学所关注的对象和研究视野与其他学科有着本质的区别：与心理学比较，社会学不关注心理过程，而从老龄人文化民生的客观的、外在的表现入手，探讨老龄人文化民生的外在表现及其影响因素；与经济学比较，社会学也会关注老龄人的经济状况及其对老龄人文化民生的影响，但它往往还要深入探讨影响老龄人文化民生的经济状况的深层次的社会因素；与人口学比较，社会学不会仅仅局限于研究与老龄人文化民生的人口学特征，它往往还要探讨那些影响老龄人文化民生的人口学特征背后的社会文化。总而言之，社会学的关注焦点不在于问题或现象本身，而是它们背后所隐藏的文化内涵。因此，作为人类社会和社会生活的基本现象之一的老龄人文化民生问题，是社会科学学科研究的一个领域。社会学对于老龄人文化民生的关注焦点，强调深入考察老龄人文化民生这一问题或现象背后的意义。

（二）社会学研究老龄人文化民生问题或现象的学科要求

从社会学研究的角度来看，老龄人文化民生的阐释主要有以下三个基本学科要求：

首先，老龄人文化民生的整体性。社会学是把社会作为一个整体来研究社会各个组成部分及其相互关系，探索社会的发生、发展及其规律的一门综合性社会科学[①]。社会学研究的一个最基本特点，就是强调研究对象的整体性，即以社会整体为研究客体，考察各社会要素以及它们在发展过程中产生的各种社会现象，在进行这种考察时，社会学不是仅局限于某一种社会要素或社会现象本身，而是把这个要素或社会现象放在社会大系统中，从它与诸种相关的社会要素或社会现象之间以及与社会整体之间的相互关联、相互影响方面进行研究[②]。所以说，社会学往往将

① 王思斌．社会学教程［M］．北京：北京大学出版社，1987.

② 吴方桐．社会学教程［M］．武汉：华中师范大学出版社，2000.

研究的社会问题或社会现象置于它所处的社会大环境中加以考察，这是因为社会结构或社会系统对个体要素和现象的制约或影响。因此，对老龄人文化民生进行社会学考察，我们不能仅仅局限于老龄个体或老龄群体本身，而是必须将老龄人文化民生问题置于老龄人所生活的社会大环境中加以思考。这样，我们才能从根本上找到老龄人文化民生问题的本质所在，才能从根本上找到困扰老龄人文化民生的深层次原因，进而找到提升老龄人文化民生能力或水平的途径和方法。从社会学角度来看，老龄人文化民生并非只是一个关于老龄个体及老龄群体自身的命题，更是一个由社会结构制约而形成的以及社会结构变迁而导致的社会性问题。

其次，老龄人文化民生的多样性。老龄人文化民生的社会学考察的多样性，是与老龄人文化民生的社会学考察的整体性相关联的。虽然强调老龄人文化民生的社会学考察应强调整体性思考，但是这并不意味着老龄人文化民生的研究是漫无边际的，而是强调老龄人文化民生主题是存在着相对的界限，不是固定不变的。具体地说，社会学考察老龄人文化民生问题或现象，必须落实到具体研究对象群体及对象群体的具体生活环境和具体生活问题，而且强调老龄人文化民生这一问题或现象将随着社会环境，特别是周围的生活环境的变化而变化。时间和空间是界定老龄人文化民生这一问题或现象的两个常见维度。从时间特征来看，这一时期的老龄人文化民生问题同过去文化民生问题或现象有所区别；从空间特征来看，就是同一国家不同地区的老龄人文化民生问题或现象之间，如城市的老龄人文化民生问题或现象与农村的老龄人文化民生问题或现象，大城市的老龄人与小城市的老龄人文化民生问题或现象之间都可能存在着较大差别，甚至是本质性的差别。因此，对老龄人文化民生这一问题或现象的社会学考察不能是千篇一律的，而应注意老龄人文化民生研究的多样性。

最后，老龄人文化民生的多学科运用的视角和方法。在关于社会学学科地位及与其他社会科学的关系讨论中，有“总和说”，即把社会学和各门社会科学的关系看作是整体和部分的关系；有“综合说”，即认为社会学是将各门社会科学的成果从社会整体的角度加以综合得出的；有“普遍说”，即认为社会学的原理具有普遍性，适用于一切社会现象，各门社会科学的原则只有特殊性，仅适用于特殊的社会现象等①。尽管以上各种观点不同，但都说明社会学是一门综合性社会科学。从研究的主题来看，无论是将社会学的研究对象界定为社会现象还是社会问题，还是其他，其主题范围都将涉及人类社会生活的方方面面；从研究方法上来看，社会学研究方法是应用社会科学研究方法最为广泛的学科，且常常综合运用多种研究方法。正是由于社会学在研究对象和研究方法上都与其他社会科学存在着交叉的地方，所以社会学研究往往还强调多学科的视角。因此，对于老龄人文化民生的社会学考察研究，我们还应强调对经济社会学、人口学、教育社会学、传播社会学等各种社会学分支学科的综合运用。

（三）老龄人文化民生的社会学考察要充分发挥社会学的想象力

从表面上看，老龄人文化民生的问题首先表现为老龄个体或群体本身的困扰，而且，这种困扰在很大程度上也束缚着研究这一问题的研究者的视阈。因此，无论是老龄个体或群体，还是研究这一问题的研究者，要想走出这种困扰或束缚，就必须具备一种心智品质，这种品质可帮助他们利用信息增进理性，从而使他们能看清世事以及或许就发生在他们之间的事情的清晰全貌，这就是米尔斯所说的社会学想象力。当然，对于研究者而言，看清世事并不意味着完全超脱。因为当那种洞察世事能力获得的同时，一种道德性责任又开始降临。这种责任也就是塞得曼所说的社会学学科的承诺。在此要强调的是这种学科道德承诺的失落，不仅仅意味着社会学的危机，更意味着心灵的失落。这种来自学科和心灵的双重道德力量，必然会促使研究者进一步关注和探讨老龄人文化民生这一问题或现象，并寻求解决问题的途径。所谓

① 郑杭生. 社会学概论新修［M］. 北京：中国人民大学出版社，2003.

社会学的想象力，是指一种视角转换的能力，从自己的视角转换到他人的视角，从最不个人化、最间接的社会变迁到人类自我最个人化的方面的能力①。这种视角转移的能力，是将社会学思考内化的结果，是成熟运用社会学基本视角和方法分析的表现。因此，我们只有通过运用社会学的想象力，不断切换研究视角，才能客观地、完整地认识老龄人文化民生这一问题或现象，才能最终找到问题的答案。

（四）老龄人文化民生的社会冲突分析

现在有关老龄人文化民生研究表现为老龄人文化民生问题化，将其视为社会发展不协调的重要体现，并主张消除这种不和谐的因素。将老龄人文化民生问题化是受到结构功能论的影响，由此强调社会成员共同持有的价值取向对于维系社会整合、稳定社会秩序的作用，将冲突视作健康社会的“病态”，努力寻求消除冲突的机制。的确，根据冲突论的观点，老龄人文化民生是一个社会冲突命题，但这并不等于老龄人文化民生问题化，因为这只是老龄人文化民生不良的表现。即便是将老龄人文化民生问题化，也并不表明它没有存在的合理性。将老龄人文化民生看作是一种社会冲突的结果，也符合齐美尔的“冲突是一种社会结合形式”的命题思想。事实上，社会作为一个有机整体，其冲突是普遍存在和不可避免的。根据社会冲突论的思想，将老龄人文化民生视为一种客观存在的冲突问题，并非一定只是消极的，也并非在所有的情况下都必然引起社会有机体系统的崩溃或社会的变迁。在一定条件下，冲突具有保证社会连续性、减少对立两极产生的可能性、防止社会系统的僵化、增强社会组织的适应性和促进社会整合等正面功能。因此，老龄人文化民生问题在一定程度上是促进社会发展的推动力量。

① 米尔斯. 社会学的想象力 [M]. 陈强等，译. 北京：三联书店，2005.

第二节　老龄文化民生的社会学研究方法

一、老龄文化民生问题的社会学研究方法选择

任何一门学科的研究方法，都是由其学科的性质、对象、目的等因素决定的。

（一）选择的依据

1. 从研究对象来看，老龄文化民生问题的社会学是以老龄人为研究对象的，属于社会科学，因此，许多在自然科学中行之有效的方法，在社会科学中大都无法使用，或者仅仅能在个别场合使用。

2. 从学科性质来看，老龄文化民生问题的社会学是一门应用社会学，它的结论往往依赖于对具体材料的整理分析，因此，它不能单纯使用抽象的哲学思辨的研究方法。

3. 从学科研究的目的看老龄文化民生问题的社会学既要为理论研究提供参考和依据，又要便于指导具体的老龄活动，为老龄社会学研究者、工作者及老龄人本身提供帮助。

（二）研究方法的特点

老龄文化民生问题的社会学研究方法具有以下特点：

1. 综合性老龄文化民生问题的社会学研究方法应是综合性的，是共性与个性的统一。这种研究方法既要有大致的理论框架，又要有具体的调研方法；既要有整体的设计规划，又要有具体的直接接触。在收集与分析材料时，既要有利于计算机等现代工具的使用，又要兼具人性化特点，进行个案分析，解剖“麻雀”。

2. 专业性老龄文化民生问题的社会学是一门实践性很强的学科，如果仅掌握一般理论而不掌握具体的方法，就无法在实际

中应用。因此，它对研究方法提出了很高的技术性要求，应当有专业性特点。如在进行问卷调查时，目的是获取所需资料为研究服务，但是如何设计、实施及统计问卷，关键在于本身的技术要求。问卷进行得是否成功，能否得到足量、准确的信息，更多的不是理论问题，而是技术和方法问题。

二、老龄社会学研究应遵循的原则

老龄社会学研究一般应遵循以下几项原则：

（一）客观性原则

坚持客观性原则，即在进行老龄社会学研究时，坚持实事求是的科学态度，尊重客观事实，不随意歪曲和主观臆测。客观性原则的具体要求是：

1. 要尽量全面掌握材料。在进行理论研究时，如果材料收集得不全面，或数据统计得不准确，或者是资料收集的数量不够，特别是关键材料还没有收集到时，就主观地下结论，这往往会影响到理论的客观性。

2. 要立场公正，避免先入为主。研究人员不能带着某种偏见去搞科学研究，如果在进行科研之前，研究者已经对要研究的对象形成了某种先入为主的印象，这种印象往往会直接影响对材料的收集和整理，可能造成科研效果的失真，影响结果的公正性。

3. 要解放思想，建立新的思维模式。研究人员要有开放的思想，克服僵化的思维方式，破除条条框框的束缚，大胆地接受新事物、新观念，使自己的思维方式符合社会的发展和事物自身的性质。

（二）整体性原则

具体要求如下：

1. 选取对象的整体性。老龄文化民生问题的社会学的研究对象是老龄人整体，这个整体作为一个亚文化群体，具有共同的特征和要求。研究时要从整个老龄群体出发，不能只关注某个层面或少数人。要注意选取调查研究对象的代表性，把点与面结合起来。

2. 研究问题的整体性。老龄人存在的问题有些带有共性和全面性，有些只在某些人中存在。老龄文化民生问题的社会学的研究主要着眼于共性和整体性问题。当然，在具体实施过程中，要把整体和局部问题结合起来，如果局部问题不重视，则可能发展成整体问题；反之，如果整体问题经过努力，也可以变为局部问题直至逐渐消失。

3. 研究结论的整体指导意义。正因为老龄社会学的研究对象、研究问题都具有整体性，因此，其研究结果应具有整体的、普遍的指导意义。

（三）理论与实际相结合的原则

在老龄社会学的研究中，理论与实践是相辅相成的。一方面，老龄文化民生问题的社会学理论来源于老龄工作的社会实践，而实践是检验理论正确与否的唯一标准。理论是灰色的，唯有实践之树常青。我国是在经济不发达的情况下进入老龄化社会的，因为社会财力不足，研究和解决老龄问题会遇到许多困难，这对理论提出了新的要求，如何从中国实际出发，创造具有中国特色的老龄社会学理论，这是我国社会实践提出的新要求；另一方面，老龄社会学的理论对实践具有指导作用。目前老龄文化民生问题的社会学的实践正在探索之中，带有很大的盲目性。如果没有理论的指导，将不利于全社会对老龄问题的认识，也不利于从宏观上采取得力措施，有效地解决老龄人的实际问题。加强理论研究，使二者相互影响、相互促进，则可以起到事半功倍的作用。

（四）注重社会效益的原则

老龄文化民生问题的社会学的研究是一个崭新的领域，研究人员要有高度的社会责任感，关爱老龄，关注“夕阳”，使老龄问题的研究起到指导老龄人日常生活和老龄社会工作的作用。在工作中还应注意：

1. 要研究社会普遍关注的问题。老龄文化民生问题的社会学的研究，要关心老龄人的身心健康、生存、发展问题，以便调动老龄人参与社会的积极性，稳定社会秩序，促进我国物质文明和精神文明建设的发展。

2. 注重实效，力戒形式主义老龄社会学的研究不能只关注问题本身，更不能片面地强调某些具体的调查情节，必须从注重社会效益的立场出发，客观、全面地进行研究。

三、老龄文化民生问题的社会学研究的一般程序

老龄社会学研究的一般程序包括提出问题、收集材料、整理分析几个阶段。

（一）提出问题

提出问题是老龄文化民生问题的社会学研究的起点。提出问题时主要应考虑两个方面：一是在老龄文化民生问题的社会学实践中需要解决的问题，以此作为研究的依据；二是理论研究中需要进一步探讨的问题，关于老龄文化民生问题的社会学的研究有许多问题有待继续探讨。

（二）收集材料

收集丰富而真实的材料是科学研究成败的关键。在收集材料阶段，重要的问题是要进行可行性分析。通过可行性分析，明确研究的对象、收取材料的范围以及研究的课题等。一般来说，收集材料的对象要根据需要，还要根据可能进行选择，即要取得研究对象的允许和配合。研究的范围，要尽可能地扩大，当然还要视研究过程中的人力、物力、财力等各种因素的情况确定。

（三）整理分析

整理分析包括理论概括和假说验证。收集材料的目的是为了进行理论概括和研究。整理分析是把材料整合为相应的理论和原则，或者解释社会现象、建立假说、预测未来趋势等。假说验证是一个较为复杂的过程，这种验证往往需要较长的时间，但一般

情况下可以对某些假说进行验证，使其能够上升为理论成果，或者对成果进行理论解释。

四、老龄文化民生问题的社会学具体研究方法

老龄社会学的研究方法很多，在这里主要介绍几种收集材料的方法。

（一）观察法

观察法是指研究者通过耳闻目睹或借助于一定的仪器和技术收集资料的方法。观察法主要分为自然观察和参与观察，自然观察是指在自然情景中，调查人员以旁观者的身份对调查对象进行观察的方法。其特点是对被观察者尽可能少的干预，了解的情况比较表面。参与观察是指调查者亲自参加到调查对象所处的群体中，作为其中的一员进行观察。其特点是由于身临其境，容易得到较多的“内部”信息。

（二）访谈法

访谈法是指研究者与研究对象进行口头交谈来收集资料的方法。根据调查人员与调查对象的接触方式，访谈可分为直接访谈和间接访谈。直接访谈是面对面的访谈，间接访谈是通过一定的中介进行的，如电话访谈等。直接访谈的优点是不仅能获得言语信息，而且能得到非言语信息，比较有利于对结果的解释与分析。但缺点是这种形式对访谈者的要求比较高，花费较多；间接访谈的优点是花费较小，但收集的资料也相对较少。访谈法根据是否有一个既定的目的、要求和实施提纲可分为结构访谈和非结构访谈。结构访谈即标准化访谈，是指根据一定的要求和结构进行的正式访谈；非结构访谈事先没有具体的要求和详细的提纲，可视情况灵活掌握和调整。结构访谈的优点是结果易于统计，但灵活性较差。

（三）问卷法

问卷法是指用统一的、严格设计的问卷收集资料的研究方法。问卷法的特点：一是标准化程度高，避免了主观性和盲目

性；二是收效快，能在较短的时期内获得大量的信息。问卷法的类别：主要有封闭式问卷和开放式问卷。在封闭式问卷中，每一问题都给出若干可能的答案，被调查者只要从中选择一个或多个答案即可。这种形式的优点是简单明白、方便快速、便于统计。开放式问卷只提出问题，不给予任何答案，由被调查者自由作答。这种形式的优点是可以获得丰富的资料，能进行较深入的研究。但是所获资料不规范，难以进行量化处理。

（四）文献法

文献法是用科学方法考察现存文献资料，从而获得真实地反映社会现象资料的方法。当第一手资料不够用或不可能取得第一手资料，而又有第二手资料可用时，常常使用文献法，如有关的著作、历史档案、人物传记及其他文字或图像材料。使用文献法获取资料方便、快捷。

五、老龄人文化民生的社会指标研究

对于老龄人文化民生的研究，其重点和难点不在于如何界定老龄人文化民生的内涵与外延，而在于如何衡量老龄人文化民生状况，即如何区分文化民生不良和文化民生良好以及如何比较文化民生不良或良好的程度，这就涉及老龄人文化民生的社会指标研究问题。一般来说，老龄人文化民生的社会指标研究既不属于方法论层面，也不属于研究方式的基本技术要求，它是对老龄人文化民生概念的诠释，主要用于衡量老龄人文化民生水平。

老龄人文化民生的社会指标常常被看作是统计数据，是一种数量或数字化的评价。然而，在实际生活中，我们会发现反映老龄人生活状况的那些数字与老龄人的主观感受常常是不一致的。从本质上讲，老龄人文化民生问题是一个老龄人对于自身生活质量感受的问题。因此，对老龄人文化民生的考察，就不能不关注老龄人对他们所感觉到的生活质量的态度或反应。从生活感受而言，老龄人文化民生不仅包括物质层面的感受，也包括精神层面

的感受。据此，老龄人文化民生的社会指标应该综合老龄人社会生活的质量和数量特征，即不仅包括数量、数字的衡量，也包括质量、非数字的评价。老龄人文化民生的指标主要可以划分为五大类：第一，老龄人的满意程度，特别是有关衣、食、住、行等基本生活需要的满意程度；第二，老龄人的意愿、意向指标，例如对与老龄人生活质量相关的社会政策、社会措施的赞成或反对，对某个社会问题严重性的看法等；第三，老龄人的主观期望指标，这是人们对未来的设想和对社会决策的希望；第四，老龄人对社会现象、社会状况、社会生活所做的评价、估价，例如对社会公平程度、机会均等的看法，自我估计对社会、公共事物、决策等的影响力等；第五，老龄人的价值观念指标，如人的生活目标、道德观等。

老龄人文化民生的指标研究是开展老龄人文化民生的某一主题项目研究时，将概念、假设转化经验指标，特别是制作调查问卷和访谈提纲时必不可少的步骤。在制作问卷时就将老龄人文化民生的指标分为三个方面的问题：一是老龄人背景方面的指标，包括年龄、性别、文化程度、工作状况、健康状况、经济状况等；二是老龄人文化民生的具体表现指标，包括生活自理、角色转化、思想观念及行为方式等维度；三是关于老龄人在现代社会过程中的适应能力以及提高老龄人文化民生的主观建议方面的指标。

第三节　老龄文化民生的社会学分析

老龄人文化民生的社会学理论阐释有助于从理论高度认识老龄人文化民生这一社会现象，但老龄人文化民生首先表现为一种客观、具体的社会现象，对老龄人文化民生的社会学阐释不能仅限于抽象的理论阐释，还必须从社会运行的角度对老龄人文化民生现象进行具体分析。从社会运行的角度来看，老龄人文化民生现象不仅涉及社会化、社会角色、社会互动、社会群体等微观层面的内容，还涉及社会组织、社会分层与社会流动、社会制度、社区等宏观层面的内容。此外，还有诸如社会文化这样考察老龄人文化民生运作的维度性要素。为了防止“面面俱到，不得要领”，这里仅对与老龄人文化民生运作紧密相关的社会角色、社会互动、社会文化和社会化四个方面进行社会学分析。

一、老龄人文化民生的社会角色分析

任何人都会在社会中扮演一定的角色，老龄人文化民生问题在一定程度上表现为老龄人社会角色转换问题。老龄人的社会角色状况变化，主要是由老龄期社会角色变迁引起的。作为一种社会角色，老龄期不同于中年期的社会角色。一个人从中年期进入老龄期，他的社会角色以及社会关系会发生一系列的转换或变化，并由此对老龄人造成相应角色的适应障碍，这主要表现在以下四个方面：

1. 一般来说，随着生理机能的衰退，老龄人将逐渐丧失劳动能力，逐渐由劳动角色向供养角色转换，这容易使老龄人产生经济危机感，甚至耻辱感。

2. 随着老龄人退休年龄的到来，从原有工作岗位上退休意味着失去原来认为是理所当然的工作角色，并要接纳和适应老龄期的新角色和任务，成为一个退休的老龄人。工作角色的丧失，这就容易使老龄人产生“被抛弃感”和寂寞感。

3. 老龄人退休后回到家庭，从社会工作职业角色向家庭情感角色转变，在这个转变过程中，老龄人因失去工作的失落感以及与家庭成员相处的时间延长很可能会带来家庭关系的变化。

4. 在家庭中，老龄人也将由“家长”角色转换为被照顾的角色以及由父母角色转换为祖父母角色，这也将导致老龄人在家庭中的地位和关系发生变化。除此之外，老龄人还可能遭遇多重“突然失去”的威胁，如子女情感支持的突然失去（子女成家分居，老龄人进入“空巢”家庭）、健全身体的突然失去（疾病，并可能面临肢残或死亡)、配偶的突然失去(老龄人在丧偶后，不再具有原来的丈夫或妻子角色，而成为一种新型的角色——鳏寡角色，因此带来心理健康的问题)。这些都是老龄人将要面临的新问题，需要老龄人角色定位重新调整。

二、老龄人文化民生的社会互动问题分析

老龄人的文化民生问题分析，主要是探讨环境、个体及其相互作用对老龄人文化民生的影响。老龄人文化民生问题强调晚年生活中老龄人的主观过程和主观变化，即老龄人的主体能动性。互动理论认为，人们会通过社会互动形成对情境或事件的知觉和意义，而在与他人交往的过程中，个人会依其知觉对现实环境设定计划目的和采取行动①。因此，老龄人与环境之间的互动状况对老龄人晚年的生活质量有着重要的意义。

第一，老龄人积极参与各种社会活动有利于提高老龄人的文化民生水平，增加老龄人的生活满意度。互动理论认为，活动水平高的老龄人比活动水平低的老龄人更容易感到生活满意并且更能够适应社会，参与社会互动提高了老龄人的生活满意度。根据目前国内外相关研究报道，老龄人积极参与社区、邻里、朋友之间的活动对老龄人的生活满意度有积极作用；相反，孤独是使老龄人生活满意度低的影响因素之一。

一般来说，老龄人在与自己的亲属或朋友的互动过程中会存在各种各样的资源交换，这种交换式的对等互动在老龄人保持良好的心理状态以及提高生活满意度方面起到重要作用。因此，要鼓励老龄人多与人交往，多参与各种形式的活动，从而增加其社会互动的机会。这也与联合国制定的老龄人原则中所强调的“参与”是相一致的②。因此，老龄人应积极参与社会。参与社会，才能使老龄人重新认识自我，保持生命的活力。

---

① 李迎生．社会工作概论［M］．北京：中国人民大学出版社，2004．

② 邬沧萍．老年学概论［M］．北京：中国人民大学出版社，2006．

第二，与老龄人有关的社会环境状况影响老龄人文化民生水平和老龄人生活满意度。与老龄人相关的社会环境状况是指社会对老龄人的态度与评价。一般来说，在一个有着良好的尊老、爱老传统的社会里，周围的人们对老龄人的评价基本上都会是正面的、积极的，这有助于老龄人产生积极的自我认知，增强参与社会活动的积极性，从而提高生活的满意度。与之相反，如果整个社会对老龄人采取歧视的态度，习惯于给老龄人贴上不良标签，老龄人每天听到的广播、看到的电视、外出购物所目睹的一切，都把老人描绘成昏庸、老朽、无用，那么这些信息的积累自然会对老人的自我观念产生否定性的认识，让他们感到自己不再有能力，对家人和社会都是负担，从而使他们对社会产生隔离感①。但如果对老龄人生活的过分积极照顾不一定能提高老龄人的生活满意度。例如，在老龄人退休后，一些子女什么事都不让老人做，无微不至地供养老人以尽孝心。特别是在老龄人因患病而健康受损的情况下，子女往往更是表现出处处为老人着想，替老人做决定。然而，这种对老人的过分关心会导致老龄人产生自己无用的想法，进而把一切决定权都交给子女。随着生活决定权的丧失，老人就会进入消极和依赖的状态，丧失原先的独立自主能力。

由此可见，老龄人在经历工作角色丧失、身体疾病以及其他与年老有关的变化时，周围环境对老龄人的态度变化会深刻地影响老龄人的自我认同和行为方式。因此，老龄人需要与周围环境进行积极的、正面的互动，这样有利于老龄人对老龄期生活的调适，从而提高他们的生活满意度。

三、老龄人文化民生的社会文化分析

社会学的研究有两个基本前提假设：一是人类在生产活动过程中必然会结成一定的生产关系，并由此产生相互联系的有机总

① 李迎生．社会工作概论［M］．北京：中国人民大学出版社，2004．

体，即所谓的社会，特指人类生活的共同体；二是人类社会生活的一切方面，包括社会角色、社会化、社会互动等，本质上都是一种文化现象。因此，“社会”与“文化”不仅是人们生活中常见的概念，也是社会学学科中的最基本的两个概念。虽然“社会”和“文化”是人们生活中耳熟能详的两个基本概念，但是学者们对它们的定义或解释却是多种多样的①，这里直接采用我国社会学界最具代表性的概念。马克思主义认为，社会是人们相互交往的产物，是各种社会关系的总和，是以共同的物质生产活动为基础而相互联系的人们的有机总体；而文化是指人类社会历史实践过程中所创造的物质财富和精神财富的总和，包括物质文化和非物质文化（物质文化是指物质世界中，一切经过人的加工、体现了人的心智活动的东西；非物质文化，又称精神文化，是指制度、规范、习俗、思想、观念、态度、价值和信仰等）。

文化与社会密不可分。社会学家孙本文（1935）曾指出：“文化为人类社会普遍的要素，无文化即无社会。人类之所以异于禽兽者，以其有文化，故文化为人类的特产，亦即为人类所不可或离的要素。自衣、食、住、行、用、玩，以及待人接物、婚嫁、丧葬等的活动，都不受文化的支配。换言之，此等活动，即文化的活动；除去文化即无活动。我们在社会上所遇到的事物，除个人及人与人间的交互活动外，莫非文化，即以个人的单独活动，以及人与人间的交互活动，亦无非受文化陶冶以后，在文化范围以内所表现的文化活动而已。”由于“文化”与“社会”的高度相关性，此处就以“社会文化”这一整合概念为工具展开关于老龄人文化民生的分析。

（一）老龄人的文化民生：基于时间与空间的阐述

时间与空间是理解“社会”与“文化”的两个常见维度。就“社会”概念理解而言，不同时间段上的社会各具特色，而某一时间段上的社会又是该时间之前的社会积聚的结果；某一社会的

① 郑杭生．社会学概论新修［M］．北京：中国人民大学出版社，2003．

独特性是与同一时段上不同空间的其他社会相对比而呈现的特征。就“文化”概念理解而言，从时间上看，文化具有历史的延续性，在某一时间上又有阶段性的特点；从空间上看，不同地域或同一时间段上不同的人群范围各有独特性。同样，时间与空间也是理解“老龄文化民生”的两大维度。从时间上看，老龄社会文化是长期的历史积淀与传承的产物，不同时代具有不同的特征。当前的老龄社会文化是历史与现实交融的结果。每一个时代的老龄社会文化都是其历史文化传统与该时代的现实文化精神相交融的混合体。从空间上看，不同地域以及同一地域不同的群体或个体之间在老龄社会文化上呈现出各异的特点。不同地域由于地理环境、经济条件、历史境遇、宗教背景与人文传统等因素的差别，所营造与积聚起来的老龄社会文化往往大相径庭。因此，老龄社会文化在时间上体现为历史与现实的交融，在空间上体现为共性与个性的统一①。

时间与空间是界定老龄社会文化的两个变量，即在一定时间和空间范围内老龄社会文化具有相对稳定的内容；同时，时间与空间又是改变老龄社会文化内容的两个重要因素，即随着时间推移和社会流动的加速，老龄社会文化面临着各种各样的冲击，从而给老龄人的社会文化适应造成程度不同的冲击或压力。

（二）老龄社会文化民生的行动路径和行动结果

一般来说，老龄社会文化包括两方面内容：一是老龄人自身构建的文化，如服饰、饮食、思维方式、行为模式等；二是社会构建的有关老龄人的文化，如老龄观、尊老敬老传统、养老制度等。

在老龄社会学里，老龄社会文化的上述两种不同建构方式所形成的老龄社会文化分别称为老龄主体社会文化和老龄客体社会文化。老龄主体社会文化是指老龄人自身构建与持有的物质生活

① 陈勃. 老人与传媒——互动关系的现状分析及前景预测［M］. 南昌：江西人民大学出版社，2008.

形态（如服饰、饮食、住行）、知识体系、价值观念、思维模式、行为习性、活动方式与人际关系等。老年客体社会文化主要指社会整体构建与持有的关于老龄人或老龄的观念、制度、规范、舆论、风尚与习俗等。因此，老龄主体社会文化和老龄客体社会文化内在地包含着老龄社会文化适应的路径和结果。

一方面，老龄人通过自身建构来主动进行社会文化适应。老龄人自身建构文化主要是指老龄人凭借几十年来形成的知识经验、个人习惯和人格特点主动进行物质生活选择和精神生活选择的体现。当然，老龄人自身建构的主体社会文化并非老龄人单纯主观选择的结果，它也受外界环境变迁的制约。换句话说，老龄人物质生活选择和精神生活选择是在一定外界环境条件下的主动选择，它体现了老龄人主动建构并适应社会文化环境。此外，老龄人主体社会文化的形成与老龄人自身的生理规律和心理规律是分不开的。随着一个人从中年期进入老龄期，他（她）的生理机能和心理机能都会在一定程度上减退。伴随老龄人的生理机能和心理机能的这种变化，他（她）中年期的生活方式也会随之发生改变。这也是我们能感受到老龄社会文化和中年社会文化（当然也包括其他年龄群体）有着明显区别的根本性原因。

另一方面，社会建构的老龄客体文化是老龄人社会文化适应的行动框架或行动约束。多数人往往认为：老龄人是需要照顾（或负担）的，是身体虚弱多病的，是无能的，是保守的，是迂腐的。年轻人与老龄人进行交往之前或在交往过程中，总会有意无意地先入为主，将一些负面的品质（如体弱多病、顽固、糊涂）强加在对方身上，从而极大地影响代际交往的成效。同时，老龄人由于意识到社会中存在对他们的成见，在实际生活中往往也会受其影响，害怕遭遇负面评价或尴尬场面而不愿与人交往，变得离群寡言、孤僻冷漠。

四、老龄人文化民生的社会化适应分析

社会化是指个体在与社会的互动过程中，通过社会文化的内

化和角色规范的学习来适应社会生活的过程。从文化的角度来看，社会化是一个文化传递和延续的过程，社会化的实质是社会文化（核心是价值标准）的内化。在封闭、稳定的传统农耕社会里，长辈的过去就是子辈的未来。在这种社会里，文化传承和社会化都发生从上一辈人向下一辈人单向输送的过程，下一辈人更多只是被动地向上一辈人学习社会规范、生活技能以及各种价值准则，这就是美国著名学者米德（1987）所说的前喻文化社会。在前喻文化社会里，老人具有绝对的权威，社会化通常是指年长一代对年青一代施加影响，年轻者向年长者学习的正向社会化过程。

改革开放以来，随着科学技术的快速发展和社会知识的日益更新，许多传统经验因陈旧而失去了传承的价值，老龄人在新环境面前也逐渐失去了其以往的权威优势，年轻人善于接受新事物、具有创新精神等特点，向老龄人提供新的信息和生活方式，并在新知识、新领域向老龄人传授知识，这是一个由前喻文化社会向后喻文化社会转变的过程。马格丽特·米德把后喻文化称为“青年文化”，它是一种和前喻文化相反的文化传递过程，即由年轻一代将知识传递给他们生活在世的前辈的过程。可见，后喻文化是一个典型的反向社会化过程，即年轻一代向年长一代施加影响，传授其价值观、行为方式和生活态度，下一辈人向上一辈人传递文化、社会规范、价值、知识、技能，是一种文化反哺现象。

社会主体文化模式由前喻文化向后喻文化的转变，现代社会日新月异，新知识和新技术不断涌现，新的社会问题也不断产生，这给老龄人社会生活造成了巨大的冲击。如果老龄人想跟上时代变迁的步伐，就不得不通过进一步的社会化来了解和掌握新知识、新规范，尤其是通过反向社会化（简单地说就是通过向年轻人学习的过程）来认识新现象、新观点和学习处理新问题的方法，从而建立适应社会节奏的新生活。

五、社会转型与我国老龄人文化民生的社会学分析

社会转型，是指社会结构和社会运行机制从一种形式向另一种形式转换的过程。社会转型意味着我国经济和社会进入快速发展时期。经济和社会的加速发展不仅带来了社会结构的巨大变化，大规模城乡社会流动现象也导致了人们的观念变化，这给我国老龄人造成了日益突出的文化民生问题。

（一）经济体制的转轨对老龄人文化民生水平的冲击

在自给自足的自然经济社会里，由于科学技术不发达，社会发展变化极其缓慢，人们往往是依据经验行事，因而经验受到了顶礼膜拜。由于生产和生活经验是由年老一代传递给年轻一代的，所以老龄人在年老力衰不能再参加生产劳动时，仍然对子孙后代的生产和生活起着指导和监督作用，因而老龄人有着至高无上的权威和地位。而今，我国经济体制由传统自然经济体制及计划经济体制向高度发达的市场经济体制转变，老龄人所拥有的大部分知识和经验逐渐失去了传承价值，很难适应日益发展的社会需要。现代市场经济体制以平等竞争为基本原则，因而对于人类新科学知识和技术水平的更新能力和对外界事物的反应能力有着较高的要求。相对中青年人而言，老龄人由于生理和心理等各种因素的变化，其反应力、冒险精神、竞争意识都相对缺乏，很难适应市场经济的节奏。年轻人成为市场经济的“弄潮儿”，他们的经济收入和生活消费日益脱离了对上一辈的依赖，老龄人无法再对子女的生产和工作进行具体的指导，老龄人在生产生活上的优势与权威地位也逐渐丧失，老龄人的生存能力和社会地位受到日益严峻的挑战。

（二）社会文化的变迁所造成的老龄人文化民生问题

中国传统社会是一个以儒家文化为基础的伦理型社会。正如梁漱溟所说：“中国之以伦理组织社会，最初是有眼光的人看出人类真切美善的感情，发端在家庭，培养在家庭……此即‘孝悌、慈爱、友恭’等”。在这种传统社会里，父母养育了子女，

子女就理所应当奉养父母、遵从父母的意志，从而形成了占主导地位的“尊老文化”，而且这种“尊老文化”受到家族宗法制度、社会舆论和政府相关政策的维护。

然而，随着改革开放的深入，西方国家的文化和生活方式逐渐渗透到我国社会生活的各个方面，并以各种形式潜移默化地改变着人们的思想和行为方式。西方的自由、民主、平等、人权、个体本位等观念正在逐步渗入人们的思想意识之中。整个社会传统和人们的文化心理正处于全面转型之中，“父命难违”的观念正在被平等对话、追求个人发展的思想所替代。

这样，传统的尊老观念、孝亲之风也随之逐渐淡化。事实上，社会转型在年轻人和老龄人之间造成了深深的文化价值鸿沟，也严重影响了他们之间的沟通交流，崇尚勤劳、节俭、节制老龄人，很难与以寻求快乐、追求自由发展的年轻人在精神境界上达到心灵的沟通。

年轻人由于工作和生活的压力以及社会流动的增强倾向于把老人交给社会机构，让社会承担养老责任。再加上老龄化现象的日益加剧，人们也越来越倾向于将老龄人问题化。

（三）人口结构的转变所带来的老龄人文化民生问题

全国第六次人口普查统计显示，2011 年 60 岁及以上人口占 13.26%，比 2000 年人口普查上升 2.93 个百分点，其中 65 岁及以上人口占 8.87%，比 2000 年人口普查上升 1.91 个百分点。我国人口年龄结构的变化，说明随着我国经济社会快速发展，人民生活水平和医疗卫生保健事业的巨大改善，生育率持续保持较低水平，老龄化进程逐步加快。人口老龄化一方面与计划生育政策的实施有关；另一方面也与老龄人口寿命延长有关。庞大的老龄群体的特殊需要给社会消费、生产以及社会福利设施都带来了不同程度的压力，使老龄人的地位进一步下降。

在我国人口结构向老龄化和高龄化发展的同时，我国城乡家庭结构则向核心家庭发展。随着社会经济的发展和社会文化的变迁，年轻人由于工作及其他个人发展的需要，其社会流动性日益增强。这样，年轻子女倾向于选择与父母分开居住，再加上生育率下降带来的孙子女人数的急剧减少，导致整个社会的家庭主体结构由大家庭向小型核心家庭转变。与此同时，家庭代际关系的调整也悄然发生，成年子女与父母分居后逐步走向独立生活，对于家庭重要事件和日常家务，他们越来越倾向于自己决策，而不再事事请教长辈。家庭结构和家庭代际关系的这种历史性变化，不仅意味着长辈对子女的直接影响逐渐被削弱，而且还直接导致了子女对年迈父母的日常生活照料和精神慰藉难以保证。同时，核心家庭的“4—2—1”家庭人口结构意味着一个子女要供养两个及两个以上的老人，养老负担进一步加重，特别是那些子女收入不高而老人又无收入的家庭，老人的晚年生活更难以得到保障①。

由此可见，我国这种人口结构和家庭结构的变迁将会给老龄人生活带来全方位的影响，包括老龄人的生活自理、人际交往和角色转化的困难以及行为方式和思想观念等各方面的文化民生问题。老龄人的文化民生水平降低不仅直接影响老龄人自身的生活质量，而且给家庭和社会造成巨大的负面影响，进而影响整个社会的和谐发展。

① 杜鹏．农村子女外出务工对留守老人的影响［J］．人口研究，2004（6）．

第五章 老龄文化民生的经济学探讨

老龄人文化民生问题作为一个社会性问题，涉及老龄人生活的方方面面，也与其他社会问题有着千丝万缕的联系。正是因为如此，老龄人文化民生问题已经成为许多社会科学学科研究的主要内容之一。反过来，我们也可以说对老龄人文化民生的探讨需要多种社会科学学科视角。除了社会学和心理学外，经济学也比较注重老龄人文化民生研究，这门学科对老龄人文化民生的研究具有重要的理论指导意义。

第一节 老龄人的经济特征

老龄人文化民生水平在一定程度上反映老龄人口的生活质量。从经济学角度看，老龄人口的生活质量涉及老龄人口的需求与满足。这同社会经济发展、社会对老龄事业的经济投入以及老龄人经济状况紧密相关。

一、老龄人口与老龄人的经济状况

我国第六次人口普查资料表明，2011 年全国总人口为 1339724852 人，60 岁及以上人口占 13.26%，比 2000 年人口普查上升 2.93 个百分点，其中 65 岁及以上人口占 8.87%，比 2000 年人口普查上升 1.91 个百分点，老龄化进程逐步加快。俗话说“人人都会老，家家有老人”，因此，老龄人现在的收入状况和未来发展趋势如何，不仅直接关系着当前老龄人的晚年生活，也关系着老龄人的子女和未来老龄人的生活。本文采用的数据主要引自《中国1987年60岁以上老龄人口抽样调查》、1992年《中国老龄人供养体系调查数据汇编》、2000年《中国城乡老龄人口状况一次性抽样调查数据分析》、《全国城乡贫困老龄人状况调查研究项目总报告》以及部分年度《中国统计年鉴》、《中国人口统计年鉴》和《中国劳动和社会保障统计年鉴》。与收入有关的老龄人口基本情况，如老龄人口的收入来源和收入水平的差异与老龄人的性别、居住地点、受教育水平、婚姻状况、是否退休和在业与否都有直接关系。

2000年我国男性老龄人口有6338万人，占全部老龄人口的48.76%；女性老龄人口有6660万人，占全部老龄人口的51.24%。全国有2942万老龄人居住在城市，占22.63%；1499万老龄人居住在镇，占11.53%；有8557万老龄人居住在农村，占65.83%。2000年，全国60岁以上人口占总人口的10.46%，80岁以上人口占60岁以上人口的比例达到9.22%。60岁及以上老龄人口占总人口的比例，城市为10.05%，镇为9.02%，农村达到了10.92%。老龄人口中，有配偶率为67.32%，丧偶率为30.36%，未婚率仅为1.66%，离婚率为0.66%。男性老龄人口的有配偶率为77.39%，女性为57.75%。男性老龄人口的丧偶率为18.45%，女性为41.68%；男性老龄人口的未婚率为3.18%，女性的未婚率为0.21%；男性老龄人口的离婚率为0.97%，女性为0.36%。60岁以上人口的文盲、半文盲率达到47.54%。老龄人口中，小学文化程度的占36.82%，初中程度的占9.46%，高中程度的占4.12%，大学以上程度的占2.05%。男性老龄人口的文盲、半文盲率为28.43%，女性则达到65.73%。城市老龄人口的文盲、半文盲率为31.08%；镇其次，为41.63%，高出10.55个百分点；而农村老龄人口的文盲、半文盲率达到54.24%，超过城市水平23.16个百分点。

我国60岁以上老龄人口的经济活动参与率为32.99%。男性老龄人口的经济活动参与率为42.74%，女性为23.72%，城市老龄人口的经济活动参与率只有 10.10％，镇老龄人口的经济活动参与率为 19.72％，农村老龄人口的经济活动参与率达到 43.15％。全部在业老龄人口中，从事农、林、牧、渔、水利生产人员占的比例最高，为 91.13％；商业服务人员其次，为 3.51％；生产运输人员排在第三位，达到 2.12％；国家机关、党群组织、企业、事业单位负责人为 0.43％；后者最少，仅为 0.05％。在业老龄人口中，从事第一产业的人最多，达到 91.18％；从事第三产业的老龄人口占 5.91％；从事第二产业的老龄人仅为 2.91％。60 岁以上人口的未在业率为 67.01％，其中，男性为 57.26％，女性达到 76.28％。

二、老龄人口收入水平及其城乡差异

（一）老龄人口收入水平

1987 年，我国 60 岁以上老龄人口的月平均收入，市、镇、县分别是 72.6 元、56.4 元、34.5 元。同年，全国城镇人均月收入为 84.4 元，农民家庭平均每人纯收入为 38.5 元，老龄人口人均收入水平显然低于相应的总体人均收入水平。随着老龄人口中离退休人员的增加和所占比重的上升，特别是在 20 世纪 90 年代退休金增长机制的建立，相应提高了城乡老龄人口的人均可支配收入，逐渐扭转了老龄人收入低于总体人口人均收入水平的趋势。

1991 年，我国城市老龄人口年平均收入为 2053 元，比同年国家统计局公布的人均生活费收入 1713 元高出 340 元；农村老龄人口年平均收入为 832 元，比国家统计局公布的同年农村居民人均生活费收入 710 元高出 122 元。2000 年，我国城市老龄人口年平均收入为 8496 元，比同年城镇居民可支配收入 6280 元高出 2216 元；农村老龄人口年平均收入 2232 元，略低于同年农村居民家庭人均纯收入 2253 元的水平。

根据 1987 年的统计，劳动年龄人口的平均收入水平或退休前收入水平的趋势，只是由于制度和政策的原因，两者的差距大小略有所不同。美国1976年户主为55～64岁的家庭平均收入为16118美元，而65岁以上家庭的平均收入为8721美元，仅占前者的54%。原因是老龄人口的劳动参与率降低后，其劳动收入减少而其他收入来源又不足以弥补劳动收入的损失。

（二）老龄人口收入水平城乡的差异

在我国老龄人口内部收入水平的各个差异中，城乡差异最引人注意。1987年城市老龄人口年平均收入为901元，农村老龄人口年平均收入为422元，农村老龄人的收入不到城市老龄人收入的一半；1991年城市老龄人口年平均收入为2053元，农村老龄人年平均收入为832元，农村老龄人的收入仅为城市老龄人收入的2/5。2000年城市老龄人口年平均收入为8496元，农村老龄人口为2232元，农村老龄人的收入仅略高于城市老龄人收入的1/4。城乡老龄人口收入水平存在着差异，随着经济的增长和社会的发展呈现与日俱增的趋势，这是需要认真解决的问题。当务之急是发展农村经济，减少农民负担，建立农村社会养老保险和发放老龄人最低生活补贴等。

（三）老龄人口收入水平的年龄差异

调查资料显示，我国老龄人口的收入水平与年龄的高低呈相反关系，表现出年龄越高收入越低的现象。1987年我国60岁以上老龄人口的月平均收入，市、镇、县分别为72.6元、56.4元和34.5元。老龄人口中60～64岁的收入，分别为88.8元、74.3元和36.4元，高于老龄人口平均收入水平。70岁以上老龄人的收入开始低于老龄人口平均收入水平，90岁以上市、镇高龄老龄人的收入不到老龄人口平均收入水平的2/3，城市离退休人员的退休金收入也存在着年龄越高水平越低的不合理现象。以2000年为例，全国城市老龄人平均月退休金为664元，其中60～64岁组的退休金为668.5元，高于平均数4.5元，而75～79岁组、80～85岁组和85岁组退休人员的退休金，不仅低于平均水平，而且依次下降为659.3元、647.5元和604.9元。这种退休时间越早、年龄越高，反而退休金越低的不合理现象，是由于高龄老人退休前长期领取低工资，后来又没有享受到工资改革的好处所造成的。

三、国外老龄人的经济收入来源于生活保障

（一）退休后的养老金是主要生活来源

大多数国家提供养老金的方式，都是定期按退休前的工资收入作为计算基数支付的。也有一些国家的退休金和先前的工资收入完全脱钩，按某一固定数额支付。有的国家，兼有收入关联和普遍固定数额两种形式的养老金。当年金和收入挂钩时，年金都是按过去平均收入计算出来的。各国按照平均收入确定养老金的方式是多种多样的。有的按照平均工资的固定百分比计发（比如按30%或50%）。有些国家采用加权公式计算养老金，即对收入较低的工人采用较高的百分比支付，而对收入较高的工人采用较低的百分比支付。多数国家对养老金的数额作了某些限制性的规定，通常是规定一个养老金的最高限度，比如最高不得超过80%。规定最高限度的用意，在于对年金领取者得到的养老补助金总额（包括几名需要补助的家属在内），加以适当控制，以利于保险基金的财政平衡，减少因家属过多，对养老金开支过多的影响。工业化国家较为通行的一种办法，是规定一个基本百分比，比如为平均收入30%，然后再按每保险一年，或每超过最低保险合格期限1年，加发平均收入的1%～2%。发给这种增额养老金的目的，在于使那些工龄较长，或交纳保险费时间也较长的工人得到的退休金要优厚一些。

对于那些老龄工人，他们早期经历过低收入或无收入的时期（如因失业或服兵役），社会保障对这些养老金领取者给予照顾。其办法之一是在计算平均工资时，将某些收入最低的年份（包括完全无收入的年份在内）予以剔除；有些国家还将计算工人平均收入的期限，缩短到支付养老金以前的最后几年，或将工人收入最高的若干年份，作为计算平均收入的时限。

很多国家对养老金领取者需要供养的妻子或年幼子女另加发

补贴。补贴的标准，妻子和子女分别可达到基本养老金的50%和20%左右。不过，有些国家仅对达到某一年龄的，或有子女需要照顾的，或是伤残者才可发给附加补贴。这种补贴也可支付给需要供养的伤残丈夫。有些国家对那些不符合享受全额养老金最低合格条件的工人，或对那些根据需要有资格享受养老金的工人，向他们提供减额养老金。其支付办法通常有以下几种：

1. 对参加保险时间短，比如只有少数几年的，一次性偿还其交纳的保险费。

2. 根据参加工作的年数或月数，发给一笔老龄安置费。

3. 根据其经济状况和年龄，支付最低生活津贴。

4. 根据本人收入和年龄，支付最低生活津贴。

5. 对那些享有和工资收入挂钩的老龄补助金，但低于规定的最低标准者，提供补充性的“老龄津贴”。就社会保障而言，最低养老金的宗旨，在于维持最低生活水平所需的金额。

但从目前情况看，这些目标一般都未能达到。

（二）老龄人再就业收入

老龄人退出劳动队伍，有很多原因：多数年纪大的职工有稳定的经济来源，他们希望退出劳动力市场，以更轻松的方式度过余生；有的人由于健康方面的原因而退出劳动大军，年老时，伤残的可能性更大，恢复也更慢。自愿退休养老而导致其劳动能力的丧失，无疑是导致劳动力大军中的老龄人比例减少的重要原因。

产业部门的迅速发展改变了对劳动力结构需求，形成对老龄人的不利局面。自动化和大规模生产流水线对身体的灵活性和知识结构提出了更高的要求。雇主通常会认为年轻工人能更好地适应工作需要。适应信息时代的企业越来越需要通过计算机来提高生产效率，这样老龄人越来越处于不利地位。从20世纪90年代中期开始，由于技术的发展导致了公司的重组和裁员。劳动力市场出现了更大的变化，网络系统的年代意味着对大规模劳动力需求的减少。西方国家的老龄、遗属、伤残和健康保险计划和私人退休金计划建立的本意，是为了缓解由于过度长寿而带来的财务风险。尽管 1986 年的《就业年龄歧视法》的修正案禁止对多数职工实行强制退休制度（在任何年龄)，这些计划均把 65 岁作为正常退休年龄。按照《社会保障法》1983 年修正案的规定，到 2027 年，正常退休年龄将逐渐提高到 67 岁。但它们实际上一些雇主还是不愿雇用老职工，原因是老职工会增加退休金以及其他员工福利计划的成本。

但是，这些并不是影响老龄人就业的最重要因素。工业化的结果，昂贵的技术进步，国家老龄、遗属、伤残和健康保险计划的发展，私人退休金以及其他雇员福利计划可能对它有更为显著的影响。因此，65 岁以上的老龄人约有 15％可以通过劳动挣得部分收入。个体从业人员对退休时间的选择有更大的自主权。例如，医生和律师直到很大年纪还在继续开业，至少是非全日开业。小企业主直到相当大的年纪还在自己的企业里工作。所以，对大多数老职工来说，就业机会越来越受到限制。

（三）老龄人的个人储蓄收入

随着年龄的增长，老龄人的就业机会不断减少，收入也随之降低。但经济需求是刚性的，显然储蓄是必需的。所以，在老龄人拥有住宅并还清了抵押贷款的家庭里，老龄人的收入需求可控制在基本生活费用和税款的范围内。此外，出租住宅在某种程度上可以提供额外收入。

近年来，个人储蓄率是历史低水平，按储蓄工具划分的储蓄分布有相当大的变化。在过去的 1/4 世纪里，可自由支配收入的惊人增加并未导致个人储蓄部分的任何增加。有许多原因限制了储蓄的增长。广告、分期付款信贷以及大众传媒的作用，促使人们指望生活水平的不断提高。由于当期收入被用于消费，从而导致为老龄积累需要退于次要位置。另外，较高的所得税率也削弱了人们储蓄的能力。在不是很遥远的过去，通货膨胀也是抑制储蓄水平的另一个因素。通货膨胀对那些已经退休者的储蓄计划的威胁尤为严重。对正在工作的人们而言，生活费用的上升可以部分地或全部地由增加当期收入来消化。可是对大多数老龄人来说，通货膨胀的保护就不那么全面了。

因此，老龄人就面临着这样一个选择：要么接受较低的生活水准，要么更快地变现他们的储蓄。尽管20世纪90年代初为低通货膨胀期，认识到通货膨胀率的提高对购买力的威胁是非常重要的。在老龄人生活费用越来越高时，个人储蓄（与团体储蓄相对应）的比重则下降。在这种情况下，退休金计划在解决老龄经济风险中的巨大作用是显而易见的。

四、我国老龄人的经济来源与生活保障

（一）城镇老龄人的经济来源与生活保障

离退休金、劳动收入和子女供给构成了我国城乡老龄人口收入最主要的来源。《中国1987年60岁以上老龄人口抽样调查》表明，1987年，城市地区老龄人口中以离退休金为最主要收入的老龄人占70.64%，镇占61.85%；以离退休金为主要收入的老龄人口，城市占19.76%，镇占25.56%。不论城镇还是农村，子女供给都构成了老龄人口第二位的收入来源①。

1992年《中国老龄人供养体系调查数据汇编》显示，1991年城市老龄人口的收入来源构成中，来自家庭经济帮助的占17.6%，来自街道、居委会经济帮助的占0.1%。来自社区和政府经济帮助的占25.9%，来自个人收入的占56.3%。

1994年国家统计局进行的人口变动抽样调查资料表明：我国老龄人口的经济来源中，第一位仍然是子女或其他亲属提供的经济帮助，占57.1%；居第二位的是老龄人自己的劳动收入，占25%；第三位是退休金，占15.1%；社会保险和社会救济占1.2%；其他来源仅占1%②。

---

① 田雪原. 中国老龄人口经济［M］. 北京：社会科学文献出版社，2007：123.

② 1994年国家统计局：《人口变动抽样调查资料》。

国家统计局的调查还表明，老龄人的主要经济来源构成同变动抽样调查资料存在着明显的性别差异。男性老龄人以离退休金或劳动收入为主要经济来源的比例高于女性。男性老龄人较少依靠子女或亲属的经济帮助，而大多数女性老龄人都以子女或其他亲属供给为主要经济来源。

2000年《中国城乡老龄人口状况一次性抽样调查数据分析》表明：城市老龄人口中，以离退休金为第一收入来源的占72.2%，老龄人仍然在工作的占0.8%，其他（包括从未工作过的老龄人）占26.9%，这部分老龄人不能享受退休金，基本上依靠家庭养老①。

1987年，我国60岁以上老龄人口的月平均收入，市、镇、县分别是72.6元、56.4元、34.5元。同年，全国城镇人均月收入为84.4元，农民家庭平均每人纯收入为38.5元，老龄人口人均收入水平显然低于相应的总体人均收入水平。

随着老龄人口中离退休人员的增加和所占比重的上升，特别是在20世纪90年代退休金增长机制的建立，相应提高了城乡老龄人口的人均可支配收入，逐渐扭转了老龄人收入低于总体人口人均收入水平的趋势。

1991年，我国城市老龄人口年平均收入为2053元，比同年国家统计局公布的人均生活费收入1713元高出340元。2000年，我国城市老龄人口年平均收入为8496元，比同年城镇居民可支配收入6280元高出2216元。

根据1987年的统计，劳动年龄人口的平均收入水平或退休前收入水平的趋势，只是由于制度和政策的原因，两者的差距大小有所不同。老龄人口中市镇无收入者比例很高，而高收入者比例又很低，分布非常不均匀，大大缩小了收入的平均分配水平。从全部人口收入（城镇即使用的是低于总收入的生活费收入）分

---

① 田雪原．中国老龄人口经济［M］．北京：社会科学文献出版社，2007：123.

布看，25元以下低收入水平的人口比重，都大大低于老龄人口的相应比重，而高收入者所占比重二者差别并不大，从而使得收入的平均分配水平高于老龄人口。

近十几年来，在经济实力增强的基础上，全国人民的生活进入了小康阶段，与此同时，我国老龄人口的生活水平也有显著提高。

《中国1987年60岁以上老龄人口抽样调查资料》表明，中国城市老龄人口的年平均收入为901元。

1992年的《中国城乡老龄人供养体系调查》显示，1991年城市老龄人口年平均收入为2053元。

2000年《中国城乡老龄人口状况一次性抽样调查数据分析》表明：城市老龄人口年平均收入为8496元，是1991年的4.1倍，是1987年的9.4倍。

我国的商业养老保险近几年刚刚发展起来，2000年我国城市老龄人口中有商业养老保险收入的仅为3.2%，对老龄人口经济生活的作用微乎其微。

现在的老龄人口在他们中青年时，长期处于多福利、低工资时期，生活基本温饱，很少人有资产和银行储蓄。2000年城市老龄人中，仅仅有25.8%的人为养老进行了储蓄。

联合国统计表明，2004年中国用于养老金的公共支出占国内生产总值的2.7%。老龄人主要生活来源为工资、退休金、子女/亲属、社会养老金以及其他收入。对于年龄在85岁以上的老龄人而言，依靠子女和亲属提供经济支持的，将近80%。年龄在60岁以上的老龄人中大约有70%与子女或亲属同住，而只有0.8%的老人居住在社会养老机构。

（二）农村老龄人的经济来源与生活保障

离退休金、劳动收入和子女供给构成了我国城乡老龄人口收入最主要的来源。《中国1987年60岁以上老龄人口抽样调查》表明，1987年，在农村地区，50.70%的老龄人以劳动收入为主要收入，16.94%的老龄人以劳动收入为次要收入。子女供给构成了老龄人口第二位的收入来源，而离退休金则构成了农村老龄人口的第三位收入来源。农村老龄人口的全部经济供养的来源构成中，个人收入占47.0%，来自家庭经济帮助的占41.5%，来自村委会经济帮助的占6.5%，来自政府经济帮助的占5%①。

1991年，农村老龄人口年平均收入为832元，比国家统计局公布的同年人均生活费收入710元高出122元。2000年，农村老龄人口年平均收入2232元，略低于同年农村居民家庭人均纯收入2253元的水平。

根据1987年的统计，农村低收入者比例很高，而高收入者比例又很低，分布非常不均匀，大大缩小了收入的平均分配水平。

近十几年来，在经济实力增强的基础上，全国人民的生活进入了小康阶段，与此同时，我国老龄人口的生活水平也有显著提高。

《中国1987年60岁以上老龄人口抽样调查资料》表明，农村老龄人口年平均收入为422元。1987年，我国60岁以上老龄人口的月平均收入，农民家庭平均每人纯收入为38.5元，老龄人口人均收入水平显然低于相应的总体人均收入水平。

1992年的《中国城乡老龄人供养体系调查》显示，1991年农村老龄人年平均收入为832元。

2000年《中国城乡老龄人口状况一次性抽样调查数据分析》表明：农村老龄人口平均收入为2232元，是1991年的2.7倍，是1987年的5.3倍以上。表明农村老龄人口的养老主要依靠家庭保障，享受退休金的老龄人只占5.5%，有乡镇企业养老津贴的仅为0.4%。因此，有48.8%的老龄人在继续从事生产劳动。80岁以上老龄人中仍然在劳动的达16.3%。许多老龄人为了生

① 田雪原．中国老龄人口经济［M］．北京：社会科学文献出版社，2007：123.

计而不得不进行劳动①。

中国农村的养老保障制度已有40多年的历史，农村养老一直遵循以家庭保障为基础和主体，辅之以集体供养、群众帮助和国家救济的原则，使农村各类老龄人都能得到最基本的生活保障，安度晚年。家庭养老是中华民族的传统美德，赡养父母无论从伦理道德还是从法律规范上讲都是儿女们义不容辞的责任。特别是1996年10月开始实施的《中华人民共和国老龄人权益保障法》，对老龄人被赡养的权利作了明确规定，使家庭养老再一次以法律的形式得到确认。

在农村，家庭养老仍然是保障老龄人生活的主要形式。据有关部门的调查和估计，中国农村家庭养老约占整个养老保障的92%，具体形式主要包括：老龄人靠自己的劳动和以往收入的积累来自养、靠子女供养、配偶供养和其他直系或非直系亲属供养等。除家庭供养之外，农村基层组织对“三无”老人，包括无依无靠、无劳动能力、无生活来源的孤寡老人实行“五保”，即保吃、保穿、保住、保医、保葬的养老制度。形式主要有两种：一种是集中在敬老院供养，进入敬老院的老人，由其所在的村组根据规定交给敬老院一定的粮油和现金，乡镇企业收入、乡村提留和地方财政划拨一部分经费给予补贴；另一种是分散供养，它是由村级组织负责，由邻里照顾。有些地方实行承包供养，乡村给承包户一定的承包费。也有的地方通过给承包人多分责任田的办法，帮助老人获取基本生活资料。

虽然以上几种养老形式可以在一定程度上缓解现实的农村养老负担，但大多情况是农村老龄人的基本生活并未得到充分的保障，特别是随着集体养老功能的不断弱化，未来农村老龄人的生活保障将越来越困难。

1986年，民政部在农村部分富裕地区开始了社会保险的试

① 田雪原. 中国老龄人口经济［M］. 北京：社会科学文献出版社，2007：123.

点工作。1992年，民政部发布了《关于进一步加强农村社会保障工作的通知》，在山东烟台、威海两市的区县试点的基础上制定了《县级农村社会养老保险基本方案》，并决定在全国有条件的地方逐步推开。

1995年10月，国务院办公厅批转了民政部《关于进一步做好农村社会养老保险工作的意见》。各级政府对农村社会养老保险工作者比较重视，有关省、市、县（区）政府都对这项工作做了专门的部署，制定了工作方案，一些地区还成立了专门的工作机构，各级农保机构人员作为自收自支的事业单位编制确定下来，由同级民政部门所管辖，从收缴的保险费中提取3%作为管理费，独立核算，自负盈亏。到目前为止，全国已有30个省（自治区、直辖市）的1800多个县（市、区）开展了这项工作，占全国应参加保险县（市、区）总数的72%。有6172多万农村居民参加了保险，约占应该参加保险（20～60岁）人口的13.08%，积累基金195.5亿元。

五、从生产与分配看老龄人文化民生

经济学研究的目的在于如何创造更多的财富，通过研究组织生产、保障生产和促进生产等内容，实现调配和控制社会资源、以形成最大的效益。老龄人因为身体、心理以及能力日趋下降，逐渐退出生产者行列，以至他们曾掌控的社会资源、获得的社会地位不断瓦解消失，老龄人与经济社会的对话机会和沟通机制也相应不断减少和萎缩。要解决老龄人文化民生问题，关键在于社会财富创造与转移的分配，即代际公平分配的问题。每个人在生命周期中创造财富的过程都呈现这样的特点：

总体看来，在幼年、少年期和老龄期两端，不能直接创造社会财富；青壮年和中年时期创造的财富就成为老龄人一生中全部的财富。这些财富一部分转移于抚育下一代，目的是将下一代培育成为后继劳动者。因此下一代人在他们创造的财富中，需将部分财富转移回馈给上一代人，以实现代际之间的公平。然而，目前市场经济社会中，经济活动无不指向经济效益和利润，更多强调的是竞争机制，无疑社会合作、包括代际之间的合作体系容易被忽视，结果导致目前社会中代际之间财富流动的不公平。要重视和解决老龄人的文化民生问题，经济学中不能采用市场经济一味追求经济效益的做法，而应该从道义经济学视角努力实现社会效益，要求家庭、社会重视财富代际之间公平分配的问题。根据上述分析，在道义经济学看来，社会对老龄人保障投入既是可能的也是必须的，需要通过财政偏向的分配政策方式对老龄人进行保障性投入。而保障性投入的多少、保障范围的宽窄，直接影响每一位老龄人的文化民生水平。

第二节　老龄人的消费结构特点

一、老龄人的消费现状

进入 20 世纪 90 年代后的中国发生了巨大的变化，人民生活水平日益提高，人们的生活方式和消费习惯也悄然发生着改变。作为其中一个重要组成部分的老龄人，其思想观念、行为方式也不可避免地受到冲击。许多调查发现，老龄消费者的消费方式、消费观念和消费行为已经表现出不同于过去的诸多变化。现代老龄人的主要价值观可以表述为下列几点：

1. 独立自主：老龄消费者们想要过积极并能自给自足的生活。

2. 与社会保持联系：老龄消费者很看重他们与朋友以及家庭成员的关系。

3. 利他心态：老龄消费者想要对社会及家庭继续付出。

4. 追求个人成长：老龄消费者很有兴趣去尝试新的经历，开发自己的潜力。由此可以发现，现今老龄消费者的心理特征已经发生了较大的改变，他们对新生事物的接受度、消费观念等方面表现出不同于以往的一些特点。但从农村目前的消费状况来看，中国老龄人的消费水平仍处于一个较低的态势，有如下两个特点：

（一）重积累轻消费

不少老龄人退休早、退休金低，随着物价的上涨，实际收入相对减少，只有节衣缩食来增加储蓄，用以防老。

（二）重子女轻自身

许多老龄人把子女抚养成人后，不仅没有得到经济赡养和生活照料，反而还要在经济上倒贴子女。根据有关地方的调查报道，在高消费群体中，有相当一部分是个人收入较低的青年人，而他们的父母却拼命赚钱供养子女，或毫不迟疑地拿出多年积蓄，供子女消费，特别是子女求学婚嫁、购房买车等方面。相比之下，父母人均消费额却还不及子女们的一半。由于多数老龄人自已经济并不宽裕，补贴子女后生活水平有所下降，甚至有的老人出现生活窘迫的状况。

二、老龄人的消费需求特点

1. 随着老龄人年龄的增长，其外部依赖性增强；需求范围扩大，趋于专业化、多元化；自我满足需求的综合能力趋于弱化；老龄人消费的异质性增强。

2. 我国老龄人的消费观念正在转变过程之中，老龄人口消费需求的变化为老龄产业的发展提供了无限的商机。

3. 老龄人的需求、收入水平和收入来源稳定性、消费倾向、消费行为等方面都具有与其他年龄段人口不同的特点，并直接影响着老龄人的消费需求。我国目前老龄人的消费需求总量大约为3100亿元，2005年突破6000亿元，2010年突破10000亿元，这个庞大的消费需求为我国老龄产业的发展奠定了坚实的基础。

4. 老龄人消费呈现新趋势。据社会科学院最新的调查显示，注重名牌、追求时尚等现代消费方式已经被相当一部分老龄人接受，银色经济正在呈现出巨大商机。调查结果表明，66岁以上老龄人中选择“不赞同实用比流行更重要”的人数占被调查者总人数的22.2%，高于中青年群体。

5.补偿性消费。补偿性消费是一种纯粹的心理性消费，它是一种心理不平衡的自我修饰。因为随着人们生活水平的提高，追求身体健康是老龄人最根本也是最关注的问题，所以，对保健产品需要大。在生活消费中表现为，人们将现代消费水平与过去消费进行比较，比较的结果大多是对过去生活某些方面感到遗憾和不满足，而当家庭或个人生活水平较高且时间充裕时，对过去遗憾和不满足的补偿往往会成为他们的消费追求。

中国进入高龄化社会之后，老龄人将变成社会中具有庞大消费能力的一群，他们有着年轻人所没有的时间可以从事各种各样的活动与消费行为，这是老龄人的一种补偿消费心理。社会经济的发展使居民收入在近几年得到较快提高，随着子女长大成人、经济独立，老龄人经济负担减轻，为家庭做了大半辈子贡献的老龄人产生了强烈的补偿消费心理，渴望补偿以前没有实现的消费需求和愿望，消费方式正在由温饱型、单一化、被动式向小康型、多样化、选择式转化。他们对产品质量要求比较高，追求舒适、稳重。对于一般的老人而言，自己子女有钱，自己已经有退休金，已经没有什么事情值得去关心的，所以他们对自己消费品的要求也会有所提高。他们会试图补偿过去因条件限制未能实现的消费愿望。他们在美容美发、穿着打扮、营养食品、健身娱乐、旅游观光等消费方面有着较强烈的消费兴趣。

三、现代老龄消费者消费行为特征的演变

许多调查发现，现今老龄消费者的心理特征已经发生了较大的改变，他们对新生事物的接受度、消费观念等方面表现出不同于以往的一些特征。中国老龄消费者在消费行为方面发生的变化可以归纳为以下几个特点：

（一）消费观念年轻化

老龄消费者以前总是被描述为具有较高的品牌忠诚度，对时

尚和流行不感兴趣，广告和促销活动对他们的影响不大。老龄人对新生事物的接受程度不如年轻人。但近年来，老龄消费者的消费观念已经发生了重大的变化，他们更乐意接受新生事物，广告在老龄人的消费过程中开始扮演着越来越重要的角色；一些新出现的零售业新形式开始为老龄消费者所接受；并且老龄人越来越注重曾被他们忽略很久的打扮和穿着。我们发现，老龄消费者的消费观念越来越向年轻人靠拢，这是由于他们的心态越来越年轻。

在健身馆、保龄球馆和网球场，进进出出的“银发人”已开始多于“黑发人”。现在，退休老人把越来越多的退休金用于休闲娱乐和追逐时尚。

(二) 消费心理成熟化

消费者心理是指消费者在满足需要活动中的思想意识，它支配着消费者的购买行为。消费者心理因素，主要包括引起动机(或动机形成)、感觉、学习、信念和态度。人进入老龄期后，由于生理器官的变化，必然引起心理的变化。然而，心理学家认为，人们的年龄越大，老龄人之间的差别就越大，要找到老龄人心理的共同点是不容易的。尽管如此，我们仍可发现老龄人在心理上具有共同点。主要表现在：希望长寿；希望生活安定幸福；希望受到尊重；希望为社会发挥“余热”。同时，他们还有一个突出的共同心理，那就是害怕孤独。研究和分析老龄人的心理特征，有助于掌握和了解老龄消费者的消费心理，有助于分析老龄人的消费行为。

通常，我们将消费者行为划分为六种类型，即习惯型、理智型、经济型、冲动型、想象型和不定型。以前的理论通常将老龄消费者划分为习惯型和经济型的消费者，而最近的调查发现，绝大部分的老龄人属于理智型的消费者。

老龄消费者的习惯性消费特点是由于他们多年的消费实践造成的，他们不仅积累了丰富的经验，而且也形成了自己的消费习惯和购买习惯。他们通过反复购买、使用某种商品，对这种商品有着较为深刻的印象，逐渐形成固定不变的消费习惯和购买习惯，且不会轻易改变这种习惯。而现在的老龄消费者则多是理智型的消费者。因为，随着年龄的增加，他们的消费经验也不断地增加，哪些商品最能满足自己的需要他们心中有数。因此他们会多家选择，充分考虑各种因素，购买自己满意的商品。我们还发现，属于经济型的老龄消费者占的比重并不高，由此可见，现在的老龄消费者已不是我们想象中的那种只求价格便宜的消费者了。他们在购买商品时会综合考虑各方面的因素，价格因素只是他们考虑的因素之一。

我国现阶段的老龄消费者经历过较长一段时间并不富裕的生活，他们生活一般都很节俭，价格便宜对于他们选择商品有一定的吸引力。但是随着人们生活水平的改善、收入水平的提高以及我国形成的买方市场下的“过剩经济”，人们的消费观念也发生了改变。老龄消费者在购买商品时也不是一味追求低价格，品质和实用性才是他们考虑的真正因素。作为成熟的理性消费者，老龄消费者无疑是最关注商品的质量和价格的人群了。但是当两者在一定程度上不能兼顾的时候，老龄消费者会更倾向于质量。

（三）家庭角色弱化

“一般说来，家庭的规模越小，其家庭成员对这个家庭购买决策的影响力也越小。西方的小规模家庭会鼓励个性发展和独自的决策权，在消费方面也是如此。但在中国的家庭消费中，个人的购买行为往往取决于家庭中长者的决定。”这是一个西方学者对家庭消费特征的描述，我们不难发现他将中国的老龄人看作是家庭消费的主角。但现在中国的实际情况是，老龄人在家庭消费中的地位已极大地下降了，换句话说，老龄消费者的家庭角色已经明显弱化。

这种弱化是由多种因素造成的。青年人收入的提高提升了其在家庭中的经济地位，使得他们在家庭消费上有了更大的自主权。中国改革开放以来，人们的收入越来越高，很多年轻人的收入已经开始高于、甚至远远高于老龄人的收入。由此，使得年轻人在家庭购买决策中的地位得以提升。

中国传统的“尊长”观念已开始不再适用于家庭消费决策中。由于现代家庭的很多用品越来越复杂、技术含量越来越高，对消费者在购买鉴别和选择上提出了更高的要求，很多老龄人不愿意为购买这些产品而操心，于是放手让年轻人自己去决定。再有就是，民主的观念已经深入人心，家长一个人说了算的做法已经越来越少，子女已越来越多地参与到家庭购买的决策中来。子女独自对一些家庭用品的购买作出决策并不表明他们不再尊重长辈。

（四）补偿心理强化

老龄消费者的补偿性消费心理在过去很长一段时间内受到了压抑。由于经济条件的限制，他们很难产生补偿性消费心理，在我国经济发展水平不高的时候，可供老龄消费者选择的商品不多，这是客观条件方面的限制；由于受价值观和审美观的影响，他们不敢产生补偿性消费心理，老龄人爱打扮、穿得太花哨往往不能被大家甚至是自己所接受，这是主观条件方面的限制。而在现代社会，由于我国的改革开放带来了社会生活和经济生活的巨大改变，所以老龄人补偿性消费的特征在现阶段表现得尤为明显。比如，在许多经济发展水平较高地区出现的“重补结婚照”的热潮，就是补偿性消费的典型一例。许多五六十年代结婚的老龄人，重披婚纱，感受现代生活的气息，以补偿过去年代由于过于朴素而留下的某些遗憾。又比如，很多地区出现了老龄人自己组团去全国各地、甚至世界各地旅游的高潮，充分利用退休和子女成人后的闲暇时间，去领略大自然的美景和更好地享受生活的乐趣。而穿着打扮已经被广大老龄人和社会所接受，人们认为，人的年纪越大越需要打扮。于是“老来俏”成为一种新的赞美语。

四、老龄人的生活消费结构

老龄人的消费水平，取决于他们的经济状况，有什么样的经济收入就会有什么样的消费支出。老龄人的消费结构主要有以下几方面：

（一）饮食方面

在饮食方面，老龄人要求简单、方便、清洁和营养搭配合理。由于老龄人生理功能逐渐衰退，摄取食物的数量有所减少，因而更加讲究食物的营养成分及保健功能，要求饮食结构低热量、低脂肪、低盐、高蛋白、高纤维，并适合老龄人口味。人到老龄，更加珍惜健康，饮食是保证身体健康的基本要素。老龄人希望食用有助于增强体质和促进新陈代谢的各种食品，以便延年益寿。希望做饭过程方便、快捷，省时省力。在老龄人的日常消费中，饮食是第一需求的，也是占比重最大的部分。

（二）服饰方面

在服饰方面，老龄人一般要求舒适合体、朴素大方、素净淡雅、穿脱方便的服饰。在布料选择上，大多数老龄人喜爱棉质制品，不喜欢化纤类制品。随着经济水平的提高，生活观念的更新，老龄人的服装，尤其是女性老龄人服装也发生了较大变化，不少老龄人尤其是一些低年龄女性老龄人主动追求时尚，衣着打扮花色鲜艳，款式新颖，敢于大胆表现服饰之美，成为现代老龄生活的新亮点。大部分老龄人要求服饰打扮既能与自己的年龄、身份相互协调，又能增添、展现老龄人的精神风貌。

老龄人对服饰的要求除了舒适、大方、合体、美观外，最好还具有保健功能。近年来服饰的保健功能已成为老龄人消费新的诉求，从头上戴的帽子，脚上穿的鞋，到身上穿的衣服，都希望有保健性能，这体现了当代老龄人对穿衣戴帽的审美与健康十分重视。

（三）生活用品方面

在生活用品方面，老龄人更喜爱轻便、耐用、多功能、经济实用的生活用品。老龄人非常注重用具的使用价值，希望生活用品经济、实用，并有利于减轻体力劳动强度，对已经拥有耐用消费品的老龄人来说，只要还可继续使用则很少去更新。当然，随着老龄人生活水准不断提高，居住条件进一步改善，也有一部分经济条件较好的老人，购置现代化的家具，不断更新生活用具，但多数老龄人还是秉持朴素节俭的传统理念。

（四）居住方面

由于老龄人体质衰老和对环境适应能力下降，都希望能有一个方便、安全、舒适的住所和生活环境安度晚年。除了对居住面积、房屋配套等硬件设施有一定要求外，还对居住环境，尤其是居住区域的人文环境有所要求。如和谐相处的邻里关系、一定数量的老龄群体、安静优雅的周边环境等。全国大多数城镇老龄人的居住条件也均有了较大改善。2000 年“中国城乡老龄人口状况一次性抽样调查”项目是：我国第一次由国家拨专款并以政府名义进行的全国性老龄人口状况调查。调查得到各级政府和有关部门的高度重视和大力支持，获得了丰富的第一手资料。本次调查显示，2000 年城市老龄人家庭平均拥有住房 3.32 间，户均住房面积达 70.3 平方米。90.5％的老龄人有自己单独的住房。住房制度改革后，66.8％的城市老龄人对自己的住房拥有所有权。

农村老龄人家庭平均住房 4.02 间，户均住房面积达 85.7 平方米，90.3％的老龄人有自己单独的住房。

（五）医疗保健方面

人到老龄，最主要的变化是身体的不断衰老，因而引起生理和心理上的某些变化，并会发生诸多老龄性疾病。因此，老龄人患病率明显高于一般社会群体。尤其是高龄老龄人，不仅需要药品及医疗服务，更需要护理和保健，因此，老龄人在医疗护理方面的需求和费用支出都逐年上升。2000 年“中国城乡老龄人口状况一次性抽样调查”显示：在医疗保健服务方面，从总体上看，感到看病就医还比较方便的老龄人，在城市为 78.5％，在农村为 74.4％。对自己生活状况表示满意或还可以的老龄人，城市达到 89.9％，农村达到 88.5％。

五、老龄人的文化消费结构

（一）文化娱乐方面

老龄人退休后，由于突然脱离或中断了以往长期形成的工作状态及其相适应的社会交往，再加上闲暇时间较多，往往很容易造成不适应的感觉，甚至诱发疾病。行之有效的办法是，加强老龄人文化娱乐生活的建设，扩大老龄群体对文化娱乐生活的需求。由于我国老龄人的收入水平不高，对大多数老龄人来说，对文化娱乐生活需求较难转化为实际消费行为，只有少数文娱水平较高且有一定收入的低龄老人，才对文化娱乐活动表现出较为强烈的需求。而对大多数老龄人来说，他们多是参与一些看看电视、听听广播、集邮、下棋、打牌、唱歌、跳舞等娱乐活动。但随着社会经济的发展、生活水平的提高，近年来老龄人在文化娱乐方面的需求量在逐渐增加，老龄人文化娱乐产业具有巨大的市场潜力。

（二）旅游出行方面

相对而言，目前老龄人旅游出行的人数与全国老龄人群体的人数相比，还有较大差距。一般只有那些经济条件较好的家庭，低龄的老人，有意向、有能力出游。不过近年来，随着社会经济的飞速发展，外出探亲旅游的老龄人也逐渐增多。但老龄人旅游仍有着巨大的市场潜力，有待发掘。据上海市曾进行过的一份城市调查显示，此前老龄人外出旅游只占 18.8%，与国外相比，老龄人旅游出行的人数比例偏低。不过随着社会经济的发展，老龄人思想观念的转变，今后老龄人外出旅游的人数将日益增加。老龄人历经世间沧桑，有着比青年人更加丰富的内心世界和更高的精神需求，服务于老龄人的旅游产业，更加需要有历史和文化的内涵和特点。老龄人是家庭的尊长和社会的资深公民，发展老龄旅游产业，满足老龄人怀旧访友、寻胜问古和观光休闲的精神文化需求，不仅是建设“不分年龄，人人共享”和谐社会的需要，而且是“以人为本”对老龄人的支持和回报。

（三）发展老龄文化教育方面

“老有所养、老有所医、老有所教、老有所学、老有所为、老有所乐”是我国老龄工作争取实现的六项目标。如果说“老有所养”和“老有所医”是老龄人的物质生活需要的话，那么“老有所教”、“老有所学”和“老有所乐”就属于精神文化生活需要了。

我国不少老龄人的少年时期是在旧社会度过的，历史原因导致他们受教育程度低。据统计2000年，60岁及以上老龄人口的文盲、半文盲率达到47.54%，在15岁以上文盲和半文盲中，58.81%为60岁以上老龄人口。老龄人口中，小学程度的人占36.82%，初中程度的人占9.46%，高中程度的人占4.12%，大学以上程度的人仅占2.05%。大部分文化水平低的老龄人希望有学习的机会，但是老龄大学和文化活动设施不足，据统计，2000年，在城市，老龄人生活的社区内没有老龄大学的占77.9%，在农村占94.9%。2007年全国的老龄大学已发展到50811个，但是仍然不能满足客观需求。由此可见，在发展老龄教育为老龄人提供教学服务方面，老龄社会服务产业是可以大有可为的。

（四）老龄文娱体育方面

“健康是老龄人最宝贵的财富”。老龄人希望通过参加文娱体育活动来提高健康水平，延缓衰老，延长健康预期寿命。2000年的抽样调查显示，不少地区由于活动场所有限，设备短缺，老龄人文体活动参与率低。在城市，老龄人生活的社区内没有老龄人活动室的占47.7%，没有运动场的占58.2%；农村没有老龄人活动室的占79.4%，没有运动场的占85.6%。实施“星光计划”以来，老龄人的文体活动设备和场所增添了不少，但是，各个地区的发展还不平衡，有待我们兴办老龄文体服务产业，进一步发展老龄文体活动，为老龄人提高健康水平和增强体质服务。

六、从消费看老龄人文化民生

传统经济学更多强调生产环节的地位和生产对经济增长的作用，认为生产的内容与数量决定了消费的内容与数量。生产是主动的，消费是被动的。在现代经济学中，则认为经济增长更多依赖消费的带动，生产需要消费给以刺激，消费环节因此越来越受到关注。消费环节决定了生产环节，促进消费、鼓励消费乃至超前消费成为当前社会促进再生产的巨大牵引力量。因此，整个社会开始步入了消费社会的时代。

有学者对经济学中的消费行为进行了文化阐释。他们认为，从文化上看，消费还是人与人、人与社会交流和适应的一种机制。但是当前大部分老龄人没有认识到消费促进生产的重要作用，仍秉持传统节俭观，老龄人群重储蓄轻消费。传统节俭观念强调低水平的个人消费，在居民平均收入水平大幅度提高的情况下，客观上抑制了社会进一步扩大内需和生产发展，并导致包括老龄人在内的社会生活质量改善缓慢，也使老龄人难以适应和融入消费社会之中。

第三节　老龄人对经济文化发展的价值作用

一、老龄人参与社会发展的作用及其内涵

老龄人参与发展也就是老有所为，是我国老龄工作争取实现的六大目标之一，也是我国应对人口老龄化挑战的一项重要战略措施。全国老龄委员会 1983 年 3 月 1 日向国务院呈送的《关于我国老龄工作中的几个问题》的请示报告："保障老龄人的各种权利、社会福利和参与社会发展，做到：老有所养，健康长寿；老有所为，余热发挥。"

全国老龄委员会近 20 年来，遵照党和政府的指示精神，宣

传和鼓励广大老龄人群体通过参与社会，在维护社会稳定和促进社会主义物质文明建设及精神文明建设中，发挥了应有的作用，作出了贡献，受到全社会的欢迎。我国已于1999年进入了老龄型社会，20年以后，将迎来老龄化的高峰期。在老龄人口越来越多、人口预期寿命越来越长和老龄人口比重越来越大的情况下，总结老龄人参与社会发展的经验，进一步改进和发展我国老龄工作，对于改善老龄人的生活和生命质量，实现老龄社会的繁荣和可持续发展，都是十分重要的。

老龄人参与社会发展的内涵是："老龄人在自愿量力的前提下，为国家的稳定和发展，为社会主义的两个文明建设作贡献"。就内容来说，广义的老龄人参与发展既包括达到和超过退休年龄的职工继续在业、退休后接受原单位回聘或进入劳动力市场再就业，也包括从事科技咨询服务、兴教育人、维护社会治安和交通秩序，以及参与社会公益事业和无偿的志愿服务，等等。简而言之，凡是老龄人直接或间接参与有利于社会主义两个文明建设的一切活动，都属于老龄人参与社会发展的范围。

1996年10月1日颁布施行的《中华人民共和国老龄人权益保障法》（以下简称为《老龄法》）把参与社会发展列为老龄人的合法权益之一，并在第一章"总则"的第三条提出"国家和社会应当采取措施，实现老有所养、老有所医、老有所为、老有所学、老有所乐。"从而使实现老龄人参与社会有了法律的保障。

《老龄法》第四章"参与社会发展"第四十条提出"国家和社会应当重视、珍惜老龄人的知识、技能和革命、建设经验，尊重他们的优良品德，发挥老龄人的专长和作用。"

《老龄法》第四十一条对于参与社会发展的范围界定为：国家应当为老龄人参与社会主义物质文明和精神文明建设创造条件。根据社会需要和可能，鼓励老龄人在自愿和量力的情况下，从事下列活动：

1. 对青少年和儿童进行社会主义、爱国主义、集体主义教育和艰苦奋斗等优良传统教育；

2. 传授文化和科技知识；

3. 提供咨询服务；

4. 依法参与科技开发和应用；

5. 依法从事经营和生产活动；

6. 兴办社会公益事业；

7. 参与维护社会治安、协助调解民间纠纷；

8. 参加其他社会活动。

二、老龄人是社会发展的建设者

国际社会十分重视老龄人参与发展对提高本身生活质量所起的重要作用。《1982年维也纳老龄问题国际行动计划》建议“社会福利服务应该把倡导、促进和保持老龄人尽可能在社区里并为社区发挥积极而有用的作用作为其目标。以便使他们继续成为社区经济活动的、有用的公民。”同时还强调：旨在造福老龄人的政策和行动，必须向老龄人提供满足其自我建树需要的机会，使他们继续为经济发展和社会建设发挥作用。1991年发表的《联合国老龄人原则》强调：老龄人应该始终融合于社会和社区中，应该积极参与制定和执行涉及其福利的政策，应该寻找为之服务的机会，并以志愿者的身份担任与其兴趣和能力相称的职务①。

发展经济的根本目的是提高全国人民的生活水平和质量。对于老龄人来说，提高生活质量的实质是满足他们的三种基本需要，即生存需要、社会需要和发展需要。如果说生存需要是指个人维持生存所必需的生理需要，社会需要是指“满足由人们赖以生息教养的那些社会条件所产生的一定需要”的话，那么发展的需要则是指每个人有全面而自由发展的需要。发展的需要是人类最高层次的需要，也是全面实现自我价值的需要。对于满足老龄人的需要和提高其生活质量，既要从其自然属性出发去研究如何

① 谢联辉，宋玉华主编．全球行动——迎接人口老龄化［M］．北京：华龄出版社，1986:87.

保障老有所养，提高健康水平，延缓衰老，实现长寿，又要从其社会属性出发去研究如何丰富老龄人精神文化生活，满足他们继续发挥作用和实现自我价值的需要。

《2002年老龄问题国际行动计划》再次强调老龄人积极参与发展的重要性和必要性，指出：不分年龄人人共享的社会包含了努力使老龄人有机会继续为社会做贡献的目标。要承认和鼓励老龄人为家庭和社区作贡献，为老龄人提供参与社区发展和自我实现方面的信息和机会。

老龄人参与社区的精神文明建设，既能为建设文明祥和的新型社区作贡献，又能使自己在实践中受益。老龄人参与社区精神文明建设不仅为社区社会经济和文化教育事业的发展作出了贡献，而且丰富了自身的精神文化生活，增添了生活乐趣。一方面老龄人在传播知识文化，开展技术培训和社区教育等方面有自己的优势，可以发挥特殊的作用；另一方面，由于他们作为长者在社区和家庭中具有较高的地位，德高望重，在调解民事纠纷、开展邻里互助、维持社会稳定和家庭和睦中，能发挥不可替代的作用。

三、老龄人参与社会发展是自我价值的实现

人生价值贯穿于一个人在社会生活中生命的全过程，其中包括老龄阶段。老龄人作为社会的人，他们对社会的存在与发展负有应尽的责任和义务；在他尽义务的同时，也享有相应的权利和受到社会的尊重。按照唯物主义的发展观，代际交换的经济观和尊老敬贤的伦理道德观，国家、社会和家庭理当感谢和尊重他们。

参与发展既是老龄人继续为社会作贡献的需要，又是老龄人实现自我价值的需要。实现自我价值是老龄人最高层次的追求，这一理想的实现需要老龄人自身的努力，更需要全社会的理解和支持，其中包括老龄服务机构在为组织老龄人“老有所为”所提供的支持和服务。

马克思主义认为，在人的自然属性和社会属性之间，社会属性更为重要。马克思和恩格斯在《神圣的家族》中指出“既然人天生是社会的生物，那他就只有在社会中才能发挥其真正的天性。”根据马克思主义关于人的本质的理论，笔者认为更重要的是从其社会属性出发去研究如何满足老龄人的需要和如何实现老龄人的价值。人们视老龄人为宝贵财富的最根本的理由是对他们完成人口再生产和物质再生产历史功绩的肯定。而发挥专长继续为两个文明建设做贡献，是我国广大老龄人的强烈愿望。老龄人中的教育专家、科技人才和管理人才，是我国实现科教兴国和可持续发展战略的一支潜在的人才大军。和中青年劳动者一样，具有劳动能力的老龄人也属于劳动力资源，具备为两个文明建设作贡献的技能和条件。但是作为“活劳动”他们必须与生产资料相结合才能成为现实的生产力，两者的结合是通过参与社会发展来实现的。

第二届世界老龄大会通过的《政治宣言》把“老龄人与发展”放在采取行功的首位。强调“老龄人的潜力是未来发展的强有力的基础。社会依靠老龄人的技能、经验和智慧，不但能首先改善他们自己的条件，而且还能积极参与全社会条件的改善”。

大会制定的《2002年国际老龄问题行动计划》（简称《行动计划》）强调“社会的可持续发展，甚至加快发展，都需要整合老龄人并使他们享有权利，以便既对发展做出贡献，又从发展中获益”。行动计划还认为，当前在各发展阶段的社会，都面临着重新评价老龄人作用的问题。在发展中国家和许多向市场经济过渡的国家中，一个主要足以令人困惑的障碍是继续把老龄人排除在发展进程之外。

由世界卫生组织提出为大会所采纳的“积极老龄化”，提倡老龄人参与社会发展。大会在《行动计划》中还重申“老龄人必须成为发展进程的充分参与者，还必须公平享有发展进程的种种好处。建设不分年龄人人共享的社会，规定了努力使老龄人有机会继续为社会作出贡献的目标。要实现这一目标必须消除任何排斥或歧视老龄人参与发展的做法”。

我国在经济尚不发达的情况下进入老龄社会，面临着老龄人口比重上升和养老保障压力增大的挑战。针对我国的具体情况，目前提高老龄人生活质量的关键是鼓励老龄人参与社会建设，加快经济发展，提高综合国力。从全面建设小康社会来看老龄人参与社区发展是新型文明社区物质文明和精神文明建设的需要；从满足其基本需要来看，是老龄人提高生活质量的有效途径；从开发利用老龄人人力人才资源来看，它也是变老龄化压力为动力，应对老龄化挑战和实施可持续发展的一项战略措施。

四、社会发展需要开发老龄人才资源

国际社会十分重视老龄人参与发展，认为老龄人是老龄社会的重要资源。

联合国 2002 年对世界人口老龄化的统计和预测表明，1950～2000年我国 65 岁以上人口的劳动参与率不仅低于韩国和印度，而且还比日本低。2000 年我国城市老龄人口的经济活动参与率只有 10.10%，城镇为 19.72%，农村为 43.15%，这表明我国城镇有大量老龄人力资源闲置有待我们去组织开发。

可持续发展是一种高水平的发展模式，因而它对人的素质要求更高。当今世界经济发展一方面是从粗放型向集约性的转变；另一方面是从物力资源开发为中心向以人才资源开发为中心转变。合理开发人力特别是人才资源，人口负担就会转变成为人力和人才资源，提高劳动生产率，促进经济增长。第二次世界大战后，作为战败国的德国和日本，能够迅速恢复经济，成为世界经济强国的最主要原因是他们重视教育培训，具有充足的、高素质的人才资源，并在经济发展过程中，把开发利用人才资源放在重要地位。过去新加坡和韩国的经济起飞，也是依靠优先开发人才资源取得的。美国和加拿大，尽管科技人才较多，但是仍然十分注意吸收国外的人才。美国朝野对留美博士生和硕士生提供奖学金，加拿大大量接收技术移民。他们这样做并非出于人道主义的济世助人，而是为了广罗人才，为自己的经济发展注入更多的活力。

我国人力资源供大于求，低素质人员比重大。人才资源不足，严重制约了我国经济发展。据统计，全国人才总量为4465万人，而到2010年我国对人才的需求将达到9000万，即使把现有的人才翻一番也无法满足。

除了人才数量严重不足外，我国现有人才的质量也较低。在全国的技术工人中，初级占80%，达到高级的只占2%。全国已评聘的技师34万人，高级技师只占很小比例。2005年一项调查表明了我国城市8000万青年职工中，实际技能达到高级工的只占3%。

从根本上说，科技进步、经济振兴以及整个社会的进步都在于劳动者素质的提高和大量合格人才的培养使用上。因此，我们要实现可持续发展和在综合国力的国际竞争中取胜，就必须把开发包括老龄人才在内的人才资源作为一项极为重要的战略任务。

第四节　老龄人文化民生的经济因素分析

老龄人的文化民生状况是各种社会环境因素与老龄人口相互作用的产物。通常来说，影响老龄文化民生状况的因素是多方面的，包括经济、政治和文化等各种因素，其中经济是最基本的因素。

一、老龄人文化民生的宏观经济因素分析

宏观经济学以经济发展规律和经济发展水平以及国家经济发展政策为主要研究内容。据此，老龄人文化民生的宏观经济分析主要强调经济发展规律和经济发展水平以及国家经济发展政策与老龄人文化民生的相关分析。

1. 经济发展是社会发展的根本动力，特别是生产力水平和

生产关系决定着人们的生活内容和生活方式，影响了社会个体的观念及心理。老龄人民生问题的产生是经济规律作用的结果。同样，对于老龄人文化民生问题的解决，特别是指经济投入，也应该符合经济发展规律。

2. 社会生产力水平高低决定着老龄人文化民生的形态和内容。在社会生产力水平比较低下的时候，老龄人民生问题更多关注的是生存健康方面的问题。随着现代社会经济加速发展，人们生活水平进入小康和富裕阶段，老龄人不仅关注生存健康的适应水平，还关注生活享受、精神文化追求、自我发展等层面的适应。

3. 社会生产关系制约和影响着老龄人文化民生水平。随着经济和社会的发展，老龄人生活环境正在发生巨大的变化。这不仅体现在调节人与人之间关系的社会规范的急剧变化，而且还表现为越来越多的老龄人面临家庭“空巢化”问题，从而给其生存、人际交往、精神文化、自我发展带来新困难，产生新问题。

二、老龄人文化民生的中观经济因素分析

对老龄人文化民生的中观经济分析，主要是考察国家对老龄事业的经济投入状况及其对老龄人文化民生的影响。国家和社会对老龄事业的经济投入量的大小、经济投入的内容与方式，本身就反映出社会与老龄人相互了解的程度。

1. 老龄福利保障的财政投入能够直接改善和促进老龄人生存健康社会适应水平。针对民生的财政投入尤其是基本生活保障和基本医疗保障投入，具有巨大的经济、社会效益。随着经济发展，政府应当逐步给每一位老龄人提供基本生活保障和基本医疗保障。基本生活保障投入对于满足全体老龄人，特别是贫困老龄人最迫切的需求，改善老龄人生活，提升文化民生产生了巨大效用，较快地促进了社会福利总水平的发展。加强医疗卫生保障的财政投入，增进医疗卫生水平，提高治愈率，将是保持和提升老龄人民生水平的关键。而注重疾病预防，注重卫生保健投入，降

低病发率，促进健康，更能全面提升老龄人民生问题的发展。

2. 改善老龄人生活环境建设的经济投入，可以大范围地提升老龄人文化民生水平。国家应努力增加社会环境和公共设施等公共物品的投入，有利于增进老龄人精神文化、心理适应、自我实现方面的适应能力，满足老龄人社会参与的需要，提升老龄人口生活质量。老龄人生活环境建设投入在客观上要和老龄人口占总人口比例日益增加的事实相符合，同时要考虑到老龄人口的切身需要，大力建设与老龄人日常生活密切相关的文化、卫生、社区服务等公共设施和服务场所。

3. 大力发展老龄产业，提供更多老龄产品和更优质的为老服务的项目，对满足老龄人口的差异性需求，充分调动和激发老龄人自身适应社会的能动性将起到重要作用。

4. 财政投入要讲科学、有实效。从老龄人文化民生的视角来看财政投入，要求既要注重老龄个体的共性，又须注意到老龄个体的个性，即必须强调普遍性，也不可忽视差异性。这样的投入在根据老龄人年龄等级、老龄人群体规模确定财政投入规模的同时，还要区分城市和农村老龄人的地区差别，也要区分同一地区，不同经济程度的老人生活状态的差别。根据老龄人的民生状况来投入，必须有一套老龄民生的科学评估机制和助长机制，使财政投入，特别是养老金和医疗福利的投入与老龄人的生活需求等级相匹配，与老龄人不同方面的适应水平相对应。另外，要考虑养老金和医疗福利的发放或供给方式对老龄人民生的影响。

三、老龄人文化民生的微观经济因素分析

微观经济学是以单个经济主体为研究对象，围绕资源配置问题，研究价格机制在市场经济条件下的作用①。从老龄人文化民生看，微观经济分析范式意味着通过老龄人自身的经济行为，包括收入、消费和理财行为，满足老龄人的生存健康、精神文化、

① 董长瑞，周宁. 微观经济学［M］. 北京：经济科学出版社，2009.

人际交往与自我发展等方面的需求，从而有益于增进老龄人的文化民生水平。

1. 收入水平对老龄人文化民生影响最为明显。每位老龄人必须有维持基本生存、健康的收入，否则他们生存健康得不到基本保障，文化民生就没有物质基础。具有更高收入的老龄人，可以选择购买更有营养的食物、安排健康检查、获得为老服务、安排更丰富的精神文化生活、参加老龄教育等。老龄人选择上述方方面面的活动，需要相应的经济能力作为基础。因此，只有保障和努力增加老龄人收入，才能最直接地提升他们的文化民生能力。

2. 老龄人文化民生与老龄人消费的内容和方式直接相关。文明的消费内容和健康的消费方式对培育老龄人文化民生能力起到积极作用。相反，不健康、不文明的消费方式和内容则有害于老龄人的文化民生能力。

第六章　老龄文化民生的心理学研究

老龄人的心理特征是其文化民生十分关键的主体性因素，心理体验也是衡量其文化民生水平的重要指标，因而非常有必要借鉴心理学的理论，从老龄心理学的视角探讨老龄人文化民生。

第一节　老龄期的心理特征

我国已逐渐进入老龄化社会，老龄人口呈现出高速增长的趋势，对于老龄人，人们往往只关心他们的身体健康，虽然带来了生命寿命的延长，却并没有给老龄人带来健康寿命的延长，所延长的寿命中大多数为非健康寿命。而忽视他们的心理健康，也直接影响人们的生命质量和生活质量。作为一个数量庞大的群体，老龄人心理特征必须引起我们的重视。这些心理特征影响着他们的思想与行为，具体包括有：

一、人的心理特征

心理是人脑对客观事物的反映，是人的心理过程和个性心理特征的总称。

（一）人的心理过程

心理过程包括认知、情绪、情感和意志。比如：我们在日常的工作和学习中，每时每刻都在运用自己的眼、耳、鼻、舌、身体等器官感知周围的事物，并有选择地记忆自己所经历的事情，在此基础上，不断运用判断、推理、想象等形式，得出结论。这里的感觉、知觉、记忆、表象、言语、思维、想象等心理现象和活动就属于认知过程。

同时，我们在认识事物的过程中，对不同的人或事物总是采取不同的态度和评价。如：喜欢还是厌恶、满意还是不满意的态度，从而产生喜、怒、哀、乐等内心体验，这种伴随认识和意志过程产生的态度和内心体验，即情绪和情感。意志是人的思维决策见之于行动的心理过程。由于人的认知、情绪情感、意志是以过程的形式存在的，他们都要经历发生、发展和结束几个不同的阶段，所以称为心理过程。

（二）个性心理

心理过程是人们共同具有的心理活动。但是，由于每个人先天素质和后天环境的不同，每个人心理过程的产生又往往带有个人的特征，从而形成了有差别的个性心理。比如：不同的年龄和工作的人具有不同的需求。需要是人体内部的一种不平衡状态。需要产生一定的动机，当人们意识到自己的需要时，这种需要就变成了动机。

能力、气质、性格是个性的重要组成部分。能力是顺利、有效地完成某种活动所必须具备的心理条件。如有的人有艺术才能，有的人有数学天赋，这就是能力上的差异。气质是心理活动的动力特征的总和，即表现在心理活动的速度、强度和稳定性方面的个性特征。性格是表现在对事物的态度和习惯化了的行为方式的个性特征。如有的人活泼好动，有的人沉稳老练，有的人遇事果断勇敢，有的人则优柔寡断，这表现了人的不同的气质、性格。不仅如此，人们在兴趣爱好、自我意识等方面也有很大的不同。我们把能力、气质、性格、需要、动机、兴趣及自我意识称之为个性心理。

心理过程与个性心理是相联系而存在的。个性特征是通过心理过程表现出来的；而个性特征形成后，又会对心理过程产生制约作用。

二、老龄身体的发展变化对心理的影响

个体心理发展变化的总趋势就是儿童期发展迅速，中年期有所减缓但较为平稳，老龄期走向衰退。这一发展趋势是客观存在的，应该在肯定老龄心理基本变化趋势的同时，对能够延缓老龄心理衰退，助长某些心理功能发展的要素给以足够重视，并科学、正确地看待老龄心理变化。

（一）脑功能趋向衰退表现

抑制过程减退，神经系统灵活性下降，惰性增大。智能逐步下降，近事记忆明显减退，远事记忆相对保持较好，思维缺乏创造性，偏向保守，迷恋往事，重视传统。

（二）性格变化

人格弹性明显减退，变得固执己见，不易接受新鲜事物。以自我为中心，难以正确认识生活现状。爱沉湎往事回忆，常悔恨无法挽回过去的美好情景。对过去成就唠叨不休。

（三）情绪变化

进入老龄以后，角色转换与生活环境的改变，不可避免地使老龄人的情绪状态发生一些变化。一方面对外界事物缺乏兴趣；另一方面情绪变得不稳定，易激怒，难自制，疑病，孤独感，空虚感和对死亡的恐惧心理，面对种种心理矛盾与精神刺激下有消极言行，故消极自杀率较高。有的老人变得多疑、敏感，或容易激动，动辄大发脾气；有的老人表现为固执己见、自以为是；也有的变得郁郁寡欢、苦闷压抑、情绪低落，或是与周围环境格格不入、自我封闭，对于新生事物兴趣索然、缺乏热情。

（四）行为方式变异

生活重心的改变使老龄人的生活方式与行为方式也会发生较大的转变。譬如，有些老龄人变得不修边幅，生活懒散，不注意个人卫生；有的老人说话啰嗦，一句话举一反三，重复很多遍；也有的老人做事过于小心谨慎，唯恐出错；还有的老人变得任性、霸道，或显得幼稚、过分依赖子女或他人，有的甚至显露出

一些“老小孩”或“老顽童”的行为特征。

（五）其他心理变化

猜疑和偏执心理较常见，遇事归咎别人，对他人不信任，视听力老化，嫉妒，猜疑。行动不便，不爱活动，兴趣索然，孤独离群等。

（六）躯体衰老对心理的影响

各器官功能进行性全面衰老。老龄人的特殊感觉功能下降，视力减退、老化，视疲劳；听力减退，重听耳鸣；感觉迟钝，味觉减退，这些变化加重了情绪不稳定，心里烦恼，为忧郁、偏执心理提供物质基础。此外，肌力减退、疲乏无耐力、体质下降使老人缺乏兴趣和活力，不爱活动，安于现状和过刻板生活。躯体功能下降，多种衰老病症丛生，容易产生继发性情绪障碍和心理疾病。

（七）多种身心疾病的高发率对心理的影响

随着衰老和身心功能减退，老龄疾病发病率很高，包括高血压、心脏病、糖尿病、癌症等。近年来各种心理疾病发病率呈上升趋势——老龄痴呆、抑郁症、焦虑症、脑器质性精神病、偏执性精神障碍、情绪危机直至精神崩溃，甚至消极自杀。

由于生理功能的退化，老龄人的大脑功能也随之衰退，再加上家庭与社会的种种变迁，上述老龄人心理特征越来越明显，这些心理问题如果长期得不到重视，会对家庭与社会造成严重的不良影响。

三、老龄心理变化的基本特征

老龄期无论是生理组织功能，还是认知能力都在走向衰退。老龄人经验丰富，技能熟练，因此，老龄人的智力并非全面衰退，有的还处于创新阶段，而且老龄人的智力变化的个体差异也很大，不能一概而论。要准确说明老龄心理变化的特征，就要具体分析老龄心理的各个方面的变化情况。具体地说，老龄心理变化，主要体现在以下几个方面：

（一）老龄人感知觉的变化

人的心理活动是外界刺激通过感觉器官作用于大脑的结果，如果没有感知觉接受外界刺激，心理活动就无法产生。据研究，感知觉是个体心理发展最早、而且衰退也最早的心理功能。老龄期的心理变化也是从感知觉的退行性变化开始的。这种变化主要表现为老龄人感知觉所需要的刺激强度提高，感知时间延长。当然，这种变化趋势是逐渐进行的。在各种感觉中，老化最明显的，是对人的认识活动作用最大的视觉和听觉；其次是味觉、嗅觉、皮肤觉等。

1. 视觉退化随着年龄的增长，人的视觉器官功能下降，眼睛晶状体弹性变小，视调节能力下降。因此，老龄视力明显降低。老龄人视觉变化的个体差异很大，从 40 岁左右开始，视力下降的情况便日益明显，约一半的人在四十五六岁需要视力矫正，到五十几岁差不多都需要矫正视力；像白内障和青光眼等更严重的视力损害在 60 多岁时为高发期，而到更高年龄段，视力障碍会越发成为主要的问题。人上了年纪，眼睛的晶状体变硬、弹性变小，睫状肌萎缩、收缩性减弱，很难看清近距离物体。由于瞳孔缩小，老龄人对光反应减弱，看清物体需要更多光线，视野变窄，对闪光或炫目的反光会有较长时间的不适感。晶状体随年龄增长会变黄，老龄人易将白色物体看成偏黄，辨别蓝色、紫色和绿色的能力明显降低。老龄人对形状、大小和深度的视知觉比年轻人差，对视觉信息的加工速度变慢，视觉搜索能力下降。据统计，70 岁健康老人的视力超过 0.6 的只有 51.4%。“老花眼”现象是视力减退最明显的症状，即近距离视力比远距离视力衰退得更加明显。

2. 与视觉相比，老龄人有听觉缺陷的为数更多。由于鼓膜混浊度加重、内耳中传导声音的骨头老化以及颅神经细胞损失等生理变化，大多数老龄人听力下降明显，对高音的听力减退更突出，有些人甚至发生永久性失聪。一般而言，老龄人的听力随着年龄的增长而普遍下降。50～59 岁被视为中国人听力老化的转折期。老龄人的听觉变化中，最常见的现象就是重听。通常所说的老龄人耳聋或耳背，其实就是听力下降所引起的重听。一些生理心理学研究发现，听觉损失的病例报告男性多于女性。老龄人听觉损失不仅是听不见一定音量的问题，而且是难以辨别声音频率的问题。一般老龄人听女高音比听男低音困难，听女声比听男声困难。听觉的这些变化也导致老龄人对言语的感知和理解能力衰退，从背景噪音中过滤声音的能力降低。老龄人对不同音高（声波频）的听力下降是不同的。高音部分随着年龄增长而下降得最明显，而低音部分变化则不明显；女性老人和男性老人相比变化得更轻些，受损失的音调比男性老人更高。男性老人对4000赫兹以上的声音听力明显下降，而女性老人对6000～8000赫兹以上的声音才出现明显的听力下降。所以，就言语声音而言，女性老人重听者比男性老人为数更少。老龄人对低音调音乐的声音听起来比较悦耳，能欣赏到音乐固有旋律的优美；而对高音调的音乐旋律和音调的变化已听不出来，似乎总是一个样子的单调声音。老龄人听觉功能的变化，直接影响他们的言语知觉能力和理解能力。一些研究发现，70多岁的老龄人对言语知觉所需最低音强比青年人高6～7倍。所以，在电话中向老人传达事情，讲话人必须大声慢讲，而且周围应尽可能没有其他噪声的干扰。

3. 味觉和嗅觉的变化随着年龄的增长，会变得越来越迟钝。舌面上的味蕾数量逐渐减少，对味觉的敏感程度也就随之下降。老龄人味觉的变化，表现为对某些原来熟悉的某几种味道感觉减退，而且主要表现为刚能觉察到的最低味觉物质浓度增高。有人报道说，老龄人对食物中咸味比对其他味道敏感些。与味觉变化的规律相似，嗅觉感受的灵敏度也随着年龄的增长而下降。一般说来，老龄人味觉、嗅觉的变化，对正常生活并不会产生很大影响。生活中对食品的鉴别，味觉、嗅觉是同时起作用的。所以，老龄人根据丰富的生活经验，依靠这些辅助信息，可弥补其味觉、嗅觉功能的不足。在嗅觉方面，老龄人的鼻黏膜上的感觉细胞逐渐衰竭，因此容易对冷空气过敏和伤风感冒。

人类嗅觉最灵敏的时期为 20～40 岁，50 岁以后出现轻微减退，70 岁以后开始急剧减退。约 1/4 的 65～80 岁的老龄人完全丧失嗅觉能力，而 80 岁以上的老龄人则有近一半人完全丧失嗅觉能力。约 50 岁后，人对咸、甜、苦、酸等味道的感觉阈限开始较明显上升，也即味觉敏感性减低，60 岁后则更为强烈。对食物嗅味能力下降导致老龄人品尝能力降低，享受进食的乐趣减少。

4. 皮肤感觉。皮肤感觉主要包括冷热温度觉、痛觉和触觉几种。老龄人的皮肤感觉也在逐渐老化。55 岁以后，人的触觉会骤然变得迟钝。60 岁以上老龄人皮肤上敏感的触觉点数目显著下降，皮肤对触觉刺激产生最小感觉所需要的刺激强度在年老过程逐渐增大。老龄人温度感觉和痛觉也较迟钝，有些皮肤区的某些感受几乎完全丧失。有人发现，女性老龄人痛觉敏感度随年龄增大而降低的现象比男性老龄人更明显。高龄老龄人不但对室温敏感度降低，而且自己身体的温度也随年龄增长而降低。这部分老龄人对室温变化的感觉非常迟钝，很低的室温也不觉冷，因此对他们应细心照顾。人到老龄，对温度的敏感程度降低，而且对体温的调节能力下降，表现为老龄人身体深部的温度往往低于体表，从而当外界温度发生骤变时，他们的身体容易受到侵害。由于神经递质的功效降低等原因，大多数老龄人会有较高的痛觉阈限，感应疼痛的能力下降。此外，老龄人维持平衡的内部感觉会有所减退，导致其姿势和步态不稳，加大摔跤的风险。

（二）老龄人记忆力的变化

心理学的研究表明，记忆和年龄之间存在以下关系：假定 18 岁～35 岁的人记忆成绩为 100 分，那么，35 岁～60 岁的人记忆成绩为 80～85 分，60 岁～85 岁的人则为 65 分。以此可见，记忆随着年龄的增长而下降。老龄人记忆力衰退的特点是：

（一）记远不记近。老龄人的瞬时记忆（1 秒以内的记忆）和短时记忆（1 秒至 1 分钟内的记忆）变化较小，长时记忆（即在头脑中保持超过1分钟的记忆）衰退最为明显。主要表现为老龄人对记忆材料的组织加工缺乏主动性，效率和能力下降。所以，我们经常可以看到，老龄人对年轻时发生的事情记忆犹新，而对老龄期发生的近事却很快遗忘，记忆事实混乱，甚至张冠李戴。

（二）机械记忆减退较快，而意义识记保持较好，如老龄人对于理解后的事物记得比较牢，而对于人名、地名、数字等的机械记忆效果不佳。

3. 再认（即当所记的对象再次出现时能够认出来的记忆）保持较好，而回忆和再现能力（即让所记对象在头脑中呈现出来的记忆）明显减退。因此，老龄人的记忆衰退并不是全面的，而是部分衰退。根据这个规律，如果能够经常提醒老龄人回忆往事，有助于减缓记忆力衰退的速度。

（三）老龄人智力的变化

从广义上讲，智力是指人的学习能力及个体对环境的适应能力。严格地说，智力应包括感知力（观察力）、记忆力、思考力、想象力等认知能力的综合。智力所包含的内容非常广泛，同时其个体差异较大，目前还很难简单地找出年龄变化与智力变化间的规律性。智力是大脑的功能，主要包括注意、观察、想象和思维，其中思维能力是核心，它保证了人们有效地进行认识和实践活动。心理学家从不同角度研究老龄智力，提出了对老龄智力衰退的不同见解。

1. 老龄智力的部分衰退。心理测验表明：人在20岁以前是智力迅速发展的上升期，到25岁左右达到高峰期，此后便开始缓慢下降，60岁以后明显减退。但是这种减退不是全面的，而是部分功能减退。主要体现在老龄人的动作性智力下降较为显著，60岁就开始减退，而语言性智力则保持得较好，80岁以后才有明显下降。如许多老龄人动作迟缓，但是语言水平并没有很大改变，一些表演艺术家的口头语言表达能力到老龄时并未受到多少影响。

2. 老龄智力变化的不平衡性。如果从智力结构的角度看人的智力的发展变化，可以看出不同智力成分随年龄而变化的轨迹并不相同。卡特尔把人的智力构成区分为流体智力（液态智力）和晶体智力（晶态智力）两种。流体智力的高低主要与个体的神经生理功能发展状况有关，如记忆、注意、思维敏捷性等。老龄人由于脑神经功能的退化，故流体智力受到很大影响。而晶体智力的高低与个体知识的多寡、受教育程度有密切关系，如知识、理解力等。老龄人一生经验丰富，阅历很广，所以，晶体智力一般保持较好。据研究，流体智力随着年龄的增长，每10年下降3.75％，而晶体智力反而增长3.64％。有事例证明，许多人在晚年仍然保持着旺盛的创造力。如我国经济学家马寅初70岁创立了“新人口论”，美国发明大王爱迪生在81岁时又获发明专利。所以说，老龄人的智力有很大的潜力和可塑性，通过学习、锻炼和积累，老龄人的智力水平就能得到更好的发挥。

3. 智力下降对老龄人心理的影响。随着年龄的增长，记忆力有所下降是无人怀疑的事实。在人的记忆中可分为机械记忆和意义记忆。简言之，机械记忆就是死记硬背的记忆；意义记忆就是对有逻辑联系的、有意义的内容，尤其是与个人工作、生活有关的重要内容的记忆，又称为理解记忆。一般认为，40岁以后机械记忆就开始减退，而意义记忆在60岁以后才逐渐开始减退。但是，老龄人记忆的个体差别很大，况且若能坚持适当的脑力和体力活动，注意保持情绪稳定和心情愉快，可有效地延缓记忆的减退。

实际上，每个健康个体，包括老龄人在内的智力潜能是很大的，每个健康人都存在着学习提高的可塑性。由于每个人所受的教育程度不同，各自的专业领域及身心健康等也存在这样或那样的差异，所以在人的一生中智力发展的起始、倾向、水平等均各有特点，随着年龄的增长，智力的变化不可一概而论。古今中外大器晚成者不乏其人，高龄后仍保持着非凡的智力潜能者亦大有人在。

（四）老龄情感的变化

1. 老龄人更多地关注自身的健康状况。尤其是体弱多病的老龄人，对于疾病更加重视。而老龄女性，自述失眠和怀疑自己患病的比例明显多于男性。所以，老龄人的忧郁感更多地出于健康的原因，老龄女性疑病倾向比较明显。

2. 老龄人比中青年人更倾向于控制自己的情绪表现和情感流露，尤其是喜悦、悲伤、愤怒和厌恶情绪。青年人情绪冲动时有时不能自制，甚至失去理智，老龄人在日常生活中往往掩饰自己的真实情感，遇到喜事，不再欢呼雀跃；遇到悲事，也不再号啕大哭。而老龄人虽然没有年轻人那样冲动，但情绪产生后持续时间长，难以淡化和改变。

3. 消极悲观的负性情绪开始占上风。比如：老龄人常常抱怨人心不古，世风日下；哀叹自己老不中用，行将就木；老龄人用于描述自己喜悦情感的词汇明显少于青少年人。

4. 衰老情感变化对心理的影响：以前大多数人曾认为，老龄人多有衰弱感、孤独感、寂寞感、无用感、忧郁感、情感贫乏和迟钝。但是，这些都是通过对住院老龄病人的日常生活粗略观察而得出的结论，实际上并不能代表正常老龄人的情感变化规律。随着年龄的增长，老龄人的情感逐渐变得自卑还是自信、孤独还是豁达、悲伤还是乐观、忧郁还是喜悦，在很大程度上取决于社会文化背景、政治经济制度以及老龄人自身和家庭的社会地位、经济状况、健康状况及其自我评价。这些感情的变化因人而异，差别很大，不宜一概而论。

（五）老龄人性格方面的变化

在老龄人经历的漫长岁月中，由于他们的遗传因素、所处环境、经济地位、文化背景、生活经历、受教育程度等条件不同，因而其性格表现千差万别。心理学家将他们的表现分为以下类型：

进取型：他们正视现实，克服体衰，积极参与社会活动。他们能有计划地安排自己晚年的学习、生活，发挥自己的专长，贡献余热。他们心胸宽广，不为小事苦闷、生气，因而能避免因情绪波动而影响健康。这种老龄人有智慧，能以积极的态度面对现实，对生活有满足感。他们对自己一生的认识客观而明晰，对衰老和死亡也非常理解。他们有智慧，有创造的活力，以乐观的态度面对现实、面对困难；积极从事有技术的劳动或为社会服务，对家庭及自己与他人的关系感到满意，不苛求别人；能进行心理上的自我调节，不依赖他人；兴趣广泛，对未来生活坦然面对。

安乐型：此类老龄人无过多的个人追求，只求生活得安逸；他们看上去悠然自得，对自身在当前的处境十分理解，实际上家庭环境是其庇护所，将个人生活寄托于别人身上，物质或精神上均仰赖别人的援助；由于觉得要承担责任，他们不喜欢工作，胸无大志，满足现状。这类老人承认或接受现实的自我，对现在或将来没有计划，无所追求，只想悠然自得地生活。认为自己操劳了一辈子，该享点清福了，他们养花种草，钓鱼下棋。由于他们善于适应晚年生活，有利于消除孤独感、失落感，在心理上容易获得满足，生活得逍遥自在。

操劳型。此类老龄人用防御机制来对付恐惧和烦恼，用不停的工作来抑制自己对衰老的忧惧；对闲暇持否定态度，不放弃主掌家庭的生计，总为各种事务奔忙，以此来回避对年老的预期和死亡的问题；希望用辛勤劳作换取他人的关爱，可一旦不顺心，容易对年轻人心生嫉妒与不满。

抑郁型：他们较难适应离开工作岗位、社会地位或角色发生了变化的晚年生活。他们常常留恋过去，对人对事缺乏兴趣，对未来失去信心和希望。由于生活单调、空虚、无聊，心理上更增加了寂寞感、孤独感和不安全感，容易发展为抑郁症。

易怒型：此类老龄人无法承认业已衰老的事实，怨恨自己尚未达到人生目标，将自己的失败归咎于他人；对亲属常表现出敌意与攻击，苛求他人，也好责备他人；偏见较深，好追忆过去，对年华流逝反应强烈，对未来充满忧郁；兴趣匮乏，处事固执，自我封闭。这类老人常为一点小事而大动干戈，特别在家里动辄火冒三丈。他们不愿承认和接受自己已衰老的现实，把自己不得志的原因归咎于他人，对一切缺乏兴趣。有较强的攻击性，偏见较深。常感焦虑、忧郁。

自责型：它是愤怒型的另一种表现。此类老龄人的攻击性指向自我，常将不幸归咎于自身，谴责自己，对一切事物兴趣索然，消极悲观；行动上退缩，拒绝与人往来，整天形单影只，孤独一身；一旦患病或生活失去自理，容易走上轻生的绝路。他们把自己的不幸归罪于自身，常自责自罪，悲观失望；对别人漠不关心，十分孤独。他们认为衰老和死亡并不是一种威胁，而是一种解脱。有的甚至用自杀来了却一生。

偏执型：这类老人习惯于以固定的、僵化的思维模式去分析问题，固执偏激，情感不稳，也不愿接近亲友。有的老龄人总是对自己不满，自责、自卑，怨恨别人对自己不公正，常以自杀的方式寻求解脱。

拘谨型：这类老人往往谨小慎微，缺乏勇气、进取精神和上进心。这种心理状态往往降低了老龄人的生理功能与心理功能，容易加速生理衰老和心理衰老的进程。

混合型：有些老人的性格不稳定，有时呈现抑郁型，有时却表现出自责型，或者偏执型的症状，我们称之为混合型，不能简单地下结论，具体情况具体分析。当然，在现实生活中的老龄人，一般是几种类型混合的性格。

四、老龄心理健康问题的现状

（一）今昔的社会对比生发的失落感

中国几千年的尊老文化也孕育着必然的前喻文化，孩子们一出生就开始以“听老人言”为准则进行教育，把老龄人推到了至尊的位置。从老龄人个体的生命发展历程来讲，发展到老龄阶段时便开始对生命的始终产生高度的敏感，并开始对自己生命存在的意义产生困惑感，于是开始怀疑自身的主体地位，然后把自己陷入自我迷茫的危机之中。尤其是现代社会纷繁复杂、变幻莫测产生各种可能性，人们的生活节奏也越来越快，后喻文化的不断兴起，也开始动摇了老龄人至尊的地位，使他们对眼前的生活和人生的意义感到迷惘、困惑。随着各种器官的衰退，使他们的身体不再像以前那样强壮、精力也不再充沛，无论是体力还是智力方面都明显感觉到渐渐不如从前，视觉的衰退使他们减少了活动的范围，听觉的衰退使他们感觉好像受到冷落和歧视，尤其面对久治不愈的疾病，尤其是长期卧床已经成为子女的生活和精神的负担。于是，老龄人常常感到失去原有的生活依托和追求，开始不由自主地萌生出一种被社会遗弃的失落感。

（二）面对死亡威胁产生的恐惧感

人们对死亡的恐惧来源于在日常生活中耳闻目睹的各种死亡现象，直面生命终结的老龄人，就会不可避免地会生发死亡的意识。当有限的生命遭受到死亡的威胁时，就会自然而然产生对生命的眷恋和对死亡的恐惧。

对此，著名的哲学大师海德格尔认为："死亡作为此在的终结乃是此在最本己的、无所关联的、确知的、而作为其本身则是不确定的、不可逾越的可能性。死，作为此在的一个终结存在，存在在这一存在者向其终结的存在之中。"① 死亡是"此在"走向终结的最本己的可能性。死亡既是个体自身的事情，又具有个体的不可逾越性，其本己性、不可替代性和不可避免性使人们对死亡怀有恐惧心理。"作为此在的终结不是完成，完成不能用来规定此在，而只能是现成在手事物或当下上手事物的规定。死所意指的结束意味着的不是此在的存在到头，而是这一存在者的向终结存在。"② 所以，人们总是对死亡感到害怕，尤其是意识到生命即将结束的老人们油然而生恐惧感。

---

① 海德格尔著. 存在与时间［M］. 陈嘉映，王庆节，译. 北京：三联书店，1999.

② 海德格尔著. 存在与时间［M］. 陈嘉映，王庆节，译. 北京：三联书店，1999.

（三）角色转换产生的孤独感

老龄退休后面临着从职业角色向非职业角色的转变，角色适应性问题给老龄群体带来了强烈的心理困扰。老龄人在离退休之前，有一定的社会地位和广泛的社会关系，其生活的重心由单位工作变成了家庭琐事，广泛的社会联系忽然减少，这使他们感到很不习惯、难以适应。在目前中国的家庭养老模式状况下，由于老龄人收入水平下降，社会地位下滑，子女们又忙于自己的工作和生活，对老龄人缺乏应有的孝敬或尊重，无法满足老龄人的情感需求，也会给老龄人带来较为严重的孤独感。孤独感严重的老龄人产生了消极自卑心理，甚至萌发自杀意向。渴望平安、健康、幸福地安享晚年是每一个老龄人的心理期待，如果这种美好愿望遇到现实生活中的意外打击，这种负性刺激就会形成强烈的冲撞。譬如遇到老龄丧偶的打击，再加之缺乏强有力的社会和家庭支持，老人的精神会很快垮掉，甚至导致早亡。

五、认知及智力发展与老龄人文化民生

认知与认识在心理学中通常是同一概念，指的是人脑反映事物的特性与联系，并揭露事物对人的意义与作用的心理活动。这种心理活动一般也称为认知过程，指的是人们获取知识和运用知识的过程，包括感觉、知觉、记忆、思维、想象和言语等。我国心理学家大部分赞同，智力是一种偏重于认识或认知方面的能力，包括感知能力（或观察力）、记忆能力、思维能力和想象能力等，其核心成分是抽象思维能力。进入老龄期，在各种认知活动中，感知觉的变化最显著，对老龄人的影响也最突出。由于眼、耳、鼻、舌、身等感觉器官的生理机能衰退，老龄人的视觉、听觉、嗅觉、味觉和皮肤感觉等也发生相应的改变。老龄期感知觉的变化对老龄人文化民生造成多方面的影响。

首先，感知觉总体上随年龄不断下降的同时也“改变”着老龄人所处的或所要适应的环境。这种变化主要表现为一种主观的变化，即实际的环境并未怎么改变，但主体对环境的感知发生了

改变，而“觉得”同样的环境大不如前。当然，社会环境也会因老龄人感知能力的变化而实际上有所改变，譬如，年轻人由于觉得老人听力下降而不像过去那样积极地与老龄人进行言语沟通了。此外，感知能力的变化也加大了老龄人适应的危险性。

其次，感知觉的变化，使得老龄人获得信息、知识和技能以及与外界的信息、知识和技能的交流受到更大的限制，造成其不能有效地聚合和运用更多、更恰当的资源来适应社会的变化。这样的变化也影响到老龄人适应社会的积极性与主动性。例如，老龄人因能够听清或理解的信息数量一天比一天少，可能会产生社会隔离感，甚至导致抑郁等情感障碍；或者往往误解听不清的话语，错以为别人对自己怀有敌意，从而避免人际交往；也有老龄人因品尝不到食物的美味也不再愿意应朋友之邀去吃饭，因而被剥夺了一个重要的社交渠道。

再次，感知能力的变化意味着维持与增进老龄人文化民生的举措也应有相应的调整。从外在的举措来说，应该为老龄人构建或改造有助于其适应的社会环境。

记忆力减退是个体年老化过程中较为明显的心理或行为特征之一，它直接影响老龄人对社会环境的适应。记忆是人们将感知到的信息进行编码、贮存，并在需要时提取出来的心理过程。记忆让老龄人紧密链接自己的过去、现在与未来，并确保其能够与现实社会进行必不可少的交流，因而记忆功能的变化与老龄人文化民生休戚相关。对生活抱有积极态度、提高文化素养、保持足够营养、勤于用脑、培养良好学习习惯、接受记忆技巧训练以及为老龄人创设有支持作用的受教育环境等均是防止老龄人记忆衰退的良策。

六、智力发展与老龄人文化民生

从人类智力的毕生发展来看，老龄人文化民生问题实则是老龄人适应社会的主要内部资源或工具发生变化，以及为了应对这些变化所带来的问题。智力的毕生发展轨迹决定着老龄人文化民生问题的形态，也提示着与保持或提高老龄人文化民生水平相适宜的应对策略和方式。老龄人因智力变化而面对的文化民生问题集中于流体智力以及信息加工的外周过程随年龄增长不断趋于减弱。生理素质的每况愈下是老龄期无法抗拒的自然规律。与生理素质关系密切的智力水平降低容易导致老龄人在适应社会的过程中出现信息获得量锐减（特别是伴随听觉、视觉等感官功能的下降）、空间能力渐弱、信息处理或加工速度变慢、归纳推理能力趋低、记忆容量缩小以及反应执行迟缓等问题。由此还可推断出，老龄群体容易出现适应问题的社会情境，即老龄人在面临需要多种信息输入、对信息做出迅速的归纳判断、记忆大量的信息、空间定向与辨别或快速做出相应反应的社会情境时，更易表现出适应困难。

老龄人认知或智力发展与其文化民生状况既相互映衬，又彼此交融。人的发展就是在先天生理机能的基础上，通过后天的文化填充而不断变换的过程。老龄人发展的不完整体现在：年龄的增长导致生理机能衰减进而使其对文化的需求递增；而且因可塑性越来越弱，文化个体的影响效果也逐渐降低。随着老化，个体维持或增强文化民生水平的资源渐次减少。为了运用好有限的适应资源，个体就得采取一些适应性的手段。

第二节　老龄人心理变化的影响因素

人的心理往往受到多种因素的影响，如躯体、家庭、社会及自然环境等因素都可以使人的心理状况发生变化。如衰老、疾病等生理因素，社会变迁、工作变动、婚恋状况、经济收入等社会因素，已经成为影响心理变化的重要因素。老龄期是人生历程中的最后一个转折时期，这一时期，不仅身体衰老加快，疾病增多，面临着死亡的考验，而且老龄人的职业、家庭、婚姻、经济状况等方面都在发生变化，这些变化对老龄人的认知、情感、性格、兴趣等不同层次的心理都将产生影响。

一、生理因素

身体衰老是最先、最直接引起老龄人心理变化的因素。虽然每个人衰老的速度不同，但衰老是不可避免的，而死亡是衰老的最终结果。身体上的衰老、疾病和死亡的临近对老龄人的心理影响是重大的和持久的。人到老龄，感觉、知觉衰退；言语能力衰退、记忆力下降；想象、思维能力衰退；情绪变化不稳，容易焦虑不安；意志衰退，且容易自卑；个性心理特点明显，习惯心理顽固；性格更容易发生变化，敏感多疑，易产生孤独感和失落感；害怕衰老和死亡。有的老龄人还患有各种心理疾患，如老龄性痴呆、老龄期抑郁等精神疾病，这些心理疾患不仅严重影响了老龄人的身心健康，而且给他们带来了许多烦恼和痛苦。

（一）感官的退化

身体衰老对老龄人心理的影响首先与老龄人感觉器官的退化有关。进入老龄期后，感觉器官开始老化，视力和听力逐渐减退，最显著的特征是耳聋眼花。其他感觉如味觉、嗅觉和触觉等也在发生退行性变化。由于各种感觉器官的变化使老龄人看不清、听不见、吃不香、睡不稳，这必然对老龄人心理产生消极和负面的影响。第一，感官的衰退使老龄人产生挫折感，对生活的兴趣和欲望降低；第二，老龄人反应迟钝，与外界的接触受到影响，导致信息不畅、孤陋寡闻；第三，老龄人活动范围缩小，与人交往减少，因此常感到孤独和寂寞。

比衰老的客观事实对人的心理影响更大的是老龄人的衰老感的出现和对衰老现象的认知。同样面对衰老，性格乐观的人能坦然面对，“人见白发愁，我见白发喜”；而有的人则悲观、沮丧，失去了对生活的热情和对未来的信心。这说明人的认知在其中起到了重要作用。很显然，前一种情况下，老龄人良好的心态与身体健康是一个良好的互相促进过程；而后者则只会加重心理负担，导致身体加速衰老。

老龄人由于各种生理器官的退化而导致某些实践能力的丧失。因此，社会也不再认为他们有实践社会的能力，由此剥夺了他们从事实践活动的权利，老龄人自身也感觉到身体素质下降而放弃自己进行社会实践的机会，导致老龄人处于不实践的状态中，与社会实践脱离。正如法国哲人莫洛亚所言：老人的真正不幸，不是身体的衰败、生理的退化，而是固有知识的禁锢而造成的心灵的冷漠。

（二）疾病的增加

身体衰老对老龄人心理的影响还体现在各种老龄疾病缠身。随着老龄人的呼吸、循环、神经、消化等各个系统生理功能的全面衰退，他们对疾病的抵抗能力下降，容易发生疾病。据新华社报道：在京城 60 岁以上老龄人中，有 2/3 的人患有高血压、糖尿病、心脑血管疾病等慢性病。另据北京老龄病医疗研究中心的调查显示：近年来，老龄病发病人数有迅速上升之势，近 80% 老人的死亡是由于慢性病所致，其中心脑血管疾病、肿瘤、呼吸系统疾病占了 3/4。这些疾病本身的痛苦，使老龄人烦恼、悲伤、绝望，21.7%的老人同时患有不同程度的抑郁症，而女性则高达 27%。有的老人并不是真正患病，而是因为对疾病的恐惧而心理紧张，过分关注自身的健康，导致疑病症等精神问题。

据 1999 年的调查，北京地区 65 岁以上人口抑郁症患病率为 3.85%，老年痴呆患病率为 3.86%；上海地区 65 岁以上人口老年痴呆患病率为 4.61%，已接近发达国家水平。

（三）面对死亡的威胁

死亡的挑战和威胁，也是导致老龄人心理问题的重要因素之一。尽管医学的发展，使很多威胁人类健康的疾病得到有效的治疗，人类的平均寿命显著增长。然而人的生命仍是有限的，死亡是不可避免的。一般来讲，老龄人对死亡的思考主要缘于自身的衰老和随之而来的各种可怕的疾病。由于人类对死亡的认识至今仍有许多未解之谜，因此，多数人对死亡感到神秘和恐怖，由此引起恐惧、忧虑等心理反应。

中国是世界上老年人口最多的国家，老年人口的高速增长，带来了平均预期寿命的延长，却并没有带来人们所期待的健康期望寿命的延长，延长的寿命中大多数为非健康寿命。造成这种状况的重要原因之一，便是老年期精神卫生问题。

二、家庭因素

老龄人离退休后，家庭成为主要的活动场所和精神寄托。因此，家庭因素对老龄人的心理将产生重要影响。家庭因素包括家庭结构、经济状况、家庭关系、婚姻状况等。

（一）老龄人的家庭结构

老龄人静养环境得不到保障。受传统思想、经济条件、身体状况和地域等因素的影响，我国老龄人以居家养老为主，家庭是老龄人最重要的精神、物质和生活的依托。因此，家庭对老龄人具有特殊的意义，对老龄人的身心健康也具有重大的影响。

随着社会经济的发展，人们的生活方式、家庭观念和生育观念都在不断改变，家庭结构也随之发生了明显的变化。据广州市1998年的调查显示：广州市户均人口为3.45人，三人户的核心家庭占总调查户的46.8%，农村的情况也大致相同。这表明中国传统式的三代同堂的大家庭，正在被小型化的核心家庭（一对夫妻与未婚子女组成的家庭）所取代。

家庭结构的变化对老龄人心理的影响，与他们对家庭的看法密切相关。据天津市对1000多名老人的调查显示：希望子女婚后另立门户的老人占58%，表明多数老人在经济独立的情况下，愿意与子女分开居住。但也有一部分老人希望与子女一起生活，特别是高龄或多病的老人。这些老人对子女的依赖性比较强，如果子女忽视了老人的需求，可能会使老人产生孤独、寂寞感。

全球化趋势下，竞争意识已经不知不觉形成，并开始逐渐强化，有些子女因负担过重而无力赡养，老人便萌发“被遗弃”之感，同时，子女们忙于工作而导致与老龄人的交流减少，又引发了老人的孤独感；同时，社会的飞速发展使老龄人所掌握的技能已经不适应时代，事物更替的迅猛速度，使他们无法体会到自己存在的价值，社会人人平等的理想渐渐向根深蒂固的“老龄领袖”思想提出了严峻的挑战，使很多人干脆放弃了自己具有的创造潜能，对自己存在的意义感到悲观、失望。

（二）老龄人的经济状况

经济收入不仅关系到人们的衣食住行等基本生活能否得到满足，还或多或少地影响着人们的心理状况。一般情况下，如果老龄人的经济条件较好，有充足的退休金养老，那么他们对子女和外界的依赖性就减少，相应的精神上的独立性和自尊心、自信心较强；反之，如果老龄人经济比较困难，经常为生活担忧，特别身体多病又无钱医治时，很容易产生悲观失望感和自卑心理。

没有稳定的经济来源。缺乏独立的经济来源或可靠的经济保障，是老龄人心理困扰的重要原因之一。一般来说，经济收入不稳定的人往往社会地位不高，这类老年人在与人相处的过程中就比较郁闷，容易产生自卑心理。他们如果再得不到家庭成员的理解，甚至受到子女的歧视或抱怨，往往会酿成家庭和社会的悲剧。

（三）老龄人的婚姻状况

婚姻对于每个人的生理和心理的影响都是非常大的。因为婚姻不仅是为了满足经济、繁衍和性的需要，而且更重要的是现代婚姻应当建立在爱情的基础上，它可以满足人们的精神需求。美满的婚姻、和谐的夫妻关系，使人幸福、快乐，产生满足感和归属感；而不幸的婚姻则使人痛苦、悲伤，甚至悲观厌世。老龄人面临的婚姻问题主要有：

1. 离婚。一般来讲，离婚是夫妻双方心理冲突激化的结果，婚姻的破碎对双方的心理影响都很大。但有些情况下，主动要求离婚的一方，可能感到轻松和解脱；而被迫离婚的一方则有痛苦和被抛弃的感觉。无论何种情况，双方都将面临孤独和再婚的困扰。

2. 丧偶。这是对老龄人心理影响最大、最严重的事件。据研究表明，丧偶老人在配偶去世后六个月内的死亡率比平均死亡率高40%。丧偶后，老龄人的悲伤、孤独感非常强烈。许多老人因过度悲伤无法解脱，患上抑郁症和其他疾病。据统计，丧偶老年人的死亡率是一般老年人死亡率的7倍，对老年人心灵的打击十分严重。

3. 再婚。部分离婚老人有再婚的想法，但是在再婚的过程中往往受到世俗偏见的阻挠；再婚后，又会遇到很多现实问题。比如：双方的生活习惯及性格爱好的适应，如何处理与双方子女的关系等，这些问题都会对老人心理产生困扰。

除了婚姻本身的问题以外，外界及老龄人自身对离婚和再婚的观念和评价，也在很大程度上影响老龄人的心理，增加了老龄人的心理负担。如老人再婚问题，往往得不到子女及周围人的理解和支持。更有甚者，有些子女为了财产继承问题而极力反对老龄人再婚，这对老人的心理伤害是非常大的。

（四）老龄人的家庭内部关系

这里主要指老龄人与子女及其他晚辈的关系（夫妻关系在此暂不论述）。在物质生活和精神生活之间，老龄人更看重后者。他们渴望子女晚辈的尊重和关心，有时候需要的只是子女常回家看看，几声问候，几句体贴的话。如果家庭中人际关系和谐，父慈子孝，儿孙们能经常陪伴老人，问寒问暖，老龄人就会感到心理满足。老年人都希望平平静静、幸福美满地度过晚年，然而现实生活中不可避免的夫妻争吵、婆媳不和等意外刺激，不时地打破老龄人平静的生活。

但是，有时候老龄人与子女之间也存在矛盾，主要是两代人之间存在的价值观念、思想感情、生活习惯等方面的差异，即代沟问题。由于两代人生活的背景和接受的教育不同，因此，大到职业选择、工作态度和家庭观念，小到服饰衣帽、消遣娱乐等方面，都会产生分歧和争论，由此引发的亲子关系紧张对老龄心理易产生不良影响。

三、社会因素

与其他影响老龄人心理健康的因素相比，社会因素是影响老龄人心理健康的最深刻、最普遍的因素。这些社会因素主要包括因离退休而引起的老龄人社会角色的变化；老龄人所处的社会环境，包括社会风气、社会福利等。

（一）老龄人社会角色的适应

社会角色是社会心理学的概念。一个人在一生中可以扮演许多不同的角色，如一个女教师，在学校里既是学生的老师，又是普通职工；在家里既是妻子、母亲，同时又是女儿和儿媳，多种角色集于一身。每一种角色都有相应的权利和义务。当由于某种原因角色发生变化时（如结婚、孩子的出生，由单身组成了家庭，由年轻夫妻变为父亲或母亲），人的心理也会发生相应的变化。老龄期社会角色的转变，最突出的是离退休导致老龄人长期形成的社会角色的变化，由此引发老龄心理的变化。这种变化主要体现在两个方面：

1. 从职业角色为主转变为以家庭角色为主。老龄人离退休后，离开了原来的工作岗位和社会生活，其社会角色由职业角色为主，转变为以家庭角色为主。这种角色转换对老龄人的生活和心理是一次很大的冲击。第一，工作能获得劳动报酬，提高经济收入，退休就意味着经济收入减少；第二，职业生涯能为社会做出贡献，体现自身价值，使人们获得满足感和成就感，而退休使老龄人丧失了体现自我价值的重要途径；第三，离退休使老龄人打破了多年养成的生活方式和行为习惯，常常感到无所适从。

2. 主体角色和权威感的丧失。老龄人退休前，有自己的工作、人际关系和稳定的收入，子女在很多方面要依靠父母，这使老龄人在社会上有被认可、被尊重的荣誉感和满足感；在家庭中有一家之主的权威感。退休后，工作带来的成就感消失，老龄人的社会价值下降，有被社会遗忘和抛弃的感觉。在家庭中，由于老龄人的经济收入减少，加之子女相继独立，老龄人由经济上对子女的供给和生活上管束、控制子女，变为依赖和顺从子女。特别是农村老人和一些经济困难企业退休的职工，有时基本生活都无法维持，往往要依靠子女，老人在家庭中的权威感消失，特别是高龄和常年患病的老人，容易产生内疚和抑郁感，觉得拖累了子女。

（二）社会环境因素

当前我国多数老龄人是在计划经济体制下度过了自己的中青年时期，他们已经习惯了这种体制下的生活方式和分配制度，面对今天快节奏的生活方式和变幻莫测的社会环境，一时难以适应，这就使老龄人心理负担加重，导致老龄人产生焦虑、烦躁、恐惧和绝望等心理。除了老龄人自身的社会角色转变因素之外，社会环境对老龄心理也会产生一定的影响。能否为老龄人创造一个安定舒适的生活环境，是衡量一个社会文明和发达程度的重要标志。社会环境因素既包括社会福利状况等硬环境，也包括社会风气等软环境。

1. 社会福利状况。社会福利是指由国家和社会向民众提供普惠性质的生活、医疗、保健、娱乐、教育等服务。老龄人是社会福利服务的主要对象之一，社会福利状况如何，对老龄人的身心健康具有重要影响。

目前，家庭养老仍是我国养老的主要形式，这种养老方式主要靠子女在经济和生活上为老人提供保障，具有很大的不稳定性和个体差异。随着社会的发展，家庭养老的弊端越来越明显，社会养老将成为一种发展趋势。我国近年来为应对老龄化的挑战，实施了社区老龄服务的“星光计划”，投资100亿元，重点建设一批老龄人福利服务设施和活动场所，为老人安度晚年提供了重要保证。

一些地方还根据国外的经验，开始发展社区养老服务，建立老龄服务中心，或利用社会资源，为老人提供家务、保健、送饭、探望等各种上门服务。但由于受传统观念的影响，许多老龄人和亲属对新型养老方式还存在一些偏见，比如：许多人认为只有孤寡老人或者子女不孝的人才去养老院，这些偏见对老龄人的心理健康造成了不良的影响，一些愿意去福利机构的老人，因为担心被人耻笑或者子女的阻挠，往往要经过激烈的心理冲突。

2. 社会风气。社会风气主要指社会对老龄人的态度，是老龄人生活的软环境。中华民族有尊老敬老的良好传统，尤其是我国进入老龄化社会后，全社会更应该形成一种关心和爱护老龄人的社会氛围，因为“家家有老人，人人都会老”，关注今天的老人，就等于关注明天的自己；老龄人有许多可贵之处，“一个老人就是一座活的博物馆”，“家有一老，如有一宝”，善待老人，不仅会使老人本身受益，而且对于青少年的成长、对整个社会的精神文明建设和社会的发展都有重要意义。

社会对青春期的向往和追逐，使老龄人自惭形秽，当代社会，美丽和青春已经成为商品，这就使老人对自己的年龄非常敏感，对容貌上变老感到焦虑，心情郁郁寡欢。这一切如果得不到及时的心理疏导、倾诉和发泄，会造成大多数老人存在心理失调问题。更为重要的是，老龄人退出了就业领域而进入一个相对封闭的家庭世界，心理上会产生莫名的失落感，对正常的自然规律也发出无奈的慨叹。

第三节　我国城乡老龄人心理健康状况

一、城市老龄人的精神心理状况

衰老和退休改变了老龄人的社会地位和社会角色，影响了老龄人的独立与尊严，易使老龄人出现心理调适危机。研究表明，良好的心理素质有益于增强体质，提高抗病能力，而失落感、孤独感、消沉感、焦虑和恐惧感是老龄人通常会面临的心理问题。

（一）城市老龄人的思想状况

1. 总体情况

随着我国社会经济水平的不断提高，国家和社会对老龄人问题的日益重视，社会对老龄人的价值肯定和认同程度正在不断提升。因此，越来越多的老龄人对自身的生活持满意态度，一方面，认为社会对老龄人的关心和重视程度正在不断增强老龄人的比例越来越高。另一方面，随着越来越多的中年人迈入老龄期，他们较好的经济生活水平、文化程度和身体状况以及乐观积极的生活态度和热心参与社会发展的精神面貌，都对老龄人整体的思想状况产生着积极的影响，这也是城市老龄人整体思想状况明显提高的一个重要因素。但需要注意的是，城市老龄人中出现否定自身价值和“自我隔离”的现象也是不容忽视的。张铠佛等人的研究表明，老龄人当中出现否定自我的原因是多方面的：

一是随着老龄人年事的增高，身体机能和活力逐渐减弱，迫使他们不得不接受自己已经不再年轻了的现实，从而使他们对自己的各种能力产生怀疑和否定。二是老龄人出现“自我隔离”的现象，与社会对老龄人的关心和社会与老龄人的交流不够有关①。2006 年内，城市老龄人中只有 29.1%接受过街道有关人员的探望，多数老龄人（70.9%）没有得到过这样的探望；只有 28.5%的老龄人接受过原单位的探望，多数老龄人（71.5%）没有得到过这样的探望；只有 26.6%的老龄人称他们所在的单位组织过老龄人的联谊活动，不到全部城市老龄人的 1/3。这些情况表明，无论是单位还是街道，他们对老龄人的关心还是非常不够的，由此使老龄人与所在社区和原单位的交流和联系都得不到保证，使老龄人更多地感受到“人走茶凉”的失落，难免产生对自身的否定和对自我的隔离。

针对部分老龄人存在的这种自我否定和“自我隔离”的现象，需要从整个社会的角度更多地创造适合老龄人积极生存的环境。一方面，对于老龄人产生这种“悲观”情绪不必过分担忧，

① 张铠佛，段成荣，梁宏．老龄人的社会活动和思想政治状况［M］．北京：中国标准出版社，2003.

老龄人随着年龄的增高，逐渐退出社会生产领域，难免会出现失落和悲观的情绪；另一方面，社会要在舆论和环境方面，更加提倡尊老、敬老的文化氛围，使人们意识到人人都有年老的时候，老龄人对社会和家庭做出了巨大的贡献，他们是值得尊敬的，他们的经验和人生经历是不可多得的宝贵财富，需要我们去学习和借鉴。要使老龄人本身对自我的人生价值有一个积极和正确的认识，从而推迟他们产生“悲观”情绪的时间，减少他们“悲观”的程度。

2. 不同性别、不同年龄的城市老龄人的思想状况

思想状况是一个主观的量度标准，它在很大程度上受到老龄人个体因素的影响，如性别、性格、人生经历等。不同性别城市老龄人的思想状况主要表现出以下几个特点：(1) 主观幸福感相差不大，对目前的生活均表现出较高的满意度。(2) 女性老龄人对社会的满意度要高于男性老龄人。(3) 女性老龄人乐观积极的生活态度不如男性老龄人。(4) 女性老龄人自我否定和“自我隔离”的现象高于男性老龄人。

由于遗传和生理的原因，女性老龄人的平均预期寿命较男性长，与之伴随的是丧偶率高。而由于历史和社会的原因，大多数老龄人受教育的程度较低和较贫穷；而女性老龄人受教育的程度一般比男性老龄人更低，她们比男性老龄人更贫穷，社会和家庭地位更低，更容易受到忽视、歧视，甚至伤害。因此，文盲率高及其所导致的经济、社会和家庭地位低，丧偶率高及其所导致的独居率高和来自配偶的支持较少，可能是女性老龄人的积极乐观态度不如男性老龄人，而自我否定和“自我隔离”的现象较男性老龄人明显的主要原因。考虑到女性老龄人在老龄人中所占比例大，尤其是高龄女性老龄人数量众多等情况，如何关心和帮助人数众多并且日益增加的女性老龄群体，提高她们的生活质量和社会地位，改善她们的心理健康状况，已成为政府和全社会应高度重视和积极应对的问题之一。

从年龄情况来看，高龄老龄人对自已生活和社会的满意度均

较高，但却表现出比低龄老龄人更明显的负向情绪。(1) 各年龄段老龄人的主观幸福感都较高。(2) 高龄老龄人对社会的满意度高于低龄老龄人。(3) 高龄老龄人乐观积极的生活态度不如低龄老龄人。(4) 高龄老龄人自我否定和“自我隔离”的现象较低龄老龄人明显。现在进入高龄期的老龄人大都出生在20世纪20年代，他们经历过苦难的生活，因此普遍对目前的社会感到满意。但随着年龄的增大，他们的身体机能逐渐衰退，健康状况普遍较差，甚至有许多高龄老龄人生活不能自理，需要别人照料。同时，高龄老龄人由于文化程度普遍较低，经济水平较差，因此无论是在经济支持上，还是在生活照料上，他们需要家庭和社会帮助的比例都是最大的，这也是造成他们对自我产生否定的重要原因。

3. 不同文化程度、不同身体状况的城市老龄人的思想状况

(1) 主观幸福感都比较高，但文化程度较低的老龄人的幸福感相对较弱。(2) 文化程度较低的老龄人对社会的满意程度较高。(3) 文化程度较高的老龄人，他们的生活态度更加乐观积极。相对于文化程度较低的城市老龄人，文化程度越高的老龄人，他们的正向生活态度也越明显。(4) 文化程度越低的老龄人，他们的负向情绪和自我否定的意识越明显。

身体健康状况对老龄人的主观生活评价有着重要影响。身体状况越好的老人，他们的生活态度越积极，生活满意度越高；身体状况越差的老龄人，则相对消极，其主观满意度也较差。(1) 身体健康状况越好的老龄人，其主观满意度越高。(2) 身体健康状况越好的老龄人，他们对社会的满意程度也越高。(3) 身体状况越好的老龄人，他们的生活态度越乐观积极。(4) 身体状况越差的老龄人，他们的负向情绪和自我否定的意识越明显。

我国城市老龄人的生活主观感受良好，多数老龄人认为自己目前的生活很幸福，对社会的满意度也比较高。但同时还有一部分老龄人对生活的态度存在着一些消极方面，认为自己是社会和家庭的负担，认为现在社会上存在着不公平的现象。这种负向的

思想状况在女性、高龄、文化程度较低和身体状况较差的老龄人当中表现得更加明显。

（二）城市老龄人的精神心理状况

1. 总体情况

从总体情况来看，我国绝大多数城市老龄人对目前的生活状态感到满意，但也不同程度地表现出抑郁的症状。（1）绝大部分城市老龄人的生活满意度较高。（2）大部分城市老龄人仍然保持着充分的精神活力。（3）部分城市老龄人表现出不同程度的衰老感。（4）一些城市老龄人表现出一定的抑郁症倾向。

但总的来讲，城市老龄人的精神心理状况还是比较良好的。但个体的衰老对老龄人生理、心理等方面的影响也不可避免地导致部分老龄人的负向情绪，如对衰老的悲观态度，对生活不抱希望，甚至有着不同程度的抑郁倾向，这是正常的。问题的关键在于我们如何在更大程度上避免老龄人的这种消极情绪，使他们更加客观正面地认识自我，乐观积极地度过晚年生活，这是一个满足较高层次的需求问题，不仅需要有积极的政策导向，更要有实际的组织行动，需要国家、社会、社区、家庭包括老龄人个人的多方努力。

2. 不同性别、不同年龄城市老龄人的精神心理状况

从性别情况来看，（1）老龄人的生活满意度都比较高，但男性略高于女性。（2）男性老龄人的精神活力明显高于女性。（3）女性的衰老感高于男性。（4）女性老龄人的抑郁倾向较男性老龄人明显。

从不同年龄情况来看，低龄老龄人的精神心理状况要好于高龄老龄人。（1）绝大部分老龄人对自己的生活感到满意。（2）低龄老龄人的精力更加充沛。（3）高龄老人表现出明显的衰老感。随着老龄人年龄的不断提高，他们对自身衰老的认同也在随之升高，由于身体机能的衰退，他们也愈发感到无依无靠，精神状态明显下降。（4）高龄老龄人比低龄老龄人的抑郁倾向明显。

女性老龄人和高龄老龄人是老龄人口中的高风险人群，他们

的经济能力差，对家庭和社会的依赖程度高，而且在社会和家庭中的地位普遍较低，更容易受到忽视甚至歧视。尤其是丧偶的女性老龄人和生活不能自理的高龄老龄人，他们的生活状况和生活质量会迅速下降，这对他们的精神心理状况的影响更大，是需要重点关注的对象之一。

3. 不同教育程度、不同身体状况城市老龄人的精神心理状况

一般来说，有文化的老龄人比无文化的老龄人会拥有更好的社会经济地位。另外，文化素养较高的老龄人，他们对自己的人生会有一个正确的态度，能够较好地处理人生道路上遇到的一些挫折和不幸，不会因为意外情况的产生而导致心理失常，从而间接地有助于他们的心理健康。

（1）文化程度较高的老龄人，他们的生活满意度和幸福感也更高。（2）文化程度较高的老龄人，他们的精力也更加充沛。一般的，文化程度较好的老龄人，他们的经济条件会更好，生活质量也比较高，生活方式会更加科学，身体素质也会更好。（3）文化程度较低的老龄人，他们的衰老感也比较明显。文化程度较高的老龄人，他们参与社会的能力较强，实现自我价值的愿望也更强，而且城市老龄人中文化程度较高的大都是离退休的老人，他们大都有着一技之长，有很多还被返聘，继续工作，因此他们的衰老感普遍要比文化程度不高的老龄人低。（4）文化程度较低的老龄人的抑郁倾向更加明显。

从不同身体状况来看，自评身体健康状况较好的老龄人的精神心理状况明显好于那些身体状况不好的老人。

（1）身体状况“好”的老龄人，他们的生活满意度和幸福感也更高。（2）身体状况较好的老龄人，他们的精力更加充沛。（3）老龄人的身体状况越差，他们的衰老感也越明显。（4）老龄人的身体状况愈差，其抑郁倾向愈明显。身体状况较差的老龄人，他们对家庭的依赖更重，需要家人照料的比例更大，他们的自我价值认定较低，抑郁倾向也明显高于那些身体状况较好的老

龄人。

一个国家人民的健康水平，主要受国家的经济和卫生事业发展的影响，同时还取决于居民的文化教育素质。要充分利用各种公共卫生设施，人人实行自我保健，才能提高全民健康水平。提高人口素质，包括文化素质，是提高老龄人身体健康和心理健康水平的先决条件。另外，老龄阶段的健康主要还应注重从基础抓起，需要全程的健康保障。我们现在谈及21世纪老龄人的生命质量，就需要关注目前的中青年乃至儿童的健康；要强化对老龄心理健康的认识，从生命周期的角度来看待和解决老龄期阶段的生理与心理健康问题。

（三）城市老龄人的自杀倾向

自杀是一种极端的心理，能够从消极的方面体现老龄人的生命观。我国城市老龄人在不同时间段产生自杀的念头、想法和行为的情况是：（1）城市老龄人“有过想死的念头”的比例较高。（2）20％左右的老龄人考虑过自杀。（3）老龄人在短期内有过自杀行为的比例较高。

1. 从不同性别情况来看

（1）男性老龄人“有过想死的念头”的比例较高。（2）女性老龄人近期考虑过自杀的比例，高于男性老龄人。（3）老龄人在短期内有过自杀行为的比例较高，并且女性大于男性。

2. 从不同年龄情况来看

（1）高龄老龄人有过自杀的念头和行为的比例均高于低龄老龄人。（2）高龄老龄人考虑过自杀的比例也明显高于低龄老龄人。

另外，身体状况越好的老龄人，他们有过自杀的念头和行为的比例也越低。

自杀是生命放弃的一种极端方式，老龄人在退出生产领域之后，不仅面临着社会角色的中断，而且随着年龄的增长，各种慢性疾病开始多发和高发。这些消耗体力的慢性病的长期折磨及由于病痛带来的经济困难、子女的厌烦等都会使老龄人丧失生存的勇气和信心，造成老龄人产生轻生的念头。有学者用“丧失理论”解释老龄人的自杀现象。认为机体健康丧失、“角色”丧失、社会地位丧失、理想或价值感丧失、“养老支持”的丧失以及孝道文化的丧失等作为老龄人“个人性丧失”和“社会性丧失”的双重因素，造成了对老龄人身心的打击。如若心理调适不当，就容易使得老龄人对生命和生活的意义产生否认，产生结束自己生命的想法，甚至付诸实施①。

老龄人的自杀现象从一个侧面反映了社会转型时期社会经济、政治体制的巨大变革、人们的价值观念和经济利益观念的迅速转变、各种养老机制的不完善等一系列因素给老龄人带来的巨大冲击。要提高老龄人的心理健康水平，避免老龄人产生厌世和轻生的念头，不仅需要从根本上进一步完善各项养老保障制度，不断提高老龄人的生活质量，更重要的是要切实维护老龄人的权益，满足老龄人除了吃、穿、住等基本需求之外的更高层次的需求。在物质基础解决之后，精神方面的需求就成为影响老龄人生活满意度的重要因素，是我们需要重点解决的课题之一。

（四）宗教信仰与“风水”

宗教信仰在一定程度上为老龄人提供了终极关怀的心理慰藉。调查数据显示，我国有16.9%的城市老龄人信奉各种宗教，同时还有12.2%的城市老龄人信仰“风水”。其中，信仰佛教的老龄人最多，占到了71.4%；其次为基督教，占15.3%；排在第三位的是伊斯兰教，占10.0%。与2000年相比，我国老龄人信仰各种宗教的比例上升了4.3个百分点。其中，信仰佛教的比例上升得最多，从2000年的56.4%上升到71.4%，提高了15个百分点；信仰风水的老龄人比例变化不大。

城市老龄人信仰各种宗教的情况充分体现了我国政府一贯主张的“宗教自由”原则在广大老龄人中得到了完全实现，同时也在某种程度上反映了我国城市老龄人的思想状况。

① 颜延健．社会转型期老龄人自杀现象研究［J］．人口研究，2003（5）．

从性别情况来看，女性老龄人信仰宗教和风水的比例明显大于男性老龄人。其中女性老龄人信仰宗教的比例为24.2%，高于男性相应比例15.1个百分点；女性老龄人信仰风水的比例为14.7%，高出男性相应比例5.1个百分点。

从年龄情况来看，高龄老龄人信仰宗教和风水的比例要高于低龄老龄人。随着老龄人年龄组的提高，信仰宗教和风水的比例也由低龄组的15.8%、12.5%提高到了高龄组的21.1%和14.1%。

从教育程度来看，老龄人的文化程度越高他们信仰宗教和风水的比例就越低。随着老龄人文化水平的提高，信仰宗教和风水的比例也由文盲/半文盲组的27.0%、18.9%下降到了高中及以上组的10.4%和8.0%。

宗教信仰与老龄人的经济状况、健康状况、情感归属、文化程度、子女孝顺程度等因素有着直接关系，宗教在一定程度上成为弱势人群的精神寄托。但值得注意的是，在不同政治面貌的城市老龄人当中，老龄党员信仰宗教和风水的比例也占到了7.5%和6.5%，均高于2000年时的相应比例。尽管我国提倡宗教信仰自由，但需要注意的是由于目前我国老龄人的各种社会活动和娱乐设施还相对比较匮乏，老龄人的精神文化生活相对贫乏，再加上老龄人的精神心理状况本身就比较薄弱，如果这部分老龄党员的唯物主义立场不够坚定，对宗教和风水存在错误认识，唯心主义思潮和有神论有所抬头，将会对我国老龄人的整体精神面貌带来影响。因此，一方面需要正确引导老龄人的宗教信仰自由；另一方面也要进一步加强老龄人的精神文化生活，多组织和实施一些老龄人能够参加的、乐于参加的活动，这样才能从根本上丰富老龄人的精神世界，真正提高老龄人的精神心理状况。

从整体情况来看，城市老龄人当中信仰宗教的比例较2000年有所上升，佛教是我国老龄人信仰比例最多的宗教。在有宗教信仰的老龄人中，女性和高龄老龄人所占的比重要高于男性和低龄老龄人。另外，近年来，老龄党员信教的比重有所增加，这也是需要注意的方面。

二、农村老龄人的精神心理状况

（一）农村老龄人的思想状况

1. 整体状况

从整体情况来看，我国农村老龄人的思想状况是比较好的。

（1）农村老龄人大都认为自己很幸福。（2）老龄人对社会的满意度比较高。（3）从生活态度上来讲，农村老龄人也是比较积极的。（4）有一部分农村老龄人有孤独感，对自我价值判断低，表现出消极的生活态度。

农村老龄人的思想状况变化，在一定程度上说明了随着国家和社会对农村老龄问题的重视以及社会经济水平的提高，农村老龄人的生活质量不断提升，老龄人对自己生活的满意度和幸福感也在不断提高。但同时，也要注意到由于农村老龄人大都文化程度低，收入水平差，而且农村老龄人中离退休的比例也非常低。在有劳动能力时，他们还可以依靠土地来增加收入，一旦丧失劳动能力或者身体状况变差，他们的收入来源就只能依靠家庭。因此，从整体情况来讲，农村老龄人对家庭和社会的依赖程度更高。因此，他们对自我价值的肯定较城市老龄人更低，也更容易产生悲观和消极的生活态度。因此，在解决农村老龄人问题上，经济保障是最首要的，但也不能忽视老龄人的精神和心理需求。因为在物质条件得到满足之后，影响老龄人生活质量和生活满意度的最重要的因素，就是心理和精神安慰了。

2. 不同性别农村老龄人的思想状况

（1）男性与女性主观幸福感相差不大。（2）女性老龄人对社会的满意度低于男性。（3）女性老龄人乐观积极的生活态度不如男性老龄人。（4）女性老龄人自我否定和“自我隔离”的现象高于男性老龄人。

与城市女性老龄人相比，农村女性老龄人的劣势地位更明显。她们的上学比例更低，普遍文化程度不高，而且年轻时参加工作的机会更少，在经济上不独立，年老后大都只能依靠配偶或子女。不仅社会地位低，而且家庭地位也很低，如果子女孝顺、家庭和睦，那么农村女性老龄人的生活还算幸福。一旦丧偶或者子女没有能力为其提供支持，那么女性老龄人的生活质量就会大幅度下降。经济上的严重依赖性使得农村女性老龄人的自我价值认定极低，她们普遍认为自己是家庭和社会的负担。对于农村女性老龄人来讲，加强她们的社会保障，提高她们的经济水平和经济自主性，不仅是保障她们生活水平的需要，也是提高她们心理状况的重要措施。近年来，我国农村的低保制度、新农合制度不断加强与完善，对提高农村老龄人口的生活水平起到了重要作用。需要进一步加强的是各种政策中的性别视角，尤其是养老保障制度中要充分考虑女性的劣势地位，如针对丧偶老人（由于女性的预期寿命较长，因此受益人主要是老龄妇女），建立遗属养老金，就是目前许多国家都采取的做法。

3. 从不同年龄情况来看，农村老龄人的思想状况主要表现出以下几个特点：

（1）高龄老龄人的幸福感略低。（2）高龄老龄人对社会的满意度高于低龄老龄人。（3）高龄老龄人乐观积极的生活态度不如低龄老龄人。（4）高龄老龄人自我否定和“自我隔离”的现象较低龄老龄人明显。

4. 不同文化程度的农村老龄人的思想状况

（1）主观幸福感都比较高，但文化程度较低的老龄人的幸福感相对较弱。（2）文化程度较高的老龄人对社会的满意程度也较高。（3）文化程度较高的老龄人的生活态度更加乐观积极。（4）文化程度越低的老龄人的负向情绪和自我否定的意识越明显。

5. 不同身体状况农村老龄人的思想状况

（1）身体健康状况越好的老龄人，其主观幸福度越高。（2）身体健康状况越好的老龄人，他们对社会的满意程度也越高。（3）身体状况越好的老龄人，他们的生活态度越乐观积极。（4）身体状况越差的老龄人，他们的负向情绪和自我否定的意识越明显。

（二）农村老龄人的精神心理状况

1. 整体状况

从总体情况来看，我国绝大多数农村老龄人对目前的生活状态感到满意，但也有相当程度的老龄人表现出了抑郁的症状。

（1）绝大部分农村老龄人的生活满意度较高。（2）大部分农村老龄人仍然保持着充分的精神活力。（3）部分农村老龄人表现出了较强的衰老感。（4）接近一半的农村老龄人表现出了一定的抑郁症倾向。

我国农村老龄人的精神心理状况总体来讲还是好的，但值得注意的是，有相当一部分的

农村老龄人表现出了抑郁的倾向和否定自我的情绪。这一方面是由于个体生理的衰老所本能引起的老龄人心理上的反应，但同时也与我国农村老龄人本身的自养能力低、经济水平差、需要过多地依靠家庭和社会的现实有关。农村老龄人的处境是最需要国家和社会关注的，现在最急迫也是最需要首先解决的就是进一步加强和完善农村地区的养老保障制度，使农村老龄人能有一定的经济独立能力。这不仅是提高农村老龄人生活质量的重要因素，同时也能有效地提高老龄人的心理满意度和对自我价值的肯定，提高老龄人的精神健康水平。

2. 不同性别、不同年龄农村老龄人的精神心理状况

从性别的情况来看，农村男性老龄人的精神心理状况要略好于女性。

（1）老龄人的生活满意度都比较高，但男性略高于女性。（2）男性老龄人的精神活力明显高于女性。（3）女性的衰老感高于男性。（4）女性老龄人的抑郁倾向较男性老龄人明显。

从年龄情况来看，低龄老龄人的精神心理状况要好于高龄老龄人。

（1）绝大部分老龄人对自己的生活感到满意。（2）低龄老龄人的精力更加充沛。（3）高龄老龄人表现出明显的衰老感。（4）

高龄老龄人的抑郁倾向比低龄老龄人明显。

农村老龄人的心理健康状况需要关注：一方面，他们的弱势地位使他们比城市老龄人更容易引发各种心理问题；另一方面，农村地区老龄人的活动设施缺乏，各种老龄人娱乐活动少；老龄人的精神文化生活比较匮乏，这都在一定程度上加剧农村老龄人的心理问题。这不仅需要国家和社会进一步完善社会保障制度，提高农村老龄人的经济收入，大力发展各项社会服务事业，在政策、制度方面解决农村老龄人的经济供养、生活照料等问题，还需要进一步发展农村老龄人的文化娱乐生活，加大投入，完善农村地区的公共娱乐设施，鼓励和提高基层组织开展老龄人娱乐活动的意识和能力，在更大范围内丰富农村老龄人的文化娱乐生活。

3. 不同教育程度、不同身体状况农村老龄人的精神心理状况

从教育程度来看，老龄人的文化程度越高，他们的精神心理状态越好。

(1) 文化程度较高的老龄人，他们的生活满意度和幸福感也更高。(2) 文化程度较高的老龄人，他们的生活习惯、自我保护好。(3) 文化程度较低的老龄人，他们的衰老感也比较明显。(4) 文化程度较低的老龄人的抑郁倾向更加明显。

从身体状况来看，自评身体健康状况较好的老龄人的精神心理状况明显好于那些身体状况不好的老人。

(1) 身体状况好的老龄人，他们的生活满意度和幸福感也更高。(2) 身体状况较好的老龄人，他们的精力更加充沛。(3) 老龄人的身体状况越差，他们的衰老感也越明显。(4) 老龄人的身体状况愈差，其抑郁倾向愈明显。

国内外资料显示：农村老龄人的主观幸福感主要受经济因素

和社会支持影响，并且影响老龄人的生活质量①。相比于城市老龄人，农村老龄人不仅经济水平差、文化程度低，而且社会支持网络也更匮乏，因此他们不仅在主观幸福感上低于城市老龄人，而且对衰老的认同和抑郁的倾向也比较明显。要提高农村老龄人的生活质量和心理健康水平，需要进一步健全农村心理卫生保健体系，加强社会、家庭对老龄人的支持与关注；要开展多渠道的农村老龄人健康教育，提倡科学合理的生活方式，丰富生活内容；更要提高农村老龄人的生活水平，进一步发展各项老龄福利事业。

（三）农村老龄人的自杀倾向

（1）农村老龄人“有过想死的念头”的比例较高。（2）随着时间段的延长，老龄人“考虑过自杀”的比例也越高。（3）农村老龄人实施过自杀行为的比例要远低于有过自杀想法的比例。

从性别情况来看：（1）女性老龄人回答自己“曾经有过结束自己生命的想法”的比例略高于男性老龄人，但在短期内考虑过自杀和有过自杀行为的比例略低于男性老龄人。（2）老龄人真正实施过自杀行为的比例远低于有过自杀念头的比例，而且男性老龄人在实施过自杀行为的比例略大于女性。

从不同年龄农村老龄人在结束自己生命方面的情况，主要有以下几个特点：

（1）从“曾经有过结束生命的念头”的情况来看，高龄老龄人的比例要高于其他年龄段的老人。（2）高龄老龄人在过去5年内有过想死的念头最大。（3）中龄老龄人考虑过自杀的比例高于其他年龄段的老人。（4）高龄老龄人在过去5年中实施过自杀行为的比例较高。

另外，身体状况越好的老龄人，他们有过自杀的念头和行为的比例也越低。

---

① 梁渊，曾尔亢，吴植恩等．农村高龄老人主观幸福感及其影响因素研究[J]．中国老龄学杂志，2004（2）．

我国绝大多数农村老龄人对目前的生活状态感到满意，但也有相当程度的老龄人表现出了抑郁的症状，尤其是在女性、高龄、身体健康状况较差的老龄人群体当中。这与他们的社会、家庭地位低，自我养老能力差有很大关系。

三、宗教信仰与风水

1. 从总体情况来看，调查显示：2006 年我国有 15.2%的农村老龄人信奉各种宗教，同时还有 31.6%的农村老龄人信仰“风水”。在信仰宗教的农村老龄人当中，信仰佛教的老龄人最多，占到了 57.8%；其次为基督教，占 25.7%；排在第三位的是道教，占 5.7%。与 2000 年相比，我国农村老龄人信仰各种宗教的比例下降了 5.6 个百分点，信仰风水的农村老龄人比例也下降了 3 个百分点，信仰佛教的比例下降了 9.1 个百分点，信仰道教的比例下降了 3.9 个百分点，但信仰基督教的比例从 2000 年的 19.4%上升到了 2006 年的 25.7%。我国农村老龄人在总体情况下信仰宗教和信仰风水的比例有所下降，在一定程度上说明了随着社会的发展，农村人口教育程度的提高和对科学规律的认识，越来越多的人相信科学，不再封建迷信。另一方面也应该看到，信仰宗教和风水的老龄人口比例还是比较高的，这一方面与我国提倡“宗教信仰自由”有关；另一方面，也反映出了我国农村老龄人需要精神寄托和心理慰藉的现实情况。

2. 从性别情况来看，女性老龄人信仰宗教和风水的比例明显大于男性老龄人。

3. 从教育程度来看，文化程度越低的老龄人，他们信仰宗教和风水的比例就越高。

4. 从身体状况来看，身体状况越差的老龄人，他们选择信仰宗教和信仰风水的比例也越高。

四、城乡老龄人的精神心理状况比较

（一）城乡老龄人的思想状况比较

我国城乡老龄人的政治态度积极，他们对于我国的政治制度的作用，对于我国执政者及其政治象征，都有着清楚明确的认知。在政治情感方面，我国的老龄人口保持着强烈的国家忠诚感、民族自豪感，对于政府有着强烈的信任感，并表现出一定程度的政治责任感。城乡老龄人的政治行为比较积极，有参与我国各项政治活动的渴望。但是老龄人作为一个群体广泛投入社会政治生活的程度还有待于提高。总的来说，我国城乡老龄人的政治态度积极向上，思想状况乐观，对于社会和生活的前景持肯定的态度。

1. 城乡老龄人对于自己目前的生活状况普遍比较满意

调查结果显示：九成左右的城乡老龄人认为“过去的老龄人没有我们这一代老龄人幸福”。这一方面说明了城市和农村老龄人对于经济发展、社会进步的认可；另一方面也说明了我国在经济发展的同时，对于老龄人的关怀程度也在不断提高。

2. 城乡老龄人在自我疏离感方面表现出较大的差异

自认为越来越跟不上社会发展的农村老龄人，比例要高出有同样感受的城市老龄人近 12 个百分点。这说明，新事物、新信息在进入农村的时间会滞后于其在城市里传播的时间。另外，就主观接受能力而言，城市老龄人对于新鲜事物的接受能力要稍强于农村老龄人。

3. 我国城乡老龄人都表现出了程度不同的自我否定的消极态度

在对于“老龄人是社会、家庭的负担”问题的态度上，农村老龄人表现出更为强烈的自我否定态度。有接近六成的农村老人对以上问题持肯定答案，比持相同意见的城市老龄人平均高出 20 个百分点。究其原因主要在于农村老龄人在逐步丧失劳动能力的过程中，亦失去了其取得经济收入的可能，由于缺乏相应的养老保障，农村老龄人更多地显示出对家庭、对子女的经济依赖。这无论是对于老龄人的生活还是心理都造成了一定程度的负担，使得农村老龄人更易于产生“老了，不中用了”之类的消极想法。

（二）城乡老龄人的精神心理状况比较

生理变化、经济地位的变化、社会角色的转变，威胁着老龄人的独立与尊严，易使老龄人出现调适危机。随着我国老龄化进程的加快，老龄人的精神心理问题越来越多地引起社会各界的广泛关注。研究表明，良好的心理素质有益于增强体质，提高抗病能力，而失落感、孤独感、消沉没落感、焦虑恐惧感是老龄人通常会有的几种心理状态。通过对我国城乡老龄人口精神心理状况的分析，可以发现：

1. 我国城乡老龄人口对生活的满意度和幸福感都比较高。

2. 农村老龄人口的衰老感明显高于城市老龄人。

3. 农村老龄人的抑郁倾向比城市老龄人明显。

农村老龄人中比较高的抑郁倾向和否定自我的情绪，一方面是由于个体生理的衰老所本能引起的老龄人心理上的反应，但另一方面也与我国农村老龄人本身的自养能力低、经济水平差、需要过多地依靠家庭和社会的现实有关。农村老龄人的处境是最需要国家和社会关注的，一方面要进一步加强和完善农村地区的养老保障制度，使农村老龄人能有一定的经济独立能力，提高老龄人的自养能力；另一方面，要进一步丰富和加强农村老龄人的精神文化娱乐生活，从而提高农村老龄人的精神健康水平。

（三）城乡老龄人的自杀情况比较

从整体情况来看，目前我国城乡老龄人“有过结束自己生命的想法”的比例比较低，但从分时间段内的自杀念头和自杀行为来看，还是有相当一部分的老龄人曾经考虑过自杀和实施过自杀行为。

1. 从总体看来

农村老龄人有过自杀念头的比例略大。城市老龄人中有过自杀念头的比例为2.6%，农村为4.9%，略高于城市。

2. 从分时间段来讲

城市老龄人口考虑过自杀和实施过自杀行为的比例均高于农村。这在一定程度上说明了城市老龄人口精神心理状态的不稳定性。城市老龄人中离退休的比例较大，他们在退出社会生产领域之后，往往产生巨大的心理落差，角色的中断和社会地位的丧失，使他们更多地遭遇心理问题，是我们在解决城市老龄人口问题时必须关注的一个现象。

（四）城乡老龄人宗教信仰的异同

宗教为老龄人提供了终极关怀，在一定程度上能为弱势人群提供精神寄托。在我国城市和农村都有相当数量的信众。城市老龄人和农村老龄人在信仰宗教方面呈现出三个相近点：

1. 佛教在我国信仰宗教的城乡老龄人口中最为普及。

2. 随着年龄的增长，信仰宗教的城乡老龄人的比例越来越多。

3. 女性老龄人信仰宗教的比例要高于男性老龄人，同时，城乡老龄人在宗教信仰方面也表现出两个不同点：

(1) 农村老龄人信仰基督教和道教的比例略高于城市老龄人。

(2) 农村老龄人中相信风水的的比例要远远高于城市老龄人。

城乡老龄人在社会活动和精神心理状况方面的异同，一方面反映了老龄人群体的差异，但更主要的却是反映了城乡地区在经济社会发展、社会保障制度、社会服务水平等政治、经济、文化方面的不同，给城乡老龄人生活和心理方面带来的差异影响。解决我国的老龄人问题，不仅需要考虑整个老龄人群体，更主要的是要从城市和农村的角度，分别针对城乡老龄人的特点的区别，做到分类指导、分类解决。

第四节 老龄人的心理问题及其疏导

一、老龄人常见的心理问题与障碍

老龄期出现的心理方面的问题，按其程度上，可以分为心理问题和心理障碍。

（一）老龄期常见的心理问题

心理问题是指短期的、比较轻微的心理不适。一般有以下特点：近期发生的、持续时间不长；由一定事件引起，内容尚未泛化；影响不太严重，一般不引起思维、人格等的变化。老年期的心理问题，根据引发原因的不同，一般有以下几个方面：

1. 由身体老化或疾病原因引起的心理问题。老龄人由于身体器官、组织和功能的老化，容易引起悲观、失落、忧虑等不适感受；老龄疾病的长期困扰容易出现焦虑、愤怒、恐惧、绝望等情绪反应，有时还会出现敏感多疑、冷漠无情、脾气暴躁等现象。

2. 由婚姻家庭引发的心理问题。

(1)“空巢期”带来的孤独感：子女由于工作、学习、结婚等原因，先后离家独立生活，剩下老龄夫妻独守“空巢”，为此，不少老龄人产生了心理失调的症状。表现为：心情郁闷、孤独、沮丧、食欲减低、睡眠失调，甚至长吁短叹，暗自伤心。有的老人因为儿女不在身边，没有人陪着说知心话，久而久之，过早地患上了老龄痴呆症。

(2) 安享天年与意外负性刺激引发的心理问题。渴望晚年幸福平安是每一个老龄人的心理期待，而且大多数老人都希望自己健康长寿，但这种美好愿景与现实生活中的意外打击、负性刺激往往形成强烈的冲撞。譬如遇到老龄丧偶的打击，因为失去了倾诉与沟通的对象，没有伴侣的体贴与安慰，容易因无法排解的寂寞导致抑郁。若是缺乏强有力的社会支持，老人的精神会很快垮掉，甚至导致早亡。如有位老干部，自从老伴去世后，一改往日的开朗、洒脱的性格，变得沉默寡言，精神抑郁。有资料表明，老龄人更需要来自配偶的关心和照顾，稳定和谐的夫妻生活是身心健康、长寿的重要因素之一。鉴于此，西欧等老龄化国家，大力倡导老人再婚。我国的老龄人也应该抛弃陈旧观念，大胆追求自己的幸福。据统计，丧偶老人的死亡率，是一般老龄人死亡率的7倍。除丧偶之外，夫妻争吵、离婚、亲友亡故、婆媳不和、突患重病等负面刺激，也会给老龄人带来严重的心理困惑。

(3)“代沟”引发的心理问题。“代沟”是客观存在的，关键是正确看待、恰当处理两代人之间的关系。如一位退休教授，因为儿子开公司经常要出去陪客人吃喝、娱乐，老人非常反感，强令儿子改变这种生活方式，结果儿子只好搬出去分住，老人则为此事整日焦虑不安。在此，老人的问题在于没有调整好自己退休后的家庭角色，用管束小孩子的办法对待成年子女，结果只能徒增烦恼。

(4)性心理问题。老龄期的性心理问题主要表现为性无能和性耻辱感。对此，首先要对老年性心理有一个正确认识。性的心理需求，不仅仅是指性交行为，而且包括心理上的沟通、握手拥抱、接吻、爱抚等行为，所以，老龄人仍然有强烈的性需求；其次，要正确认识老龄性能力，人的性能力一生会发生很多变化，老龄期的性生理功能会下降，但是性心理需要和能力可以持续终生；再次，要克服性意识障碍，老龄人有性要求和性行为，是正当合理的，不应当认为是“老不正经”、“下流”，如果长期压抑性要求，反而不利于老龄人身心健康。

3. 角色转换与社会适应引发的心理问题。主要是指在老龄期社会角色变化过程中的不适应引发的心理问题。如焦虑、抑郁、悲哀等负性情绪，或由此产生的行为方面的偏离现象。如固执、牢骚满腹、病态怀旧等。从职业角色向非职业角色的转变，是老龄人无法回避的一种角色转换，由此带来的社会适应性问题也是老龄群体常见的心理困扰。但不同职业群体的人，对角色转换的心理感受明显不同。据一项有关北京市离退休干部和退休工人的对比调查，工人退休前后的心理感受变化不大。他们退休后摆脱了沉重的体力劳动，有更充裕的时间料理家务、消遣娱乐和结交朋友，并且有足够的退休金和公费医疗，所以内心比较满足，情绪较为稳定，社会适应良好。但离退休干部的情况就大不相同了，这些老干部在离退休之前，有较高的社会地位和广泛的社会联系，其生活的重心是机关和事业，退休、离休以后，生活的重心变成了家庭琐事，广泛的社会联系骤然减少，这使他们感到很不习惯、难以适应。比如：有一位有高级职称的退休女大夫，以前在职时，一心扑在工作上，而且还利用业余时间搞科研，生活得很充实、愉快。可是退休后不到一个月，家人就发现她不太爱讲话，动辄发脾气、发牢骚，有时还长吁短叹，暗自落泪。她自述：退休后她也没有什么爱好，每天就是买菜、做饭、收拾家，觉得生活太无聊、太烦闷。这位女大夫表现的问题，就是因退休，从一个有所作为的科技人员到家庭主妇的变化过程中产生的失落感。由于这种现象主要是因离退休引起的，所以，有人称之为“离退休综合征”。

“离退休综合征”有几个共同的特征：

(1) 无力感：许多老人不愿离开原来的工作岗位，认为自己还有能力，离退休对于他们是一种牺牲，对此常感无奈和无力。

(2) 无用感：在离退休之前，许多人事业有成，受人尊重。退休后，一切荣誉和光环都不复存在，如此反差，使老龄人心理上产生极大的失落感。

(3) 无助感：离退休后，老龄人社交范围缩小，朋友减少了，孤独、无助感油然而生。

(4) 无望感：由于无力感、无用感、无助感加上身体的衰老，疾病的增多，老龄人便产生无望感甚至绝望感。“离退休综合征”对老龄人的身心健康是一个很大的威胁，往往导致身体疾病的发生，原来的慢性病也会加重。有人曾对某市20位同一年从处级岗位上退下来的干部进行追踪调查，结果发现这些退休时身体并无大碍的老龄人，在两年内竟有5位老人去世，有的还重病缠身。可见因离退休产生的心理问题不可小视。当然，并非每一个离退休老人都会出现以上情况，它与每个人的个性特点、适应能力等有很大关系。一般说来，事业心强、好胜、固执的人，在心理准备不足的情况下突然退休的人，容易出现这类心理问题。此外，平时人际关系不良，无特别业余爱好的人也较容易出现心理问题。

4. 老有所为与心力不足引发的心理问题。一般来说，有着坚定理想信念与较高成就动机的老龄人，在离开工作岗位之后，都不甘于清闲。他们渴望在有生之年，能够为社会再多做一些工作，充分实现自己的人生价值，所谓退而不休、老有所为。然而，很多年高志不减的老龄人，身心健康状况并不理想，或者机体衰老严重，身患多种疾病，或者在感知、记忆、思维能力方面明显衰退。这就使得老龄人在志向与衰老之间产生强烈的心理冲突，为此而陷入苦恼和焦虑。

另外，还有一种因缺乏生活目标，老龄发展任务缺失造成的心理问题，如无所事事、自卑感、无用感等。

5. 老有所养与经济社会保障不充分引发的心理问题。根据国外的一些研究，缺乏独立的经济来源或可靠的经济保障，是老龄人心理困扰的重要诱因。进入老龄之后，由于收入水平下降，收入来源相对单一，社会地位下滑，容易使老龄人产生消极自卑心理，甚至萌发自杀倾向。由于目前中国的养老模式基本依托家庭，因此，即便有些老龄人的退休金足以维持生活，可由于子女对老人缺乏应有的孝敬或尊重，无法满足老人的情感需求，也会给老龄人带来较为严重的心理问题。由此看来，老有所养与经济社会保障不充分的困扰，既是一个社会性难题，也是老龄群体心理问题产生的原因之一。

（二）老龄人常见的心理障碍

心理障碍是指较长时间的、伴有强烈精神痛苦并引起人格变化及思维问题的心理冲突。特点是：持续时间较长，心理负担长期难以克服；内容充分泛化，已经不局限于具体的引发事件；程度强烈，伴随人格改变或躯体化症状。老龄人常见的心理障碍主要有以下五种：

1. 老龄抑郁症。抑郁症是指以持续的心境低落为特征的一种情感性心理障碍。抑郁症大都在 60 岁以后发病，有的人在青壮年发病，但到老龄后常会加重或复发。老龄抑郁症的临床表现主要是：情绪压抑、沮丧、痛苦、悲观、厌世、自责，甚至出现自杀倾向或自杀行为；性欲、食欲下降、失眠等。具体的表现为以下几个方面：

（1）兴趣丧失，无快乐感。

（2）精力减退、精神不振，自感疲乏无力

（3）言行减少，喜欢独处，不愿与人交往。

（4）自我评价下降，看不到自我价值，有内疚和自责感。

（5）对生活失去信心，有悲观厌世心理，有自杀的念头或倾向。有调查显示：患抑郁症的老人有 10%以上有自杀行为。

（6）自觉病情严重，有疑病倾向，约有 60%的老龄抑郁症患者有疑病症状。

（7）睡眠不佳，失眠早醒。

（8）食欲不振或体重明显下降。此外，有些老龄患者还会有记忆力明显下降、思维迟缓等现象。

老龄期抑郁症与青壮年的抑郁症相比，有几个明显的特点：

（1）老龄期抑郁症以反应性的居多，即由外因引发的情况比较多。老龄抑郁症的出现与老龄期众多的丧失有很大的关系。如工作的丧失、亲人或配偶的丧失、收入的减少等。

据调查，在 6 个月内，有重大生活事件者患病的危险率高于正常人 6 倍，自杀的危险性高 7 倍。有一对夫妻，丈夫因病去世，丈夫离开后不到半年，妻子也相继去世。另有资料显示：半年内丧偶者的死亡率比未丧偶者的同龄人高 40%。这主要与老龄人丧偶后缺乏情感支持，或因此诱发厌世情绪有关。

(2) 老龄期抑郁症往往以脑血管病、高血压、糖尿病等慢性疾病为基础，这种抑郁症早期不易被发现。

(3) 老龄期抑郁症的表现症状中焦虑不安的感觉非常强烈，表现为坐卧不宁，身心备受折磨，同时还伴有疑病症状。

(4) 老龄抑郁症的后果非常严重，它不仅容易引发各种身体疾病，如心脑血管病、癌症等，还可能直接危及性命。抑郁是自杀的最常见原因之一，抑郁症反复发作者的自杀死亡率为15%，对此必须引起高度重视。

老龄抑郁症的防治要善于针对发病原因，首先要尽量把躯体疾病治好，或尽量减少疾病引起的痛苦；要调整好离退休后的心态，多培养兴趣爱好，多参加社会活动；改善家庭环境也很重要，要多关注老龄人的情感生活。在治疗方面，以心理治疗为主，重在树立信心，增强社会适应性，同时，可以辅之以药物治疗。对有自杀倾向的，要建议住院治疗。

2. 老龄痴呆症。老龄痴呆症（又称阿尔茨海默病），是指老龄人因生理、心理功能的衰老所引起的缓慢发展的智力缺陷症。它是人体脑功能失调的表现，是以脑组织的退行性变化和智力衰退缺损为特征的一种高级神经活动功能障碍。这是老龄人常见的一种比较严重的心理障碍，患者在意识清醒的状态下，整个心理活动包括记忆、智力、情绪、人格、行为等都受到损害，病情呈进行性发展，社会功能逐渐丧失。

据世界卫生组织报道，65岁以上的老龄人中10%有智能障碍，其中1/2发生痴呆，女性占多数。我国目前已经有500万老龄痴呆症患者，发病率为3%～4%，每年还将净增10万人。专家认为此病已经成为继心血管疾病、恶性肿瘤之后的威胁老龄人健康的第三大杀手。

老龄痴呆症的临床表现为：老龄性痴呆一般发生在50岁以后，发病初期症状不明显，发展缓慢，早期常常以逐渐加重的健忘开始。同时，可能有比较明显的情绪和人格改变。根据该病的发展过程，可分为三个阶段：

（1）遗忘期（初期），主要表现为记忆力明显减退，性格也会有改变。比如：刚穿好了衣服又去找衣服穿，刚吃完饭就记不清吃了饭没有等。还表现为对周围的兴趣减少，自我为中心，对人冷漠，常为小事发怒等人格改变。

（2）混乱期（中期），突出的是对时间、空间的辨认障碍明显加重，记忆严重衰退。如病人出了门就忘了回家的路，甚至记不清自己的姓名，不认识自己的子女，分不清东西南北。美国前总统里根就是一例，里根晚年患有严重的老龄痴呆症，以至于常想不起养子等人的名字，甚至对他的前国务卿舒尔茨也只是觉得似曾相识，却不知道叫什么名字。还有的老人喜欢藏东西，行为怪异，动作幼稚。

（3）极度痴呆期（晚期），病人进入全面衰退状态，生活不能自理，大小便失控，终日卧床，丧失说话能力，身体衰竭，最终多死于感染和全身衰竭。

老龄痴呆症的治疗：老龄痴呆症不仅严重影响老人本身的身心健康和生命质量，而且给病人家庭带来沉重的负担和压力。目前关于老龄痴呆症的治疗尚无特效疗法，关键是早发现、早治疗，及早采取措施，阻止疾病进一步发展。更重要的是要做好早预防，在饮食、锻炼、家庭环境等方面做好调节，尽量防止疾病的发生。

3．心身疾病与心身症状。心身疾病是指在疾病的发生、发展和转归过程中，社会心理因素占主要的地位，并且有明显病理组织学变化的疾病，如高血压、冠心病、糖尿病、甲亢、哮喘等。其共同特征是：发病前存在着明显的精神因素；有躯体障碍的客观证据；疾病属于受自主神经支配的某个特定器官系统；心理障碍时的生理变化比正常情绪状态下的相同变化强烈而持久；患者不一定察觉甚至否认自己的精神状态。精神分析学认为：把不喜欢的情绪转变为身体的症状，这是普遍存在的现象。这种现象称为心身转换现象，是心身症状出现的心理机制。如果持续反复发生心身症状或者应激所引起的生化物质长期作用于器官，即产生心身疾病。

4. 与心理因素有关的生理障碍。与心理因素有关的生理障碍包括进食障碍、睡眠障碍、性功能障碍、自主神经功能障碍及其他生理功能障碍等。老龄人常见的生理障碍有睡眠障碍和性功能障碍。如单纯应用药物治疗睡眠障碍，可能造成很多老龄人对药物产生依赖性。现代医学采取心理治疗，可取得较好的效果，避免了药物的毒性和依赖性。

5. 社会适应不良。由于神经系统的老化，老龄人学习新的知识和技能的能力比年轻人弱，对社会环境的适应能力降低。老化所出现的问题是缺乏柔性，存在偏激，对某些事情不能进行准确的判断。因此，老龄人易出现社会适应不良。老龄人在离退休后相当一段时间内，或多或少会出现各种适应不良而导致抑郁、焦虑猜疑、恐惧等症状，甚至会出现心身疾病。另外，近期丧偶、孤独或身患严重的躯体疾病者，也会出现某些精神症状，甚至精神能量的丧失。因此，帮助老龄人适应新的生活是心理卫生的重要课题。老龄人赋闲时必须坚持活动，生活规律、合理饮食，培养新的生活乐趣和精神寄托，恢复精神能量，以适应新的生活。

(三) 老龄人心理障碍的治疗

老龄人的心理疾病主要用心理学的方法治疗，称为心理咨询及治疗。据统计，有记载的心理治疗方法约400余种，目前主要有四大流派：一是心理反馈治疗；二是以人本主义思想作为基本出发点的咨询者中心治疗；三是建立在现代系统工程理论之上的系统家庭治疗；四是以现代认知行为理论为基础的认知行为疗法。在具体治疗方面主要分为以下几类：

1. 语言性心理治疗或语言治疗。人的心理活动是通过语言直接感受和意识到的，通过语言能使他们认识到情感和思想发生的变化。语言治疗是通过语言对心理疾病的一种治疗方法。

2. 非语言性心理治疗。传入大脑的信息，除语言外还有形象、声音、色彩等，利用绘画、环境、电影、音乐会或劳作等信息，以改变人的认知和情绪，属非语言性心理治疗。

3. 行为矫正和行为治疗。通过改变人的行为动作来引起心理状态的变化，即为行为治疗，如防治冠心病的 A 型行为矫正法，生物反馈或松弛疗法、气功疗法等。

除上述疗法外，医生根据与患者的交流方式又可分为个别性心理治疗和集体性心理治疗。根据病人的意识状态又分为觉醒治疗、半觉醒治疗和催眠治疗。由于各种心理治疗方法的不断实践，在具体治疗中，医生往往根据病人的需要，将各种方法结合在一起，称为综合性心理治疗。例如，现代的认知行为疗法、森田疗法、语言心理治疗、系统家庭心理治疗等。

（四）心理治疗的适应状况

心理治疗的必要条件是病人能够接受治疗者所给予的刺激并给以应答。因此，心理治疗的对象应当是意识清醒的患者。有人将心理治疗的范围定得很广，将一切良性的社会心理因素的作用都称为心理治疗。此处所说的心理治疗是指专业性的心理治疗，即治疗者要掌握心理治疗方法的理论基础及其特点的心理治疗技术。

广义而言，心理治疗适用于一切疾病的始终，而且各种心理治疗方式虽然在理论体系和治疗方式上迥然不同，但可以取得殊途同归的结果。因此，对于同一种症状和疾病，各流派都可以进行治疗并取得疗效。老龄人心理疾病用心理治疗可以取得很好的效果，但对于心身疾病，尽管心理因素在疾病的发生和发展过程中起着主要作用，但如果出现病理学的变化，就应当及时采取综合的治疗方法。

二、老龄人健康心理的培养与维护

尽管老龄人存在着各种心理问题和心理障碍，但只要我们在此问题上有一个清醒的认识，并采取正确的措施，就会避免或减少这些问题的产生，使老龄人度过一个健康、愉快的晚年。老龄人健康心理的培养与维护需要社会和老龄人两个方面的努力。

（一）发挥社会功能，为老龄人提供一个舒心的生活环境

从社会的角度看，主要是为老龄人创造一个安享晚年的大环境，在诸如老龄人医疗、住房、生活及经济等方面，尽量提供便利条件，满足老龄人的多种需求。

据北京市老龄问题研究中心的吴振云等专家调查，北京市接受调查的2000位老人中，认为影响生活质量的最重要的因素依次是健康、经济、居住、饮食、心情等。这表明，老龄人首要的、基本的需求，仍然是生存需要及其保障，而“心情”居第5位，说明心理需求对老龄人的重要性。这就需要社会和家庭重视这一问题并采取相应的解决措施：

一是政府和社会要尽最大的可能，为老龄人的医疗和生活提供可靠的保障，使他们老有所养，安心度晚年。

二是要发挥社区的服务功能，重点解决“空巢”家庭老人的具体困难，减少孤寡老人的孤独和恐惧感。

三是调动老龄人自身的积极性，互帮互助，在帮助高龄或患病老人的同时，实现自我心理的平衡和安宁。

社会和家庭的关心、帮助，有助于减少老龄人的失落感、孤独、抑郁等负性情绪的影响，保持舒适、愉快的心情。

（二）老龄人的自我心理调适

老龄人健康心理的培养与维护，除了社会的重视以外，老龄人的自我调适是至关重要的。

1. 接受现实，保持平和心态

老龄期的衰老和退化是人生的自然规律，任何人都无法避免。既然如此，老龄人就应该承认现实，以平和的心态看待衰老，“既老之，则安之”。那么，如何适应老龄期生理上的衰老，应对疾病的挑战呢？我们认为，老龄人不应消极地等待命运的判决，任凭身体老化，疾病侵袭而无能为力，应采取积极的适应态度。凡事采取顺其自然的态度：“不服老”，是指要采取积极的措施延缓衰老，争取长寿。具体地说，要从以下几方面进行自我保健：

（1）确立适当的生活目标。要根据自身的身体状况，制定切实可行的生活目标，这个目标要通过自己的努力能够达到，这样老龄人会有成就感，有利于增强自信心，减少失望感。

（2）加强运动锻炼。老龄人可以选择自己感兴趣的活动方式持之以恒地做下去，如散步和慢跑、打太极拳、练剑等。通过活动舒展筋骨，加快新陈代谢，增强体质，这对防止老年抑郁和痴呆等有重要作用。

（3）沉着应对疾病。随着年龄的增加，许多老龄人开始不断与各种疾病打交道，这种情况，犹如一部运转多年的机器，经常出点毛病也不足为怪，只要及时地进行维修保养，就可以大大地延长寿命。所以老龄人对待疾病的态度，关键是不能怕，要采取积极的态度进行治疗，同时，保持轻松的心情，这是战胜疾病、保证身体健康的重要因素。

2. 适应新的社会角色

如何平安度过离休、退休期，这是许多老龄人需要面对的重要关口。在这里主要是一个角色的转变问题，有的老人留恋干了几十年的岗位；有的老人放不下为自己带来荣耀与地位的权力，不愿从前台退到幕后，不愿接受新角色，并由此造成了心理的失衡和失落感。比如：一位大学的系总支书记，他做学生工作很有经验，也取得了不少成绩。但问题是到了退休年龄，他却无论如何不愿意离开，一是他认为现在的学生太需要他了，只有他才能使这些学生顺利毕业；二是他认为未来的接班人各方面条件都不如自己，谁也无法替代他的位置。尽管学校按照规定任命了新的书记，但这位老书记还一如既往地关心、指导各项工作，经常发牢骚，抱怨现在的工作大不如以前，结果逐渐引起大家的反感，这位老书记只好一肚子委屈回家去了。鉴于此类情况，老龄人有必要从以下几方面进行角色调适：

（1）老龄人要正确看待角色的变化。离退休是社会进步、事业发展的结果和必然要求。老龄人尽管经验很多、阅历丰富，但毕竟年龄大了，体力和精力不如从前，新旧交替是社会发展的必然规律，老龄人不必为此烦恼，要学会为退休感到欣慰。老龄人工作、奉献了几十年，也应该歇下来享受一下生活和家庭的乐趣了。退休可以摆脱社会的竞争，并避免由此引起的紧张、焦虑的情绪，而这些情绪是老龄人健康的大敌。

(2) 老龄人要正确认识自己与他人。有些老龄人不愿意退位，主要是担心别人都不行，把工作交给年轻人不放心，这种心态也是要不得的。因为一部再精彩的戏，也有谢幕的时候，老龄人要以一种豁达、乐观的态度看待工作和生活，“不在其位，不谋其政”，要从事业发展和年轻人成长的角度出发，甘做绿叶护红花，安于闲适捧朝阳。

(3) 学会调整心态，为自己重新定位尽快适应新角色。老龄人要善于从新角色中找到乐趣。比如：有一位退休的列车长，早年工作时，随着列车东奔西走，生活很不稳定，现在退休了，他把晚年生活安排得井井有条：在家里精心侍养了几十种花卉，定期浇水、修剪；每日早晨到山上锻炼身体，带外孙到户外散步；下午定时到郊外放风筝，还自己动手制作了蝴蝶式、金鱼式等各种风筝。老人整天乐呵呵的，生活得非常充实、愉快。

3. 培养情趣，享受多彩的生活

老龄人退休后，有大量闲暇的时间可以支配，如何把这些时间安排得充实而有情趣，这是丰富老龄生活、保持心理健康的一个重要问题。许多老龄人在生活中常常遇到情绪上的烦恼，他们衣食无忧，条件优越，可是整天无法摆脱烦恼情绪的困扰，比如《激情燃烧的岁月》中的石光荣，过去在战场上冲锋陷阵，屡立战功；和平时期也是以部队为家，一心扑在工作上。可是一旦离休后，却突然感到不知所措，整日坐立不安，心情烦躁。像这种情况，心理学家建议：消除烦恼情绪的最好方法是转移注意力，培养健康的情趣。那么，如何培养健康的情趣呢？

第一，学会欣赏，这是培养兴趣的基础。老龄人只要留心，就会发现生活中有许多美的东西。比如：家中的花草、小鸟、金鱼、精致的工艺品等，都是美的使者；街头的高楼大厦、商店里琳琅满目的商品、公园里繁茂的树木等，都是美的化身。学会欣赏，可以使心灵得到净化，心情得到放松。

第二，要保持一颗年轻的心，要明确学习永远不会太迟，要“活到老，学到老”。不妨把花甲当作花季，抛弃学习的压力、工作的劳累和其他琐事的烦恼，专心欣赏大自然和从事自己感兴趣的活动。

第三，相信自己的能力。不少老龄人认为，自己老了，记忆力差了，再学什么都晚了。事实上这是没有科学依据的，许多老龄人坚持学习自己喜爱的专业，不少人取得了很好的成绩。如日本人竹内英夫，82 岁时通过了难度相当大的联合国公用英语特 A 级考试，84 岁又去美国达拉斯大学留学，以事实证明了老龄人的学习潜力。

老龄人培养情趣，一般可通过以下几个途径：

(1) 重拾年轻时的爱好。如某市的一位化工局局长，年轻时非常喜欢文学写作和书法，但在职时因为工作繁忙，虽然节假日也偶尔练练笔，但有好多题材只好忍痛割爱。退休后，他有了施展才能的大好时机，整日笔耕不辍，作品接连问世，平日的生活也感到充实、愉快。

(2) 培养新的兴趣。有许多老龄人，年轻时只顾忙工作，没有一点自己的爱好，退休后，除了看看电视、做做家务，就感到无事可做。久而久之就会感到生活乏味，没有意义。这些老龄人不妨自己找点乐趣，如学学养鸟、养鱼、种花等，这样不仅能陶冶情操，体味生活的乐趣，而且还可以通过共同的爱好，广交朋友，从朋友的交流中，获得精神上的满足。

(3) 学习新的知识与技能。应提倡老龄人不断学习，坚持用脑，这样不仅可以锻炼大脑，促进脑细胞的代谢，而且有利于丰富老龄人的精神生活，保持一种年轻的心态。老龄大学是一种有益的形式。在这里，老龄人既学习了知识，又可以培养多种兴趣爱好。如棋类、桥牌、书法、绘画等。当然，老龄人还可以通过多种形式丰富自己的生活，如石光荣在经历了苦闷和烦恼之后，自己种蔬菜、地瓜，学习做饭，照顾老伴儿，从劳动中体会生活的乐趣，获得满足感，终于找到了适合自己的爱好，实现了心理平衡。

4. 广泛参与社会活动，保持愉悦心境

老龄人退休后，活动空间、交往范围都缩小了，生活由动态变为静态，时间一长，就感觉单调乏味。如果老龄人不能主动走出家庭，参与社会活动，就会失去精神寄托，成为被人遗忘的角落。这种状况又会反过来加重老龄人的自卑心理，孤独感油然而生。美国心理学家曾在加州大学做过一个“剥夺试验”，让受试者保罗在一个绝对安静的环境中独自生活，结果仅过了半天，他便感到“静得可怕”，“可以听到自己心脏的跳动和血液奔流的声音，轻轻地吸一下鼻子，就像大喝一声”。另一位接受了 4 天“感觉剥夺”试验的人，走出实验室后，动作变得呆滞，连一些简单的动作都无法完成。这表明：人的身心要保持在良好的状态，就需要一定的刺激，过度的安静闲适，只会影响心身健康，加速人的衰老。美国老龄学家对近万名老人进行长期调查，发现那些孤独的老人在排除其他因素的情况下，死亡率和癌症的发病率比正常人高出两倍以上。

我国的老龄医学专家也认为：孤独感是威胁老龄人健康长寿的重要因素之一。因此，老龄人应该采取各种措施战胜孤独等负性情绪，保持一个轻松愉快的心情。具体地说，除了前面介绍的培养多种情趣之外，还要从以下几方面入手：

（1）珍惜夫妻感情。几十年如一日忠贞不渝的夫妻，到了晚年相依为命，比珠宝黄金更珍贵，老伴是老龄人重要的精神支柱。例如，因水门事件而下台的美国前总统理查德·尼克松晚年曾自豪地说：“在我 75 年的生活中我所作的最好的决定就是同帕特西亚·雷恩结为夫妻，不管是在顺境还是逆境之中，帕特和女儿们都是我力量的源泉”。夫妻之情是任何其他情感所无法代替的，万一老龄人不幸丧失了伴侣，在条件许可的情况下，可以考虑再婚，这也是保持老龄心理健康的重要因素。

(2) 重视家庭亲情。家庭亲情主要指老龄人与子女、亲戚的关系，这也是老龄人的重要精神寄托。老龄人要重视亲情关系，特别是正确处理好以下几种关系：老龄人与成年子女之间，要注意平等相待，适度超脱，不要从情感上过分陷入子女的问题中去，更不要干涉子女的具体事情，相信“儿孙自有儿孙福”；老龄人与孙辈之间，俗称“隔辈亲”，对孙子女要亲到点子上，既要从生活上照顾孙辈，又不要过分溺爱、娇宠，要支持子女对孩子必要的管教；对亲戚要经常来往，加深交流。

(3) 保持与建立友情。培根说“没有真挚朋友的人，是真正孤独的人”，“友情使欢乐倍增，使痛苦减半”。友情对老龄人更加重要，特别是一些老朋友，经历了几十年的风雨，感情深厚，这是老龄人宝贵的财富。既要不忘老朋友，又要善于结交新朋友。

(4) 广泛参与社会活动，做自己力所能及的事情，如有的老龄人凭一技之长，参加社区组织的各项活动，有的参加合唱团，有的参加老龄运动会等，这对丰富老龄生活是非常有益的。

(5) 走向大自然，游览祖国的大好河山，在欣赏山水之美的同时，陶冶情操，愉悦身心。

5. 发挥余热，实现自我价值

当前不少老龄人在观念上还存在一个误区，即认为老龄人工作了一辈子，退休了就应该好好休息，子女也认为父母辛苦了一辈子，也该舒服一下了。于是一些老龄人整天什么也不做，或者不知道该做些啥。但实际上，过分闲适会导致老龄人身体功能衰退，还会导致大脑退化，甚至引起老龄痴呆症。

有一个这样的例子，一位退休的年近 70 岁的医学专家，和几位老同志一起办了一份保健科普杂志，自己任主编，刊物办得有声有色，这位老专家也整天红光满面，神采奕奕。但不久，老人的子女得知老人工作很辛苦，什么事情都要自己做，坚决反对老人再干，并为老人办了出国手续。但老人离开岗位和老朋友后整日闷闷不乐，不到半年生了两次病，身体状况大不如以前。后来老人又回到了杂志社，很快又恢复了往日的活力，身体也没病了。这件事说明，老龄人发挥余热，不仅为社会做出贡献，而且对老龄人自己的身心健康也非常有利。

据柳州市老龄委的一份材料显示，柳州市有离退休人员10万人，其中身体健康，有专业技术的五六万人，愿意再就职的4万人，其中中学教师退休后的再就业率在20%以上。这说明有相当多的老龄人愿意发挥余热，为社会做贡献。更可贵的是，有的老龄人人老未敢忘忧国，心系社会公益事业，如南京市慈善总顾问、南京军区原司令员向守志将军，热心慈善事业，三年向社会公益事业捐款捐物价值达5万多元。离休干部盛今林支援江西于都老区的65个失学儿童，使他们重返校园，这些老人理所当然应当受到社会的尊重。

当然，老龄人发挥余热，要注意量力而行，要遵守以下原则：

一是适合的原则：即老龄人做事应选择适合自己的事情来做，要发挥自己的优势，在自己熟悉的领域去做。如：退休工程师可以帮助指导企业攻克技术难题；退休医生可以用自己的医术为人解除病痛。老龄人切忌不顾自己的实际情况随大流、赶时髦，以免造成不必要的损失。

二是适度的原则：老龄人毕竟年岁大了，体力和精力都有限，因此，做事情不要贪多求大，而是要根据自己的身体和能力做一些力所能及的事情。

三是有益的原则：即老龄人要选择对社会、对国家有益的事情，要注意保持晚节，看淡名利，防止被不法之徒利用。

第七章　老龄文化民生的教育学阐释

第一节　老龄人文化民生教育学概述

一、老龄人文化民生的教育学阐释

教育是以培养人为目标的一种社会活动，是人类特有的一种社会现象。教育不仅可以传播社会文化、传递生产和生活知识，而且对于培养人格、促进个人的身心成长也有着至关重要的作用。教育的概念有广义和狭义之分，广义的教育泛指影响人们知识、技能、身心健康、思想品德的形成和发展的各种活动①，狭义的教育则仅指学校教育。学校教育有着专门的学校机构，一套完整的教育计划和政策。本书主要采用广义的教育概念，它不仅包括学校教育，还包括家庭教育和社会教育等。

进入老龄期后，老龄人在社会中所扮演的角色将会发生改变，其生活方式也会相应发生变化。生理上，老龄人身体各器官功能逐渐衰退，甚至老化，体力大不如前，免疫力逐渐下降，容易感染疾病；心理上，进入老龄阶段，意味着结束工作状态开始退休生活，失去经济来源，或者减少经济收入，这种生活形态的转变往往会造成心理落差，导致生活上的不习惯和不适应。面对这些来自生理和心理上的变化，老龄人需要去适应，也必须去适

---

① 顾明远. 教育大辞典［M］. 增订合编本. 上海：上海教育出版社，1998.

应，这就衍生出了老龄人接受教育的需求。老龄人教育就是要通过整合各种学校及社会教育资源，以灵活多样的教育方式，设计适合老龄人特点的特色课程，帮助老龄人更好地适应社会。老龄人通过教育，可以学习和了解健康常识，科学调整自身饮食，加强体育锻炼，不仅可以预防老龄疾病，而且能够延缓衰老过程，益寿延年；老龄人通过各种教育形式，掌握现代信息，调整退休后的心理状态，用积极的心态面对日益发展变化的外界，提高老龄期的生活质量，让老年人重新找到自己的生活定位，体现自己的人生价值。

老龄人一方面要通过接受教育，积聚更多的信息资源、知识资源、人际资源、能力资源来补充自己文化民生中的个体资源缺失；另一方面也要通过实施教育（即向他人传授个体的上述资源）来实现自我的社会参与，给社会带来更多的效益。

二、老龄人文化民生的相关教育学理论分析

（一）老龄人文化民生与接受教育的历程

教育对个人的全面发展起着主导作用。首先，当一个新生命诞生的那一刻起，父母就担任着教育者的角色。作为个人发展的第一步，家庭教育显得尤其的重要。父母及其家人不仅教会个体学会语言、行走等日常生活习惯，同时还通过传授或以身作则来教育个体为人处世之道，所以个体将会形成一个怎样的性格与家庭教育息息相关。其次，当个体到了上学年龄，就不仅接受家庭教育，同时还要接受学校教育。学校教育是相对专业的，是在一定的教育目标和教育计划指导下，有次序、有系统、有组织地进行教育的过程。在现代社会，个人的发展越来越依赖于学校教育，越来越决定于学校教育。相对而言，学校教育更有针对性，而且相对比较集中，对个体在增加知识、提高技能、人格塑造的作用相对直接而深远。最后，社会教育对个体发展的影响是伴随其终生的。个人是社会的细胞，处于社会中的人，是不可能脱离社会而存在的，所以社会性是人的根本属性。处于社会中的个人

无时无刻不在直接和间接地受到社会教育的影响。社会教育可以视为除学校教育和家庭教育之外的社会组织与社会机构对社会成员所进行的教育。社会教育的形式灵活多样，既可以是社会机构举办的，如技能培训中心、图书馆、讲座报告等，也可以是媒介机构来承担教育者的角色，如大众传媒、互联网和手机等。老龄人的文化民生能力在一定程度上是生命早期各个阶段接受不同教育的一种不断累积的结果，也即老龄人现有的文化民生能力在很大程度上取决于过去人生岁月中所受教育的质量与数量。

老龄人全面发展程度高低与其能否积极适应社会、适应老龄生活息息相关。常年坚持锻炼身体，保持良好身体素质的老龄人，更能接受生活境况的改变，其适应能力更强。接受教育程度不同，其智力开发程度也会产生一定差异，而这种差异也会对老龄期的文化民生能力产生影响。个人在接受教育的过程中，会产生兴趣爱好上的分野，由于所选择学习的专业技能不同，也会导致其职业上的差异①。这些差异也会在个体的老龄生活中有所体现。例如，受教育程度低且没有专业技能的人，在下岗或退休后就可能遭遇程度不同的经济困境，从而在一定程度上影响老龄生活质量。与此相反，能力较强的老龄人，不仅能够照顾好自己，不给社会带来负担，甚至还可以继续工作，为社会创造财富。具有“国学大师”季羡林先生在耄耋之年，依然笔耕不辍，写出了《牛棚杂忆》、《病榻杂记》等作品。教育对人的性格、气质等人格特征的形成也有很大的作用，而这些人格特征的差异也将对其老龄生活产生一定的影响。相对而言，性格开朗、思想开明的老龄人退休后，能较快地调整好自己的心态及社会关系，更愿意也容易接受新事物、新技术、新观念，能够主动调整自己去适应社会。受教育程度的高低，也会影响老龄人的文化民生问题。

（二）老龄人文化民生与终身教育

终身教育是在20世纪60年代提出的全新的教育概念。终身

① 袁振国. 当代教育学［M］. 修订版. 北京：教育科学出版社，2004.

教育理论的提出，是教育史上的一次轰动和创新，它适应了时代进步和社会发展的需要，也是人的全面发展的必然趋势。对于终身教育概念的界定有很多种，可谓仁者见仁，智者见智。著名的法国教育理论家朗格让（1988）认为："终身教育即教育这个词所包含的所有意义，包括了教育的所有方面、各种范围，包括从生命运动的一开始到最后结束这段时间的不断发展，也包括了教育发展过程中各个点与连续的各个阶段之间紧密而有机的内在联系。"联合国教科文组织则指出终身教育是教育的一切总和，是与生命体共同外延到社会各个方面的连续性教育。虽然没有统一的概念界定，但都在强调教育在时间上的连续性和内容上的完整性，包括一切有利于人的教育内容和教育形式。终身教育是人们在一生中所受的各种培养的总和，包括各个年龄阶段的各种方式的教育，如正规、非正规和非正式的各种教育，还有学校教育、家庭教育和社会教育。终身教育与其说是一种教育概念，不如说是一种生活方式，而且也是我们的必然选择①。虽然老龄人退出工作领域，不需为激烈的竞争压力而继续接受职业教育，以提高职业技能，但这并不意味着老龄人不必接受教育。根据终身教育理论，老龄期也是接受教育的阶段，老龄人不仅需要接受教育以适应老龄期的生理及心理的变化，而且客观的外界环境的变化也使得老龄人不得不接受教育以适应社会。在信息化时代，信息传递和更替的速度惊人，如果老龄人不懂得学会运用一定的媒介来接收有用信息，以此了解外界所发生的变化，就会被排斥在社会之外，不能真正融入社会当中。老龄人若常停留在过去的思想和回忆当中，容易将现在与过去对比，总会力图寻找现在社会的不适应之处，并加以排斥，从而将自身置于与外界格格不入的困境，与人沟通产生障碍，难以适应现实生活。同时，随着社会结构的转变，家庭结构也逐渐以核心家庭为主，大部分家庭是独生

① 李少琳．终身教育——我们的必然选择［J］．中国成人教育，2002（10）．33.

子女，子女及孙子女的思想观念与老龄人都有一定的距离。老龄人只有通过不断的学习，弥补这种差距，才能更好地与家人相处，避免陷入代际沟通的困境。此外，面对复杂的社会，老龄人需要通过学习，了解新法规和新政策，以免自己与当下社会发生不必要的冲突。

老龄人记忆力具有一定的可塑性，同时也有渴望学习的主观意愿，这些使得老龄人进一步接受教育成为可能。虽然老龄人记忆随着年龄的增长会逐渐衰退，但在部分情况下可以延缓或逆转。通过学习或特殊训练，可以使老龄人的记忆力保持在一定水平，有的甚至达到未经训练的年轻人的水平。老龄人的记忆力并不是一进入老龄期就立刻衰退，而是一个渐进的过程，在身体状况良好、年龄在70岁以下时，一般记忆力衰退不会太明显。记忆力的可塑性为老龄人学习提供了智力支持，老龄人自身所具备的知识、智慧及经验，使得他们在学习的过程中，理解能力更强，在处理日常生活中的问题时考虑得更全面。老龄人的学习能力和记忆力是相辅相成的，通过学习可以保持记忆力，延缓记忆衰退，同时保持一定的记忆力，可以帮助老龄人更有效地学习。

老龄人自身也渴望学习，一方面是为了休闲娱乐，在结束了多年来忙碌的工作后，根据自己的兴趣爱好，选择一些趣味性的活动，如学打太极拳、练书法、拉二胡等休闲活动，使晚年生活幸福、舒适，实现老有所乐；另一方面是为了实现自身的价值，老龄人通过接受老龄教育，不仅可以增长知识，紧跟时代步伐，而且可以挖掘自身潜能，进一步实现老有所为。

三、老龄文化教育的功能

应对人口老龄化所带来的挑战，大力发展老龄教育，充分发挥老龄教育的功能是解决这一问题的有效途径。

1. 老龄文化教育的健康保健功能。一般来讲，在老龄人当中，随着年龄的增长，患病率、伤残率也将随之上升。也就是说，寿命虽然增加了，但带病期也在延长。有统计表明，引起老年人死亡的原因主要有三类：疾病、意外和生理衰竭，其中疾病死亡占 90%～95%，意外死亡占 5%～10%，生理衰竭死亡占 1%～3%。[①] 所以，让老龄人学习并掌握必要的卫生保健知识，可以提高老龄人的健康保健水平，避免死于无知、死于愚昧。老龄文化教育能够使老龄人掌握防老抗病、颐养天年的知识，进而自觉地调适身心健康，更好适应自然环境、社会环境与人际关系，提高老龄人自我保健的意识和自我保健的能力，使老年人延缓衰老，延长寿命，延长老龄人独立生活的时间，让老龄人拥有更好的生存状态，从而尽量推迟绝大多数老龄人的身心老化，延长老龄人在健康状况下的生活年限，力争无疾而终。

2. 老龄文化教育的心理调适功能。进入老龄期后，社会角色的重大变化需要老龄人开始新的生活，适应新的生活秩序。当老龄人从工作岗位上退下来以后，其扮演的社会角色随之发生了重大变化，很多人的心理适应能力，不同程度地出现失落、空虚、孤独、抑郁、无所事事甚至绝望的心理。据抽样调查，有相当数量的退休老人表示，在健康、心境、家庭权力、人际交往、社会地位等方面的自我感受要比退休前显得糟糕，其中感觉心境比以前差的占 21.27%，家庭权力较以前小的占 10.59%，人际交往比以前少的占 23.63%，社会地位较以前低的占 25.54%[②]。在这种状况下，如果不及时对老龄人进行心理沟通，老龄人很容易走向封闭，逃避社会现实，对社会的发展漠不关心。老龄文化教育恰恰能满足老龄人的许多需要，为老龄人提供活动、交流与学习的机会以充实与丰富他们的晚年生活，帮助老龄人调整心态，转变社会角色，使老龄人养成科学理性和乐观向上的态度，增强其安度晚年的信心和希望，使之较快地适应新的生活环境，进而了解社会、参与社会，继续融入社会发展中去。

---

① 袁缉辉，张钟汝：老龄化对中国的挑战［M］. 上海：复旦大学出版社，1991:103.

② 邬沧萍. 老年社会学［M］. 北京：中国人民大学出版社，1999.

3. 老龄文化教育的观念革新功能。人们的传统观念普遍认为，学习是年轻人的事，老龄人只是养老而已，不再需要继续教育和继续学习。而老龄人通常因为思想意识落后、身体心理衰退等原因，也认为自己不需要学习和接受教育或者无法学习和接受教育。其实“随着年龄增长，人脑的细胞逐年稍有减少，但人的大脑未曾利用的潜力高达 90％，所以，脑细胞的死亡量不足以影响成人的智力活动，成人仍保持很高的学习能力”①。国外有一项研究，调查了 738 人，其年龄在 79 岁或 79 岁以上，结果发现，有 4 类人，即历史学家、哲学家、植物学家、发明家，在 60 岁时成就最多②。因此，老龄人仍具有相当大的学习潜力，甚至还具有创造能力。这就需要对老龄人进行文化教育，让他们树立活到老、学到老的观念，通过学习来适应社会与人生的不断变化和挑战，提升生活质量，获得精神上的享受和幸福。从而既有利于社会的持续发展，又有利于自身的终生全面发展。

第二节　老龄文化教育的价值取向

一、老龄文化教育的政治价值取向

（一）教育与政治的关系

在教育学发展史上，教育哲学的研究起步较早，从哲学的视角研究教育理论，表明教育具有重要的政治职能与政治价值。教育哲学综合研究教育学、教育史、心理学等教育学科，用哲学观点进行阐述，体现了丰富的教育哲学和政治思想，学习辩证唯物主义和历史唯物主义，学习思想道德修养，学习民主意识，学习法律法规，拥有理想信念和社会责任感，都包含了教育的政治价

① 高志敏. 成人教育心理学［M］. 上海：上海科技教育出版社，1997:51.

② 高志敏. 成人教育心理学［M］. 上海：上海科技教育出版社，1997:66.

值取向。

中国教育哲学方面的研究始于20世纪20年代，第一部教育哲学著作的问世是现代教育家范寿康著的《教育哲学大纲》(1923年商务印书馆出版)，以后又有吴俊升、姜琦、范琦、林砺儒、张栗原等多部教育哲学著作问世。中国现代教育理论家黄济著的《教育哲学》由北京师范大学出版社于1985年出版，是新中国成立后第一部关于教育哲学的著作。结合古今中外的有关论述，对1949年以后教育理论和教育实践进行了辩证分析，对未来教育科学的发展作了预测和展望。但作为教育哲学，尽管有不同的流派，但都表现了鲜明的政治性、阶级性，以辩证唯物主义与历史唯物主义来分析教育对社会和人的发展的政治影响是极为重要的。

从古至今，教育与政治有着密切的关系。让老龄群体把握正确的政治方向，是老龄教育的政治价值取向。当全球社会结构转型与人口结构转型成为历史的必然趋势时，持续数千年的农业社会向工业社会转型，乡村社会向城市社会转型，新科技、新产品、新理念、新潮流层出不穷。在现代社会进入高科技时代，面临世界人口老龄化的挑战中，许多老龄人应对社会转型带来的各种挑战一时难以适应，终身教育、老龄教育的作用愈发重要。中国改革开放后，在向工业化、信息化、城市化、现代化建设的进程中，“经济体制深刻变革，社会结构深刻变动，利益格局深刻调整，思想观念深刻变化”。老龄群体为改革付出了沉重的代价。多数老龄人年轻时在低收入、低消费、高就业的政策下，为新中国社会主义革命和建设做出了巨大贡献，但由于社会保障制度不健全，退休时他们的养老储备是很低的。在社会变革中，一方面，经济高速发展，生产效率显著提高，成绩举世瞩目；另一方面，多数老龄人在新的社会分层中成为弱势群体，他们是经济收入的弱者、文化程度的弱者，身体健康的弱者，家庭和社会地位上的弱者。所以认真解决老年人在政治、经济、文化领域中面临的问题，尽力避免老龄群体被边缘化和弱势化倾向。

发展老龄文化教育，加强思想政治工作，让老龄人理解改革、支持改革、参与改革、深化改革，与大家一起，共享改革开放的成果，也是积极的政治举措。老龄人成为改革、发展、稳定的重要社会力量，对其他群体会产生十分广泛和深刻的影响。现代社会对老龄型国家、老龄型地区的挑战，也是对老龄人的挑战。追求教育公平，追求老龄人的受教育权利平等，就是追求社会最基本的公平。教育的政治价值取向在于世界上所有公民都拥有受教育的权利，不分年龄、不分性别，不分民族，不分地位、不分地区，老龄人、妇女、儿童，老少边穷地区的人们都能够享受到良好的教育，社会才能和谐发展。

（二）坚持正确的老龄教育方向，树立正确的人生观、价值观

坚持正确的教育方向，引导老龄人树立正确的人生观、价值观，提高老龄人口的政治品德素质，是老龄教育的根本目的所在。世界观、人生观是人生的根本问题，认识世界和改造世界是人生哲学的基本问题。教育首要解决的是认识物质和意识的关系、思维与存在的关系、主观与客观的关系。解决人为什么活着和怎样活着的问题，不仅是人生早期阶段要解决的问题，而且是终身要解决的问题。

从国际形势看，经济全球化和政治多极化给社会公民的生活带来许多变化，世界各国处于国际大市场的激烈的竞争和综合国力的较量之中，存在着霸权主义、强权政治、武力威胁、经济制裁、和平演变等复杂现象。从国内形势看，在社会转型期中，城市化进程加快，产业结构调整，第三产业发展迅猛。改革开放以来，国企改革，养老、医疗保险以及住房制度的改革，经济成分和经济利益多样化、社会生活方式多样化、社会组织形式多样化、就业方式多样化，带来大量新情况、新问题，同时也触及老龄群体的利益。如何以改革、发展、稳定的大局为重，转变传统观念，在复杂条件下，仍能保持政治鉴别力、敏锐性，保持清醒的头脑，坚持正确政治方向，是摆在老龄人面前的重要问题。

坚持把社会主义核心价值体系融入老龄文化教育的过程，就

是要“坚持不懈地用马克思主义中国化最新成果武装全党、教育人民，用中国特色社会主义共同理想凝聚力量，用以爱国主义为核心的民族精神和以改革创新为核心的时代精神鼓舞斗志，用社会主义荣辱观引领风尚，巩固全党全国各族人民团结奋斗的共同思想基础。”在老龄文化教育中讲理想、知荣辱，体现了教育的政治价值观，是新时期思想政治教育的重要内容。一些人晚节不保，是由于丢掉了理想信念，信奉物质至上，陷入个人贪婪物欲、崇拜金钱的泥坑，迷失了生活方向，失去了人生存在的价值理念。

（三）老龄文化教育的政治价值影响力

1. 老龄文化教育的政治价值的判断标准。在现代文明中，判断国家教育的价值取向是看国家的衰落还是崛起，判断老龄文化教育的价值取向是看老龄人接受科学理性的文化主导，还是非科学、非理性的文化主导。老龄人具有良好的政治品德，保持社会责任感，对提高国家的文化软实力的作用不可低估。传统文化对老一代的影响是深刻的，但对传统文化缺乏理性思考，又会导致现代老龄人的固执、保守和僵化。

2. 教育是科学理性的，是以辩证唯物主义与历史唯物主义为指导的。儒家文化——传统伦理文化中的封建专制、等级森严意识，曾压制和阻碍了中国近代社会的发展，而现代东亚国家的崛起，又代表了儒学传统文化中的精髓，包括勤俭、和睦、耐劳、重视家庭和教育等多方面影响，这才是教育的价值所在。打破传统文化中封闭和保守思想的枷锁，吸收和借鉴世界各国先进的科学技术和管理经验，同时又汲取传统文化的精华，坚持理性的宽容，消除文化的单一和垄断，在多样性文化中反复比较，接受或容纳现代多样性优秀文化。对传统文化、本土文化经过去粗取精、去伪存真的选择，与现代性融合，实现从农业文明到工业文明、从乡村文明到城市文明、从传统文明到现代文明意识的转变，这也是老龄文化教育政治价值的判断标准。

实践证明，老龄文化教育在社会主义物质和精神文明建设中发挥了重要作用，坚持社会主义办学方向，占领社会主义思想文化阵地，团结吸引教育了一大批老龄人。特别是在加强思想政治教育方面，有利于老龄群体成为保持改革、发展和社会稳定大局的力量，有利于他们成为转变传统观念，弘扬科学精神，自觉抵制歪理邪说的力量，有利于他们发挥作用，成为物质和精神文明的继承、发展和传播的力量。老龄人的政治价值在终身学习和奉献中突显。

李岚清曾经指出："加强和丰富老龄人精神文化生活，具有特殊重要意义，是关系到社会稳定、发展、进步的重大问题。"一个健康向上的老龄群体，其本身的稳定就带来了家庭、社区和社会的稳定。不继续提高老龄人的综合素质，不继续提高其思想政治素质和科学文化素质，老龄人就难以抵制和清除社会上的一些负面影响。为了有效地帮助老龄人提高生活质量，作社会安定、团结、发展、进步的促进力量，老龄教育可以通过把思想政治教育与健康有益的文体活动结合起来，寓教于乐，使老龄人思想开阔、心情舒畅，在学与乐中受到教育，始终保持政治上的清醒和坚定，坚定不移地与党中央保持一致，这对促进家庭和睦、邻里团结、社会稳定都起到了积极作用。广大老龄人通过加强学习，加强世界观、人生观、价值观的改造；思想信念更加坚定，对自我的认识更加正确，不断克服社会角色转变而产生的不适应心理，使思想和行动与社会的发展、时代的要求更加合拍，保持个人与社会的和谐一致，为巩固和发展稳定的政治局面做出贡献①。

二、老龄文化教育的经济价值取向

（一）老龄文化教育的经济价值的概念

老龄教育使老龄人获得了生存和发展的资本，他们运用智慧和知识继续创造经济效益和社会效益，发挥潜能，施展才华，力

① 王颖. 我国老年教育的功能［J］. 成人教育，2007（9）.

所能及地为社会继续奉献，仍然是在为社会做贡献，而不是单纯的消费者。因此，享受终身教育的老龄人不是社会的“负担”，而是社会的资源财富，也体现出老龄教育的经济价值。

当社会变迁中，农业社会向工业社会、信息社会发展，教育与人类的生活质量息息相关，与经济增长的关系越来越密切。经济是生活的基础，关注经济状况，加速经济增长，改善经济条件，获得经济资源，被人们视为终生的追求。教育的经济价值，不是追求教育的投入对产出效益的影响以及接受教育后所获得的利润以及报酬。新的教育理念是追求以人为本教育的经济价值，不是唯经济收入来衡量的，而是以提升生活品质为主导。老龄文化教育的经济价值是对老龄人力资本的投资，在提高老龄人的生活水平和提升质量的同时，增强国家的综合实力，促进社会的和谐稳定。所以将老龄教育的经济价值分为两种：公共经济价值和个人经济价值，这样使我们更全面地认识老龄教育的经济价值。

（二）老龄文化教育的公共经济价值

创造公共经济价值是指为国家和社会创造财富、积累财富。老龄人接受教育后，其资源得到开发，老龄资源与劳动年龄人口资源整合，带来劳动年龄人口之外的经济增长的源泉，称之为老龄社会劳动力市场的“人口红利”，对社会经济的协调发展起促进作用。老龄人参与社会，使部分纯消费人口转化为生产人口，降低老龄人供养比，解决人口老龄化带来的劳动力短缺问题和储蓄率下降问题。这就是说，人口老龄化给社会可持续发展带来巨大挑战的同时，又因老龄资源的丰富而存在机遇，他们可以创造新的公共经济价值。

老龄文化教育的公共经济价值是以公共经济收益来体现的。老龄人口整体素质的提高，对经济增长率的提高具有重要作用。老龄文化教育的经济价值与消除人口老龄化所带来的社会负面影响密切相关，诸如劳动力短缺，劳动力成本升高，竞争力下降，效率降低；老龄人口比重高，医疗成本上升，赡养比加大，国家对养老、医疗的支出压力加大等。积极老龄化政策的提出，提高老龄人的文化教育水平，使他们享有健康、参与和保障，可以开发老龄人力资源，激发社会活力，变人口压力为动力，实现老龄社会的公共经济价值，从而进一步增强国力。

不可否认，老龄非健康人群对公共经济价值具有一定负面影响。众所周知，老龄人的非健康状况，会制约社会经济的发展。老龄社会中患老龄性痴呆的人数呈上升趋势，这种以智能障碍为主的大脑退行性慢性疾病，从智能损害到智能缺失，记忆障碍、思维障碍、判断障碍、语言障碍、计算障碍、精神功能障碍和运动障碍等，使老龄人社会适应能力降低。据医学有关统计资料，老龄痴呆症多发生于65岁以上的老人，约占4%～5%，85岁以上的约占10%。据估算，中国的老龄性痴呆患者约有600万人，支付高额的各种治疗、护理费及家人的误工费，都会造成社会经济方面的严重损失。从实际情况反映，发病率与受教育程度呈负相关。北欧研究人员对1400名芬兰成年人进行了20多年的跟踪调查，发现受教育的时间越长，患各种痴呆症的危险越小①。中国南方地区65岁以上痴呆患病率为3.9%，北方地区为6.9%，北方地区发病率高于2.5倍，以山区最高，城乡文盲老人的痴呆患病率均高于非文盲者。发病率高的地区与老龄教育发展的状况呈负相关，老龄文化教育发展越好的地区，老龄人的发病率越低。相反，老龄教育发展滞后的地区，老龄人的发病率较高。老龄痴呆病不仅使老龄人的生活质量很低，家庭与社会的照料负担很重，而且国家的医药费用很高，对社会经济发展十分不利②。所以接受老龄文化教育意味着向老龄人宣传科学健康的生活方式，所产生的公共经济价值是不可估量的。

（三）老龄文化教育的个人经济价值

教育对现代老龄人力资本的有效投入，使传统社会中视老龄

① 《人民政协报》，2007年10月10日。

② 汤哲．老龄痴呆的患病现状、影响及防治策略［J］．北京市老龄学学会学术前沿论坛资料，2006（12）．

人为负担的观念有了很大变化，“老是宝”在许多国家中已形成共识。通过老龄文化教育，开发老龄资源，使各行各业的老龄管理人才、专业技术人才、高技能人才有了新的用武之地。老龄人的创造力在知识和智力劳动中有了更多的体现，老龄群体为社会继续奉献将是世界的一种新现象。

1. 老龄人是有效的人才资源。许多老龄人现在仍以他们丰富的知识、经验和技能积极地参与社会经济活动。全国目前离退休的老教授、老专家有近百万人，再加上其他离退休专业技术人员就是上千万人。在为数众多的退休人员中，有不少身体比较健康、精力仍较充沛的人才继续驰骋在社会生活的各个领域，各尽所能。发展老龄文化教育，可使老龄人的宝贵经验进一步升华，并不断更新观念，调整知识结构，跟上时代的要求，从而继续发挥余热。老龄教育能够更新与优化老龄人的智能结构，挖掘与开发蕴藏在个体身上的巨大潜能；能够使老龄人多年工作积累下来的文化知识、专门技术、业务能力、实践经验得以维持并加以传播；能够使老龄人老有所学、学有所长，并促进老龄人在生活实践中发挥所长、学有所用。同时，老龄人是人类文明的一笔宝贵财富，为使他们不成为与年轻人争夺生存资源的因素，就要通过老龄教育开发和利用老龄人才资源，变消费人口为生产人口，使老龄人从“包袱”变为“财富”。这样既为国家创造了财富，也降低了供养系数，提高了老龄人的自养能力，有利于减轻社会负担，促进社会与经济的发展①。

2. 老龄人智力资本的经济价值。人们对知识的掌握是以教育为基础的。新技术革命带来知识的突变，知识总量迅速增长，知识更新周期大大缩短。据专家估测，人类在近30年所获得的知识总量等于过去两千年之总和，未来30年，人类的科技知识总量将在现有基础上再增加100倍。社会科技变革的加速，超出人们的想象。过去往往要经过几代人不懈地努力革新的一项技

① 王颖. 我国老年教育的功能 [J]. 成人教育，2007 (9).

术，现在一代人，甚至在很短的时间就能完成或更新换代。面对社会的急剧变革，面临着物质和精神两大领域高速发展所带来的挑战和机遇。要适应世界的飞速变化，跟上时代的潮流，终身教育是每个人必然的选择。

现阶段的老龄人，由于历史的局限性，接受教育权利的不平等和受教育机会的不均等，使许多老龄人从小没有条件学习文化知识，在成年后，由于忙于工作，也为了后代人能有一个好的学习环境，获得更多更好的受教育机会，他们宁肯牺牲自己，又使他们难以去求学。进入老龄后，尽管遇到年龄、学历、身体、途径等种种困难，但时代的变化，对人的素质提出了新的要求。即使是过去受过高等教育的老龄知识分子，社会实践和经验使他们感到，积蓄新的资本则要学习新知识、新技能，接受各方面教育，使老龄人具有现代意识、现代智能和现代行为方式，提升生活品位，显现出智力资本的经济价值。

3. 老龄人健康资本的经济价值。人的健康资本与智力资本是有密切联系的。世界卫生组织在 1990 年提出用健康老龄化的战略对策来应对人口老龄化的发展。将健康的概念扩展，包括躯体、心理、智力和社会适应能力等诸方面状况良好，而不单指没有生理性疾病。健康资本的经济价值在于，延长老龄人保持自立、自理能力的岁月，有尊严地生活，并能适应现代社会的生活方式，力所能及地为社会做出新的贡献。老龄人通过获得生物学、医学的知识不仅能够延年益寿，给生命以时间，而且能够获得不同领域的各种新知识，实现人生的社会价值。老龄人的年龄分为时序年龄、生理年龄、心理年龄和社会年龄。健康长寿的老龄人，在时序年龄增龄的同时，可以延缓生理年龄，可以拥有青春活力的心理年龄，可以延长有效劳动岁月的社会年龄，具有很大的经济价值潜力。

通过老龄教育，许多老龄人获得了健康，消除了贫困，老有所为，创造了公共经济价值。不少老龄人没有坐享他人成果，单纯接受下一代人的服务，而是寻求奉献的机遇。他们进入社会人才大市场，围绕解决资源、环境、科教、贫困和治安以及养老等经济和社会问题，选择自己力所能及的事来做。他们用学习所获得的知识，改善自己的生活，提高自己的生活水平，创造了个人经济价值。老龄人参与社会，降低了赡养系数，补充了短缺劳动力，增加了国家财富积累，减轻了财政负担，使代际交换趋于合理，为保持经济社会的可持续发展贡献了自己的力量。

三、老龄教育的文化价值取向

老龄文化教育包含着连接传统、现代和未来的文化价值。在社会急剧变化的时代，传统文化与现代文化发生激烈碰撞、冲突，在面向未来中分化、交融、整合。未来新文化是超越历史与现实的文化，在浩瀚的古今中外文化中，能够去粗取精、去伪存真，剔除糟粕，博采众家之长，实现古为今用、洋为中用，是中国老龄教育的文化价值取向。

（一）老龄教育的文化价值的定义

为了研究老龄文化教育的文化价值，首先要了解文化的价值。古罗马政治家西塞罗将“文化”一词转为精神方面。他言及“智慧耕耘”（Cultura mentis），把“精神修养”比作“耕耘了的生长果实的土地”。由于对文化的理解不同，其文化价值影响也有差异。对文化与教育的关系、文化价值的意义，德国哲学家、教育家斯帕朗格（F. E. E. Spranger，1882～1963）作了深刻的阐述，他认为，所谓教育就是从客观文化价值到个人的主观精神生活的转化过程，教育因而成为文化传递过程的一个特殊方面，强调了教育的文化价值①。

人们生活领域的知识，涉及个人的生活结构、人们普遍的生存状态和生存能力，如衣食住行、风俗习惯、生活方式、行为规范等。将文化表述为人的生活方式和人生态度以罗斯曼（Abraham Rosman）和霍华德（Michael C. Howard）为代表，认为

① 汝信．世界百科著作辞典［M］．北京：中国工人出版社，1993：269.

人类群体应学习在生存中如何协调其行为、思想及其与生活环境之间的关系。而生活领域知识的传播则是人类社会赋予教育世代传递的功能，林顿（Ralph Linton）曾表述了文化遗传性的观点。他认为，把文化视为人类的“社会化遗传”，文化由一代人向下一代人传递的过程叫做“濡化”。耳濡目染方式，是文化遗产向后代遗传的代际文化的重要方面。总之，文化的价值既宽泛，涉及的内容丰富多样，但又十分具体，与每个人的生活密切相关。一般来说，影响老龄人的生活方式、生活习俗、生活环境和生活态度的概念都属于老龄教育的文化价值。老龄教育的文化价值在于利用文化功能，帮助老龄人认识自己和认识社会，优化晚年期的人格，转变消极的思维方式和生活方式。

在大文化格局中，老龄文化教育的文化价值在于开发老龄人与社会的契约价值。老龄群体要实现与社会的和谐、与自然的和谐、与知识社会的和谐、与法规制度的和谐，必须拥有文化素质。学校教育作为文化形态之一，同其他社会文化有着天然的联系。坚持文化自信，但不是固守文化传统，也不是盲目崇拜外来文化，不加分析地接受其价值和信念，这就是坚持文化自觉。文化的价值在于与时俱进，要防止搞形式主义和教条主义，对各种文化要进行反思、重构，批判地继承，与时代特点和生活实践有机融合。文化的发展和创新不是无源之水、无本之木，是建立在传统文化和本土文化的基础上，在同现代社会文化与外来文化的交汇中，从多元文化中汲取营养，以获得新的文化生命力。

联合国教科文组织在《教育：财富蕴藏其中》报告中指出：“多元化教育不仅是抵御暴力的卫士，而且是丰富现代文化生活和公民生活的富有活力的源泉。”中国老龄文化教育在积极传播中国优秀的传统文化、培养老龄文化人才方面，开展了丰富多彩的活动。许多老龄大学开设了古典文学、诗词格律、书法绘画、京剧民乐、针灸按摩、园林花卉、拳剑武术等多类课程，对弘扬优秀传统文化发挥了积极作用。同时又开设了计算机网络、外语、心理卫生等现代课程，从多元文化中汲取营养、丰富生活。

老龄文化教育所包含的文化类型分布很广，以晚年生活领域中的文化类型为主：从社会结构文化分析，有生活方式文化、生活态度文化；从社会地域文化分析，有家庭文化、社区文化；从社会组织文化分析，有单位文化、社团文化；从社会关系文化分析，有亲属文化、代际文化等。了解各种文化之间的关系，使文化价值的重要意义更突出。晚年生活与中青年生活方式虽有所不同，但生活态度没有太大差异，坚持学习和锻炼，以积极心态过好每一天，体现了老龄生活领域的文化价值。将老龄教育融入老龄人的生活方式，增进老龄人生活领域的文化知识，有效提高了老龄人的生活质量。

老龄文化教育在不同的年龄群体，有其各自不同的文化活动和文化内容，老龄群体亦有自己的老龄文化。一般而言，老龄文化具有务实、朴素、内敛、理性、传统等特点，但往往缺乏时代精神、革新精神和创造精神。老龄文化对其他年龄群体的文化以及整个社会文化的建构都会产生潜移默化的影响。通过老龄教育可以充分发挥老龄文化的积极影响，尽量避免其消极影响。中共中央《关于社会主义精神文明建设若干重要问题的决议》中明确指出，要“重视老同志在青少年教育中的积极作用”。老同志在关心教育青少年方面具有其优势和特殊作用。开展老龄教育，组织和发动老同志上老龄学校，提高他们的文化素质和思想政治素质，有助于改善家庭教育、学校教育和社会教育，促进青少年的健康成长。“活到老，学到老”，老龄人自愿接受老龄教育，体现了老而好学的志向和热情，对影响和带动全民重视学习风气的形成，也会起到积极的作用。人类社会的发展有赖于文化经验的代际传承，通过老龄教育还可以使老龄人的人生经验得到升华。我们常说，老龄人是社会的宝贵财富。然而，老龄个体所拥有的丰富经验只有通过教育和学习活动，才能成为老龄群体和全社会的共同精神财富，才富有更高的传承价值①。

① 王颖. 我国老年教育的功能［J］. 成人教育，2007（9）.

（二）老龄文化教育的互喻文化价值取向

互喻文化是指代际互补文化，在老龄文化教育中尤为重要。在社会发展进程中，历史文化与现代文化价值的冲突是不可避免的。由于历史上的农业社会经历了数千年时间，进入工业社会的仅有数百年时间，而信息社会不过数十年。农业社会是封闭的社会，生产力水平低下，千年不变的习俗，形成文化的继承性，老龄人居于传统文化的权威地位。传统理念崇尚绝对服从，甚至是将陈规陋习、精神枷锁强加在公民身上，窒息了公民的参与性和创造性，文化处于惰性状态，人们按照传统的行为准则、价值取向和律令法规来统摄自身的思维，传统文化保持了相对的同一性和稳定性。现代工业社会是开放的社会，生产力水平提高，科技发展，现代理念崇尚改革创新，人们的思维方式、行为方式、生活方式和价值观念呈现了多样化，加上人们本身的年龄、经历、地位、文化、教育程度以及性格、习惯、兴趣等方面的差异，文化价值取向也有许多不同。从文化结构的价值取向上，美国文化人类学家玛格丽特·米德（M. Mead）提出“前喻文化”、“并喻文化”和“后喻文化”的概念。她指出：“前喻文化，是指晚辈主要向长辈学习；并喻文化，是指晚辈和长辈的学习都发生在同辈人之间，而后喻文化，则是指长辈反过来向晚辈学习……我们今天则进入了历史上的一个全新时代，年轻一代在对神奇的未来的后喻型理解中获得了新的权威。”传统农业社会是以“前喻文化”为代表，由于小农经济社会的生产工具十分简陋，劳动主要靠体力而非智力，社会发展十分缓慢。一般来说，前辈过去所经历的事情在后辈中都重复，因而最受尊敬的是年龄最大的祖辈。每一代长者都会毫无保留地将自己的生活经验传给年轻一代，不仅是生产技能，还有是非理念。尊敬老人也自然成了传统美德。这种文化的传递方式基本是年轻一代对老一代的生活继承，代沟也很少产生。

因此，在社会转型中，长辈失去传统农业社会的权威地位，老一代的生活方式也无法在后代延续，也就会发生代际文化冲突。特别是从农村向城市迁移的家庭表现得更为突出，父母一般都希望子女能够尽快适应城市文化，需要接受迁居地的教育。由于孩子们接受新事物能力强，迫使父母要听取子女们对城市文化的介绍，改变自己的生活习惯。但年老一代要放弃自己熟悉的生活方式，接受新的生活方式，这意味着否定过去、否定自身，对老一代来讲是比较困难的，冲突也就在所难免。

互喻文化不排斥传统文化，是在传统文化的基础上发展起来的。它吸收传统文化的精华部分，与传统文化是继承与发展的关系、是创新文化的过程。未来社会，不会是凌驾于历史之上的空中楼阁，而是建立在悠久历史文化基础上的社会。拒绝历史的传承，拒绝前辈的传授，造成传统文化的断裂，失去传统文化的历史，将会重蹈历史教训的覆辙，历史的阶段性倒退已有先例。汲取前辈的知识和经验，新的社会大厦才会根基牢固。尊重历史、孝敬长辈，是每一代人所做出的理性选择。

未来社会，是遵循客观规律发展的社会，不会停滞不前，不会在原地不动，是青出于蓝而胜于蓝的社会，是一代胜过一代的社会。不以年龄、资历划线，尊重知识，尊重人才，以科技、学识、能力、贡献来判断价值，优胜劣汰，优化组合，形成新的社会发展机制。后生与长者，不是相互压制、相互排斥、相互歧视，而是优势互补。充分发挥各自潜能，各自优势，各代群体各尽所能，展示才华，成为推动社会发展的强大的合力。

（三）主流文化与非主流文化价值的冲突和融合

马克思主义关于文化的本质揭示了社会发展的规律，以社会主义先进文化为代表的主旋律是时代的强音，成为社会主义物质文明和精神文明建设的主流文化、科学文化、和谐文化，培养人的科学素质，都是在提高人口素质中积极倡导的主流文化。但主流文化不是束之高阁的文化，而是贴近百姓的文化，是为创新型国家服务的文化，是适应社会经济可持续发展的文化，是将人口压力变为人口动力的文化，是资源文化。非主流文化则体现了文化的多样性，与主流文化有冲突、有融合。

现代化建设进程中，许多传统的主流文化变成了非主流文化。中华民族优秀的传统文化是以孝文化为代表的，现代社会的孝文化却有被淡化的趋势，成为非主流文化。审视前孝文化，建立新孝文化，老龄文化教育对弘扬民族传统文化具有特殊重要意义。孝文化诞生在传统乡土社会生产力低下时期，孝文化对中华民族生活方式的认同影响很深。乡土关系淳朴单一，长老文化、长老意志、尊老价值取向，有利于文化基因的延续遗传。传统文化中的“仁爱”孝亲思想，倡导养老为本、敬老为先，进而阐述治家治国的道理，正是几千年来养老育幼代际互动的伦理文化精华①。中国是礼仪之邦，礼是社会公认的行为规范，不靠外在权力，是从长期教化中养成的敬畏之感②。在传统文化中，“老”代表着博学、智慧、才干，老龄人受到社会的礼遇和敬重。从孝道文化引申到以仁德文化教育后人。孝道文化的内涵十分丰富，孔子云：“夫孝，德之本也，教之所由生也。身体发肤，受之父母，不敢毁伤，孝之始也。立身行道，扬名于后世，以显父母，孝之终也。”（《孝经》）。孝道是德行的根本，教化的出发点，其核心思想是“仁”。孝道是建立在仁义的基础上，推崇“君子义以为质，礼以行之，逊以出之，信以成之。”（《论语·卫灵公》）孔子将仁义道德作为人的本质东西，“能行五者于天下为仁矣。”“恭、宽、信、敏、惠。恭则不侮，宽则得众，信则人任焉，敏则有功，惠则足以使人。”认为仁为礼之本，强调“其身正，不令而行；其身不正，虽令不从。”

饱经沧桑的老龄群体之所以受到孝敬，因世人认为他们是仁者的杰出代表，体现着“智者不惑，仁者不忧，勇者不惧”（《论语·子罕》）的仁、智、勇“三达德”的人品风格。“孝”以仁为立身之本，以智、勇双全为立身条件，意味着它们之间的关系是

① 熊必俊主编．保障老有所养的理论与实践［M］．北京：经济管理出版社，1999.

② 费孝通．乡土中国生育制度［M］．北京：北京大学出版社，1998:48.

不能割裂的，又是相辅相成的。因此，孝道文化的支撑点在于老一代的“仁者寿”品德，老龄人在仁、智、勇方面对社会后代群体起示范作用，受到社会的敬重厚爱。

在社会转型时期，从计划经济向市场经济转轨，社会发展模式由单一向多种模式转化，人的生存价值方式从趋同向个性化转变，社会价值观正在由单元向多元发展，原主流伦理文化价值取向受到挑战，经济文化价值取向占了上峰，各种不同价值观发生了激烈冲突，如“经济人”与“道德人”之争，利己主义与利他主义之争、理想主义与现实主义之争、经典文化与世俗文化之争。传统文化失去原来的社会主导和支配地位，打破了原有结构体系和秩序。现代市场中的竞争，社会上的博弈，使人际关系复杂化。随着农村年轻人口进入陌生的都市社会，年老父母随子女进城，要融入城市群体中，熟悉的血缘亲属关系转变成工作上的业缘关系和法律契约关系，利益多元使社会交往更为复杂。在市场竞争条件下，社会阶层的分化，出现了弱势群体与强势群体。生活在贫困群体与富裕群体的人们，其受教育水平、生活条件、医疗卫生健康、家庭以及工作能力上都存在较大差异，带来各种经济上、心理上的压力，代际文化的遗传断裂，文化冲突困扰着每一代人。这样支撑传统社会代际关系的“前孝文化”被动摇了，追崇新潮文化，代际重心下移，快节奏的生活方式使孝文化被淡化了，曾经的主流文化被边缘化了，而现代社会的“新孝文化”尚在萌芽中。当崇尚个人本位、以自我为中心、导致诚信缺失时，人们开始反思和怀念传统文明，“和为贵，善本，礼为上，信为先”等理念影响了一代又一代人，儒家学说为代表的“仁、义、礼、智、信”，提倡公民之间关系的仁慈、正义、礼貌、智慧、诚实、守信、和谐、友善，大家相互理解、支持和帮助，共同富裕、共同发展。因此，需要吸收前孝文化的合理成分，整合代际关系，创建和谐社会，实现代际利益共赢，建立新孝文化，使之成为新的主流文化是时代的呼唤。

老龄文化教育要坚持以传授主流文化为主，培养人的科学美和发展美意识，让老龄人能够欣赏美、创造美。由于文化产业的快速发展，呈现世俗化倾向。如流行音乐、电视剧、小品、游戏题材等快餐文化的盛行；商品广告以创意文化方式促销，各式各样与市场经营相关的文化，诸如酒文化、茶文化、食文化、服饰文化、旅游文化等受到市场欢迎。一些商家以营利为目的进行文化产业经营，改变了文化原有的高雅美、经典美、文明美形象。为追逐利润，甚至不惜以低级趣味、伤风败俗之类的东西充斥市场，造成精神污染。因此，在文化价值的建构上，审美教育越来越在老龄生活中占据了重要地位。文化美包括了自然美、社会美和艺术美，对文化美德感受力、鉴赏力和创造力的提高，与生活质量和提高关系越来越密切。尽管文化是多层次的，但不论是“阳春白雪”的精英文化，还是“下里巴人”的大众文化，老龄教育的文化价值取向还是追求文化美。在文化市场，善于识别真与假、善与恶、美与丑、先进与落后文化，将时代的主流文化与各种非主流文化在科学发展、促进和谐中实现统一，享受文化美带给人以精神升华、净化心灵的作用。

（四）本土文化与外来文化的融合与冲突

现代社会中，受市场竞争机制的激励，人口流动和迁移加剧，出现了规模浩大的移民潮。从本土向外乡移民，从乡村向城市移民，从国内向国外移民。目前不仅是劳动年龄人口迁移，家庭的组合已跨越了本乡本土，同时，老龄人也在选择养老的迁居地。即使在本土区域中，也出现来自外地外乡的、包办的国际艺术节、国际电影节、国际服装文化节，特别是奥运文化活动的筹办，增添了文化的多样性。由于与本土文化的种种差异，在日常生活中，本土文化与外来文化会发生冲撞，老龄人的感受最为深刻。过去祖祖辈辈都是本乡本土联姻，现在出现了国际家庭，洋人成了女婿或媳妇，孙子孙女讲的是多国语言，不同的文化背景的人们生活在一起，各自的民族感情都需要相互得到尊重。

本土文化与外来文化的冲突和融合，多表现在东西方文化间的明显差异，也有地域文化的差异，主要是反映了传统文化与现代文化的差异。老龄文化教育的文化价值取向不是以东方文化排斥西方文化，也不是靠传统文化排斥现代文化，而是扬弃以往文化，借鉴和吸收各种优秀文化。一般认为，古老的东方传统文明崇尚集体道德文明，而西方文明崇尚个人物质文明，是各有所长。实际上，集体与个人、精神与物质，不可能截然分开，应取其精华，去其糟粕，兼容并蓄，创造新的文化价值。

农村文化与城市文化的冲突与融合，是现代化进程中的大问题。人口迁移发生了历史性变化，大批农村人口向城市迁移。联合国人口基金会以城市化为主题，在《2007 年世界人口状况报告》中指出，全世界的老龄人口数量和比例都在增加。发展中国家的城市化将表现为城市区域老龄人口的比例不断增加。报告预测，到 2008 年，半数以上的世界人口将居住在城镇中，这是有史以来的第一次。到 2030 年，城市人口将有望达到 50 亿人，占世界人口总数的 60%。中国的城市人口正以每年 1800 万的速度增长，在 2005 年至 2030 年间，中国的城市居民预计将从 5.6 亿增加到 9.1 亿，从总人口的 42%增加到 64%。值得关注的是，未来城市新增的人口中大部分会是被城市发展边缘化的穷人，其中包括老龄人。在发展中国家里，由于不少老龄人缺乏经济基础和社会支持体系，多数农村老人没有享受社会保障，受到贫困、疾病的困扰，与城市人口仍保持着较大的差距。

农村老龄人所承担的家庭责任很重，他们既要种地，还要带孙子女，全国 2000 多万留守儿童大部分都是老龄人来带的，而这些孩子的成长关系着国家的未来。因此，一方面是已迁移到城市生活的老龄人；另一方面是仍继续生活在农村的老龄人，都面临城市文化和乡村文化融合的问题。在建立和完善社会保障体系中，帮助老龄人尽可能长期地保持生活的独立性和自主性，都不能忽视对老龄人文化教育生活的关注。

实现传统与创新的平衡，是现代文化所追求的目标。各种文化互动，不再局限于本地本土，学习和借鉴他乡文化，互学互补，取长补短，已是共识。各国价值文化取向虽有差异，但大家是在共同寻求经济的富有与精神的充实，东西方文化在许多领域日益相互交融渗透。西方的先进管理经验、崇尚个性的文化价值观影响着东方人，而东方的“仁孝”、“和谐”的思想也在影响着西方社会，老龄教育的文化价值取向是从文化的多样性中欣赏、创造更为成熟的现代文化。

在文化的多样性中，对传统文化与现代文化、本土文化与外来文化进行比较，对积极进取与消极退避、持之以恒与因循守旧、知足常乐与忍气吞声、深思熟虑与老谋深算、幽默宽容与刻薄狭隘、开拓创新与安于现状等文化价值的双重性进行比较，在老龄教育中揭示实然与应然，提升老龄人的“真、善、美”素质，塑造新一代老龄人的人格美形象，赢得社会的敬重，成为老龄教育的文化价值取向。

四、老龄教育的社会价值取向

(一) 老龄文化教育的社会价值

老龄文化教育的社会价值是指老龄人通过文化教育，引导老龄人向社会所期望的方向发展，自我超越，自我实现。不仅与各代人共享社会发展的成果，而且成为构建和谐社会的有生力量。其教育的价值取向是将老龄人的发展作为宝贵的实践，它不局限于学习知识、获得信息，而是在于运用知识，学会思考和适应新的生活方式，促进“人的全面发展”，实现“从必然王国进入自由王国的飞跃”①，这不仅是年轻一代生命历程所追求的方向，同样是老龄一代体现完整一生的目标。

老龄文化教育的社会价值包含许多方面，有家庭价值、社区价值、环境价值，等等。但归结到一点，是让老龄人拥有足够的养老资源，发挥老龄人这一宝贵的社会资源作用，成为建立具有良好社会秩序的积极力量。社会变迁，原有的社会秩序被打乱，

① 反杜林论. 马克思恩格斯选集：第 3 卷 [M]. 北京：人民出版社，1966：388.

建立新的社会秩序，是每一个社会人所不可回避的。不仅是新一代人的职责，老一代人也责无旁贷。无论从家庭个体角度看，还是从社会群体角度看，无论是人的生存需求，还是发展需求，都存在着对人类生育、抚养、教育、就业、赡养资源的占有和合理分配方面的问题。人们进入老龄时期，似乎应该是社会资源占有最多的时期，是依靠家庭和社会提供养老资源的时期，是接受年轻一代回报养育之恩的时期，也是许多老年人自身积累资源丰富的时期。因此，人们把这一时期往往看成是老龄人向社会索取资源大于奉献资源的时期。但在市场经济条件下，老龄人竞争力的减弱，社会保障制度还不健全，作为弱势群体，又有可能成为老龄人失去社会资源的时期。因此，社会的和谐发展，保护老一代共享社会资源的权益，老龄文化教育的社会价值不可忽视。

（二）新的老龄社会生存理念与社会价值取向

21 世纪的生存理念是终身学习理念。传统社会与现代社会的显著区别之一是对老龄生存理念的认识。在传统社会中，科学技术落后且发展缓慢，老龄人可以靠经验生存。在现代社会中，科学技术的发展日新月异，原有的经验不能满足社会需求，知识的更新速度也越来越快，老龄人的生存理念发生变化，靠科教生存成为现代老龄人的选择。老龄人将通过社会网络支持系统以保障终身学习，获得他们终身所需要的全部知识、价值、技能，发挥自身的潜能，在任何时期、情况和环境中，都更有信心、创造性和愉快地生活。

在传统农业社会，老龄人靠经验求生存。传统社会生产以劳动力密集型产业为主，家庭经济靠劳动力数量的占有取胜，其价值体现在劳动力数量的占有，老龄人靠平生劳动经验取胜，受教育主要在青少年时期。古人根据年龄期来决定受教育的时间，将人生受教育的时间定在 20 岁之前，认为知识来自于长辈相传，经验靠个人平生积累，所谓老龄人见多识广，是讲他们的“老本”厚，俗话讲“老龄人过的桥比年轻人走的路还多”，“姜还是老的辣”，“不听老人言，吃亏在眼前”，等等，都是视长辈为师，老龄人是教育者，接受教育则是年轻人的事。老龄人所拥有的财富是经验，生产和生活方面的经验积累使他们在社会和家庭中享有较高的威望，处于权威地位。

在工业社会，生存方式向终身教育转变。工业社会生产以资本密集型产业为主，工业经济又称之为“自然资源经济”，其价值体现在对自然资源的占有。固然，工业发展所引发的技术革命，可以降低产品成本，提高工作效率，但这一经济在发展进程中又面临着种种危机，诸如经济危机、战争危机、意识形态危机、生态环境危机、能源危机，甚至人口危机、家庭危机，尤其是人口老龄化的速度如此之快，社会的压力越来越大。在寻求解决途径时，发现靠以往的已经解决不了层出不穷的现实问题，要从根本上解决问题，只能走社会进步、国家繁荣、人口控制和环境净化的道路，关键是靠人的全面发展。

在传统与现代观念的激烈冲撞中，提高人类的整体素质，靠的是教育。老龄人的价值取向随之发生变化，不仅要适应生存需要，而且要适应发展需要。仅仅靠自身的生产和生活经验已难以适应现代化社会发展的需要，活到老学到老的价值观念有了新发展。

在知识信息社会对知识资源的占有成为生存选择。从农业社会向工业社会过渡，即从劳力经济向自然资源经济过渡，教育的对象、内容、形式、价值目标都发生了较大变化，工业社会向知识信息社会过渡，高新技术注入传统产业，即向智力资源过渡。知识信息社会是知识成为促进经济增长的一种要素，是以现代科学技术为核心，建立在知识和信息的生产、存储、使用和消费之上的社会形态。以知识密集型产业为主，以高技术产业为第一产业支柱，以智力资源为首要依托，以信息化带动工业化，其价值体现在对知识资源的占有①。

数字化生活方式使许多老龄人望而却步，老龄人的生活质量

① 吴季松. 知识经济 [M]. 北京：北京科学技术出版社，1998:4.

受到数字花生存的挑战。网上购物、网上参观、网上订餐、银行刷卡、手机短信、电子游戏、数码摄影、DV短片、动画网页制作，高科技改变了家庭生活，学会利用各种电子设备，包括电脑、微波炉、数字冰箱、数字电视、数字洗衣机等成为日常生活的基本技能。接受老龄教育，让老龄人共享社会资源，让老龄人拥有社会资本，是老龄人学会生存的必由之路。

（三）代际地位变化与社会价值取向

1. 代际地位的变化。当代文明社会与原有社会秩序发生冲突，出现了家庭危机、道德危机、老人危机和生态环境危机等社会问题，其原因大都与代际资源的配置有关。而代际资源的合理配置，一般成为衡量社会文明程度的标尺。家庭的社会价值、道德的社会价值、老龄人的社会价值在现代社会的代际资源的配置中处于不平衡状况，发生矛盾和冲突是难以避免的。传统社会的家庭和社会资源由老人掌控，宗族、家族的首领一般是老人，无论是物质资源，比如土地、耕种、财产的计划和把握，还是文化资源，风俗礼仪、家规家法，都由老人决定，形成长老权威、长老统治的局面，老龄人占有家庭和社会的主要资源，居于权威地位。

一般来说，社会上人的地位与拥有的社会资源是对称的。社会变迁，老龄人所拥有的权威地位丧失，社会资源配置发生了很大变化。社会经济的发展，科学技术的进步，人口预期寿命延长，虽然老龄人的有效劳动岁月延长，但在使用计算机、学习现代科学技术方面，老龄人不如年轻一代掌握得快，而传统农业工具和旧机器工艺被迅速淘汰，污染性强的企业被关闭，科学种田的推广，高新产业的发展，老龄人的许多经验受到了排斥，失去了以往的尊严。年轻一代的文化教育水平大大超过了老一代人，在市场竞争机制下，企业为提高效率更加推崇年轻人，许多中老龄人被强行提前退休。如今乡村实行村民自治制度，国家政权深入基层，部分村长、村支书的位置从过去全部由老人担任，管理村务、政务，在选举中转由中青年担任。在传统社会秩序被打破后，老人不再是绝对权威。家庭赡养功能弱化，实际上，老龄人所拥有的社会资源在逐渐减少。

2. 在市场竞争机制下，代际之间的职业分布、职位升迁、经济收入、财产拥有都拉开了差距。掌握新技能的年轻人从农村向城市流动，父母与子女分居的情况增多，大家庭解体，子女尽孝的程度越来越小。一些老龄人由于留守家中耕作、照顾孙辈、操持家务，在社会和家庭中有可利用资源，代际关系能够维持。而如果不能承担家务，又百病缠身，便被视为负担，代际关系也处于紧张状况。留守老龄人的家庭和社会地位下降，甚至受到社会歧视，特别是文盲、半文盲的农村老龄人在健康状况下降后，没有享受社会保障，有可能遭到子女的遗弃。没有接受老龄教育的老龄人往往不懂得维护自己的权益，当他们的权益被侵犯后，没有利用法律的武器维权，有的甚至因生存困难而自己走上了绝路。

3. 老龄文化教育的社会价值取向是让老龄人融入现代化社会环境，以老龄人的自身优势，运用智慧和经验，转换原有的社会角色，获得新的家庭和社会角色，以新的代际交换方式实现代际资源共享。在社会转型中，代际差异是客观存在的。受市场竞争的影响，一些刚参加工作不久的晚辈人的经济收入大大超过了工作数十年已退休的长辈人，高消费出现在年轻族中；而另一些晚辈人在产业结构调整中下岗，要靠长辈人接济，家庭中又会出现赡养倒挂现象。如果按照传统养儿防老模式，老龄人将自己的养老送终寄托于家庭子女的“反哺”、“孝道”层面，一旦儿女忙于工作难尽孝道，或根本没有能力赡养父母，老龄人便失去了家庭代际保障。因此，老龄人只有懂得自身的社会价值，学会在社会保障中求生存，积极参与营造社会支持代际和谐的文化氛围，才能为增进家庭代际和谐与社会和谐发挥作用。

21 世纪人类社会进入了一个物质更为充裕的社会，除了生态环境恶化，水、电、油、土地等资源短缺对人类社会形成威胁，人与人的关系也日渐紧张，即使是亲密的血缘关系，也时常发生冲突。如山东有的农村地区流行“老龄房”，一改以往孩子成家后从老人家庭中分离出去“另起炉灶”的传统。父母为儿子新婚准备新房，付出高额彩礼供年轻夫妇挥霍，而自己晚年只能去住另准备的简易破房①。“啃老族”的影响似乎在社会蔓延。近来不少老龄父母在反省家庭危机时，感到还是自己的行为和价值取向出现了问题。他们认为，父母辈的吃苦耐劳、勤俭持家，只是为了后代的富有和享受，父母的快乐感是为了满足孩子无休无止的物质需求，不分是非的充当孩子保护伞，不惜巨资、债台高筑，溺爱娇纵，事事包办代替，陪读、陪练、陪考，孩子丧失的是自立能力，父母丧失的则是教育子女做人的责任。一些子女缺乏待人友善、向社会奉献、实现理想抱负的品格，当贪婪、虚荣、投机、缺少同情心、迷恋个人享受等腐蚀孩子的心灵时，他们愿意傍大款，看不起生养自己的父母，不关心家人的疾苦，只想个人的金钱享受。一些孩子稍遇挫折，便会采取极端行为，以伤害、自杀、杀人等方式报复和发泄不满。

传统的基本做人准则丢失，文化传统敬老观念淡薄，感恩文化缺失，与家庭父母的溺爱、学校教书不育人等不无关联。有人归纳了20世纪80年代出生的人有八大缺点：虚荣，盲目攀比；缺乏爱心，不懂得感恩；懦弱，缺乏责任感；自私自利，孤独颓废；享乐主义，自理能力差；精于算计，过于现实；贪图名利，缺乏诚信；浮躁，急功近利。被有些人称为“代际批判”，认为是20世纪50年代人对80年代人批判的代表作②。而恰恰许多50年代出生的人是20世纪80年代人的父母，他们将相继步入老龄群体，他们是承上启下的一代人，其社会价值是不言而喻的。如果后代出了问题，长辈的责任是不可推卸的。从社会持续发展的角度来看，长辈人要履行代际义务、代际责任，需要接受

① 辛自强，池丽萍. 社会变迁下的青少年社会化[J]. 青年研究，2008(6)：14.

② 《中国青年报》，2004年11月15日。

连续不断的教育。关心下一代，建立新的代际共赢的社会秩序，是老龄人的社会价值所在。

（四）新的老龄社会资本理念与社会价值取向

1. 让老龄人拥有社会资本，共享社会资源是老龄教育的社会价值取向。什么是社会资本？许多学者都给出过定义。法国社会学家皮埃尔·布尔迪厄（P. Bourdieu）认为，社会资本是“实际的或潜在的资源的集合体，这些资源与由相互默认或承认的关系所组成的持久网络有关，而且这些关系或多或少是制度化的。”[①] 美国社会学家詹姆斯·科尔曼（J. Coleman）从社会结构的角度阐释了社会资本的概念。他认为，社会资本由构成社会结构的各个要素组成，它为结构内部的个人行动提供便利；社会资本的形态包括义务与期望、信息网络、规范和有效的惩罚、权威关系、多功能社会组织和有意创建的组织等。罗伯特·普特南（R. Putnam）将社会资本概念高度概括为“普通公民的民间参与网络，以及体现在这种约定中的互惠和信任的规范。”[②] 这些定义为我们理解社会资本提供了理论空间。关心公共事务，倡导公共精神，建立社会支持网络，构建和谐社会，均需要社会资本。因为社会资本是特定的社会资源，包括家庭、家族、亲戚朋友、社区共同体、单位、社团组织等共同构建的社会信任和支持关系网络力量。

2. 现代社会老龄人的社会资本和社会资源处于弱势。按照人们拥有的社会资本，包括财富、地位和权力来划分社会等级，多数老龄人都将被划入较低等级。在社会变革中，当原依赖于家庭和单位的赡养资源转移到社会时，老龄人从家庭和单位获得的赡养资源减少，在社会保障制度不健全的情况下，自己可支配的收入资源也减少。尤其是老龄人对应用数字信息和技术的生活感

① 布尔迪厄. 社会资本随笔［J］. 社会科学研究，1980（7）.

② ［美］罗伯特·普特南. 使民主运转起来——现代意大利的公民传统［M］. 王列，赖海榕，译. 南昌：江西人民出版社，2001.

到陌生时，他们对生活的满意度会下降，会产生一种失落感。他们年轻时曾为社会做出过贡献，在年老体衰时感到社会不再需要他们，特别是经济条件制约他们的养老生活，不能满足他们生活的特殊需求，与其他代际群体的生活状况拉开距离，会产生被剥夺感。

那么，什么又是社会资源呢？社会资源的概念较为广泛，包括满足人们需要的“机会”、“能力”（可能性）以及“声望”或“荣誉”等。科尔曼（J. Coleman）认为，社会资源是那些满足人们需要，包括经济、政治、社会需要以及相关需要的物品、非物品（如信息）以及事件（如选举），将资源视为满足人们需要的东西。霍曼斯（Homans）认为，社会互动和社会行为基本上理解为物质性或非物质性财产的交换（1958），将资源视为一种财产。因此，社会资源是指在社会网络中所获得的财富、地位、权力以及那些与个人直接或间接有关系的人的社会关系①。

退休后的老龄人，经济收入下降，年老不再是权威的代名词，不少人被社会视为保守、固执、观念陈旧的群体，他们的社会地位降低，健康状况下降，需要他人给予生活照料，对社会赡养资源的需求越来越大。从传统封闭社会到现代开放社会，老龄人的家庭地位也下降。传统家庭的血缘关系、家庭背景、财产继承对个人成长的影响起主要作用，父母对子女的教育、职业、婚姻都有较大影响，子女的前途与父母的地位联系紧密。而在开放社会中，血缘关系固然很重要，但父母对子女的影响力已下降，特别是子女在外求学、在外工作的机会更多，选择更多，子女与父母的关系也疏远了许多，老龄人的家庭赡养资源在减少。

3. 教育让老龄人获得更多的社会资本和社会资源。一方面是家庭资源减少；另一方面是对社会资源需求加大。因此，必须改变社会资本远离老龄人的状况，使老龄人拥有新的社会资本。

① 林南等. 社会资源和关系的力量：职业地位获得中的结构性因素［M］. 上海：上海人民出版社，2002:201.

除社会政策的支持外，老龄人自身素质是十分重要的。接受老龄文化教育的老龄人，都会拥有更多的社会资本，拥有代际交换的能力，能够展示他们的社会价值，从一些调查数据中可以得到验证。

4. 教育对老龄人社会价值的影响力。老龄人在接受老龄教育后，积极参加家庭和社区活动，不仅提高了经济收入水平，而且他们在参与社会、服务社会中，充分体现了他们的社会价值。在引导老龄人参与社会发展中，显示了老年学校教育的独特功能。如举办邓小平理论学习班，使基层老干部对改革开放政策加深了理解，加强了新老干部团结；通过老龄心理学教学，学员们掌握了老龄心理特征，组织老龄朋友谈心，解除抑郁情绪等。由于开展了孙辈教育，学员们懂得了青少年心理，学会了对孙辈循循诱导；学校开设了老龄文艺、体育课程，组织学员们经常外出宣传、演出，带领广大老龄人科学健身；学校开设了家政课，学员们提高了烹饪技术和美化居室、环境的水平，家庭生活更美满；学员们学会了保健按摩，还义务地为社区老人服务，从而促进了社区安定团结①。老龄文化教育使老龄人更能够适应社会发展需要，从积极参与社会发展中获得更多的社会资源。如有的选择了继续就业，从事有酬工作，补充了自身的养老费用；有的选择了参加社区服务志愿者队伍，参与广场文化，开展社区宣传、环境绿化；有的选择为家庭成员服务，买菜做饭，打扫卫生，乐在其中；有的进行编写抗日战争史、地方志，自编和出版了文学作品等；有的参加丰富的社会政治、文化活动，如老龄读书会、老龄乐团、老龄人网站俱乐部、投资理财等，使他们发挥聪明才智，显示自身价值，在参与社会发展中做出贡献。拥有高智力资源的老龄人在于终身学习的积累，其社会价值更是不可忽视。中国老教授协会自1985年成立，到2007年5月，已达61000名会

① 潘锦培，周龙．老龄教育对提高老龄人生活质量作用的调查研究［J］．上海市老龄科研中心，2006．

员，包括186位两院院士和许多人文社会科学方面的著名专家学者。协会作为高级人才学习提高的民间培训基地，多学科、多行业、综合性的民间科技咨询开发研究中心、国家和地方建言献策的智囊团，发挥了重要作用。协会系统举办的民办高校有51所，成立科技实体25个，承担科研项目1000多个。会员中获国家科技进步奖5人次，省、部级科技进步奖400多人次①。教育赋予智慧老龄活动的社会舞台很大。平日，老龄人是家庭和社区活动的积极分子，而在社会突发事件中，不论是我国抗击“非典”、冰冻雪灾，还是抗震救灾的关键时刻，都有智慧老年人奋斗的身影。他们运用长期学习获得的智慧和经验，成功地攻破了一个又一个难关，充分体现了他们的社会价值影响力。

在老龄教育学科的价值体系构架中，政治价值、经济价值、文化价值和社会价值都是密不可分的。在科学发展、技术进步的社会，接受终身教育、进行终身学习的老龄人，他们积极向上，参与社会、服务社会的主动性和自觉性都明显高于没有参加学习的老龄人，普及老龄教育，提高学习质量与学习效果，老龄人就会成为信息技术、数字生活的受益者，既可以为现代化建设贡献力量，展示生命价值，又会给老人带来多姿多彩的生活。

第三节　老龄文化教育的内容、形式

一、老龄文化民生教育的特点

老龄教育是终身教育的一个重要组成部分，它主要致力于丰富老龄人的闲暇生活，挖掘老龄人的潜能，使得老有所乐、老有所学、老有所用。老龄教育不同于国民基础教育、学历资格教育和职业教育。国民基础教育和学历资格教育主要是以开发个人智

---

① 中国老教授协会会讯［J］. 2007（4）.

力、增长知识及培养健全人格为主，一般都涉及考分、名次、奖励及文凭，成人参加工作后的培训及成人教育，则主要为提高自身能力，围绕工作升迁及名利而展开的。老龄教育则不存在这些目的，是一种没有外界压力、没有思想负担的愉快教育。

老龄人的养老不仅包括物质支持和生活照料，还包括精神的愉悦与满足。在现实生活中，人们往往会忽视精神赡养，认为老龄人不愁吃穿，老有所养就可以。事实上，精神上的慰藉和寄托往往是人们进入老龄期后最缺乏的需求之一。老龄教育给老龄人提供一个自由的空间，在这里，老龄人不仅能够找到自己的兴趣所在，而且可以找到实现自我的方式，充实自己的人生，这样既满足了心理的需求，又丰富了发展的需要。

老龄教育具有较强的愉悦性，且形式灵活多样。老龄教育旨在帮助老龄人提高综合素质，开创健康、快乐、积极的晚年生活。老龄人根据自己的兴趣爱好及生活需求选择教育内容，如选择绘画书法以陶冶情操，选择太极舞蹈以增强体质，选择烹饪养殖以提高生活品质。老龄教育的内容丰富，且形式多样。老龄大学是老龄教育的专门机构，具有不可替代的作用。值得说明的是老龄人在老龄大学所接受的教育往往不是以完成学习任务作为最终目标，而是以趣味、愉悦、充实作为直接目标。除了老龄大学这种学校教育形式外，老龄教育还有社区教育、家庭教育和媒体远程教育等多种形式。

培养老龄人休闲的能力，使老龄人能够充分利用各种资源支配自己的闲暇时间，参与各种娱乐活动、公益事业，或修身养性，或愉悦心情，或锻炼身体，让他们能够享受到晚年生活的乐趣。老龄文化休闲生活主要包括学习文化生活、交往文化生活和活动文化生活。学习文化生活可以选择学习文史知识、诗词鉴赏、戏剧歌舞、外语、书法绘画等；交往文化包括交友、参加社团组织等；活动文化则主要包括结伴旅游、垂钓、组织参观及文体活动等。老龄人可以根据各自的需求选择不同的休闲方式和类型。通过开展各种内容丰富的休闲文化活动，不仅能够让老龄人乐在其中，同时也可以让老龄人找到自己的精神寄托，每天充满活力，生活充满信心，思想上紧跟时代步伐，让生活充满乐趣和追求。老龄人只有身心愉悦，才能体会到晚年的幸福与快乐。老龄人在学习中交往、活动，同时也在交往、活动中学习。接受了上述教育的老龄人，文化民生将更主动、更积极也更有成效。接受教育越多，老龄人在文化民生过程中就有更大的自由、更广的空间和更厚实的积淀。

二、老龄文化民生教育的内容

老龄教育的内容是针对老龄人的需求，为提高老龄人的素质而设定的。人的素质主要包括科学素质和人文素质，老龄人的素质也不例外。在一个高新科学技术飞速发展的社会，人的生活质量和生命质量与科学素质是紧密结合在一起的。但仅有科学知识还是不够的。人要有理想信念，要有正确的人生观和价值观，以承担社会责任为己任，才会体现生活的价值和意义。即使是晚年，如果失去了生活的目标，也难以画上人生完美的句号。因此，老龄人的需求与社会的需求又联系在一起，使老龄教育的内容包括了基本理论教育、普及知识教育、社会实践教育和文化休闲教育等诸方面。

（一）基本理论教育

在日常生活中，人们对老龄人的基本理论教育存有偏见，认为离老龄人现实生活太远。其实在人的素质教育中，具有普遍意义的基本理论教育又是不可缺少的。基本理论教育与人的实践密切联系，忽视了社会人的理性教育，失去分辨科学与伪科学、是与非的能力，将会迷失做人的方向。在社会化的过程中，老龄人的发展、健康和保障依然离不开基础理论教育。

我国老龄教育的内容主要分为基本理论知识、实用技能和休闲文化。针对老龄人的记忆特点，我国老龄教育重经验、轻理论，并且赋予教育内容鲜明的生活气息和时代特征。老龄教育内容主要以知识性、趣味性和实用性为主，旨在提高老龄人的综合素质，以提升老龄人生活质量。科学的实践需要以正确的理论为指导。虽然老龄人已经退出职场，但是在实际生活中，老龄人还是需要参与一定的社会实践，仍需一定的理论知识作为指导，以适应变化发展的社会。

1. 老龄人发展理论的基础是老龄学学科教育

目前老龄学教育的学科主要有三大支柱学科：社会老龄学、社会与自然科学交叉的老龄学和生物医学老龄学。这些学科又含有若干分支学科。国际老龄学学会（International Asso-ciation of Gerontology）于 1950 年 12 月在比利时召开成立大会，提出老龄学的新构思。会议指出老龄学的研究不仅包括医学，而且还必须包括社会保健等问题。会议还强调“有鉴于老龄人口日益增多，对老龄人有重大影响的社会经济因素进行研究，实属必要。”这次会议成为老龄学研究从生物学和医学研究，发展到结合社会经济等方面进行综合性研究的里程碑，推动了国际性老龄科学的学术研究。之后，国际老龄学会和美国老龄学会将老龄学划分为四大领域：生物学、医学、行为与社会科学以及社会研究、计划与实践等。老龄学的研究领域从自然科学扩展到社会科学领域。① 理论是科学的规律总结，是经验的提炼升华，是人们的精神食粮。受教育者掌握了理论，就把握了更多的社会资源，老龄学学科涉及面很广泛，社会老龄学包括老龄人口学、老龄经济学、老龄社会学、老龄哲学、老龄法学、老龄教育学、老龄管理学等；社会与自然交叉的学科包括老龄心理学、老龄生命伦理学、老龄体育学、老龄精神病学等；医学老龄学包括老龄基础医学、老龄预防医学、老龄临床医学、中医老龄学、老龄康复医学和老龄护理学等分支学科。每个学科都是在研究和探索与老龄人的社会生活密切相关的基本道理。

社会发展和科技进步，推动了许多新学科的建立，在每个分

---

① 熊必俊，郑亚丽. 老龄学与老龄问题［M］. 北京：科学技术文献出版社，1989:30-32.

支学科中又可以细分出若干学科。如老龄经济学的分支学科有：老龄资源经济学、老龄环境经济学、老龄产业与市场学等；老龄社会学的分支学科有：老龄社会心理学、老龄社会保障学、老龄社会发展学、老龄婚姻家庭学、老龄妇女问题研究和老龄住宅社会学等。随着学科建设的发展，每一学科研究的内容越来越丰富，又会分化为更多新的学科。同时，每一学科领域中，新的交叉学科不断出现，如社会老龄学领域中，出现老龄人口经济学、老龄人口社会学等；新的知识则不断充实到教育内容中来。老龄预防医学分为老龄流行病学、老龄营养学、老龄保健学等；老龄临床医学分为老龄急症学、老龄内科学、老龄外科学等；中医老龄学分为中医老龄社会学、中医老龄心理学、中医老龄疾病学、中医老龄保健学、中医延缓衰老学等。这些学科又有其分支学科，如老龄内科学分为老龄神经病学、老龄心血管病学、老龄呼吸病学、老龄消化病学、老龄肾脏病学、老年内分泌、代谢病学等；老龄外科学分为老龄普通外科学、老年心血管外科学、老龄泌尿外科学、老龄骨科学、老龄眼科学等①。

这些学科的理论知识已逐步列入老龄教育的内容，拓展了老龄教育的领域和范畴。将有关老龄人的发展、健康和保障方面的新内容不断纳入到老龄教育中，以满足老龄人多方面的需求。

新时期赋予老龄教育学的重要任务是学习和实践积极老龄化的理论与对策。老龄文化教育是为积极老龄化服务的过程，包括创造持续发展的老龄化、健康生存的老龄化和权益保障的老龄化的过程，是成功的老龄化的构建工程。开展积极老龄化的理论教育，将大大丰富老龄教育的内容，使老龄教育逐步纳入国家教育发展规划，让进入老龄期的人们，都能够选择和接受不同层次的老龄学学科基本理论教育，促进教育为提高老龄人的素质服务，适应老龄人发展的需要。

---

①　陈可冀. 老龄化中国：问题与对策［M］. 北京：中国协和医科大学出版社，2002.

2. 老龄人生活的基本理论是老龄健康理论教育

国外老龄健康教育根据其内容不同可以划分为三种类型：①退休准备时期的教育，主要涉及退休的思想准备及退休后人生的展望和面临的生活目标，一般是在员工退休前三五年进行；②确保退休后身心健康的教育，主要是根据老龄人的兴趣爱好及生活所需，以确立老龄人自己的独立生活方式；③对待死亡的教育，主要涉及如何对待死亡、自己的周围环境、人与人之间的关系及对整个世界的价值、理念和认识①。

(1) 新健康的基本含义从表层狭义的理解进入到深层广义的理解。狭义的健康与死亡、寿命相关，广义的健康将健康纳入社会发展的视野。老龄教育使老龄人将健康的关注点从单纯生理健康转移到全方位的身心健康，从延长预期寿命转移到延长健康预期寿命，提高生命质量和生活质量上来，使健康教育成为老龄人生活的基本理论。老龄健康教育对社会经济发展具有重要影响。在长寿社会中，人口的总体健康水平对于经济增长和社会发展是至关重要的。

1996 年中国颁布的《老龄人权益保障法》规定："开展各种形式的健康教育，普及老龄保健知识，增强老龄的自我保健意识。"以法律形式提出健康教育，表明健康生存对老龄人和社会的意义深远。要想以健康和幸福的状态进入老龄，需要老龄人通过终生教育，实现科学养生，保持健康的生活方式，并促进社会创造一个支助性的环境，为老龄人口提供他们特殊需要的保健服务。据世界银行测算，过去 40 年中，中国城乡居民因疾病、损伤引起的医疗资源消耗——医药费，相当于 GDP 的 6.4%，患病人群因劳动力丧失以及医治，一年要消耗上千亿人民币②。而据调查显示，老龄人群的医疗费用要大大高于其他年龄层次的人群。老龄人疾病伤残比例高，必然会使社会和家庭负担加重，制

① 王英. 中外老龄教育比较研究 [J]. 学术论坛 2009 (1).

② 《北京晚报》，2002 年 1 月 25 日。

约经济的发展；据发达国家人口统计资料显示，1997年美国和日本65岁及以上老龄人口分别占12.5%和17.5%，老龄人仅仅平均医疗照顾费用一项就分别占GDP的5%和3.4%[①]。表明老龄人口的健康状况会对经济发展产生重大的影响。

（2）老龄健康教育是身心健康教育的统一，不仅要进行生理健康教育，而且还要有心理健康教育，使老龄人能够适应社会的发展。心理性疾病主要有保守、固执、孤独、悲观、抑郁等。以往人们多注意生理性疾病，而忽视了对心理性疾病的治疗，结果也导致老龄人残疾和生活质量下降，加速了生理衰老。尽管患心理性疾病不是进入老龄的必然结果，但患抑郁和痴呆症等疾病的还是多为老龄人。一个思想开放、积极生活的老龄人，他的记忆力、想象力、创造力都会被开发出来。相反，如果老龄人活动很少，甚至没有活动，每日处于孤独、寂寞、谨小慎微状态，他会因自己反应迟钝、脑子慢、依赖别人而悲观失望，表明老龄人晚年生活的心理障碍会加速生理衰老状况。

（3）老龄人的健康教育是知与行的统一。在健康教育体系中，知与行是相互作用的，并为塑造健康人格服务。在《现代汉语词典》中，人格是指人的性格、气质、能力等特征的总和[②]。心理学家将人格视为人类的行为模式，包括情绪、动作和认知过程。瑞士心理学家卡尔·荣格把人划分为内倾性格者和外倾性格者，认为内向人关注自身的思想感受，而外向人更多地关注周围环境。奥地利学者S. 弗罗伊德将人格划分为三部分：本我，代表着性和攻击的本能冲动；自我，代表现实世界的需求；超我，代表人格中形成的行为标准[③]。

对于老龄教育来讲，以人为本，更关注人格的尊严特征和发

① 徐锦源．老龄人的生涯规划［J］．第三年龄学习国际研究2003会刊，2003．

② 现代汉语词典（修订本）［M］．北京：商务印书馆，1996:1062．

③ 世界百科全书：第13卷［M］．海口：海南出版社、三环出版社，2006：261-262．

展类型的塑造，并致力于知行统一的实践。人有天生遗传的方面，但人格主要还是人在社会化过程中所形成的。老龄型人格可划分为正向型人格、中向型人格和负向型人格等 3 种大类型。正向型人格的特征属于发展型，表现为积极生活目标：乐观、自信、助他、稳重、自强、进取、好学、谦虚、宽容；中向型人格的特征属于自如型，表现为轻松生活目标：自乐、自振、自助、自安、自娱、自治、自好、自责、自慰；负向型人格的特征属于怨恨型，表现为消极生活目标：抑郁、偏激、自闭、寂寞、失落、保守、僵化、焦虑、狭隘等。健康教育就是要鼓励老龄人参与社会实践，塑造健康人格，将负向型人格的老龄人向中向型人格过渡，使中向型人格老龄人向正向型人格过渡，并逐渐转变为正向型人格。而要防止中向型人格在一定环境下向负向型人格蜕变。人格的塑造是在知行统一的实践中完成的，是健康教育与社会实践的完美结合，是老龄人的人格塑造所不可缺少的。

（4）老龄健康教育是运动观与安全观的统一。运动观和安全观教育在老龄健康教育中是不可分离的。生命在于运动，没有运动，则没有人的活力。但身体锻炼依然需要科学，发展老龄体育，增强老龄体质，也要提高老龄人安全从事运动的能力。国际体质研究的指标有了变化，发达国家如美国和日本在使用健康体质测试时，已将健康安全作为“运动技术指标测试”的新评价标准。缺少安全观的体育锻炼，效果会适得其反。因此，老龄人的运动要走安全、健康的科学发展之路①。

（5）老龄健康教育是疾病治疗观与预防观的统一。治疗观和预防观教育在老龄健康教育中同等重要。有了病应及时治疗，不能讳疾忌医，要很好地配合医生治疗。但以预防为主，是不能忽视的健康理念。在 1994 年 7 月发表的《中国 21 世纪议程——中国 21 世纪人口、环境与发展白皮书》中，特别提到预防理念。文中指出：“为适应人口结构老龄化的趋势和疾病谱的变化，针

---

① 李卫东．提高健康素质：教育目标的新维度［N］．光明日报，2003-01-29.

对慢性非传染性疾病发病率上升以及由生活环境、生活方式、精神及其他社会因素导致的疾病逐渐增多的趋势，开展综合预防、保健及康复工作。并在保护易受害人群的行动方案中，提出的目标之一是满足老龄人的保健需求，为老龄人提供必要的医疗保健服务，提高老龄病的医疗水平”。《维多利亚宣言》(1992 年世界医学大会) 提出的四大健康基石是“合理膳食、适当运动、戒烟限酒、心理平衡”，是经过反复实践总结出来的规律，要使老龄人真正清楚其含义，自觉遵循健康生活方式。

(6) 老龄健康教育是社会角色观与自我角色观的统一。老龄社会角色观和自我角色观教育是老龄健康教育不可缺少的内容。老龄社会角色观是从社会需求出发，解脱中青年时期承担的社会角色，转换为老龄时期承担的社会角色，融入社会，参与社会，保持生命的活力。老龄自我角色观是从自身需求出发保持个人较高的生活满意度。因此，塑造健康形象，营造幸福情境，角色的设计和选择也是健康教育的重要组成部分。孔子曰：“其为人也，发奋忘食，乐以忘忧，不知老之将至云尔。”《论语·述而》当人们专注于自己的社会角色，专心工作，心情愉快，就会忘掉自己的衰老。相反，如果陷入无角色境地，就会感到空虚，生命价值失落，如孔子所云：“饱食终日，无所用心，难矣哉!”(《论语·阳货》) 即使尚未进入老龄时期，也会感到失去人生的意义，加速衰老程度。晚年生活的幸福感和快乐感都对人体潜在的健康水平有重要影响，可以缓解体衰对老龄人的压力。

3. 老龄保障理论教育是老龄人维权的必修课

老龄群体通常被视为社会上的弱势群体，向他们进行维权教育，对于保障老龄人的合法权益尤为重要。老龄人的权益极易受到侵害，这是因为人在衰老的过程中，视力、听力下降影响了辨认力，不能像年轻人一样持续在市场上摸爬滚打，对目前市场信息的复杂性缺乏了解，就容易上当受骗。一些骗子利用老龄人很在乎物品的价格，以假充真，以次充好，结果使一些老龄消费者深受其害。老龄人的权益保障是靠法理的，需要有自我维权意识。

（1）老龄保障理论教育范畴。老龄保障理论教育包括老龄经济保障、老龄社会保障、老龄健康保障、老龄社会参与保障和老年法律保障等教育。这些理论知识都与老龄人的日常生活紧密相连，如退休金问题、老龄再就业的劳动报酬问题以及签订合同协议，涉及劳动保护、工伤保险等易引发的纠纷，老龄再婚引发的财产纠纷和子女感情问题，老龄住房、财产保障，还有遗嘱公证等财产继承问题。老龄人需要保障的内容很多，但老龄人随着年龄的增长，精力下降，认为自己打官司，不仅是财力有限，同时精力体力的付出，都使老龄人通常采取忍的方式，有的一忍再忍，最后忍无可忍，走上绝路，或自杀，或剥夺他人生命。运用法律武器保护自己的合法权益，在一些老龄人的头脑中，几乎是空白。因此，老龄人的维权课与健康课是同等重要的。

老龄人的保障有非强制性的舆论保障、伦理保障，但主要是靠强制性的法律保障、制度保障。尽管伦理道德是社会所提倡的，在社会不同时期，社会道德水准是不同的，子女的孝敬也需要一定条件。能否使老龄人获得足够的物质保障，老人身边能否有人陪伴并进行生活照料，能否让老龄人享受精神慰藉，固然与子女自身的素质和条件分不开，但以社会保障、法律保障制度来维护老龄人的权益更为重要。

老龄人的权益保障最重要的是养老和医疗保障。国家对城镇企事业职工实行基本养老保障和基本医疗保障的基本保障，其覆盖面将逐步扩大到更多的老龄人，最低生活保障将惠及所有城乡老龄人。老龄人是否能按时足额领取退休金，患了大病、重病后是否能得到及时治疗，是老龄人的权益问题。因此，需要让老龄人学法、懂法、用法，维护自己的合法权益。

（2）老龄人参与社会的权益保障。老龄人享有社会参与的权利，禁止歧视老龄人就业的法规在一些国家已有体现。但在对老龄人参与社会方面社会上还存在不少模糊认识。有的认为现在就业难是社会大难题，农村富余劳动力要向城镇转移，产业结构调整，传统产业的传统工艺被淘汰，一批传统企业人员下岗，需重新就业，而且一些大学毕业生还不能充分就业。老龄人退休后再从事工作，有与中青年抢饭碗之嫌；有的认为老龄人再就业，会形成社会上新的分配不公，他们领取双报酬，一份是退休金，另一份是新的工作报酬，将成为“高价老人”；有的还提出对再工作的退休老人应扣去退休金，还有的反对单位聘任离退休人员，甚至以发文件的形式，要求各单位不能返聘或招聘离退休人员。种种表现，都构成了对老龄人参与社会的侵权行为。随着改革的深化，市场配置资源，消除年龄歧视，逐步树立新的人才观。许多老龄人成为社区志愿者，一些老龄人用个人积累的资金创业，投到贫困山区建学校，修路架桥，扶贫济困。老龄人创办民办学校、民办企业，对青年人传帮带，为中青年送“饭碗”，他们的社会责任感、爱岗敬业精神，赢得社会的尊重。不少老中青合作攻克高科技难关，形成共赢局面，改变了对老龄人才的歧视。维护老龄人的合法权益，就要划清合法收入与不合法收入的界限，鼓励和支持部分老龄人从纯消费者转为生产者、纳税人，对国家做出新的贡献。

(3) 社会网络支持老龄人保障。人到老龄，个人的力量是有限的，但社会的力量是强大的，相信正义必将战胜邪恶，是历史的规律。在日常生活中，要学会将个人的委屈、苦衷向他人倾诉，争取法律的援助和外在的帮助。学好法律法规，特别是宪法、老龄法、民法、婚姻法、继承法、劳动法、社会保障政策等。老龄人是容易遭受侵权危害的群体，而他们又不愿打官司，一怕花钱，二怕生气，三怕官司不公平，费时费力不讨好。结果采取“忍”的方式，使侵权者得不到法律的惩治。进行法律保障教育，使老龄人认清依法治国是社会主义国家的必然选择，法律是伸张正义的，通过法律机构，执行法规和程序，惩戒违法者，帮助受害人获得属于自己的权益，从而使社会秩序正常运行。老龄人维权也要有足够的思想准备，因权力机构人员不是生活在真空中，发生司法腐败，或司法不公正的现象，在复杂的社会形势下，都是存在的。但要坚信，历史是不会开倒车的，不要因暂时的挫折而放弃依靠法律的权益保障。因此，学会维权是老龄人的必修课。

（二）普及知识教育

适合老龄人的特点，符合老龄人的兴趣，贴近老龄人的生活，为老龄人所需要，这样的知识就易于达到普及的目的。但老龄群体的差异很大，并非每一种知识都需要掌握，而是应选择对其有用的知识来丰富自己的生活。由于教育是在特定的历史、文化条件下的自我完善过程，是接受语言、社会习俗、文化价值、各种社会制度、法律规范等的主体性过程，因而普及知识需要老龄人作出选择，使他们具备一定的生理知识、心理知识、智力文化知识、社会适应能力知识和社会参与能力知识等。

1. 现代老龄人对知识结构的需求

在现代社会，仅仅具备某一专业知识，即单一知识结构的人很难满足做现代人的标准。原苏联教育学家苏霍姆林斯基曾说过："在我们这个时代，没有良好的教养，没有牢固的知识，没有丰富的智力素养和多方面的智力兴趣，把一个人提高到道德尊严感的高度是不可思议的。"因此，有学者将知识的广度和深度归纳为"T"字型的知识结构，"一"表示知识的广博，"丨"表示知识的精深[①]，实现普通知识与专业知识教育结合的目标。

国际社会中已有许多学者在研究通识教育与专业教育的关系，要求既会做人，又会做事。通识教育代表了教育的普及性，反映了教育的本质。普及性教育，体现了教育的永恒性、公益性和前瞻性，能够启迪良智，教化民众，推进文明。通识教育以尊重和满足人的本质需要、促进人的长远发展为出发点，引导人们树立积极的人生观和价值观。通识教育的任务，是在个人与社会之间产生相互促进的关系。通过学术的熏陶，具备理性的人格力

① 李京文. 迎接知识经济新时代［M］. 上海：上海远东出版社，1999：167-168.

量，从而培养具有科学和人文精神的人才。在老龄教育中，将通识教育作为普及教育，使老龄人除在自己本专业之外，还能学习到其他与社会生活相关的知识。现代社会的老龄人所面临的矛盾，是来自于自身观念与现代社会观念、行为的冲突。面对诸多的矛盾，不仅要更新知识，而且要调整老龄人的知识结构就更为必要了。

一方面，老龄人作为社会的个体成员，要从广度上了解社会变革带给人们观念、行为的巨变，学会适应在高新技术社会中的生存，改变以往所习惯了的传统生活方式。联合国《国际行动计划》第七十五条指出："许多情况表明，知识的迅速大量增加正在导致资料的瞬即过时，从而造成社会的脱节现象。这些变化表明，必须扩大社会的教育结构以解决人们整个生命期间对教育的需要问题。按照这种教育方式，需要不断进行成年教育，包括为进入老龄做准备和创造性地利用时间的教育。此外，老龄人和其他年龄组的人们一样，能够得到基本文化教育，并能利用社会中所具备的一切教育设施。"① 这表明需要对老龄人进行现代文明社会的综合性知识教育，更新原有知识，以理解变革的新事物，适应现代新的生活方式。

另一方面，老龄群体作为社会的群体成员，要从深度上搞清楚人口预期寿命的延长，老龄人口激增，老龄化社会的加速到来，形成新的代际格局和代际关系。代沟冲突留给长辈人很多的思考。人们渴望人与人之间的民主、平等、团结、和睦，包括家庭成员之间。认识老龄人在社会化过程中的角色转换，通过学习，享有代际之间的共同语言，把握好代际交换和代际互补，学会与不同年龄群体的和谐生活。老龄人和其他年龄层次的人一样，不仅接受专业、职业教育，还需要广泛的教养；不仅是智育，还有德育、体育、美育。是专业和教养的统一，也是德智体美方面的统一。不局限于学习文化知识，而是将智育、情绪、审

① 联合国：《1982年维也纳老龄问题国际行动计划》，联合国网站。

美、职业、政治、身体等综合教育内容统一起来充分实现老龄社会功能在社会整体功能的作用。老龄人的知识结构由此得到改变。在传统的以养老为主的生活方式中，生存、长寿为标准，老龄知识结构局限于娱乐保健知识，这些知识可以包含在老龄教育中，但不是全部老龄教育内容。现代老龄人不仅要具备适应性，而且要具备创造性：即不仅要适应急剧变化的社会生活环境，而且要创造和改变社会生活环境，使老龄人力资源得到充分开发和利用。老龄知识结构扩展，从养生保健知识到社会参与知识。

2. 现代老龄人的普及知识教育结构框架

尽管现代老龄人的层次差异较大，但从普及角度出发，老龄人的知识结构框架是由老龄生理知识、老龄心理知识、老龄智力知识和老龄适应社会、参与社会知识等方面构成。

（1）老龄生理知识教育。生理衰老是大自然的规律，会给老龄人晚年生活带来许多不便。正常性衰老与非正常性衰老是有区别的，老龄人要学会识别。如随年龄增长而出现牙齿老化、饮食不便；视力下降，视物模糊；听力减退，与人交流困难；四肢老化，行动不便等衰老迹象，新陈代谢越发缓慢，属于正常性衰老。非正常性衰老主要指疾病所致，如高血压、冠心病、糖尿病、骨质疏松症、哮喘病等，并不完全是以年龄划线。了解生理衰老的知识，了解五官、四肢、五脏、六腑衰老特征，可以防治心血管病、骨质疏松、糖尿病、呼吸系统常见病等，延缓衰老的进程，尽可能保持生活自理的能力，进行积极生理保健。

（2）老龄心理知识教育。心理衰老既有生物意义上的变化，又有社会意义的变化。人脑是心理活动的器官，通过神经细胞活动，人的意识对大脑物质也起促进作用。科学家们发现，大脑的两半球机能有明确分工，左半球通常在语言、逻辑思维、分析能力等方面起决定作用，右半球常在音乐、美术、空间和形状的识别、短暂的视觉记忆方面起决定作用①。简言之，左脑侧重于理

① 杨国璋. 当代新学科手册［M］. 上海：上海人民出版社，1985:467.

性思维，而右脑侧重于形象思维。

老龄人的情感与年轻时相比，经过人生的磨炼，更为成熟，如谅解、同情、平静、善良和沉着，使他们获得更多的尊重。老龄人也存在非理性意识，在接受新的知识受到大脑生理机制的障碍时，就容易产生固执、保守、猜疑、自卑等心理问题。在受到社会和家庭歧视、遗弃、虐待时，会自身产生消沉、抑郁、焦虑、厌世等情绪。人在年轻时较为开放，日常待人接物很多，但进入老年，社会交往减少，倾向于自我保护，这种增龄后的自我调整，对老龄人的生活产生较大影响。老龄教育要针对老龄人的尊重需求和各种情感需求，让他们学会与他人交流、倾诉，对心理压力进行释放、解脱，帮助老龄人学会积极的心理保健办法，及时消除自己的不良情绪，保持健康心理。

(3) 老龄智力知识教育。人的智力发展既靠智力因素，又靠非智力因素。智力因素虽与年龄关系不大，但与个人生理和心理的素质有很大关联。经常运用老龄人熟悉的知识与感兴趣的知识都是老龄人保持智力和提高智力水平的有效方式，通过学习文学诗词、戏曲、历史地理、外国语言、世界文化信息等，参与书法、绘画、装裱、篆刻、摄影、剪纸、泥塑、鉴赏与收藏，集邮、旅游、音乐、舞蹈、戏剧等兴趣活动，勤于动脑动手，会促进智力的发展。

(4) 老龄适应社会和参与社会知识教育。老龄群体是蕴藏着丰富社会财富资源的宝库，开发老龄资源，主要是开发老龄人适应社会和参与社会的能力。老龄教育为晚年生活营造了一种浓厚的学习氛围，给老龄人提供各种发挥潜能的思路，使他们学有所得，学有所用。每位长者，不管他过去有无地位、有无财富、有无威望，但只要他愿意学习新事物，研究新情况，能成功地运用所掌握的知识，有所发明、有所创造、有所突破，都会有人生成就感。与此相反，缺乏适应社会和参与社会的知识教育，接触的新东西越来越少，对现代社会的发展则感到格格不入，总是觉得今不如昔，停留在过去的生活模式中，就会感到社会和家庭的陌生，难以适应社会发展的需要。对于家政、理财、化妆、服饰、营养、保健、微机应用等社会时尚知识，以及行业新技能的发展，老龄人也要介入其中，感受时代的气息，与时俱进，挖掘自己的资源潜能，实现积极的老龄生活。

（三）社会实践教育

1. 老龄教育的社会实践性

老龄教育的实践教育是组织老龄人亲身参与社会、融入社会的教育，是适应现代社会发展需要的教育。老龄教育启迪老龄人对生命意义的认识，积极参与社会实践，抛弃对老龄的恐惧，不为老朋友的离别而过度悲伤，更加珍惜生命的价值。

老龄人之所以受到社会的尊敬和爱戴，不是因为年龄比别人大，而是因为作为长者，在前半生，他们曾为学业、事业奋斗拼搏过，积累了丰富的阅历和经验，他们的言行对社会，尤其是晚辈起到示范效应。如果只沉醉于过去的经历、经验中，对今天的生活没有兴趣，社会边缘的感觉日益突出，生命的价值就会感到枯竭。生命的成长和生命的价值是贯穿于老龄教育的全过程的，对人生成长的反思，成为老龄人撰写回忆录的动力，总结了人生的成功与失败教训，可以留给后人深刻的思考和启迪。

社会实践教育使老龄人在物质文明与精神文明建设中获双丰收。在许多退休人员的学习成果展览中，都有一本本人生实践的故事，他们没有停止在读书学习上，而是运用学到的知识，继续潜心研究、发明创造，取得新的成绩，作出新的贡献。年过花甲对生命价值的重新定位，使他们依然忙碌于生活与事业，赋予生命更多的期待，希望更健康、更具活力，这就是成功的老龄化。

2. 老龄人新的社会化过程

（1）老龄人新的社会化过程是自觉参与社会实践的过程。进入老龄期的社会化过程是人生完整社会化过程中的一个阶段。在这一阶段中，与老龄人发展相对立的有若干因素，如贫困、疾病、歧视、虐待、暴力、代际冲突等。在老龄期，人们会丧失许多东西，包括各种资源，如情感资源：受亲情、爱情、友情等因素影响，人生中的生离死别对一些老龄人的精神打击是致命的，因为老龄人的交往圈子局限于人生早期、中期特定的群体中，而晚年新的交往还缺少经受时间的检验，交情还不深；经济资源：受劳动报酬减少、物价上涨、医药消费增大等因素影响，一些老龄人营养不良，有病自己忍着；社会资源：受社会身份、社会活动、社会交往都在减少等因素影响，一些老龄人会对他人作出让步，以牺牲自己为代价，他们又会感到压抑。这些问题的产生与老龄人远离社会实践有关，为了寻求最基本的资源保护，他们需要求助于社会，求助于他人。这些负面因素的转化也要在社会化过程中进行。

(2) 老龄人新的社会化过程是与获取社会资源密切相关的。针对不同层次、不同情况的老龄人，在接受基本的和持续的教育方面享有平等机会；提高老龄人的识字率，鼓励和提倡他们学习新技术特别是信息和通信技术，了解日常生活中技术上的要求；编制和传播便于老龄人学习的信息知识；在计算机技术设计上考虑到老龄人接受培训的能力和视力降低的因素，提供更具便捷性和保护性的产品服务；同时，要制定促进老龄人持续获得培训和进修机会的政策，不断给老龄人提供社会实践的场所和机会。

(3) 老龄人的社会化过程离不开代际互动，发挥与不同年龄的人相互学习、相互扶持的作用。在家庭、邻里和社区内创造机会，制定切实可行的教育方案。老龄人将经验和专门知识传授给中青年，充分发挥老龄人指导者和顾问的作用，鼓励老龄志愿者为青年成长铺路搭桥。青年人将新技术、新观念、新思路讲授给老龄人，使老龄人汲取新的知识营养，促进各代人之间的相互交流、相互促进。

(4) 教育老龄人是积极而充实生活的重要基础，因而老龄人的社会化与其获取知识、教育和培训的机会联系在一起，老龄人的发展与其自尊、自立、自强联系在一起，终身社会化过程与制定保证终身获取教育和培训机会的政策联系在一起，需要以终身学习和参加培训来满足老龄人新的社会化过程。

3. 老龄人社会实践的能力

老龄人晚年学习的动力是对新生活的好奇和兴趣，需要老龄人对新事物、新观念不断发问、不断探究、不断实践。老龄人只有在亲身实践中，才能增强生存能力，提高生活质量。

老龄人的社会实践教育内容是十分丰富的。了解信息科学技术，并将新技术在生活中普及和应用，将改变老龄人的生活方式。数字电视机、影碟机、摄像机、数码相机、股票机等数字化的生存方式进入老龄人的生活，使晚年生活的方方面面充满了挑战。手机、计算机的普及，利用电子商务购物，利用电子邮箱、博客进行交流，利用自动取款机、银行电子卡、交通一卡通消费，他们将面对电子信息服务业，通过电子平台来提高生活质量。他们需要学习生物信息技术和生态知识，享受健康绿色营养食品，使身体的免疫力提高；学习生命科学，了解有关衰老基因知识，揭开生命现象及衰老过程的奥秘，提高生命质量；学习医药和保健知识，有效选择药物和保健产品，尝试新生物医药的临床应用，使许多老龄病、慢性病得到治疗，减轻疾病的困扰和折磨。他们可以参与改善居住环境，兴建街区公园，使晨练、午练、晚练都有了优美的环境和活动场所。他们可以享受家务劳动电子化带来的舒适方便快捷，亲身体验智能社区、安全监控社区、无障碍设施社区、生态社区的种种好处，在积极参与生活实践中，学习和应用现代科学知识，使晚年生活健康愉快。

（四）文化休闲教育

以人为本的现代理念，使人们重新审视教育的价值取向。人们的生活包含了辛勤工作的一面，还有美好享受的另一面。面对市场竞争的压力，人们呼唤休闲文化。休闲文化不仅为工作群体所选择，更为老龄群体所欢迎，因而成为社会时尚。

1. 休闲教育的含义

休闲教育是为满足人们对休闲生活的需求而产生的，是传授休闲生活的理念和方法。简言之，现代休闲教育是培养人的休闲能力。人们学会利用能够自由支配的闲暇时间，参与各种非正式的活动，如家务、文化娱乐、社会公益等，调剂生活情趣，补充脑体能量，愉悦身心。对于现代老龄人来讲，退休，意味着离开工作岗位，安度晚年，享受休闲生活。但休闲，不等于脱离社会，无所事事，得过且过，而是生活得惬意、舒适。马惠娣教授在《我们为什么要学会休闲》一文中对休闲教育的定义为“休闲教育就是教人学会合理、科学、有效地利用闲暇时间，学会欣赏生命和生活；学会各种形式的创造；学会对价值的判断；学会选择和规避问题的方法；学会能促进身心健康的各种技能。”① “休闲教育的本质是促进人在‘成为人’过程中获得自由而全面的发展，使整个人生充实、快乐，且富有意义。”② 相反，如果滥用闲暇时间，则会妨碍个人发展，损害健康，影响工作效率，甚至引发社会公害。

现代老龄的休闲文化教育是一种生活方式，老龄人与休闲文化教育融合，体现为积极的养生方式。有学者提出，休闲是为了生命而存在的，因而要站在生命的高度来理解休闲的意义，强调“休闲是从文化环境和物质环境的外在压力下解脱出来的一种相对自由的生活，它使个体能够以自己所喜欢的、本能地感到有价值的方式，在内心之爱的驱动下行动”。人们通过休闲教育，释放出能量，缓解压力，愉悦了身心，达到真正放松身心、修身养性的目的。

人的休闲的能力不是与生俱有的，休闲的能力不同，休闲的质量也不同，休闲应是更高层次的享受。之所以要进行休闲教育，是因为学会休闲，对人的社会化的重要性，低层次的休闲是为消极打发时间，高层次的休闲则是积极享受生活。高层次的休闲其价值取向是有益于个人发展，有益于家庭和睦，有益于社会和谐。由此看出，休闲文化对于不同年代人的内容会有所不同，但追求高层次的休闲文化是共同的目标。

---

① 马惠娣. 我们为什么要学会休闲 [J]. 学术通讯，2007 (2)：64.

② 高德胜. 生命·休闲·教育 [J]. 新华文摘，2006 (17)：124.

2. 老龄人对休闲文化教育的多层次需求

老龄人的休闲与年轻人有较大的差异，能够单独完成休闲活动的主要是低龄老龄人。许多活动都有年龄规范，如旅游、游泳、登山等活动，需要有组织地进行，特别是70岁以上者需要有人陪伴，使高龄老人的休闲活动受到一定的限制。因此，满足老龄人的休闲文化教育需求是多层次的。

为老龄群体营造文化休闲教育环境，体现了老龄文化休闲教育活动的组织化需求。各级文化教育机构和社会团体要承担组织工作，需要根据自己的实际情况，采取积极行动，增强政府、企业、志愿部门和社会团体之间的联系，促进制定老龄文化休闲教育方案方面的合作。各级政府部门应鼓励和支持社会和家庭成员增强社区意识和参与意识，让他们参与制定方案和项目；对家庭在老龄文化休闲教育方面提供支持条件，尤其是在有纪念性的节日，如老龄人的生日、结婚纪念日、重阳老人节等，组织纪念会，赠送文化纪念物品等。各地可结合实际，将文化资源、合理配置，努力探索维持家庭和社区的文化氛围的新途径，向老龄人提供参与文化休闲教育活动的各种机会。在文化休闲教育活动中，提倡实现代际文化交融，增进老龄和青年两代人之间的友谊，在青年节时邀请老龄人参加节日活动，在老人节时也能看到青年人的身影，在休闲文化发展方面实现传统观念与创新观念之间的平衡和融合。

在社区文化休闲教育活动中，老龄人可以承担重要社会角色。他们可以积极参与制定文化休闲教育的政策，参与讲授文化课程和举办培训班。他们可以志愿人员身份或领取一定报酬的方式，在社会团体中，担任与其兴趣和能力相称的职务。各地要创造各种条件，让老龄人能够找到适合自己为社会服务的机会，将其知识和技能传授给子孙后代。同时，鼓励老龄人参与组织丰富多彩的文化休闲教育活动，保持老龄人身体、智力和情绪的最佳水平，预防疾病，延缓衰老，实现健康生存。

3. 文化休闲教育生活模式的目标框架

消除年文化贫困，与增进和改善老龄人的文化休闲教育生活质量紧密相连。文化休闲教育生活方式更贴近老龄人的生活，适合老龄人的特点，深受老龄人的喜爱。文化休闲教育生活模式可包含三个方面：学习文化、交往文化和活动文化。

(1) 学习文化包括上老龄学校、看书读报、看电视（电影、戏剧)、听收音机、计算机上网，实现知识共享。学习文化生活是通过一个不断的支持知识共享的过程，来获得日常生活所需要的知识与技能。这个过程是一个轻松和愉快的过程，不需要人们花费工夫去硬性记忆或是为某项应用目的而加班加点学习，只是一种惬意的消遣。如读书、看报，听音乐、浏览网站、收听新闻，欣赏电视影片、戏剧，不要把知识面限定在一个固定的范围内。这种文化知识学习，尽管没有特定的目标，但在增添生活情趣中，让老龄人的生活多点浪漫、多点幽默，人的心胸开阔了，就会活得轻松，也显得年轻。

(2) 交往文化是广泛地结交朋友，老朋友、新朋友，年长朋友、年轻朋友、小朋友，各类人士的交往，形成了优势互补的网络群体。通过聊天、散步、打电话、通信、参加社团组织活动，实现互动共享。交往文化生活的形成是因为社会人需要交往，人与人的互动交往，是社会文化现象之一。每个人都需要在血缘、地缘、业缘或网缘关系中生存，相互依赖、相互支持，彼此的交往是难以回避的。随着年龄的增长，学业、职业、婚姻等人生大事都逐渐疏离了老龄人。许多老龄人认为，现在愿意与老龄人交往的人不多，主要是老龄人大都无职、无权，能够从老龄人那里得到的东西很有限，而且往往还需要别人的帮助。人到老龄，一般会遇到这样的情况：丧偶或老朋友、老战友离去；子女长大成家立业，另立门户；过去的亲戚朋友大都年事已高，行动不便，来往减少，等等，因而孤独、寂寞感会增强，感觉这个世界上亲人越来越少了。有的老人害怕拖累子女、朋友，有了困难，或生了病也不说，结果生活得非常苦闷。社会之大，生活领域之广，仅仅把眼界限制在过去的小圈子中，已很不够了。

人们希望在生活中多学习一些新东西，把要做的事情做得更好些，交往文化生活可以提供这种学习条件，通过聊天、散步、打电话、通信、参加社团组织活动等，结交新朋友。人的一生中有许许多多的朋友，可以有工作中的朋友、生活中的朋友、娱乐中的朋友、学习中的朋友；可以结交老朋友、大朋友、小朋友等。交友不仅是慰藉，而且会增添生命力。

(3) 活动文化包括参加各种兴趣爱好活动（如音体美活动）、参观、游览，实现健康共享。老龄人活动的区域很宽广，驰骋的空间十分大。其内容丰富多样，主要可分为参观学习、访问，考察经济与社会状况，旅游风景名胜古迹等。活动地点可近可远，步行到周围环境中，可了解地形地物的每一细小变化；骑车到郊区环境中，可发现新人新事、新观念新面貌；有条件的还可以开车到祖国各地的新区一饱眼福。边观景边做收藏工作，是老龄人的一大爱好。风格各异的物品反映了不同的风土人情，而地理气候环境的差异又造就了千姿百态的大自然实物。如花草标本、化石标本、树根，等等，都可以作为收藏的品种。在现代人的生活中，旅行热、体育健身热、收藏热引发的文化潮，都是人们所追求的精神享受。走出狭小的生活空间，脱离单调、乏味的生活方式，集旅游、参观、学习、访问、健身以至收藏活动于一身，将成为现代老龄人的生活情趣。现代老龄人把大自然作为万卷书来读，尤其需要人的阅历、知识、品行和修养。

老龄文化教育中的学习文化、交往文化和活动文化内容会使老龄人的精神生活有所寄托，增添生活的情趣，保持健康的人格，实现自身精神状态的平衡。当老龄人处于身心最佳状态之际，则是最能发挥潜能之时；当老龄人的视野越开阔，就越会得到发挥潜能之地。因此，在老龄教育中安排好休闲文化生活，过好生活情趣关，是创造幸福晚年生活的基础。

三、老龄人文化民生教育的形式

老龄教育与社会大教育接轨，教育领域广阔，教育形式多样，涵盖学校教育、家庭教育、社区教育和远程网络教育等领域多形式教育。学校教育为示范层面教育，以课堂教育为主；家庭教育为个性化层面教育，利用个人所能利用的条件，有选择地进行自我教育和家庭成员的互动教育；社区教育为普及层面教育，以各种活动教育为主；远程网络教育又称为“空中教育”，通过网络虚拟环境开展全方位教育，适应不同层次、不同需求的老龄人，是最具选择性的教育类型。

（一）学校教育

以学校形式进行的老龄教育，发展到现在已有 20 多年的历史，我国第一所老龄大学——山东省红十字会老龄人大学成立于 1983 年，标志着中国老龄教育从此兴起。老龄大学是“没有围墙的大学”，一般身体健康、能够坚持学习、具有中等文化程度的老龄人，都可以报名学习。结业时，学校会向老龄学员颁发结业证书。老龄人在老龄大学的学习较为集中，教学计划会根据老龄人的生活习性而制订，专业设置广泛，涉及政治、经济、文化、社会等方面，几乎可以涵盖老龄人的各种需求，管理制度灵活，一般上课时间每半天两小时，老龄大学多数属非营利性机构，通常免收或收取少量学费。

1. 教育资源丰富

学校的重要职能是实施教育，以学校的形式进行老龄教育，是因为学校汇集了丰富的教育资源。在构建学习型社会中逐渐形成纵横交错的学校教育网络。这些资源既包括学校领导、教师、教学辅助人员，也包括教学场所、教学设施以及与社会各种教育机构、教育场所的联系。同时，按照学校的布局、根据各地老龄人的分布情况，确定各类学校的规模，可以将分散在家庭和社会中的老龄人聚集在学校里，使他们老有所学；根据老龄人的需求，开设分层分类课程，引导他们实现健康参与和保障的积极老龄化，使他们在新的集体中，愉悦身心，参与社会，安度晚年。因此，学校教育可以成为示范层面教育，对老龄人的终身学习起导向作用。

针对老龄人的不同需求，推行老龄普教与成人高教、长班与短班、校内与校外“三结合”的综合型的教学体制，深入挖掘教学资源，是合理配置教学资源的尝试。如武汉老龄大学设置有政文、美术、医学保健等学部，家政、电脑两个教研室和艺术院等。政文部设有哲学、经济、法律、文学、历史、外语和现代科技等专业。美术学部的课程分书法类、绘画类、工艺类，还有医学保健、家政、电脑和艺术课程，满足老年人的社会需求。一些课程按初级（基础入门）、中级（专修）、高级（研究、研讨、创作）不同层次设置，并按各课程教学大纲进行规范教学。学校还组织学员和校友参加社会文化、科技交流以及各种社会服务活动，使各类教育资源得到充分利用。

自主教育是老龄教育的核心理念，近年来在老龄大学中得到认真贯彻。金陵老龄大学和天津市老龄大学都是1985年在全国最早成立的老龄大学之一，也是全国规模大、专业多、层次全、质量高的综合性老龄大学之一，成为全国有影响的老龄教育和研究的重要机构。学校注重教学实施的科学化，倡导学员自主学习，学有成效。在大力发挥教师的主导作用的同时，始终注意充分调动学员的主动精神，开发他们的潜能。教学采取“精讲原理”与“勤练技艺”相结合，促进学员自主学习。针对老龄学员渴求学了就能会，会了就能用的愿望，积极创造条件，提供更多的机会，帮助老年学员实现目标，展现自我智慧和才能。如组织教学成果展，举办书画作品展，在校报校刊提供成果专栏园地，举行各庆典文艺演出，帮助出版刊物和研究成果，吸收外语系学员参与接待外宾工作以及开展形式多样的活动，等等，这些延伸到课外的活动，进一步丰富了教育资源。

2. 管理体制灵活

老年学校的管理体制是多元化的，有自办、公办学校，有独办、合办学校，也有在高等学校内兴办老龄大学，基本是在各地政府机构、老龄部门、教育部门和文化部门的关心、领导、支持和帮助下开展老龄教育工作。老年学校有规范的管理制度，学校教学目的明确，有教学大纲，教学由各学系和教研室具体组织和实施。学校招生对象一般以中低龄老龄人为主，报名入学的学员大都身体比较健康，能够坚持学习。多数学员具有中等文化程度，可选学一门或数门学科。上课时间每半天2小时，每周2～3次。学校根据开班情况，免收或收取少量学费，以督促学员珍惜学习机会，持之以恒，完成学业。结业时，学校向老龄学员颁发结业证书，对优秀学员给予表彰和鼓励。

老年学校的管理体制比较灵活，有其自身特色，实行多渠道、多层次、多学科、多样化的办学形式。办学经费不是靠单一的来源，而是靠政府主导企事业单位、社团及家庭、个人等多方面投资办学；入学层次不限，根据老龄人文化程度、特长、兴趣爱好、身体条件等不同层次和特点安排课程。一些学校分设基础班、专修班、提高班和高级班等多种层次；老龄教育涉及的知识面很宽，设立了人文社会科学、自然科学及艺术、家政等多学科课程；学校开展以课堂教学为主、社会活动为辅的多样形式办学。而且学制长短不一，尤其是老年学校将课堂教学与社会活动结合起来，组织学员到工厂、农村、科技一线参观考察，参加书画大赛、文艺汇演、全民健身运动和体育竞技活动，还组织了国内外老龄教育的交流活动。

改革开放政策推动了老龄教育的国际化趋势，利用寄宿学校形式，招收老龄留学生，已在中国厦门、苏州和无锡等地开始。国外一些六七十岁的老人到厦门老龄大学、苏州大学国际文化交流学院接受中医和汉语培训，寓教于乐，很受外国老人的欢迎。有的老人表示，学好汉语，到中国各地旅游才能更开心。还打算带上孙子孙女来中国，一起来学汉语。寄宿老龄大学的发展会使老龄留学也逐渐成为时尚。

3．专业设置广泛

目前老年学校设立的人文社会科学专业有文学、史学、哲学、经济学、法学、社会学、语言、国际问题等，自然科学类专业有计算机、医学、心理学等，艺术类有音乐、戏曲、舞蹈、书法、绘画、摄影、手工艺等专业，还有一些交叉学科，体育、保健专业，并根据老龄人的需求，专门开设了家政、电脑应用等课程，门类已比较齐全，各专业开设的课程达100多种。比较热门的专业开设了多种课程。如文学专业开设有写作、文学欣赏、诗词创作等课程；书法专业开设正（楷）书、行书、草书、隶书、篆书、装裱等课程；国画专业开设有山水、花鸟、人物等课程；音乐专业开设声乐、器乐等课程；医学专业分为中医、西医两大类，课程门类开设较多的有中医药理、针灸、按摩、食疗、卫生保健等；电脑专业开设有电脑基础、图表制作、网络操作、电脑股票等课程；家政类开设了编织、服装剪裁、服饰装扮、烹饪、营养、社交礼仪以及花卉盆景、文物鉴赏等课程；体育类开设有武术、球类、棋类、健身操、风采表演等课程。这些专业课程的设置几乎涵盖了老龄人需求的方方面面。

由于老年学校专业设置十分宽泛，目前编写学校教材是老龄教育的一项重要任务。有的学科比较完善，如书画教材，现已有不同层次的书法绘画教材。一些老龄大学成立了教材编审委员会，聘请高等院校、科研机构、学术团体等热心于老龄教育事业的知名教授、专家学者参与编写工作，老年学校教材由少到多、由低到高、由浅入深地向前发展，不仅数量有所增加，质量也有相应提高。

4. 社团组织活跃

老年学校的社团组织，具有自愿性、群众性、非营利性，并具有相应的多种功能。如协助政府主管部门对老龄教育进行指导和管理，承担老龄教育调研，为政府决策提供依据；探讨老龄教育的发展规律和教学规律，宣传老龄教育的成果；开展学术和经验交流，进行老龄教育的评估等。各地老龄大学相继成立了老龄教育研究会、老龄教育发展促进会、学术委员会、教育科学研究所等教育社团组织，在老龄教育领域中十分活跃，发挥了积极作用。

为将老龄学员的成果推向社会，扩大社会影响，各地老龄教育的社团组织都办有自己的报纸和刊物，利用举办展览，或向报刊投稿方式，组织学员积极参与。不少学员学有所成，作品发表后，社会反响很好。有的学员在全国、省、市文艺演出和比赛中获多项大奖；有的靠自己的真才实学服务家庭、服务社会，深受社会好评。同时，学校还与专业学术团体联系，一些学员被推荐到全国、省、市各专业学会、协会，成为专业社团的骨干。如武汉老龄教育研究会是一个从事老龄教育理论研究的社团组织，成立于1987年2月，主管部门为武汉市社会科学联合会，会员主要来自全市各级各类老龄大学、老龄学校，另聘请部分高等院校、科研部门教授、专家和社会知名人士担任顾问。每年出版会刊《老龄教育研究》两期（内部交流）。武汉老龄大学老龄教育科研所，专门从事老龄教育理论和教学研究，它与武汉老龄教育研究会合署办公，承担该会秘书处的工作。《春满江城》展览是武汉老龄大学打造出的一个品牌，它以花鸟创作班为载体，连续举办了三届《春满江城》花鸟画的大型展览，向社会广大市民展示老龄人的艺术风采。他们还深入到农村开展送书、送画活动。在教学实践中，老龄教育学术团体的发展越来越成熟。

（二）家庭教育

家庭是社会的细胞，也是教育的场所。家庭构建的血缘亲缘之间的关系是教育的宝贵资源，同时也是人们享受闲暇、施展个性才华之所。家庭教育具有时代性和社会性，在政治、经济、文化、伦理等知识领域中，通过自我学习和互动学习选择，每个家庭成员在教育与被教育中感受双向传递的收获，增加家庭成员在生产与消费领域、生育与抚养领域、赡养与照料领域的知识存量，对提高家庭成员物质生活和精神生活质量的影响是极为深刻的。因此，家庭教育是学校教育和社会教育的基础。

1. 家庭教育的互动性

（1）家庭教育责任的互动性。家庭是社会的缩影，家庭从它诞生的那一天起，就负有教育责任。家庭成员之间的关系包含有多重关系，有血缘亲情关系、代际交换关系，有经济依附关系、情感慰藉关系和生活照料关系等，都要建立在民主、平等、和睦的基础之上。要营造和谐的家庭氛围，老龄人通常成为家庭的主心骨，家庭成员团结在长辈周围，形成家庭的凝聚力。

（2）家庭教育功能的互动性。中国自古以来是重视家庭教育功能的，把家作为社会的基层组织，发挥家庭教育功能，从治家引申到治国。家庭功能包括教育、生产、消费、生育、抚养、赡养、照料、护理等多方面功能，载有家庭教育的有关“家训”、“家范”、“家诫”、“家教”的文章、书刊很多，覆盖了家庭功能的方方面面，其中养育互动功能的教育为最多。不仅要养，而且要育。如南宋哲学家朱熹著有《朱子家训》，300 余字。其中“见老者敬之；幼者，爱之”，体现了赡养和抚养的关系；“勿以善小而不为，勿以恶小而为之”，体现了在生产和消费中如何做人的道德情操教育。古代思想家、政治家都将“齐家治国平天下”作为政治抱负，认为先治家，再治国，方能够长治久安，体现了治家功能对治国的重要性。社会实践证明，家庭教育功能不是单一的，每个人的成长历程和社会评价，直到盖棺论定，都有家庭背景的复合因素，良好的家庭教育对人生的成长所起到的作用之大是难以估价的。

（3）家庭代际教育的互动性。在社会大系统中，家庭是子系统，家庭代际关系是纽带。在工业化、现代化的进程中，现代家庭结构变迁，社会化大生产替代了传统农业家庭自给自足的小生产方式，越来越细化的社会分工使人们对职业选择的领域更为广泛。在市场竞争条件下，人口的流动和迁移，大家庭结构解体，从传统的联合大家庭、主干家庭为主转变为以核心家庭为主，老龄空巢家庭的比例增高，家庭代际关系从紧密型向松散型过渡。有的则出现裂痕，甚至发生断裂现象，这种变化对以往人们的生存方式提出挑战，特别是老龄人的赡养问题更为突出。当联合国大会通过决议将 1994 年定为“家庭年”时，家庭问题备受全世界关注。由于家庭主要是由婚姻血缘关系构成的，带有强烈的感情色彩，朝夕相处、相互关心和帮助的程度要高于社会其他关系的人。尽管不同国家受不同文化背景的影响，家庭有其不同的特征，但家庭带有共性的东西，家庭亲情和家庭和谐，特别是家庭代际和谐，使家庭价值和效益格外显现。

2. 家庭的“反哺”教育

家庭教育主要是指家庭成员之间的代际教育。近年来，传统的父及子的代际传承模式受到了挑战，亲代开始失去天赋教化的地位，扮演起被子代教化的角色；子代施教于亲代、影响亲代的“文化反哺”现象成为亲子关系的新模式。因此，现代老龄家庭教育主要体现为晚辈对老龄的“反哺”教育，包括子女对父母的教育和孙子女对老龄人的教育。现代社会的信息高速发展之快，让人们目不暇接。长辈向自己的子女学习，向孙子女请教，在家庭中已是十分平常的事情，改变了过去由爷爷奶奶说教，孙子女辈总处于被动接受的状况。如今不少孙子女学习和掌握高科技的本领，将其运用到智能生活中，成为家庭中的小先生。晚辈对长辈从传统社会的物质生活“反哺”到现代社会的精神生活“反哺”，是尊老敬老传统的延伸，是新孝文化的升华。电脑、外语、家电维修和把握新技术新技能信息，都是年轻人的特长，由晚辈向长辈“反哺”教育，使家庭成员的关系更为平等和谐。

现代社会科技的进步和发展求新、求快，使得新生代在知识更新方面体现出比老一代的优势。现代社会重智能生存，使老一代以往的经验优势有时反而变成了一种前进过程中的障碍。两代人地位的此消彼长，亲子关系疏远和孝亲观念的淡化，容易引发代际冲突。因此，年长者学会接受晚辈的“反哺”教育，会改善家庭成员的关系，提高家庭平等、民主化的程度。

年轻一代对长辈的“反哺”教育，给老龄人的日常生活带来生机和活力。老龄人学会利用现代家庭智能设施，改善了家居环境；科学健身、科学营养，提升了现代文化品位，激发了老龄人学习现代知识的兴趣；老龄人在虚心向晚辈学习时，尤其是学现代化的新知识和新技能，学电脑，学电器维修和使用，学新的时事政治，增进了新老一代的亲密关系，消除了思想隔阂，他们像年轻人一样参加学习、锻炼、聚会、旅游、购物，对老龄家庭注入了青春活力。老龄人长期形成的做人与做事的原则，慈善、节俭的品德，通过身教感染着家庭成员，给年轻人以潜移默化的影响，营造了良好家风，促进了代际融洽、家庭和谐。

此外，老龄家庭教育还有家教形式，即请教师到家中对老龄人进行教学辅导。现代社会知识和信息增长速度之快，令青年人都难以完全紧跟其后，更不用说老龄人了。家庭的相互教育可以各取其所长，不仅年轻人可以学习老龄人的生活经验和成熟稳重的处事方式，而且老龄人也可以向年轻人学习新知识和新技能，充实自己，开阔眼界，开明思想，从而促进家庭和谐。

（三）社区教育

社区教育以行政划分的居民生活区为实施教育的范围，充分利用地区各种教育资源，旨在提高社区居民的整体素质和生活质量。老龄人退休后，其主要生活环境除家庭外，就是自己所在的社区。同其他成年群体相比较，老龄人在社区中活动时间更长，社区成为老龄人退休后的主要人际交往场所。开展社区教育可以融合社区的各种资源，提高老龄教育的质量。老龄教育是社区教育的一个重要组成部分，社区教育促进老龄教育的发展，丰富老龄教育的内容和形式。

1. 社区教育的含义

联合国教科文组织曾指出社区教育包含三层含义。第一层含义是指社区教育的目的，提出“基于所有教育起始于社区，且并不是以获取社区的利益为目标，而是以提高社区住民生活质量为目的的原理，因此，实现这一原理的活动即为社区教育。”第二层含义是指社区教育的范围，认为：“社区又是指都市或农村的、被限定在一个区域内的住民，他们同属一个群体，是具有共同的思维方式或对某一事物具有共同关心度的人群。”第三层含义是指社区教育的权利和责任，指出“社区教育并不是仅仅指有关社区的教育，或为了社区发展的教育；它更重要的是社区的住民对教育拥有的决定权，以及为创造社区教育而负有的责任。"① 社区教育有多种类型，按地域分，有城市社区教育、农村社区教育；按不同群体分，有社区成人教育、社区老龄教育、社区妇女教育、社区青少年教育等。社区教育具有与其他教育不同的特点和优势：

第一，社区教育有人力资源的潜在性优势。社区内既有公共资源，也有个人资源，人力资源的潜在性很大。公共资源是国家和政府为发展社会公共服务事业所配置的各种资源，包括人力资源、物力资源、财力资源及文化科技教育资源等，这些资源都可以为社区教育所利用。个人资源则更为广泛，社区居民都可成为社区教育的丰富人力资源，尤其是社区内一些个体人才资源的潜力很大；而社区中的国家机关、学校、企事业单位中拥有各种科技管理和专业文化教育人才，社区需要将各方面人才整合，成为社区教育人力资源的主体。社区中可开发的资源还来自于各级各类社区组织，包括社团组织、中介组织、自治组织以及服务团体等。

第二，社区教育有自然人文资源的丰富性优势。具有社区特色的历史、自然、人文景观资源很多，如各种历史典故、名人故居、自然风光、优美环境，也有体育馆、文化馆、科技馆、电影院等文化场所，还有少年之家、青年之家、老龄之家等活动场所，都是教育的宝贵资源，都需要有效开发和利用。社区教育组织管理者应尽可能地创造条件和健全机制，使社区内的各个家庭、街区、企业、学校、园林、文化体育场馆等文化教育资源都能得到充分开发并利用，成为社区教育活动的有效载体。

第三，社区教育有各行各业资源的共享性优势。社区内不仅需要考虑学校内部的教育资源，而且需要拓宽资源领域，打破传统的行业、单位的分割，将整个社区内的教育资源充分利用起来。要加大宣传力度，提高居民的社区意识，让社团组织志愿者

① 小林文人．当代社区教育新视野［M］．上海：上海教育出版社，2003:5-7.

参与扶贫办学、募捐筹资、法律援助，组织社区人参观访问，感受时代气息，增进社区人的和谐关系。开发社区教育资源，要从增强社区意识着手，促进教育资源的合理有效利用，使社区教育与社区文化、卫生、体育、科普工作相结合，形成优势互补、互惠互利，共享现有教育资源。

第四，社区教育有大教育资源的开放性优势。社区教育涵盖了从扫盲、职高、高教、成教、职教到老教的“大教育”模式。社区教育改变了学校教育同家庭教育、社会教育的隔离状态，使教育与社区的政治、经济、文化建设紧密结合。许多地区推出“三个课堂”的教育活动。即以课堂教育、学校教育为第一课堂，以开展社团活动、课外兴趣活动为第二课堂，以社区活动、社会公益活动为第三课堂①。使它们按照各自的功能，经过整合，形成了社区一体化的教育网络。社区教育场所的开放，社区内不同单位的人力、物力和财力的强强联合，并向社会辐射，开展社区与社区之间的交流，使每个社区形成不同特色的教育实践基地，有效促进社区的精神文明和物质文明建设。

2. 国外社区的老龄教育

发达国家中的社区老龄教育开展得较早，许多经验值得借鉴。美国、英国、德国和日本先后通过地方立法，要求地方企业和地方学校提供实习场地，解决学费的减免，体现教育的公益性和教育机会的公平性，实现教育资源共享。政府实行“补偿教育”政策，向贫困家庭或弱势群体发送教育券、学习券、公共服务券，吸引老龄人通过教育改变自己的贫困和健康状况，提高自己的生存质量。

美国的社区大学向老龄人提供各种教育，专为本社区的老龄人举办各种生活知识教育，其目的主要是为了提高老龄人的生活质量和互助能力。内容有烹饪、滚木球、老龄常见病的预防和自

① 张文范：《中国老年大学协会第三次会员代表大会有关讲话》，2005 年 11 月 30 日。

我护理以及防盗、防火等老龄人自卫的方法、措施等。由老龄人服务机构聘请有专长的老龄人讲课，这种教学活动深入至“老龄人日托中心”、“护理之家”以及教堂、医院等地的老龄人中。社区大学还把热心为他人服务的健康老龄人组织起来从事各种志愿服务。例如，组织老龄人担任青少年的指导教师，作抚育幼儿园孩子们的爷爷奶奶，帮助残疾、孤寡老人解决生活困难等。这些志愿服务的老龄人既帮助了他人，又以新的角色，再塑造了个人新的形象。据统计，美国的社会志愿者服务的人数多达4200万人，其中66%的人服务年龄超过10年以上①。老龄社区志愿者因为参与社区建设获得了价值感。

日本的公共社会教育设施很发达，种类繁多，有公民馆（文化馆）、图书馆、博物馆、体育馆、视听中心、文化中心、妇女会馆等，提供学习、讲座和技能培训，设立终身教育中心②。日本政府在地域社会教育方面投入了大量的人力和物力，凡市、町、村必建公民馆，凡有公民馆处则必配备专职的管理人员——公民馆主事，这一举措还被《社会教育法》所规定。日本的《图书馆法》和《博物馆法》都是根据1949年《社会教育法》的精神制定的，日本的社区型博物馆，由市民参与运作，举办各种活动的博物馆建设运动③。这些社会教育设施为社区居民提供了大量优质及免费的学习机会，使老龄人的学习条件更便利。同时，日本政府还重视加大对老龄人学习的服务力度，给予特别的财政补助，提高了老龄人学习的积极性，并鼓励社会力量办学，对专修学校给予减免税，或提供补助金等，也提高了办学人的积极性。

发达国家充分利用博物馆作为重要的教育资源和阵地，在发

---

① 谢南斗．中外成人教育理念和教育模式比较［J］．新华文摘，2004（4）：103-105.

② 方建文．全面素质教育手册［M］．北京：中国物资出版社，1997:1325.

③ 小林文人．当代社区教育新视野［M］．上海：上海教育出版社，2003:25.

挥社会教育和服务功能方面取得经验。如意大利制定的《文化遗产和景观法》规定，遗产部、教育大学研究部及各地方政府组织，应当缔结协定，协调博物馆等文化机构和场所，与属于国家教育系统的各种类型和水平层次的学校缔结特别协定，为学校教育提供教学资源和发展教学节目，传播文化遗产和科学知识，促进学生的全面发展①。他们在社区中充分利用各种教育资源，重视向老龄人提供各种教育场所和机会，他们的许多做法值得我们学习。

（四）远程网络教育

现代社会是以信息化推动各项事业的发展，老龄教育也不例外。20世纪90年代人类社会进入了远程网络教育时代，从发达国家到发展中国家，搭建起全球教育信息化平台，构建了虚拟社会的学习环境。网络教育的兴起，改变了传统教学方式，教育领域更宽广，教育视野更开阔。采取远程网络教育方式，使老龄教育进一步适应人口老龄化社会发展的需要。

1. 什么是远程网络教育

远程网络教育是在发展广播、电视、函授等远程教育的基础上，利用计算机信息网络，集学校（上课）、报刊（文字）、广播（声音）、电视（图像）等多种教育功能于一身进行教育的方式。它超越了时间和空间限制，运用网络教育资源，构建信息化社会、知识化社会、数字化社会。在全球化浪潮中，远程网络教育领域越过国界，各国可共享世界先进的教育资源。这种教育方式引起了教学队伍、教学课程、教学方法、教学实践的巨大变革，特别是因特网和万维网的迅速发展，发挥了巨大的传媒作用。远程网络教育是集高速信息传播机能、多种教学机能和网络生活空间为一体，创造了智能化的教学设施，使教育国际化成为现实。各种微机专业数据库的建立，更使信息的查阅检索方便快捷，大大提高了资源的利用效率。人们不出国门、不出家门，就可感受

① 《人民政协报》，2007年5月21日。

国内外的最新信息。同时，学习者可利用多媒体的性能，声文图像影视并茂，提高学习者的兴趣和学习效果。计算机信息网络教育作为全新的教育方式，利用网络传媒手段进行教育，其教育的覆盖面之广，师资队伍的实力之雄厚，课程选择之多，都超过了其他教育方式，给老龄教育发展带来前所未有的机遇。信息网络教育以其高速、快捷、高效揭示世界发展的每一天，改变着人们的传统发展理念。通过各种教育网站，对工业社会所造成的资源浩劫、环境污染进行公民监督、网上曝光；对现代人口老龄化进程中的赡养、护理难题，不断向人们发出警示；对构建节约型社会、循环经济社会、环境保护社会、积极老龄化社会等一系列创新型社会提供了理论依据和实践考证，并由此引入可持续发展理念、科学发展理念、和谐发展理念，更快地改变贫困地区、弱势群体的生存状况。

2. 远程网络教育的特点

远程网络教育是利用广播、电视、互联网所构成的一种开放性教育方式，远程网络教育的内涵与功能大大超越了传统教育的内涵和功能，改变了老龄人受教育的形式，使传统教育处于解构与重构之中。在网络上学员不仅可以看到优秀教师授课，而且师生可以互动，进行对话，它不是传统意义上的面授，对课程和教师的选择，都不局限于本地有无课程设置或有无教师人才。收听和收看各地的教学节目，聆听优秀教师的授课，享受社区服务、养老保障、法律援助、医疗保健咨询等知识，老龄人只要上网就可以获得。特别是网上授课、网上作业、网上考试，改变了学校的管理体制，改变了师生关系，使网络教育学成为一门新的教育学科。运用现代传媒技术与学校教育结合，形成优势互补，为实现终身教育提供了有利条件。正如成人教育家保罗·朗格朗所说："为了确保人们能得到日益增长的知识以及各类训练，教育工作将不仅仅局限于现在正规的学校教育。的确，教育不能局限在传统教育的范围内，而要通过大规模地求助于传播知识和提供训练的各种广泛的现代媒介，才可能实行。”①

网络教育呈现了现代文化教育的显著特点，具有开放性、互动性、传播性、商务性等，使社会知识的继承、发展、传递和利用更为便捷。其一，开放性：在全球化趋势中，信息面向国际政治、经济、文化和社会交往的开放的领域更广泛，世界各国、各地区、各城市、各民族之间联系的程度更紧密，各类组织与组织之间跨国界、跨地区、跨行业的合作与交流更方便快捷②。网络的开放性，对信息资源垄断是很大的冲击，给社会分层与社会结构带来深刻变化。从某种程度上讲，社会发展的规律是从“宝塔型结构”向“枣核型结构”过渡，今后将是扁平的“铁饼形结构”，实现世界大同社会。其二，互动性：指信息网络可以实现人机对话，使人机交互发展。网络交流无强制、无障碍，交往成本低，人与人之间不需要花费更多时间去面对面交流，就可以将学习纳入工作和生活程序，互相促进。其互动方式多样，参与全程学习、团体学习、全方位学习，可以随意选择。虚拟互动成为人们重要的精神寄托，老龄人足不出户，就可以找到老师、朋友、医生进行咨询求教，拥有网师、网友、网医、网购等资源，可以改变老龄人的生存方式。其三，传播性：指远程网络教育是传播文化的重要渠道和手段，人们可以在网上选择专业，选择课程，可以利用最优秀的师资，达到最大的受教育面的效果。网络上有充分的信息流入，对报告、教材、学术著作、学术刊物等各种学习资料进行下载，收看网络新闻、网络教育课程，收发电子邮件，参与网络咨询、网络聊天、网络论坛，参加网上社区、社团活动。信息网络传播使人们超越了时间空间的限制，有机会到网上世界的各个站点，进行远程交流，传播渠道更为畅通。其

---

① [法] 保罗·朗格朗著. 终身教育导论 [M]. 北京：华夏出版社，1988：23.

② 张宇峰. 网络环境下的现代信息服务 [M]. 北京：国防工业出版社，2005:842.

四，商务性：指信息网络不仅作用于生产，还作用于流通、分配和消费领域，体现最先进的生产力。网上流通、分配和消费的开放、公开、透明，增加了公平、公正度。

3. 远程网络老龄教育的实践

在中国广播电视远程教育普及的基础上，从1994年接入国际互联网，1995年向社会开放，提供全面服务，到如今已走过十多年的信息网络社会历程。在教育领域，网络教育已逐渐成为人们离不开的学习平台。据2007年统计，接受网络教育的有3486万人，占网民的16.6%①。中国远程网络老龄教育的起步是20世纪90年代中期，在各地老龄大学蓬勃兴起的形势下，借助于信息高速公路的开通，“空中老龄大学”、“网上老龄大学”开始创办。网络信息日趋活跃，使老龄网民逐年增多，为网络老龄教育的开展奠定了良好的基础。

网上老龄大学在整合远程教育资源中发展。从创办“空中老龄大学”到创办“网上老龄大学”，从使用闭路电视系统录像等教学设备和手段，到利用计算机光盘、网络教学，办成远程老龄大学，是老龄教育不断发展的结果。1995年5月，上海市老龄大学、上海电视大学与上海市老龄事业发展中心在全国率先联合创办了“空中老龄大学”，先后开播了《老龄卫生保健》、《老龄社会心理》、《老龄人权益的法律保障》、《老年家政》、《老龄人科学健身》、《老龄中医保健》、《老龄公民道德》等15门课程，每门课程平均有30万人次收视，为区（县）、街道（镇）发展老龄教育创造了条件，并为兄弟省市老龄大学所采用。1999年又创办了“网上老龄大学”，开设了《老龄卫生保健》、《孙辈教育》、《柔情编织》、《唐宋词》等课程，还辟有老龄教育信息、老龄学员优秀作品展示、老龄咨询室等内容。学校积极开展国内外老龄教育交流活动，先后接待日、韩、美、瑞典等国家和我国台湾、

① 中国互联网络信息中心（CNNIC）：《第21次中国互联网络发展状况统计报告》。

香港地区友好人士来访。在市政府、市委的关心支持下，解决了“空中老龄大学”、“网上老龄大学”的办学经费，纳入每年的财政预算。2006 年将“空中老龄大学”、“网上老龄大学”合为“上海远程老龄大学”，开通了“上海老龄人学习网”。2007 年在居（村）委收视点中创建合格收视点、示范收视点，各区县还开办了养老机构学习收视点，努力将网站建设为“学习型、互动型、参与性强”的老龄人乐园，在运用现代传媒手段开展老龄教育，对全市老龄人实行开放式、多样化的教育进行了有益的尝试①。

远程教育利用现代传媒技术，结合学校教育，为老龄教育开辟了一条新的道路。远程网络教育打破了传统教学方式在时间和空间上的限制，学员可以通过影像、光盘等方式自主学习，也可以通过互联网进行同步学习，这种集传统教学与现代远程教育为一体的教育服务体系为老龄人提供了灵活的、开放的、不受时间和地域限制的学习形式，符合老龄教育的需求。

上述教育形式不仅可以为老龄人文化民生充实思想、观念、知识和技能，也可为老龄人与社会进行交流提供平台和机会。这样不但能增进老龄人文化民生的积极性和主动性，而且能给社会文化带来不可估量的价值。

第四节　老龄文化教育的科学型发展模式

21 世纪终身教育成为国际共识的今日，实施科教兴国和人才强国战略都离不开老龄教育和老龄人才。因此，老龄教育的发展模式必须走向科学型发展模式，即人本型、积极型、持续型和创新型的发展模式。

① 李骏修. 新的起点新的发展［J］. 上海老龄教育研究，2007(1/2):102.

一、人本型的老龄教育发展模式

一个国家教育事业的发展，靠的是一种核心理念，即以人为本，科学发展。从学习理念上，晚年学习不能成为生活负担，而是令人愉悦的生活方式。

（一）人本型老龄教育观是人的自由全面发展观

人本型的老龄教育发展模式具有深刻的内涵，是指在老龄教育中，要以人为本，尊重老龄人的个性、志向、特长和兴趣，尊重老龄人的创造，发挥老龄人自身的潜在能力，实现老龄人自身价值，使老龄人能够自由全面发展。马克思在《共产党宣言》论述共产主义的本质特征时，曾指出“每个人的自由发展是一切人的自由发展的条件。”①从根本上把全新的共产主义社会同一切旧社会区别开来，“每个人的自由发展”成为社会发展的最高阶段，老龄人的自由发展是社会整体自由发展的组成部分。

社会主义社会为提高每个人的全面自由发展能力开辟了广阔的道路。从国家人口发展战略出发，人的全面发展成为战略性发展思路，统筹解决人口数量、素质、结构、分布问题，核心问题是着眼于人本型教育观。其发展目标是“坚持以人为本，推进体制创新，优先投资于人的全面发展；稳定低生育水平，提高人口素质，改善人口结构，引导人口合理分布，保障人口安全；实现人口大国向人力资本强国的转变，实现人口与经济社会资源环境的协调和可持续发展。”② 要实现这一目标，老龄人口的全面发展不容忽视。老龄人才是人才强国战略的重要组成部分，老龄人才资源依然是社会发展的重要资源。提高老龄人口素质，开发老龄资源，是人口老龄化与社会经济协调发展重要战略举措。在推

---

① 共产党宣言［M］∥马克思恩格斯全集：第4卷. 北京：人民出版社，1958:491.

② 国家人口发展战略研究课题组：《国家人口发展战略研究报告》，中央政府门户网站，2007年1月11日。

进“科教兴国和人才强国战略”中，坚持人本型老龄教育观对于实现国家整体人口全面自由发展具有重要意义。

（二）人本型老龄教育观在于充分发挥人的能动性和创造性

以人为本，是因为人是社会系统中最活跃的生产力要素，可以推动社会的发展。以人为本，发展老龄教育，充分发挥老龄人的能动性和创造性与提高老龄人的生命质量和生活质量是一致的。只有充分发挥人的能动性和创造性，才能实现人的自由全面发展，达到人与自然的和谐，人与社会的和谐目标。

发挥老龄人的能动性和创造性，是老龄教育的根本出发点和落脚点。人本型老龄教育的框架包括两大部分：生命质量教育和生活质量教育。生命质量教育（Education of life quality)，就包括躯体生理、心理、智能、情感、性格等方面教育内容。从生物学和医学角度来说，指生命体的结构、形态和功能的优劣程度及其生存、繁衍、发展的能力。从政治和社会意义来说，指人应怎样度过他的一生才有价值、有意义。一般是从个体生理状态、心理状态、社会生活状态和对生活的积极态度来评价生命质量的满意度和幸福感。

（三）人本型老龄教育观与老龄人才发展观

人本型老龄教育观与老龄人才发展观的一致性，正在被现代老龄人的社会实践所证明。退出工作岗位的许多老龄人都坚持终身学习和实践，他们在社会的大舞台上“老有所为”。

以人为本，提倡自主教育的科学理念，培养老龄人的自主意识，开发老龄人的体能、智能，使老龄人具备自信、自主、自强和自律的人格，全面提高老龄人的素质，促进了老龄人实现其个人价值和社会价值。

社会人才是不分年龄和身份的，老龄人才，“只要具有一定的知识或技能，能够进行创造性劳动，为推进社会主义物质文明、政治文明、精神文明建设，在建设中国特色社会主义伟大事业中作出积极贡献，都是党和国家需要的人才。鼓励人人都作贡献，人人都能成才。”① 不拘一格选人才，既包括年轻人才、中年人才，也包括老龄人才。浪费人才与轻视人才、歧视人才是同样的误区。古人云:“才须学也。非学无以广才，非志无以成学。”（诸葛亮：《诫子书》）在老龄社会中，只要能够坚持学习，不同年龄、不同性别、不同文化程度、不同职业、不同能力、不同家庭背景、不同层次的群体都会出人才。

以人为本的老龄教育，是在教育的权利、教育的机会、教育的资源等方面与其他群体的教育协调发展，要求老龄教育的机构、教育的政策都要根据老龄教育的规律和特点，服务于老龄人的生存与发展，大器晚成，老龄成才都会为老龄社会添加亮丽的风景，使人们感觉老龄社会的魅力。

二、积极型的老龄教育发展模式

积极型的老龄教育，是充满活力的老龄教育。进行积极老龄化的老龄教育是保持老龄人生命活力的最佳途径。

（一）积极型的老龄教育是以“积极老龄化”为目标

积极学习，是指人的主动学习、自觉学习的行为。老龄教育要启迪老龄人的生命自觉性，从消极的晚年人生走向积极人生。为应对人口老龄化社会，世界卫生组织于1999国际老龄人年提出“积极老龄化”概念，2002年世界卫生组织又在《积极老龄化政策框架》的报告中，把“健康、参与和保障”定为政策框架的三个支柱，实现“健康、参与和保障”的目标，必须靠老龄教育去引领。使积极老龄化进一步具体化。

按照世界卫生组织的量化指标，“个人健康和寿命60％取决于自己”。由于无知导致疾病和死亡的案例在老龄人中并不罕见。接受健康教育，预防疾病、科学养生、追求生活质量和生命质量，为老龄人的积极养老打好基础。

老龄社会教育中把退休与解除社会角色等同起来，将老龄人

① 中共中央国务院：《关于进一步加强人才工作的决定》，2003年。

排斥在社会发展之外的理念被否定。老龄群体是一个跨度很大的群体，生活不能自理的老龄人，需要给予特别援助和照顾的老龄人是少数，约占老龄人口的10%～15%，而大部分老龄人口身体状况良好，且愿意继续为家庭和社会做贡献。给老龄人参与社会的机会，制定相应政策，提供服务平台，鼓励和倡导老龄人，根据需要和自身的条件，转换社会角色，继续参与政治、经济、文化和社会建设。

老龄保障教育中把老龄人生存权保障与发展权保障分离，物质保障和精神保障分离，健康保障和参与保障分离的理念加以否定。现代社会冲突与矛盾是不可避免的，老龄人的权益也会受到现代生活方式的挑战。老龄人的权益保障是老龄教育的重要内容。传统社会的知识远远不能满足现代老龄人权益保障的需要。生活没有保障，则没有生活质量。老龄人要学会在法律保障和自我保障下生存，获得保障支持的环境。实现积极老龄化，维护老龄人的合法权益，是对老龄人提供社会、经济、文化、健康、教育等全方位保障。让老龄人参与权益保障的学习，强化老龄人自我保护和社会保护意识，使他们的生活能够在远离贫困、疾病、伤残，远离愚昧、无知、上当、受骗的状况，远离被歧视、被遗弃的境遇，得到各种切身利益的保障。

（二）用积极型老龄教育构建老龄素质教育模型

积极型的老龄教育在于使老龄人获得良好的素质。费孝通教授在提到现代人的素质时，提出树立“和谐均衡”、“多元一体”的价值观，不仅要“各美其美”，而且要“美人之美”的观念，提倡“容忍别人，了解别人，欣赏别人”，引申到民族的整体素质①。这种素质教育也贯穿于老龄人的社会化过程中，对于老龄群体之间和与不同年龄群体之间的协调、融洽，对于老龄价值的实现具有重要影响和作用。

---

① 费孝通，李亦园．中国文化与新世纪的社会学人类学［J］．新华文摘，1999（3）：19-24.

美国哈佛大学国际事务研究中心提出现代化人的素质分析模型，并归纳为九个基本特征：愿意接受新事物、乐于发表意见、时间观念较强、对人自身的能力较有信心、计划性较强、普遍的信任感、公平待人原则、接受新式教育、比较尊重他人。针对老龄人的实际状况，如晚年的危机感，主要体现在“三感”，孤独感（老朋友越来越少了）、寂寞感（无所事事）和失落感（社会和家庭地位下降）。老龄素质教育则是让老龄人摆脱困扰他们的情绪，使他们的潜能得到充分释放。素质分析模型可以由“三型”组成：求知型、健康型和助他型。求知型由学、观、思、研四字组成，求知的欲望会使老龄人有更多的朋友，这些朋友是不分年龄的，可以消除孤独感；健康型由身、心二字组成，健康促使老龄人更多地参与社会和丰富多彩的活动，可以消除寂寞感；助他型由传、扶、平三字组成，老龄人的价值得到体现（各美其美），老龄人的生活愉悦而有意义（美人之美），社会得以持续发展（人人共享），老龄人亦不会感到失落。因而以“三型”的交叉组合作为教育内容，是提高现代老龄人素质的必然选择。

（三）用积极型老龄教育构建融入社会理论框架

1. 融入社会理论与以往老龄学理论的比较。让老龄人融入社会是积极型老龄教育的主要特征，融入社会理论与解脱理论（伊莱恩·卡明、威廉·亨利）、活动理论（凯文等）和连续性理论（罗伯特·哈维格斯特）、角色理论（科特雷尔）①有所不同，对进入老龄时期的人解脱原有的一些社会角色是不可避免的观点表示认同，但不认同老龄人因解脱社会角色而与社会分离，成为无角色的角色，导致被社会所排斥；对老龄时期要充满活力表示认同，但不认同忽视老龄人的特点，追求长久保持中年的生活方式，使老龄人难以承受中年社会角色的压力；对强调老龄人的个性连续性发展表示认同，但不认同为保持一种成熟和完整的个

① [美] N. R. 霍曼，H. A. 基亚克. 社会老龄学—多学科展望 [M]. 北京：社会科学文献出版社，1992：68-72.

性，脱离社会环境因素，导致对老龄人生活方式不适应的状况。认同人生不同阶段的角色功能变化和社会对角色的不同期待，但角色理论对老龄人融入社会的角色变化分析较欠缺，需要加以完善。解脱理论、活动理论、连续性理论和角色理论等老龄学理论都有其积极意义，为社会老年学深入研究开辟了道路，但都还存在理论的局限性。让老龄人融入社会，适应老龄期的特点，转换社会角色，不断调整生活方式，获得老龄时期生活的满意感，包括幸福感、和谐感和价值感，是积极型老龄教育的目标。

2. 融入社会理论框架构成。融入社会理论框架可以由社会角色转换理论、生活方式转化理论和参与社会发展理论组成。社会角色转换理论是指人到老龄，角色变化是一种自然过程。需要解脱部分不适合老龄期的社会角色，以保持社会整体功能的正常运行。但角色变化过程不是老龄人与社会互相分离的过程，而是社会角色的转换过程。这种角色转换，有助于发挥老年优势，开发老龄人力资源；有助于老龄人的身心健康，获得生活的幸福感；又有助于将老龄人口压力转变为动力，促进人口老龄化与社会经济协调发展；生活方式转化理论指对进入老龄时期的人，从单位人向社区人转化，从工作人向生活闲人转化，自由选择的生活空间很大，需要调整生活方式，与转换社会角色相适应。颐养天年，要摈弃封闭生活方式，关注现代信息，坚持终身学习，摆脱孤独、寂寞和失落，使自己与社会融为一体。充分利用自由空间和闲暇时间，学习有关知识和技能，保持人与自然和社会的和谐，改变传统的不健康的生活方式，学会现代科学和健康的生活方式，保持良好的代际关系，获得生活的和谐感；参与社会发展理论指老龄人要融入社会、融入时代，从社会角色解脱型向参与社会发展转型，根据老龄人各自特点和意愿，将学习和实践结合起来，发挥个人潜能，参与社会服务。

老龄人只有融入社会，才能实现发展、健康和保障，才能具备较高的生活和生命质量，才能保持自身的尊严和价值，获得生活的价值感。

三、可持续的老龄教育发展模式

所谓老龄教育的可持续发展是在社会经济可持续发展的大背景下提出的，不是权宜之计，不是阶段性受教育，而是持续地让老龄人接受教育。

（一）持续增长的老龄人口对持续老龄教育的挑战

老龄教育诞生在20世纪中后期，至今只有30多年时间，属于社会新事物。终身教育理念使老龄教育出现了前所未有的发展景象，适应了社会发展的需求，取得了卓有成效的发展。

但持续增长的老龄人口，对持续的老龄教育发展是巨大的挑战。中国是世界上老龄人口最多的国家，也是老龄人口发展最快的国家，解决老龄人口的教育问题是国家应对人口老龄化的重要对策之一。据预测，21世纪上半叶，中国老龄人口持续增长期分为两个阶段：第一阶段是人口加速老龄化阶段（2001～2020年）：新中国成立后的第一次生育高峰期人口进入老龄期，中国年均增加596万老龄人口，年均增长速度达到3.28%，大大超过总人口年均0.66%的增长速度，到2020年，老龄人口将达到2.48亿，老龄化水平将达到17.17%，其中，80岁及以上老龄人口将达到3067万人，占老龄人口的12.37%。第二阶段是人口加速高龄化阶段（2021～2050年）：一方面，20世纪60～70年代中期的新中国第二次生育高峰期人口进入老龄期，年均增加620万人；另一方面，总人口逐渐实现零增长并出现负增长，人口老龄化向高龄化发展。到2050年，老龄人口总量将超过4亿，老龄化水平高达30%以上，其中，80岁及以上老龄人口将达到9448万，占老龄人口的21.78%①。如此庞大的老龄人口的教育问题将先后列入老龄教育体系，不仅要满足几亿老龄人口有机会接受教育，还要使近1亿的80岁及以上人口也能有机会接受高

① 全国老龄工作委员会办公室：《中国人口老龄化发展趋势预测研究报告》，中国老龄协会网站，2007年10月31日。

龄教育，提高老龄人口的整体素质，确实是教育史上的宏伟工程。构建这样一个巨型工程，需要具备持续发展意识。

（二）持续的老龄教育需要持续的资源投入

持续的资源投入是适应未来老龄人口接受持续教育的条件。根据《2002年老龄问题国际行动计划》的概括性建议，各国政府在老龄事业发展和优先老龄教育发展方面负有首要责任。将老龄问题和对老龄人的关爱纳入国家社会经济发展规划和消除贫困战略的主流方面，需要提出创新方案、募集资金，办好老龄教育，政府与市场企业、民间社会之间的有效合作，形成构建学习型社会的有利环境。

中国是发展中国家，正处在体制深刻转换、结构深刻调整、社会深刻变革的历史时期，中国的老龄事业和教育事业的发展都面临着严峻挑战。实现老龄教育的可持续发展，就要实现规模、布局、比例、结构的合理性，教育资源短缺将是制约老龄教育可持续发展的“瓶颈”，老年学校供不应求的状况已在不少地区出现。学校面临场地匮乏、资金匮乏和师资匮乏等教育资源短缺的矛盾问题，表明日益增多的老龄人对教育的需求与现有社会教育资源的供给矛盾越来越突出，将影响老龄教育的持续发展。

老龄教育的持续发展，取决于教育资源的落实。在教育资源中，解决教育经费是一大难题。在社会主义市场经济的条件下，老龄教育也要讲办学成本、讲积累，才能逐步地发展提高。强化政府责任，需要解决老龄教育投入的资金渠道单一问题，从多渠道筹集，多方投入办学经费，建立有效的教育资助体系；加强向社会宣传，鼓励人们为老龄教育奉献爱心，为增加办学经费，改善老龄教育办学条件提供有力支持。可持续发展的老龄教育，不仅能够给老龄群体创造教育的机会和条件，满足当代老龄人生存和发展的需要，适应社会与经济协调发展的需要，而且还要为未来的老龄群体获得教育的机会和条件做好准备，使老龄教育走上一条自主办学、自我积累、不断发展的良性循环的健康道路，使老龄人在实现老龄社会功能中，改善生活质量，创造丰富而有意义的新生活，更具生存和发展的自身优势。目前国家财政性教育的投入在逐年增加，义务教育、职业教育、高等教育，特别是农村学校、现代远程教育和老龄教育，都需要加大教育投入，老龄教育与各级各类教育要协调发展，共享教育资源，才能整体推进教育事业，建设学习型社会。

（三）持续的老龄教育需要搭建持续的网络教育服务平台

自1983年中国第一所老龄大学建立以来，老龄教育已走过了28年历程，但展望今后人口老龄化社会发展的漫漫征程，也仅仅是开始。搭建持续的老龄教育网络服务平台，要从政策导向上努力，使社会政策、经济政策和教育政策紧密联系起来。

从社会政策分析，目前多数老龄大学仅属起步阶段，与完善老龄教育网络服务还有较大距离。各地政府部门要加大宣传力度，特别是加强对示范老龄大学的宣传和表彰工作，提高社会对老龄教育的认识，真正发挥示范、基地和交流窗口的作用，带动街道、乡镇和居委会、村委会建立老龄学校和老龄分校，推动网络教育服务平台建设，形成覆盖老龄人的教育网络体系。

从经济政策分析，老龄教育发展薄弱的地区主要受经济条件的制约，缺少各种办学条件。在经济欠发达地区构建网络教育服务平台，关注新农村建设，增加农业科技课程，可以帮助这些地区兴办老龄学校，将社会效益与经济效益统一起来，满足老龄人的学习需求和社会经济发展的需求，吸引更多的农村老龄人参与到老龄教育中来。

从教育政策分析，加强师资队伍建设，目前老龄大学、老年学校，其办学人员，主要靠老龄人服务于老龄人，教师多为兼职的志愿者。老教师经验丰富，可以节省办学经费，保证办学质量。但因任职周期短，对老龄教育的持续发展有一定影响。持续的网络教育服务平台需要持续的网络教育服务人才，尤其是师资人才。

搭建持续的老龄教育网络服务平台，要使老龄教育与实现老龄人的价值联系在一起。网络教育服务平台要以积极老龄化为教育内容的重点，组织老龄人学习退休政策、收入政策、就业政策、护理保健政策和权益保障政策等。搭建网络教育服务平台，组织老年人参与社区建设，提供各种教育和培训，在社区中发挥他们的作用。现代老龄人的社会价值越得到认可，越受到社会的敬重，其社会地位也越高。尽管人的时序年龄与日俱增不能逆转，但生理年龄可以延缓，心理年龄可以保持年轻活力，参与社会发展的潜力很大。搭建持续的老龄教育网络服务平台，是发展中国家解决人口老龄化的战略措施之一。

（四）持续的老龄教育需要法律的支持

教育立法是深化教育改革与发展，推进依法治教的基础和前提，完善教育立法是持续老龄教育的重要保障，得到各国政府的重视。美国的《终身学习法》（1976 年）强调了美国政府的目标是“使全体公民不受原先所受教育和训练的限制，也不管性别、年龄、生理状况、社会、种族背景，或经济条件等的情况如何，要都使他们通过各种机会有效地参加学习”①。体现了终身教育的全员性。日本的《终身学习振兴法》（1990 年）、法国的《终身职业教育法》（1971 年）等都针对终身教育和终身学习颁布了相应的法律。还有以白皮书的形式向学习型社会推进，如英国的《学习成功白皮书》（1999 年），欧盟的《教与学——迈向学习社会白皮书》（1995 年）等。各国的教育法律法规以成人教育和终身教育的法律依据为基础，推动本国老龄教育的发展。

中国的《终身学习法》起草工作已列入政府工作议程，对终身教育与终身学习在有关法律法规中都有所体现。为适应社会主义现代化建设和社会主义市场经济体制对终身教育的要求，国家颁布的《教育法》第十九条指出：“国家鼓励发展多种形式的成人教育，使公民接受适当形式的政治、经济、文化、科学、技术、业务教育和终身教育。”2006 年《中国老龄事业的发展》白皮书在《老龄文化教育》中指出：“发展老龄文化教育是提高老

---

① 《成人高等教育研究》，1995 年第 4 期。

龄人精神文化生活水平的要求。中国重视发展老龄文化教育事业，丰富老龄人的精神文化生活，不断满足老龄人精神文化需求。”这是国家第一次发布关于老龄事业的《白皮书》。国家将老年教育列入国家教育整体规划，在我国教育发展史上首开先河，充分体现了党和国家对发展老龄教育事业的重视，为开创老龄教育的新局面打下了坚实基础。

持续的老龄教育需要立法保障。目前，我国尚无专门的《老龄教育法》，老龄教育的管理机构尚处于多头管理状况，如分属于老干部工作部门、老龄委工作部门、教育部门、文化部门、组织部门、人事部门、民政部门等多部门进行管理，没有形成统一归属部门。由于主管方、协作方不明确，各种教育政策不统一，老年学校的规范管理问题、社会力量办学问题、学费问题、税务优惠政策等尚不明确，不能很好地发挥政府、市场和社会的协调作用。老龄教育的形式和功能还比较单一，现有老龄大学的规模、体制、机制不能满足老龄人的需要，甚至一些地区出现老龄人深夜排队等候报名的现象，目前课程设置多为休闲型的课程，与老龄人的发展需求还不适应，老龄大学的师资、教材、教学方法等也有待完善。城乡办学条件有较大差异，尤其是农村地区举办老年学校受到多方面制约，难以适应农村老人教育社会化的需要。加强老龄教育的法律法规建设，应将老龄教育纳入政府的工作议事日程，加强对老龄教育的管理与服务，增加对老龄教育的投入。各地应将举办老龄大学（学校）纳入社会经济发展规划，扶持乡村办老龄大学（学校），鼓励社会力量举办老龄大学，逐步扩大城乡老龄大学规模，进一步改善现有老龄大学和老龄学校的办学条件。充分利用广播、电视、计算机等现代化传媒技术，大力发展远程教学，建立城乡老龄教育网络，逐步形成能够持续发展的老龄教育模式。

四、创新型的老龄教育发展模式

创新型的老龄教育发展模式是适应社会高速发展的需要。教育在面向现代化、面向世界、面向未来中，面临着严峻的挑战。

（一）未来老龄教育学面临的挑战

1. 社会转型潮的挑战。教育创新是根据社会发展的需要而产生的。关于社会发展趋势，许多学者作过多方面预测，比较典型的有美国社会学家和未来学家托夫勒（Alvin Toffler）著的《未来的冲击》(1970 年出版)、《第三次浪潮》（1980 年出版），他认为，第一次浪潮是农业革命，第二次浪潮是工业革命，第三次浪潮是信息革命，从 20 世纪 50 年代萌芽，具有知识化、多样化、分散化的特点，呈现电子技术、空间技术、海洋开发和遗传工程为主的大发展趋势①。第三次浪潮将给人类社会的生活方式带来根本的变化，不学习将很快被淘汰的现实，使人们对终身学习的需求极为迫切。另一美国社会预测学家奈斯比特（John Naisbitt）著的《大趋势——改变我们生活十个新方向》（1982 年出版），提出社会最根本的变化是从基础工业向信息社会转变，社会组织结构、制度、生活方式、价值观等都受到影响，人们要为信息时代做好充分准备②。信息社会观念的提出，预示着教育要为信息社会服务。

现代社会的长寿老龄人亲身经历了从农业社会向工业社会转型，又向信息社会转型，前一阶段的转型尚未完成，又跨入了后一阶段。信息社会标志着全球化时代的到来。通过互联网，知识全球化，在全球范围进行传播和应用；人才全球化，在全球范围进行流动和竞争；教科文卫全球化，资源共享，交流合作。社会的急剧变革，对人们生活方式的改变特别是老龄人的生活方式的改变是极大的挑战。

随着信息社会的发展，老龄教育不创新是没有出路的。老龄教育能否适应社会转型、克服社会偏见和自身弱点，需要老龄人

---

① ［美］托夫勒. 第三次浪潮［M］. 朱志焱等，译. 北京：三联书店，1983.

② ［美］奈斯比特. 大趋势——改变我们生活十个新方向［M］. 梅艳，译. 北京：中国社会科学出版社，1984.

学习积极的老龄化知识，在共建不分年龄、人人共享的社会中发挥积极作用。

2. 婴儿潮的挑战。现代社会的长寿老龄人，又经历了从国家年轻型人口结构向老龄型人口结构转型的过程。第二次世界大战结束后，由于和平年代中人口出生率急剧上升，被称为“婴儿潮”（1946～1964 年出生）的一代人将陆续退休，形成退休高峰期。与传统老龄人不同的是，他们的经济和文化层次都大大高于过去的老龄人，他们已不满足于仅仅在家中含饴弄孙，而是要参与社会、享受生活。他们乐于学习新知识，接受新技术，做自己喜欢做的事，希望改变传统生活方式。老龄人对现代生活质量提高的需求，对老龄教育是新的挑战。

3. 移民潮的挑战。现代社会的长寿老龄人，正在经历从封闭的小农经济社会向开放的信息社会转型的过程。现阶段大批青壮年作为移民，从乡村向城市流动，从本土向外乡流动，从境内向境外流动，不少老龄人需随子女迁移，有的是需要帮助照看孙子女，有的是需要得到子女的照顾，也卷入了到异国他乡的移民潮中。即使是留守本地的老龄人，也会接触不少到本乡工作的移民，或是接待世界各地的旅游者，或是外出探亲访友，各种外来文化对老龄人都产生了较大影响。移民潮给老龄教育提出了新的课题，老龄人要和不同国度、不同地域、不同文化背景、不同民族习俗的人们生活在一起，要面对多元的文化环境，都需要教育从内容和形式上更新，适应老龄人的需求。在实践中，各国开展的老龄移民教育内容丰富、形式多样，尽快适应新的国家和地区的生活状况，使老龄人的生活质量不会因移民状况而降低。

4. 高龄潮的挑战。现代社会的长寿老龄人，正在经历从单代养老向三代同老的代际结构转型的过程。社会经济的发展，住房、医疗、营养和卫生条件的改善，人口平均预期寿命的延长，从人生 50 年到人生 80 年，甚至人生百年历程也随长寿时代的到来而成为现实。高龄人口数量猛增，使人类社会迎来了一个更加成熟、更加自信、更加稳定的社会。在终身教育中，后半生教育的需求与前半生教育的需求几乎是平分秋色，甚至后半生的教育会大大超过前半生的教育。高龄潮使老龄人的教育需求也日渐突出，在接受教育中，他们可以提高科学养生的素质，在与多代人共存中有更多的共同语言。学会掌握先进的辅助工具，提升自我保健、自我照护的能力，减轻家庭和社会的压力，使代际关系更为和谐。

（二）完善创新型老龄教育的功能

1. 创新型的老龄教育要坚持老龄教育在老龄工作中的优先性。老龄教育的社会功能如教育本身的功能一样，有其完整的结构体系，包括经济、政治、文化和社会等系统教育功能。这些功能可归结为两个基本功能：首先是促进老龄事业科学发展的功能；其次是老龄个体社会化的功能。在老龄事业结构功能的排序中，不论是从时间结构看，包括过去、现在和未来；还是从空间结构看，包括宏观世界、中观社区家庭和微观个人空间，老龄事业发展的每个新阶段，每项新研究成果的诞生，教育无不处于先导地位。

2. 创新型的老龄教育要坚持老龄教育在老龄工作中的持续性。与传统教育理念所不同的是，第一，持续教育是没有年龄、不分年龄、人人共享的权利。每个老龄人都享有平等受教育的权利；第二，持续教育没有领域的界限。教育的机能存在于一切生活领域里，包括学校、家庭和社会的多领域教育；第三，持续教育是提高人的素质教育。教育的结构不仅是单纯的知识结构教育，而且是全面的素质结构教育，优化现代老龄人格，培养现代老龄素质；第四，持续教育模式是理论与实践结合的教育。不仅是教师的灌输性书本教育，而且是师生互动教育，包括实践活动教育；不仅是结论性方法教育，而且是研究性、创造性方法教育；不仅是单一模式、千人一面的普及性教育，而且是开发个人潜能、启迪智慧，呈现个性化、多样化教育；第五，在持续教育中，老龄教育超越了早期教育的内容和形式，涵盖了基础教育、继续教育和高龄教育等内容，倡导以人为本理念，使教育方法更为灵活多样，课时、提问、作业、考试和课外活动都更适合老年人的特点，充分展示对老龄人的人文关怀；第六，办学和管理形式多样化。持续教育是集正规性与非正规性办学相结合，共性化与个性化教育、普遍性与特殊性办学相结合，集政府、社会和公民个人办学相结合等不拘一格的办学和管理形式，教育面能够覆盖全体老龄人；第七，持续教育资源的利用不仅限于学校资源，还要广开教育资源，整合家庭和社会中的教育资源，立足于老龄教育的体制和机制创新，逐步改善办学条件，扩大师资队伍，扩大老龄人口的入学率和老龄教育的覆盖率，使老龄人能够充分利用和共享各领域的教育资源。

3. 创新型老龄教育要坚持老龄教育在老龄工作中的拓展性。传统老龄教育的功能主要是养生、长寿，现代老龄教育的功能定位于提高老龄人口素质，优化人格，保持良好的生命质量和生活质量。在老龄社会中，将老龄人口的压力转变为动力，要体现积极老龄化精神，老龄教育的功能需要拓展。老龄教育要纳入全面素质教育的内容，提高老龄人思想道德素质、科学文化素质、身心健康素质和审美情趣素质等；开发潜能，使他们成为家庭和社会的重要资源；增进老龄人与自然的和谐，老龄人与社会的和谐，使老龄人的生活质量不断提高。

（三）信息社会与老龄教育的发展前景

1. 老龄教育的合作性趋势。在信息畅通的社会，老龄教育的提供者越来越多，并将更加多样化。老龄机构、教育机构、文化部门和民间团体的老龄教育资源将整合，呈现既有分工，又有合作的局面。出版、广播电视、网络电信部门将为老龄人提供更多的教育服务，充分利用图书馆和博物馆作为学习场所已不是老龄人个别行为。老龄大学将呈现合作办学的趋势，愿意走进老龄大学学习的老龄人会越来越多，公办、民办、民办公助、公办民助等形式的学校会与社会机构、团体相互合作，满足多层次老龄人的需求。超越国界的全球性老龄大学将增加，跨国学习、跨国考察不再是幻想，老龄人会充分利用各种社会合作性教育资源完成终身学习计划。

2. 老龄教育的选择性趋势。老龄人对各种类型的老龄教育有充分的选择余地。可进入“围墙大学”或传统住宿学校，也可参加网络“点击大学”。一方面，他们需要接受教师面对面的传授，享受围墙内的集体生活，接受同学之间的互相关心和互相帮助；另一方面，他们可以享受快捷、方便的在线教育服务，可以不受气候条件、身体条件、交通条件的制约，不受时间的限制，将教学内容下载存储后反复学习，更有利于老龄人对知识的消化与吸收。

3. 老龄教育事业的凝聚性趋势。与各类学校一样，事业目标的追求与财富目标的追求比较，老龄大学越办越有生气，不是为赚钱所驱动，而是老龄人要学会生存所产生的巨大社会效益，于国于民于己都极为有利，使老龄教育事业更具凝聚性发展趋势。在市场经济条件下，通常学校的生存发展，与学生在升学、就业、提职等方面的竞争力挂钩，向市场输送人才，满足市场需求。老龄教育的生存不是靠市场竞争力，而是靠社会影响力。老龄教育以公益福利型为主，国家支持发展老龄教育，像老龄人能够享受公园、文化体育场馆、交通设施免费或优惠一样，鼓励老龄人接受老龄教育，减免老龄学员的学费，帮助老龄人实现健康、参与和保障，创造晚年幸福、家庭安宁、社会和谐的局面，实现成功老龄化。

老龄教育的发展越来越依赖于教师和课程，好的教师与好的课程对老龄人具有吸引力和凝聚力。老年学校需要精干的师资队伍，老龄大学中的许多教师是志愿者，他们热爱老龄教育事业，为老龄人通过学校教育所取得的成就而自豪，他们将奉献老龄教育事业作为自己生活的组成部分。教师地位的提高，是一个国家兴旺的标志。因此，要吸引和留住从事老龄教育的优秀教师，需要各级政府关心教师的培训和生活待遇，使发展老龄教育事业在促进人口老龄化与社会经济协调发展中更具有凝聚力。

老龄教育的能力性趋势。判断人才的标准很多，在德能勤绩中，能力是衡量人才的重要标准，以能力划线，要不唯学历、不唯职称、不唯资历、不唯身份地选拔和使用人才。信息社会的发展，更加注重人的能力和水平，要求老龄人不仅具备生存能力，而且具备发展能力，注重终身能力的认定。一般来说，学位与能力是正相关的。学位是对人力资本的一种认定，学位越高的人，表明他的能力越强。学位的取得，与求得理想职业和理想地位挂钩。但在实际中，获得学位只能说明曾学习过的经历，学位不等于能力。在漫长的事业生涯中有所作为，要靠长期的、终身的学习获得知识和本领，并加以运用。老龄人力资本的认定方式，是通过老龄人才的能力及他们参与社会建设中的作用去认定的。

（四）开发创新型老龄教育资源

创新型老龄教育的发展，要以资源为保障。老龄教育资源是社会教育资源的一部分，重视开发各类老龄教育资源应是各级政府的职责。

作为责任政府、服务政府，其职能应不仅体现在办学方面，而且要搭建公共教育服务网络平台，公平配置社会教育资源，加大对老龄教育资源的投人，满足老龄人共享教育的权利和机会。创办老龄大学应列入各级政府社会建设规划。各级政府、有关部门和企事业单位，利用现有群众文化设施，充分运用现代传媒手段，多渠道、多层次发展老龄教育，努力实现“县县有老龄大学”的目标，并逐步向社区、乡镇延伸。每个地区，都应建立设施完备、功能齐全的综合性老龄活动中心，在公益性文化设施中开辟老龄人活动场所，扩大老龄教育覆盖面。现有部门管辖的文化活动场所应积极向老龄人开放，群艺馆、文化馆、文化站等公共文化机构应加强对老龄文化活动的指导，各地的图书馆、美术馆、博物馆、科技馆等公共文化服务设施以及公园、革命圣地等旅游景点应向老龄人免费或优惠开放，不断改善老龄人的文化生活条件。

老龄教育需要硬件设施建设，也需要软件建设，提供符合老龄人特点的精神文化产品也是各级政府的政策支持重点。各级广播电台、电视台应开办老龄节目或老龄栏目，各类报纸、期刊、图书、影视、戏剧等不同文化行业都应创作老龄人喜闻乐见的文艺作品。大力提倡和扶持各种有益于老龄人身心健康的文化娱乐活动。各级财政每年可拨专款支持举办地区老龄文艺演出、老龄合唱节等大型活动，开展国际间老龄文化艺术交流，丰富老龄人的文化生活。

总之，老龄教育的科学发展模式还处于探索之中。实践表明，老龄教育已有了良好的开端，要保持科学的发展态势，需要以科学发展观为指导，从人本型、积极型、持续型、创新型的实践上下工夫，逐步学会把握科学型老年教育的发展规律，促进老龄教育事业的发展。

第八章　老龄文化建设

第一节　老龄文化的价值与功能

文化作为人的社会活动的一种特殊形式，存在着纷繁复杂的价值关系，老龄文化也是如此。其价值评判取决于地域、社会环境、生活方式、行为规范等外部条件和生命意识、经济意识、审美意识、文化意识等内部条件。中国老龄文化的价值在于使老龄文化真正成为满足老龄群体的文化需要、审美需要、健身需要、娱乐需要等诸种需要的文化，从而提高老龄群体的生命质量、生活质量，关心老人、敬重老人，不断培养、提高他们的科学文化素质，促进老龄人生活的文明和丰富；也通过老龄人群体的现代化，来促进整个社会物质文明和精神文明的提高。

一、老龄文化的价值

1. 老龄文化要走可持续发展之路。这是中国经济、文化、科技和社会发展的必然抉择和客观要求。我国作为发展中国家，为保持经济与环境、科技与生态、文化与素质的协调发展，已把《21 世纪议程》付诸实施和行动。因此，生态环境危机的人口膨胀，已经是人们关注的热点问题。1999 年 10 月 12 日，联合国人口跨过了世界人口 60 亿大关的门槛。当今世界人口以每秒 4～5人的速度急剧递增。专家预测，2050 年全球人口将达到 90 亿。人口的急剧增长，已使地球不堪承受。

随着社会的进步，老龄人的死亡率也一直在下降。面对这种形势，人口老化、社会老龄化就成了不可避免的趋势，高龄老人的数量也会迅速增加。关心人口老化，为解决人口老化可能出现的各种社会问题、经济问题、制度政策问题力求做好准备，就必须对人口老化认真地从理论和实践方面进行研究。因而，开展老龄文化研究，不但具有理论价值和社会价值，而且对解决社会老龄化的诸多问题也将会起到积极作用。

2. 老龄文化已成为老龄生活中人不可缺少的组成部分。现在老龄人的队伍还在不断增长，老龄人对老龄文化活动参与也日益加强，因此老龄文化的建设已迫在眉睫。老龄人要迅速调整自己的心态，培养自己的爱好、摆正自己的位置，找到适合自己做的事情。老同志做事认真，很投入，他们在各类文化中，结识新朋友，丰富自己的晚年生活。

3. 老龄文化是我国群众文化的重要组成部分。老龄人的智慧、知识和经验是社会的宝贵财富。老龄人不仅是社会物质文明和精神文明的创造者、继承者，也是优秀传统文化的传播者。老龄人的生存状况和精神面貌直接影响到全社会文明程度的提高和社会的稳定与发展。因而加强老龄文化工作对于丰富老龄人的精神文化生活，提高老龄人的生命生活质量，推进社会主义精神文明建设具有重要的现实意义。

二、老龄文化的功能

认识和研究老龄文化的社会功能，对于建设、发展我国新时期新型的老龄文化，更好服务于老龄化社会等，都有着十分重要的意义。一般认为老龄文化具有如下主要功能：

（一）老龄文化的教化功能

老龄文化具有教化的功能，这也是老龄文化的首要功能。主要有老龄文化教育功能的普及化、终身化；有老龄文化教育功能内容的现代化、结构的多样化；有老龄文化教化功能意识的多元化、国际化；有老龄文化教化功能的方法多样化、渠道多层化等。这些特征也同时体现在老龄文化的教化功能的环境感化和教育感化两方面。

1. 老龄文化功能的环境感化，主要表现在优良的老龄文化环境与老龄文化产业对老龄群体的吸引、感化、参与和消费作用。老龄文化活动的优质服务与文明活动，对老龄群体的思想观念、人生价值、社会公德、情感情操都是一种感染和感化；老龄文化正是通过这些感染传播到个人、家庭、群体、单位、组织以及社会的方方面面，从而更充分地发挥了老龄文化的教化功能和作用。

2. 老龄文化功能的教育感化，指的是充分利用多种多样的文明健康的文化方式，来提高老龄群体的科学文化素质，让其安居、能学、可乐、有为。并让他们在这些活动中，发挥各自的聪明才智，使老有所养、所安、所医、所学、所乐、所为，生活更加绚丽多彩，有声有色、有滋有味。使老龄文化活动真正成为他们的精神家园。

老龄文化的教化功能具有体验性、自发性、主动性、愉悦性、休闲性等特征，因此，老龄文化的教化绝不可以采取说教、灌输、命令、强制的方式，而应采取引导、体验、轻松愉快、喜闻乐见的方式、方法来激发老龄人的兴趣、好感以及参与的积极主动性，如吟诗、作画、书法、写作、音乐、舞蹈、园艺、收藏等都是体现老龄文化教化功能的最佳途径。

（二）*老龄文化的认知功能*

认知功能是老龄文化的又一重要的功能。俗话说：活到老，学到老。通过多姿多彩、趣味盎然的文化活动来增长各种知识，是我国早在春秋时期就已经形成并延续至今的优秀文化传统。在漫长的历史发展过程中，历代广大老龄群体都是通过伦理宗教、民俗节庆、诗文书画、民间艺术等丰富多彩的文化活动，来认知外部世界，增长各种知识，积累生产、生活经验。如民间的谚语、楹联、灯谜、警句等文化形式，蕴含着深厚的知识内涵和人文智慧，尤为老龄人所喜闻乐见。他们在认知的基础上不断总结创新，传承后代。

在当今科技发达、知识爆炸的年代，老龄人需要更多新知识尽快武装自己，以跟上时代发展的步伐，适应现代化生活。因此，运用丰富多样的文化形式，通过老龄文化所具有的认知功能，以丰富老龄人的知识与经验，提升其智能水平，更是继承、发展、建设中国老龄文化的重要课题。

（三）老龄文化的审美功能

老龄文化具有审美功能。强调老龄文化的审美意义和功能，旨在更全面地认识老龄文化的地位和价值，更充分地发挥老龄文化的精神价值。老龄文化的审美功能贯穿于老龄的一切活动过程之中。因此，其审美功能是广义的，其载体、媒介主要是文化活动中的文化艺术方式和文化艺术作品；其目的在于老龄文化的审美社会化，在于审美功能对老龄人精神的充实、完善和艺术的美化。

老龄文化的审美功能多是在与文化的其他功能相互交叉、融通中体现出陶冶性情、开发智力、培养情操、增进健美的效用。人们正是通过文化的审美功能在高雅的文化活动中荡涤胸怀，提升境界，净化魂灵，进而完善人格。而人到晚年常为之困扰的失落沮丧、人生烦恼以及恐惧死亡等不良精神现象，在丰富多彩的文化审美活动中，被排解、被宣泄、被淡化，审美使老龄人精神中的滞塞消融化解，荡然无存，从而保持愉悦的心境，享受美好生活。

（四）老龄文化的娱乐功能

老龄文化具有娱乐功能。老龄文化的娱乐功能体现在物质的社会功利性和精神的社会功利性两个方面。老有所乐是老龄人生活中必不可少的一项非常重要的内容，它主要通过老龄文化的娱乐功能来实现，其途径和方式方法也很多，如琴棋书画、音乐歌舞、民间技艺、花鸟鱼虫以及文化收藏、运动健身等。这不仅可以健康身心，而且可以陶冶情操、愉悦心情、颐养精神。

娱乐对每一个人，尤其对老龄人的身心健康至关重要。我国传统文化中历来就重视愉悦老人的习俗，更不乏“娱老为孝”的美谈；史书记载：春秋末，老莱子年七十，着彩衣作婴儿哭状，以娱父母。而随着现代社会生活方式、家庭结构等发生巨大变化，老龄文化的娱乐特征也相应发生变化。如何继承发扬优良传统，创新与加强当代老龄文化的娱乐功能，是目前亟待研究解决的重要课题之一。在现实生活当中，特别是中国老龄人的生活中，娱乐不是太多，而是太少。因此，要通过加强老龄文化的娱乐功能来帮助老龄人树立起生活的信念，采取积极生活的态度与方式，促进老龄人身心健康，提升当代中国老龄人的生活质量。

第二节　老龄文化生活建设的特点及意义

一、老龄文化生活建设的特点

人到老龄，体力及精力都日渐衰微，离开工作，告别事业，或子女成家离去，或亲友老伴亡故，或社会交往的冷落等诸多因素，都会使老龄人或轻或重地产生失落感。这些不良心态都会对身心健康产生危害。因此，全社会不仅要重视和满足老龄人的物质生活需求以及物质生活方式的建设，更要重视老龄人文化生活的需求和文化生活方式的建设。老龄人的文化生活是老龄精神生活的重要内容。

老龄人的文化生活丰富与否，是衡量一个社会物质生活水平高低和社会文明进步程度的标准。与其他年龄段的人群相比，老龄人的文化生活表现出一些独具的特征。首先，老龄人的文化生活以修身养性、寄托精神、娱乐消遣为主要目的，而少有其他年龄人的功利性。其次，老龄人的文化生活因受其年龄、身体条件限制，较其他年龄人口缺少随意性。再次，老龄人的文化生活以普及性、群众性为主，偏重于传统的内容与形式，不要求他们成绩突出或刻意求新。

二、老龄文化生活建设的意义

老龄人如果有着丰富的文化生活，对其增强体质、减少疾病、提高健康水平十分有益。首先，它使老龄人心理上感觉自己还年轻，生命力旺盛，从而对生活充满信心。其次，它调剂和丰富了老龄人的生活内容，使老龄人感受到生活的无穷乐趣，认识到自己对社会仍有价值，从而不断产生新的追求和寄托。再次，在群体活动中可以增进老龄人之间的思想与感情的交流，改善老龄人的精神情绪，使老龄人更接近于了解社会，获取更多的社会信息，从而跟上时代发展的步伐。

三、老龄文化生活建设的原则

进入老龄期，文化娱乐活动成了老龄人的“第二生命”。组织和指导老龄人从事或开展文化娱乐活动，使老龄人老有所学、老有所乐，便成了老龄文化工作者的一项重要任务。

（一）老龄文化生活建设的含义

老龄文化生活建设是指根据老龄人的生理和心理特点，组织和引导老龄人开展各种各样的文化娱乐活动，丰富老龄人文化生活，满足其文化精神方面的需求，使老龄人老有所乐。

（二）老龄文化生活建设的原则

根据老龄人的身心特点，老龄文化生活建设要遵守下列基本原则：首先，以动中取静、修身养性为主，尽量避免剧烈的运动和激烈的竞技。其次，以娱乐、消遣为目的，尽量减少成败输赢对老龄人心理的压力和精神刺激。再次，侧重传统的内容和形式，以挖掘和弘扬老龄人积累多年的宝贵经验、技能、专长等民族文化财富，不要求刻意创新、标新立异。

第三节　老龄人的文化生活方式

老龄人的文化生活内容十分广泛，形式上也是多种多样，由于每个老人的年龄、性格、身体状况、文化程度、兴趣爱好、生活习惯、经济条件以及居住环境的不同，其文化生活的方式也有很大的差异。

一、老龄人的学习生活

“老有所学”是老龄文化生活中最重要的部分。老龄人的学习生活内容十分广泛，从学习的目的来看，大体有三种类型：一是颐养型，以锻炼身体、陶冶性情为主；二是知识型，以掌握知识为主；三是实用型，以实用为主要目的。老龄人可根据自己的文化程度和兴趣爱好、学习目的来选择合适的内容。就颐养性情、延长寿命而言，老龄人适宜选择以下的学习生活：

（一）继续接受老龄教育

老龄大学的课程大都根据老龄人的兴趣和特点来开设，老龄人可根据自己的兴趣与需要来选修相关课程，以增长知识，获得心理满足。同为老龄族，相聚一起能交流感情、沟通关系，改善孤独失落的情绪。通过学习还可使思维得到锻炼，推迟大脑的衰退。但不足之处是，目前我国只有大中城市才兴办老龄大学，无法满足更多老龄人的需求。如何更广泛、更便捷地满足广大农村乡镇老龄人学习生活的需要，创办更多、更好的老龄大学，是今后中国老龄文化建设的重要课题和任务之一。

（二）学习书画

书法和绘画是一门艺术，从事书法和绘画能使人们在艺术的境界中寄托情感，陶冶性情。在进行艺术创作时，全身心都沉浸在良好的情景之中，处于美的感染与创造之中，创作的过程即是审美享受的过程。此外，书画创作时要求姿势端正、悬腕提肘、运力全身，其本身就是一种良好的运动方式。可见书法与绘画是老龄人进行脑力活动与体力活动的最佳组合。

（三）学习音乐

音乐可以养生、增寿；音乐通过其旋律、节奏、情调的变化调节人的精神，使其处于安宁、欢乐、轻松的状态，因而摆脱精神困扰，净化心灵，陶冶情操。一方面，音乐旋律、节奏的起伏跌宕、快慢疾徐的变化，可以调整人体的生物节律，从而提高人的防病抗老的能力。另一方面，引吭高歌或演奏乐器，能使肺活量增加，使胸腔以至全身都得到舒展，使身体器官得到锻炼。现代医学证明，音乐疗法对许多疾病尤其是老龄病，具有显著疗效。

（四）学习保健

一般老龄人都很关注自己的健康，重视养生之道。因此，学习相关的医学知识，既可提高老龄人防病治病、养生健身的科学性，又能满足老龄人“老有所学”的文化需求，活跃思维，调谐身心，有助于老龄人的健康长寿。

（五）读书看报

读书看报无疑是老龄人最简便易行的学习方式，也是最主要的学习方式，更是一种延年益寿的方法。其他种类学习往往要受到一些条件的制约，而读书看报，几乎不受任何条件的限制。读书能获取知识，又可涵养老龄人的性情，使人获得精神享受。阅读报刊则可以使老龄人及时了解国内外新闻和社情民意，与时俱进，和社会保持同步而不脱节。有条件者还可利用电脑上网阅读浏览，通过现代科技手段获取社会资讯。

“活到老，学到老”。坚持学习可使老龄人紧跟时代步伐，开阔心胸，有助于提高生活乐趣，并以学习所得及知识经验，参与社会活动，置身集体之中。坚持学习，可进行脑力锻炼，增进老龄人心理功能，有助于消除紧张心理，特别是可以提高记忆力和智力。坚持学习可以推迟和延缓衰老，保持心智处于积极状态，有利于提高老龄人精神生活的质量。

二、老龄人的文体生活

老龄人的文体生活包括文娱与体育活动。退休后适度的精神追求和文体生活，可以帮助老龄人树立起积极生活的信念，使老龄生活充满着希望与乐趣，促进身心的健康发展。可供老龄人文化娱乐和体育锻炼的项目很多，相对而言，比较有益于老龄人身心健康的文体项目大约有以下几种：

（一）跳舞健身

舞蹈是融音乐、运动和娱乐为一体的一项文体活动，老龄人经常跳舞既可活跃老龄生活，促进老龄人际交往，又可锻炼身体，陶冶性情，有益于身心健康。跳舞以优美的动作、造型和旋律给老龄人美的享受，伴着优雅悦耳的舞曲，踏着富有节奏的舞步，可使老龄人沉浸在轻松自如、愉快和谐的气氛之中，能激发调谐他们美好的心态和情感，达到强身健体、延年益寿之目的。老龄医学证明：经常参加跳舞可消除疲劳、舒筋活血、增加肺活量、延缓肌肉细胞的衰老，使大脑处于最佳休息状态；还有助于睡眠，减缓神经衰弱、消化不良、肥胖、高血压、动脉硬化等症状。

（二）游泳健身

游泳健身是非常适合老龄人的体育活动。由于水温的作用，能使老龄人的血管扩张，促进血液循环，增强人体对气温变化的适应能力。游泳时胸廓要受到12～15kg的压力，长期锻炼可以大大增强老龄人的呼吸功能，加大肺活量，使呼吸变得深沉有力，有利于老龄人长时间保持旺盛的精力。若在江河湖海中游泳，人体长时间与水、日光、新鲜空气接触，有利于皮肤健康。

（三）太极健身

太极拳（剑）是中华民族的传统体育项目之一，它汇集了我国古代保健体操之精华，具有健身祛病的功效，是我国宝贵的民族文化遗产。练太极拳（剑）能改善神经系统的功能，因为它要求人们做动作时精神要高度集中，能增强神经对各器官系统的营养作用。经常打太极拳对心血管系统也有良好的影响、是改善血液循环、消除肝脏淤血、改善肝脏功能的有效方法。此外，它还能提高呼吸系统的功能，改善消化系统，增强肌肉、骨骼、关节、韧带的活动能力。所以说，练太极拳（剑）是特别适宜高龄老龄人的一种健身运动。

（四）散步健身

散步是老龄人最简便易行的健身运动。“饭后百步走，活到九十九”。从传统民谚可见，散步是古今长寿的妙法之一。现代医学研究也证明，散步有益于老龄人的身心健康；可以锻炼下肢肌肉和关节，促进身体的新陈代谢和血液循环，活筋骨，助消化，减脂肪，强心肌，预防心脑血管疾病。到户外散步锻炼，漫步在田野、公园、林间、水畔，沐浴阳光，呼吸新鲜空气，可使人身心放松，神情爽快，怡情养性，有利于老龄人的心理健康。

（五）垂钓健身

钓鱼是国际上重要体育项目之一，也是一项非常适合老龄人的健身运动。外出垂钓，可以远离市区，远离喧闹和污染。或步行，或骑车，这本身就是一种很好的锻炼。垂钓可以养神，在垂钓过程中，全身心得到放松，对治疗失眠、神经衰弱、心情紧张、焦虑或抑郁等疾病都有良好的作用。垂钓时，又需要眼、脑、手相配合，动、静、意相协调，因此，经常垂钓能增强体力，提高大脑、眼及肢体动作的灵活性、灵敏性和协调性。钓鱼还能培养锻炼细心、耐心等心智能力，有助于克服焦虑、浮躁等不利心理，增加乐趣，活跃情绪，减缓或避免某些不良情绪导致的身心疾病的发生及加重的可能。

三、老龄人的兴趣爱好

兴趣爱好是老龄文化生活中不可缺少的重要组成部分，它可以使老龄人生活充实、情绪愉快、增长知识、活跃思维、陶冶情操，有利于老龄人的身心健康。老龄人的兴趣爱好，其内容可以非常丰富，涉及面也十分广泛，但在选择时，应考虑适合老龄人特点的项目。一般适宜老龄人兴趣爱好的项目有如下几种：

（一）欣赏音乐

音乐对人的神情具有特殊的影响力，健康优美的音乐能使人精神焕发，心情舒畅，老龄人欣赏适宜的音乐（或戏曲），可以丰富情感生活，享受美的乐趣，促进身心健康。从心理角度来说，音乐的节奏、旋律、和声、配器可使欣赏者产生丰富的联想和想象，调节老龄人的情绪，使之精神焕发，保持良好心境，忘却生活中的孤寂与烦恼。从生理的角度来说，人的各种生理活动都存在节奏，特别是心脏的跳动和呼吸的进行。在优美的音乐刺激下，老龄人会产生许多兴奋点，影响肌肉、血液和其他器官的活动，还可调整大脑的功能，使呼吸平稳，脉动富有节奏感，促进新陈代谢，增强生命活力。

（二）收藏或集邮

收藏或集邮是丰富多彩的老龄文化生活当中重要的组成部分。老龄人可利用自己充裕的闲暇时间进行收藏，不仅可以排解孤独与空虚之感，而且能大大丰富自己的文化生活，扩展知识，欣赏审美，陶冶情操，并因收得新藏品而获得成就感，心理和精神生活都得到极大的满足和享受。在收藏过程中，老龄人应按照自己的兴趣爱好、自身条件和环境，选择一两项物品，有计划、有系统地进行收藏、研究、整理和欣赏，其目的应是丰富精神生活、提高文化修养、促进身心健康。

在众多的收藏活动中，集邮是更适宜老龄人的一项收藏活动。通过集邮，老龄人可从“方寸天地”中学习古今中外、社会自然诸多知识，获取丰富的精神食粮，更好地认识世界、了解社会。同时，邮票画面设计精巧，色彩美观，千姿百态，具有很高的艺术价值与品位，欣赏邮票，可使老龄人获得审美享受，提高艺术修养，消除不良心境和精神压力。通过整理、鉴赏多年收集的邮品，还可活跃思维，增强记忆力，促使老龄人更加热爱生活，从而达到延年益寿之目的。

（三）下棋打牌

下棋打牌也是深受老龄人喜爱的休闲方式，更是一种有益的社交活动。下棋打牌可以锻炼思维，保持老龄人智力，延缓脑细胞的衰老。棋盘牌桌之上，需凝神静思，全神贯注，心平气和；棋局牌势，瞬息万变，要经过反复谋略，方能投子落牌，老龄人通过棋牌博弈，既可享受极大乐趣，又能提高记忆、判断诸思维能力。以棋会友，以牌交友，切磋技艺，增进友谊，通过棋牌之乐，可消除孤独、抑郁之感，保持乐观心态，有助于延年益寿。但老龄人下棋打牌应注意勿时间过长，不计较输赢，注意劳逸结合，保持心平气和。

（四）种花养鸟

种花养鸟是非常适宜老龄人的活动。种植花草，对老龄人的身心健康具有良好的调节作用。鲜花美丽芬芳，色彩缤纷，赏心悦目，充满生机，能增添生活乐趣，引人积极向上，提升文化艺术修养，涵养平和性情。既可丰富和调剂老龄人的精神世界，得到美的享受，又能美化环境，净化空气，一举多得。侍弄花草，需要付出一定的劳动，对于平素运动较少的老龄人来说，这恰好是一种非常适宜的、经常性的运动锻炼。许多花草树木本身也有保健治病作用。或花香以醒脑安神、清热降压、驱虫杀菌；或花叶以吸收毒气，净化环境；或花叶籽实以入药，祛病保健。

养鸟赏鸟对老龄人信心健康十分有益。既可锻炼身体，又可健脑养心，给老龄人的生活带来无穷乐趣。养鸟需要学习相关知识，阅读、查询图书资料，有助于老龄人积极用脑。养鸟还要每天遛鸟，有助于老龄人更多接触自然，同时收到锻炼身体、吐故纳新之效果。鸟儿斑斓的色彩、婉转的啼鸣、优美的姿态、可人的性情，都会使老龄人心情舒畅、乐趣无穷。

去除烦恼，远离喧嚣，进入鸟语花香的幽雅境界，享受一份自然天趣。研究证明，种花养鸟的确有助身心健康，延年益寿。

适合老龄人兴趣爱好的项目还有许多，如篆刻、根雕、摄影、剪纸、抖空竹、打陀螺、演奏乐器、扎制与放飞风筝等。但应当指出，无论选择哪一项活动作为兴趣爱好，都必须是以颐养性情、充实生活为主要目的。如果带有强烈的功利意识，如想通过收藏赚大钱等，反而身为心役，有损老龄人的身心健康。即便是态度端正、目的正确，在从事自己的兴趣爱好活动时，也应讲究“张弛有度”，绝不可以夜以继日、乐此不疲，使身心过于劳累，而容易导致发生意外。另外，从事自己的兴趣爱好活动，也要遵守法律，绝不能干违法乱纪的事情，如通过下棋打牌进行赌博等，将有可能受到法律的制裁。

第四节　老龄文化生活指导与服务

一、老年文化生活指导

（一）指导老龄人看电视

看电视是一种文娱活动，老龄人闲暇时间很多，大都爱看电视。通过收看电视，可以了解世界、学习知识、丰富生活。看电视本是一件好事，但如果没有节制地看电视，反而会给老龄人的身体健康带来不良影响，甚至会危害健康。因此，老龄人看电视要注意以下几点：

1. 老龄人看电视时间不能过长

老龄人看电视要有节制，每次看的时间不要太长，以一小时左右为宜。如果长时间看电视，会压迫坐骨神经，造成血脉不畅，加之电子辐射等因素会引发诸如腰酸背痛、腿脚麻木、躯体不灵、尾骨疼痛、静脉栓塞、视力下降、血压升高、头昏脑胀等症状，对老龄人健康十分不利。由于荧光屏会产生静电荷，对空气中的灰尘有吸附作用，长时间观看电视，身体上、皮肤上也会吸附很多灰尘和微生物，容易导致皮肤及呼吸系统疾病。

2. 电视机放置位置要合适

电视机放置的位置应以屏幕的中心比老龄人坐姿时双目平行

的视线略低一点儿为宜。眼睛与电视屏幕的距离不要太近，应是荧光屏对角线长度的 4～6 倍。

3. 电视机亮度及环境光线要适宜

由于老龄人的视觉较敏感，电视机过强或过弱的亮度都会对老龄人的眼睛造成不良的影响。所以，电视机的亮度要适宜，白天对比度可强一些，晚上可弱一些。晚上看电视最好在老人身后或一侧开一盏小灯，灯光不要直射荧光屏和人的眼睛，以减轻眼睛对明暗变化的不适应，使眼睛减少疲劳。如用一盏小红灯则更好，因为红光下眼睛的杆状细胞中视紫红质不会减少。

4. 老龄人看电视应多饮茶

进入老龄期后，人的视觉感官的调节功能会逐渐减退而出现不同程度的视力障碍，如远视（即老花眼）、视野狭窄、对光亮度的辨别力下降以及老龄性白内障等。过度看电视无疑会加快老龄人视觉功能的退化而导致视力障碍。所以，看电视时可多饮茶，因为茶叶中含有对造血功能有显著的保护作用，能抗辐射；茶叶中还含有各种维生素和胡萝卜素等营养物质，其中胡萝卜素在人体内会转变为维生素 A，是维护眼生理功能的有用物质。多饮茶有利于视紫红质的合成，有利于恢复与防止老龄人视力衰退。

5. 饭后不宜马上看电视

有不少老龄人一吃完饭就看电视，或者边吃饭边看电视，这样做对健康不利。因为刚吃完饭，胃肠要进行食物消化，血液也集中于肠胃中，大脑的供血量会减少，如果饭后马上看电视，既会加重大脑疲劳，又会影响肠胃消化；如果是边吃饭边看电视，精力会集中于电视画面上，容易忘记咀嚼或咀嚼不细；还会影响食欲，使人体内的消化也分泌减少，妨碍消化。所以，老龄人饭后休息一会儿再看电视为好。

6. 电视内容要适宜

老龄人忌看情节惊险、刺激的电视节目或场面激烈火爆的体育竞赛，因为这会导致老龄人情绪急剧波动，从而可能诱发老龄人心脑血管病的发作。因为过度的紧张、兴奋会刺激人体内的交感神经，使心跳加快，血管收缩，血压升高，以致引起高血压伴有动脉粥样硬化，甚至脑血管破裂而脑卒中，冠心病患者可能因心肌缺血而出现心绞痛，甚至心肌梗死。

（二）指导老龄人欣赏音乐

欣赏音乐是个人的审美活动，是与欣赏者的个人经历、思想修养、文化艺术水平、审美能力等密切相关的。音乐欣赏对于欣赏者本身的音乐知识水平、文艺素养等都有较高的要求，否则是不可能对所欣赏的作品有全面的理解和完美的艺术享受的。老龄人欣赏音乐主要是为了主动休息，充实和丰富生活，增添生活情趣，得到美的享受，陶冶情操，使精神开朗豁达，充满欢乐，以使自己的晚年生活充实、愉快、幸福。所以欣赏音乐，要从实际出发，不能要求太高，否则得不偿失。

1. 要学会对音乐的欣赏

老龄人要培养对音乐的兴趣，可先选一些自己喜爱的歌曲或音乐，如轻松愉快、悦耳动听的民歌、小调、群众歌曲、轻音乐等；或是由浅入深地先选择一些声乐作品进行欣赏。结合欣赏，进一步学习一些音乐知识，逐渐提高自己的欣赏水平。特别是对古典音乐的欣赏水平。对音乐知识掌握得越多，欣赏水平就越高。有了“音乐耳朵”就能进一步理解、把握音乐作品，听出“门道”，从而得到完美享受，进而更加喜爱音乐，促进了身心的健康。

2. 要有欣赏音乐的条件

要欣赏音乐就要具备基本的条件和设备，若有音响设备固然是好，若不具备，有多媒体电脑或起码有一台收录机也可以，自己可以选购所喜爱的光碟或磁带，随心所欲加以欣赏。如果上述条件都不具备，有个收音机（最好能听调频立体声的）也行，也能帮助你收听到优美的音乐。

3. 养成欣赏音乐的良好习惯

有了设备，还应养成欣赏音乐的良好习惯，每天都找出一段时间，舒适地坐下，静心聆听，使自己的心境和情绪与音乐的情感和旋律达到和谐共鸣。好的曲子、名曲要经常听、反复听，才能更多理解其丰富内涵，获得更多审美享受。若养成静心听、经常听的欣赏习惯，则可使老龄人经常处于愉快、乐观、积极、向上的生活状态，从而达到延年益寿之目的。当然，老龄人欣赏音乐不必刻意追求专业水准，不必当成负担，不必设定功利性目标，以免未能达到而徒增烦恼。欣赏音乐要方便、灵活、无拘无束、随心所欲，只要能达到轻松愉快、心情开朗的目的即可。

4. 要培养高尚的审美情趣

通过音乐欣赏，培养高雅的审美情趣对老龄生活十分重要。高雅的审美情趣，能抵御身心疾病，延缓衰老，保持健康，提高生活质量。高雅的审美情趣须通过较长时间的音乐学习、音乐欣赏才能确立起来。因此，要提高审美情趣和审美能力，除了多听音乐、多学音乐知识外，还要多看一些音乐介绍、音乐评论、音乐赏析的文章、书刊等，注意鉴别是非、美丑，特别要多赏析经久不衰的、经典的音乐，而拒绝颓废的、不健康的、格调低级的音乐。

5. 欣赏音乐要有所选择

老龄人欣赏音乐时，并非可以来者不拒，而应根据自身的生理、心理特点加以选择，节奏过快或过于缓慢的音乐都不适合。那些节奏频率超过人的正常心率的音乐会令老龄人心跳加快，情绪紧张出现不适，甚至会成为某些疾病发病的诱因；而过于节奏缓慢的音乐，则会使老龄人出现胸闷、憋气、压抑，甚至消极悲观等感觉或情绪；某些大型的交响曲、大型乐器的合奏、重金属音乐、打击乐等长时间、高分贝的激烈音响效果，也很不适合老龄人欣赏，这一类音乐轻则会使老龄人听力受损、坐立不安，重则会使老龄心情烦躁、记忆力减退、头痛、失眠，甚至诱发某些严重的疾病。另外，欣赏音乐时，音量要适中，一般不要超过60分贝，没有噪音干扰。还要注意环境场所，不要只顾自己欣赏音乐而影响他人的生活。

（三）指导老龄人跳舞

跳舞对于大多数老龄人来说，都是一种很好的运动和文化娱乐的方式。它不仅能促进老龄人的生理功能，同时还能有利于改善和加强良好的人际关系，调整和维护身心健康，从而提高整体的综合智力水平。但是老龄人跳舞也应该遵循一些基本原则，否则就会适得其反。原则如下：

1. 跳舞要注意舞姿美

跳舞不仅要舞步正确，同时还要求舞者挺胸、收腹，头、颈、背、腰、膀、腿、脚各部位要协调一致，通过身体各部位的联合运动，使动作挺而不僵、柔而不懈、实而不松，使人感觉是一种美的享受。舞步的大小、快慢、进退都要稳健，每一步都要踩上音乐节拍。

2. 跳舞要讲究风度

跳舞要讲究风度。舞姿是指人跳舞时的外在动作，而风度是指除了姿态以外，还应讲究的内在感情，包括举止、仪表等。尤其是在比较高雅的娱乐场所，那里的情调是和谐、温馨的，因此，衣冠不整、大声喧哗、横穿舞池等都会给人以粗鲁、失礼、格调低下甚至令人厌恶之感。因此，跳舞应自觉遵守舞场的礼仪，应该让喜欢翩翩起舞的人在文明礼貌、高雅温馨的环境场合中得到美的享受，感受到生活的乐趣。另外，在跳舞时，面部应保持微笑，神态应优雅自若、谦和有礼。

3. 跳舞要张弛有度

跳舞虽然是一项有益活动，但也必须坚持文明适度。无节制的狂舞，无疑有害于老龄人的身心健康。长时间呆在舞厅中，舞厅的激光设备对视力会造成伤害；快节奏、强动感的迪斯科或摇滚以及跳秧歌舞时敲锣打鼓产生的噪音都会扰乱心神，使老龄人血压升高、心率呼吸加快、精神亢奋、肌肉紧张。所以，老龄朋友一定要学会在跳舞时调节和保持心理平衡，避免长时间处于兴奋状态，跳舞时间不宜过长。

4. 患有某些疾病的老龄人不宜跳舞

跳舞虽是健身益寿的活动，但有些老龄人却不宜参加，否则可能诱发疾病，有损健康。

如患有感冒、肺结核、病毒性肝炎等疾病的人不宜跳舞，跳舞会使身体疲劳，加重病情，还因在公共场合与人密切接触，可导致上述疾病的传播。患有高血压、动脉硬化或冠心病的老年人最好不要跳集体舞，更不要跳快步舞，以免情绪强烈波动，而诱发高血压、心绞痛，甚至发生心梗。有癫痫病史的老龄人不宜跳舞，以免起癫痛发作。患有胃下垂、肾下垂、子宫脱垂等内脏下垂病的老龄人，不宜经常跳舞，否则，会使内脏下垂加重。另外，喝酒后特别是酒醉后的老龄人不宜跳舞，以免酒后失控造成自身伤害或给人带来不快。

（四）指导老龄人下棋打牌

下棋打牌是老龄人喜爱的娱乐活动。但如果娱乐不当，则会适得其反。因此，应指导老龄朋友下棋打牌时注意如下几个方面：

1. 选择合适时间

饭后或疲劳时不宜马上下棋打牌，因为下棋或打牌必然使大脑处于紧张状态，而减少消化道的供血，导致消化不良和肠胃病。另外，饭后下棋打牌，会使老龄人得不到正常休息，强打精神玩下去，一旦有事突然起身，就会觉得头重脚轻，出现头晕、眩晕等不适感。

2. 时间不宜过长

老龄人下棋或打牌，长时间坐着不活动，下肢的血液回流减少，会出现肿胀、有麻木感。久而久之很容易发生下肢静脉内血栓形成，下肢静脉曲张，诱发痒疮，易患结肠癌。长时间处于坐姿，也可引起腰背酸痛，造成腰部肌肉慢性劳损，有可能诱发坐骨神经痛及椎间盘突出等。

3. 不要计较输赢

下棋打牌，有输有赢，老龄人切不可斤斤计较，以免为此而情绪失控而激动过度，出现心梗、脑卒中等心脑血管意外。有高血压、心脏病及脑血管病的老龄人尤要慎重，应控制情绪、笑对输赢，并减少下棋打牌时间，以免发生不测。

4. 讲究卫生，娱乐有度

下棋打牌，特别是打麻将、扑克，多人聚局，摸牌出牌过程中也往往容易传播多种细菌和病毒，因此，老龄人应注意手的清洁卫生。下棋打牌后一定要认真洗手，不要在未洗手的情况下，用手抓东西吃，或接触人口的物品，也不可未洗手就随意揉眼睛、挖鼻孔等，以免把病菌带入体内。另外，多人一起聚在室内下棋玩牌，一旦通风不畅，极易造成空气污染，如果再有人抽烟，则会更加重对人体的危害，严重影响老龄人的呼吸系统。因此，老龄人下棋、打牌一定要注意开窗通风，保持室内空气流通。

总之，老龄人下棋打牌一定要适时有度，切不可过分沉迷其中或过于争强好胜、计较得失，应避免因此而引发的激烈的情绪波动。

二、老龄文化服务

随着老龄人口的迅速增加以及人民群众生活水平的不断提高，尤其是新加入的老龄人口受教育程度越来越高，老龄人的文化生活的需求也日益增加。特别是城市老人的服务需求不仅表现在物质生活方面，而且越来越多地表现在精神生活方面。尤其是近几年在城市老人构成中，退休职工和离退休干部逐年增加，他们离开了原来的单位、职业乃至领导岗位，回到社区居民之中，往往会有一种失落感、孤独感甚至否定自我价值。如何为他们创造条件扩大社会联系，建立新的社交圈子，使他们继续参加社会生活，达到精神上新的平衡，已经成为老龄人以及社区老人服务的一个重要课题。

为适应这种新情况，各城市基层社区纷纷兴办老龄活动中心、老龄茶社、老人之家、寿星园等。这类活动中心，一般都设有游艺室、阅览室，有的还举办书画展览、老龄舞会等。如武汉市的老人茶社星罗棋布于大街小巷，把老人们从路灯下、马路边、摊亭前吸引到这里来品茶怡神、打牌下棋，十分开心。有的老人一清早就来茶社等着开门，直到晚上才带两瓶开水回家，一日三餐还可在这里享用。各茶社座无虚席，茶社吸引着老人，老人离不开茶社。

除了上述大众化普及性的老龄活动中心，在一些知识分子、领导干部比较集中的社区，还举办了适宜于文化、收入、职业层次较高的老人活动场所，以保证这些老龄人按照多年形成的习惯和意愿度过自己的晚年。在这些老龄人活动中心，成立了书法、围棋、桥牌、台球等协会；组织老龄人就某些学术问题、理论问题进行探讨；还举办诗歌欣赏、音乐欣赏、楹联猜谜、老人交谊舞会等活动。如闻名全国的青岛市老龄时装模特队，就是由一批离退休的老知识分子、老干部等组成，他们活跃在T形台和演艺舞台上，银发红装，仪态高雅、气度不凡，多次获得全国老龄时装模特诸多赛事的桂冠。这些在科学、文化、领导岗位上工作了一辈子的老人，在这里既是活动的组织者，也是活动的参加者；既发挥了余热，又得到了享受。由时装模特以及文艺活动的表演，他们甚至打造并发展起中老龄时装品牌，全心全意地为老龄人服务，更使自己的晚年生活快乐、充实、富有朝气。

然而，与城市相比，广大农村地区（除少数富裕乡镇外）的文化生活普遍较贫乏。一般农村老龄人的生活需求还只是停留在物质生活的满足上，除了看电视、听新闻、打牌、下棋外，其他文化活动的内容和形式都非常欠缺。其原因，一方面是因为农村的物质生活水平比较低；另一方面是由于目前农村社会工作的重点主要是放在解决养老问题上，为老龄人提供的文化设施太少，或者完全没有。由此可见，加强农村文化建设、重视和解决农村老龄人文化生活问题任重道远。

第五节　老龄文化事业的管理机制

时代在发展，社会在进步，老龄文化也像其他文化一样，也伴随时代的脚步而移步换景，新境迭出，不断地在更广大的范围、更深的领域、更文明的层次给社会、给老龄群体以文化滋养和享受，与此同时，也暴露出一些矛盾和问题。完善文化管理已成为老龄文化建设面对的现实。健康文明、丰富多彩的老龄新文化活动，是广大老龄群众的精神家园。坚持先进的老龄文化的前进方向就是把众多的老龄群众引导到这一家园的正确之路。健全和完善老龄文化的管理机制，思路和出发点应当力求定位在坚持中国先进文化的前进方向上。完善老龄文化管理机制，必须顺应和促进社会生产力的发展和为社会全面进步提供精神动力和智力支持。同时，要充分体现老龄文化管理是以保障和实现老龄群众享有文化权利为准则，在管理机制中充分体现便民、利民、为民。为保护老龄群众，还要清除文化垃圾、精神垃圾，防止沉渣泛起和其他腐朽没落文化的侵蚀。

老龄文化市场是社会文明的一个窗口，也是文化管理的晴雨表。因此，要一手抓繁荣，一手抓管理，在给老龄群众一个春风和煦的精神文化家园的同时，也要挟席卷之力清除丑恶现象，建设一个清新澄明、优良美好的老人文化天地。

搞好老龄文化工作，往日主要是支持老龄人的自发行为，主要采取群众运动的方式方法。依靠群众，发动老龄群众踊跃参与文化活动是必要的，因为老龄文化工作本身就是一种群众性的工作，本身就是一种群众性的文化事业。但是，为了使其健康、有序、充满活力地发展，科学的管理机制是不可或缺的。政府有关部门从上自下地统一部署，加强领导、指导和协调是十分重要的，制定政策和宏观调控是非常必要的。具体来说就是要有机构、有计划、有落实、有检查、有奖惩。

1. 有机构。当今我国老龄文化工作，虽有老龄委，但不是行政主管部门，仅起指导作用；健康老人文化工作，虽也有相关部门负责协调，也仍处在能管时则管，无力管时则不管；调研、交流、总结经验、发现问题、解决问题、处理问题，都显得力度不够。因此，面对老龄问题日趋严峻，明确和强化有关部门的职能，健全有关机制就显得迫切和必要。

2. 有计划。“繁荣宣传文化事业，建设社会主义精神文明，要制订发展规划，并提出阶段性目标和具体措施”。作为我国文化事业的重要的有机部分的老龄文化，亦是一个庞大的社会工程，面对“银发浪潮”不能像过去那样无序无力，也不能在像过去缺乏近期、中期与长期计划，想抓什么就抓什么，能抓什么抓什么。老龄文化的社会地位与作用日渐重要，因此，必须把老龄文化工作和建设作为一项重要的战略任务，制定出符合实际、切实可行的近期和长期的规划，以保障老龄文化事业的可持续发展。

3. 有落实。老龄文化工作的展开与建设，涉及方方面面，包括宣传、教育、文化、卫生、民政诸多部门，它们有抓好老龄文化工作的责任和义务，老龄文化工作的主管部门应负责落实、督促和检查，及时发现问题，及时改善，确保老龄文化事业的健康发展。

4. 有奖惩。建设老龄文化事业，法律的保障是重要的，建立明确的奖惩机制和政策也是不可或缺的。对关心与支持老龄文化工作的科技、文化、教育、卫生、理论宣传的单位和个人，对发展与建设老龄文化工作有贡献的单位和人员给予应有的褒奖，以促进更多的人关心老龄文化，对促进老龄文化工作的开展是有益的。必要的奖励机制，更有利于建设一支政治强、业务精、作风正、素质好的老龄文化专业队伍，这样才能保证老龄文化事业的长盛不衰，亦可改变老龄文化工作中出现的时有时无、时冷时热、部分人热、部分人冷的局面。

第九章　以人为本大力发展老龄文化产业

第一节　老龄产业在老龄事业中的地位与作用

发展老龄事业是保证老龄工作的前提和条件，在人口老龄化的进程中，根据经济发展水平和老龄人口不断增长的物质和文化需要，大力发展老龄事业和老龄文化产业，使老龄事业与社会经济协调发展是老龄工作的最终目标。

一、老龄产业是老龄事业的重要组成部分

老龄事业在性质上是社会公共管理的政府行为活动，而老龄产业在性质上是经济单位的市场交易活动。老龄事业和老龄产业都是以老龄群体为服务对象，都是为老龄群体提供生活保障相关的各种设施、物品和服务等老龄产品。当这些产品的提供主要由政府承担时，我们称之为老龄事业；当这些产品主要通过市场提供时，我们称之为老龄产业。

在社会经济转型期间，当一部分老龄事业逐步脱离计划经济时期由政府包揽的局面，有越来越多的社会资金投入到以企业化经营后，这部分老龄事业就转变为老龄产业。我国大力发展老龄产业，实际上是政府转变职能的需要，其实质是借助社会资金的参与，来更好地满足老龄人口物质生活和精神生活方面的需求。

二、老龄产业在老龄事业中的地位和作用

1997 年 5 月，国家老龄委首次提出“老龄产业”这一概念，老龄产业在国内开始引起关注。老龄产业是新兴的、综合性的产业，是从第一、二、三产业中派生出来的特殊产业。托夫勒认为，老龄产业是随着老年人口占总人口的比率上升而出现的一种新的经济活动，是一种以老年人为服务对象同时又有老人参加的商业活动。

1. 为老龄群体防范社会风险，维护老龄社会安全的老龄事业。在这个意义上的老龄事业最为基本的是建立和完善老龄社会保障制度，保障老龄群体“老有所养”和“老有所医”。

2. 在老龄化进程中促进社会公正，维护社会团结的老龄事业。在这个层次上的老龄事业主要是向老龄群体提供必要的制度和法规支持，使他们能够共享社会经济发展的成果，而不会疏离在社会经济发展进程之外，以增进他们的福利，维护老龄社会的团结。

3. 满足老龄人的特殊需求，为他们提供养老、医疗、文化教育、体育健身、旅游观光等社会服务，提高他们的生活和生命质量。在这个意义上主要是大力发展老龄产业，促进老龄事业发展。

4. 老龄人购买力的逐渐增强和老龄人消费观念与消费行为的改变，将进一步增加对文化产品的需求。要针对老龄人文化消费需求的潜力和消费特征，生产适销对路的文化产品和服务。政府要积极支持老龄文化企业的发展和壮大，在政策上给予支持，在管理上给予引导，在资金上给予投入，努力促进老龄文化市场的完善和发展，为老龄人提供更多的精神食粮。

三、老龄产业对经济发展的影响

我们通过对我国老龄人口消费总量进行计量分析预测，在未来 40 年内，随着老龄人口生活来源的增加，老龄人口的生活消

费总支出定会大幅攀升。2010 年，我国老龄人口消费总量约为 11796 亿元，约占消费总量的 9.83%。而伴随经济发展水平的不断提高和人口老龄化程度的进一步加深，到 2020 年，我国老龄人口的消费总额将达到 21106 亿元，占总消费额的 11.82%。2025 年的老年消费总额即可涵盖 2002 年全部人口的消费量。到 2040 年，老龄人口消费水平将增至 172581 亿元，约占全年消费总额的 1/5，此时，老年人的人均消费水平可达到 43362 元。此外，在有效引导我国老龄人口消费的同时，还要有针对性地盘活老龄人口手中的固定资产。随着我国经济的发展，人民生活水平的提高，老龄人口保有的固定资产也逐渐增多，而这些固定资产往往以代际转移的形式从老龄人口手中转移到其子女手中，在此过程中有大量的资产贬损或流失，若能有效通过财务杠杆来盘活其手中的固定资产，便能有效增加流动性，促进经济的进一步发展。

在我国社会经济转型这一重要时期，发展老龄文化产业，是社会发展和进步的必然要求。老龄产业的产生与发展正在成为推动老龄事业的健康发展和满足老龄人日益增长的物质生活和精神生活需求的重要保证，发展老龄产业是老龄事业发展的一个重要方向。

第二节　发展老龄文化教育产业

随着老年人口比例的不断上升，中国人口老龄化的深入发展，老年文化教育越来越成为一个不可忽视的课题。“老有所养、老有所医、老有所教、老有所学、老有所为、老有所乐”是我国老龄工作争取实现的六项目标。如果说“老有所养”和“老有所医”是老龄人的物质生活需要的话，那么“老有所教”、“老有所学”和“老有所乐”就属于精神文化生活需要了。

老年文化教育是以老年人为教育实践主体，以满足老年人需求、提升老年人生活质量为最终评价尺度的为老教育活动。在教育中增强老年人的生存发展能力，保障老年人受教育权利，最终推动老年人、家庭、社区和社会和谐发展。老年文化教育的目的是提升老年人的生活水平，更应体现全员平等的原则。社会应为所有老年人提供充分的教育资源并保证其进入老年教育领域。

一、老年文化教育的现状

1. 我国不少老龄人由于历史原因导致他们受教育程度低。据统计，2000年，60岁及以上老龄人口的文盲、半文盲率达到47.54％。在15岁以上文盲和半文盲中，58.81％为60岁以上老龄人口。老龄人口中，小学文化程度的人占36.82％，初中文化程度的人占9.46％，高中文化程度的人占4.12％，大学以上程度的人仅占2.05％，大部分文化水平低的老龄人希望有学习的机会，但是老龄大学和文化活动设施不足。据统计，2000年，在城市，老龄人生活的社区内没有老龄大学的占77.9％，在农村占94.9％。2007年全国的老龄大学（学校）已发展到50811所，但是仍然不能满足客观需求。由此可见，在发展老龄教育为老龄人提供教学服务方面，老龄社会服务产业是可以大有可为的。我国老年文化教育事业产生于老龄化社会到来之前，是国际老年文化教育发展史上发展速度最快的国家之一。老年文化教育经过20多年的努力，现已形成以示范性老年大学为主，各类社区老年学校和老年电视大学为辅的老年文化教育格局。

2. 老年大学是中国老年文化教育的亮点和代表模式。随着社会和公众对老龄事业的重视，老年大学已经由专门面向退休老干部向社会所有老年人开放，目前全国大部分省市都建立了老年大学。老年大学由政府直接进行政策支持、引导和人、财、物的投入，是中国老年文化教育的主体。尤其是近10年迅速发展的老年电视大学，这种远程教育成为一种新兴的老年文化教育模式而逐渐被广大老年人所接受。它以现代化远程教育传播手段为教育载体，是一所通过电视向广大老年学员传播科学文化知识的

“没有围墙的大学”。老年电大有覆盖率高、收视方便、师资水平优良、成本低廉等优点。老年电大远程教育不受空间地理环境等的影响，无论在哪里都可通过电视收看学习；每周播出的老年电大课程，学员多可在就近的教学班集体收视。行动不便或身体不适的老人还可以不出家门就能参与学习，缺课亦可以在重播时补上；老年电大课程邀请名家名师讲授，有系统的教材，可以保证教学质量。老年电视教育是一种开放式的、普惠式的教育模式，受教育的对象可以扩展到全社会的老年人，是“有教无类”的教育。

3. 社区老年文化教育。20 世纪 90 年代后，老年人逐渐被纳入社区文化教育发展的框架之内。社区老年文化教育的场所、设施建设以及组织管理等获得了政府公共资金的支持和保障，并且专门设置了负责开展群众教育活动的人员，由他们来具体负责社区老年文化教育活动的开展。社区老年文化教育已发展成为我国老年教育的重要形式。老年人既是新型社区建设的力量，又是社区服务群体中工作量最大的对象。社区不仅要多渠道满足老年人衣食住行、医疗保健等基本要求，还要本着“活到老、学到老”的理念，鼓励、支持并组织、推进老年文化教育，使老年人参与社会、融入时代，共建社区文明。社区老年文化教育活动可使老年人享受到教育的乐趣，老年人可以自由地从事自己所喜爱的活动，讨论大家共同感兴趣的话题，在沟通中产生共鸣。从而消除老年人的孤独感、寂寞感，还可以让老年人产生一种归属感。通过学习可以让老年人更好地了解当今社会的变迁，掌握更多的新知识、新规范、新形势，了解年轻人的生活方式，减少代际冲突，促进老年人与其家庭成员的沟通，也有利于老人调剂好社会关系。

4. 其他。主要有企事业单位、民间组织开展的老年文化教育和图书馆、博物馆等各种非盈利性公共文化活动场所。目前，在博物馆、电教馆、乡镇成人教育中心等社会文化教育机构，相应地举办了老年专题培训班、信息咨询等多种形式的活动，成立非正式学习小组、义务宣传队送教上门等特殊的形式。同时突出了大众媒介工具的优势，诸如“夕阳红”等电视节目，使我国的老年文化教育真正适应了“银发浪潮”发展趋势的要求。

二、老年文化教育的发展趋势

1. 政府的作用日益加强，并得到教育机构、工会、慈善团体和社会福利机构及个人的支持。老年文化教育社会资源的整合，尤其是非政府组织将在老年文化教育方面加大支持和投入。目前我国对老年文化教育的主要投入是政府直接进行政策支持、引导和人、财、物的投入，而民间机构虽然参与老年文化教育，但是与老年人口的迅速增长相差甚远。政府在政策上给予他们更大的权利，多方位地发展老年文化教育，致力于改善老年人的生活质量。

2. 教育手段不断发展，利用光纤电缆、闭路电视和网络等现代化设备满足不同居住地和不同文化层次老年人对学习的要求。因特网是传媒领域的一次革命，提供了一个更好的传播信息的方式和途径。信息技术对于社会生活的革新意义在老年文化教育领域日益明显。现在已经有越来越多的老年人开始接触网络，所以基于计算机和网络技术的老年文化教育将会继续发展。这种新的教学模式是对传统教学模式的有益补充和丰富。

3. 课程和教学内容不断更新，把现代语言、信息技术、营养保健、艺术欣赏等作为教学内容，使老年人的知识结构与信息的获取不落后于社会的发展。这一方面帮助老年文化教育课程设计和教学组织符合老年人的特点和要求；另一方面也将帮助老年人更好地了解自己、调整自己。

4. 符合老年人特点和兴趣的学习形式日趋多样化。老年文化教育不仅包括课堂教学，还有文化参观旅游、社区公益活动、组织多种形式的科技服务学习小组和组织专家演讲等，以满足不同兴趣爱好的老年人的需求。国际老龄大学协会（AIUTA）主席路易·波吉瓦（Louis Bourgeois）也指出，老年教育有广阔的未来，老年人的教学内容是无限制的，各方面的内容都可以，老年人的教育，前途是无限的，要以新的知识、技术来充实我们的生活。

三、老年文化教育发展的对策

1. 建立和完善老年文化教育的管理体制。老年文化教育应形成在各级党委领导下的政府主管、分级管理、区县为主的管理体制。第一，要明确政府部门职责。各级政府负责本行政区的老年文化教育工作，将老年文化教育纳入本地社会和教育发展计划。根据本地经济和社会发展的总体规划，制订老年文化教育事业的发展规划及年度计划；制订老年文化教育机构的设置标准和管理办法；进行老年文化教育的业务指导，组织教育督导与评估工作；负责老年文化教育基本信息的统计、分析和发布。第二，建立老年文化教育统计制度。为全面反映老年文化教育发展情况，也为政府决策提供依据，应将老年文化教育发展情况纳入教育统计序列，每年进行一次老年文化教育统计。应把老年文化教育发展情况作为有关干部考核和文明单位评比的条件之一。第三，建立老年学校评估体系。每年或定期组织专家对各级各类老年学校，特别是市级和区级老年学校进行评估，从而使老年学校在办学条件、办学质量、制度建设等方面都有更快的提高，促进老年文化教育更健康发展。第四，建立定期表彰制度。为促进老年文化教育事业的持续发展，应定期举行评选和表彰老年文化教育工作先进集体和先进个人活动，对在发展老年文化教育事业中做出突出贡献的投资者、办学者、教育人员与管理人员进行表彰。各区（县）、街道（镇、乡）也可根据实际情况建立相应的表彰制度，鼓励社会各界积极参与老年文化教育工作。

2. 建立和完善老年文化教育的运行机制。首先，建立政府主导和社会各界参与的办学体制，初步形成政府办学与社会力量办学共同发展的格局。其次，加强区县政府统筹。各地区县政府应统筹本地区教育、文化、体育等资源，鼓励利用现有的教育、文化设施和老年人活动场所，开展老年文化教育。老年文化教育工作的重点在社区，应充分利用社区、学校、成人学校开展老年教育。有条件的区县、社区应创办示范性的老年大学或老年学校。再次，完善街道、乡镇办学网络。街道、乡镇是老年文化教育发展的重点，要依托社区建立不同类型的老年文化学校，鼓励和支持社会各界开展老年文化教育活动。进一步健全居委会、村的老年学校分校的设置。各级各类老年学校应自主开展各种类型的老年文化教育活动，提高办学质量，提高老年人的入学率，开展适合老年人特点的思想、政治和文化教育活动，帮助老年人学习新知识和新技能，提高适应社会的能力。

3. 提高对老年文化教育认识。老年文化教育是一个新兴的事业，由于社会上甚至老年人自身缺乏对老年文化教育意义的认识，妨碍了老年文化教育的快速发展，导致了各地区老年文化教育的发展不平衡。因此，必须大力宣传老年学校的办学宗旨，办学的成绩和老年人思想的进步，以取得各地区领导的进一步重视、社会的共识以及老年人的支持，认识到老年文化教育的重要性和紧迫性。党和政府应积极宣传广大老年人通过老年文化教育对社会稳定和发展所起的积极作用，发扬中华民族尊老、爱老、助老的传统美德，进一步增强全社会敬老、尊老、养老意识。同时，要依靠社区干部、老年学校学员向老年群众进行深入动员、谈心和引导。加强思想动员工作，帮助老年人排除顾虑，激发老年人的求学热情。要使老年人充分认识到，继续受教育既是老年人享有的权利，是受到法律保护的，同时更是提高老年人整体素质、促进身心健康、实施积极健康老龄化的有效途径。老年人要树立“终身学习”理念，积极投入文化消费的新观念。通过文化教育促进老年群体优化，带动整个老龄事业的发展，带动社会和谐。

4. 建立和完善多元的教学内容和灵活的教学方法。一是从老年人的文化教育需求出发，设置多样化的课程体系，保障不同年龄、性别、受教育程度的老年人的文化教育权利。为老年人适应与时俱进的社会发展和市场经济的需要，提倡老年人学习文化理论，提高思想和文化涵养，实现自身价值，继续为社会的发展做贡献。二是积极鼓励老年人学习科学知识，提高他们享受现代生活的能力，为创造文明、科学、健康的生活方式提供保障。帮助老年人研究生理、心理的变化，培养老年人健康的心理，引导老年人树立科学的养生观。三是用法律知识提高维护自身合法权益，提高人际交往能力，协调家庭和社会群体的关系。四是从老年教育自身的特点、规律和本地的实际出发，选择和确定适应老年人文化教育需要的多样性、多层次的教学方法。如专题讲座、问题研讨、案例分析、自学辅导、实地考察、社会实践等方法，提高老年文化教育教学质量。五是要建立一支热爱老年文化教育事业的专职、兼职的教师队伍，同时，也应充分发挥老年群体自身资源的作用，提倡能者为师，互教互学。

老年文化教育是衡量经济发展、社会进步的重要标志。当前，我国正面临老龄人口的迅速增长，即将步入老龄社会的现实，在这样的新形势下，老年文化教育面临着新的发展要求和更繁重的任务。

第三节 发展老龄文娱体育产业

一、老龄人的文化体育市场发展的潜力

人口老龄化导致了老龄人口比重的上升和数量的增多。这就形成了一个庞大的老龄体育消费群体，从而为老龄体育市场的形成和体育产业的兴起创造了必要的条件。另外，家庭结构功能的变化要求社会必须建立老龄体育产业。老龄人是一个庞大的社会体育群体，家庭及其成员的老龄人越来越需要家庭体育健身服务等方面的指导和帮助。

随着人口老龄化的发展趋势，也随着老年人经济收入水平的

不断提高，为老龄体育产业的发展开辟了广阔的空间。有数据显示，我国城市61岁至65岁的老龄人口中约有45%还在继续就业，42%的城市老龄人拥有个人存款；预计到2020年，仅退休金一项就将达到28145亿元。老龄体育产业的发展在很大程度上受其服务对象购买力水平的制约，购买力越强，市场容量越大，越能够有效地带动老龄体育产业的发展。而购买力是以收入作为保证的，所以说，老龄人有收入，才能进行体育消费，收入多，其购买力强，对老龄体育产业的促进作用越大。

随着物质生活趋向丰富、满足，老龄人的文化消费逐渐突出，现代社会的老龄人越来越要求扩大自己的生活领域，要求有更丰富更充实的晚年生活。许多老龄人不再满足于下下棋、打打牌，而是迫切追求情趣更高雅，融娱乐性、知识性与自身健康发展为一体的健康文化生活。根据调查，目前城市低龄段的老龄人口（60～70岁）中，大多数老人喜欢短线旅游、登山、游泳、气功、钓鱼、球类活动，还有的爱好书画、跳舞、收藏、花鸟养殖等，因而，有关老龄产业部门应在方便化、保健化、舒适化的原则基础上，设计出更多更丰富多彩的老年文体用品，提供给更多的老年文化活动场所和专门的老年文娱活动项目。

“健康是老龄人最宝贵的财富”。老龄人希望通过参加文娱体育活动来提高健康水平，延缓衰老，延长健康预期寿命。2000年的抽样调查显示，不少地区由于活动场所有限，设备短缺，老龄人文体活动参与率低。在城市，老龄人生活的社区内没有老龄人活动室的占47.7%，没有运动场的占58.2%；农村没有老龄人活动室的占79.4%，没有运动场的占85.6%。实施“星光计划”以来，老龄人的文体活动设备和场所增添了不少，但是，各个地区的发展还不平衡，有待我们兴办老龄文体服务产业，进一步发展老龄文体活动，为老龄人提高健康水平和增强体质服务。

二、国内外老龄体育产业的现状

面对如此庞大的老年市场，发达国家的政府、市场经营者已采取了诸多措施来发展这一新兴产业。在欧洲，老龄人是市场的宠儿。法国的街头巷尾随处可见满头银丝的老人代替了美貌的年轻女郎，成为品尝酸奶的广告模特。医疗保健、人寿保险等行业也纷纷开发自己的老年人市场。在纽约繁华的商业街上已有多家老年人商店，老人玩具公司、老人旅游公司、老年教育中心也相继出现。日本的老年产业发展比较早，经历了20世纪60～70年代的培育期、80～90年代的发展期和目前的成熟期。

我国老龄产业起步晚，老年用品生产厂家数量少、规模小、品种不全、市场占有率低；老龄人商品专卖店少，老年用品也不丰富；老年人的娱乐消遣场所依旧还是单位的老干部活动中心或是有限的几处公园、广场；为老年人提供专门服务的服务机构更少。老龄产业仍然处于一种尴尬的境地。一方面，老年人的社会需求十分迫切；另一方面，老年产品和服务的有效供给严重不足，整个产业尚未在国民经济中形成一定的产业规模和产业链条，许多领域还没有得到很好的开发。

主要原因，首先是国内厂商对老龄市场的认识过于保守。大多数老年人虽然仍注重节俭，但也已开始注重晚年生活质量。许多老年人都有补偿性消费动机，常会寻找机会满足年轻时因条件限制未能实现的消费愿望，圆年轻时未圆之梦。其次是老龄产业尚未被纳入政府产业部门发展规划中。同时，市场尚未实现规范化和标准化运作，产业标准确实也是影响产业快速有序发展的重要制约因素。

在老龄体育产业方面，随着运动种类的多样化，日本中老年人的选择面变得比以前宽泛。老龄体育产业也开始多样化。书店里摆满了关于竞走散步的书籍，体育用品店内有各种功能的步行用鞋。甚至还出现步行用鞋专卖店，如果把登山鞋算在一起，种类已经超过了150种。为适应社会潮流，日本各健身俱乐部推出了各种各样的项目和服务。首先，老年会员是提高平时白天设备使用率的重要因素，各个俱乐部都针对这个时间段拿出了好办法。每个俱乐部都有自己的特色，设置了太极拳、瑜伽、哑铃、体操，还有简单的有氧运动，结合瑜伽、唱歌等构成丰富多样的综合项目，并设立大量的运动项目，数量超过了 100 种。据日本大众高尔夫协会调查，1997 年一年内会员登录人数为 80007 人，没有进行会员登录但是参与该项运动的爱好者更是达到 100 万人之多。除了这些，以中老年人为对象的登山、滑雪、钓鱼、高尔夫、野营、交谊舞等项目及相关商品等银色产业也在不断成长①。

三、我国老龄体育产业发展存在的问题

1. 社区老年居民生活消费结构和水平问题。一个国家、地区的经济收入决定着该地区人们的消费水平、消费结构、消费方式。体育消费是人们通过货币的方式用于体育的个人支出。一定量的体育消费是体育消费者参与活动的前提条件。老龄人的经济收入直接影响老龄体育产业的发展。现阶段我国老龄人口收入低，且增长缓慢。城市离退休工人的平均收入低于在职职工。农村老龄人口的独立收入和可供支配的独立资产更是十分有限。我国老龄体育消费者市场以“量”而非以“质”取胜的特点，决定了开发老年体育产业只能以薄利多销的方式追求规模效益，而这对于尚处在萌芽状态的我国老龄体育产业来说，规模化经营的目标是难以一蹴而就的。

2. 观念问题。虽然有些老年体协进行了一些产业化的尝试，但绝大多数并没有具体的法规与措施。有的领导对体育产业化概念不清，认识模糊，在思想上还存在着误区，认为体育还是应该完全坚持公益型和事业型模式，老年体育尤应如此。

3. 人才问题。人力资源是推动一个产业发展的主导因素。老龄体育产业经营人才短缺，管理水平低，从全国情况来看，目前活跃在老龄体育产业中的大部分是一些凭着人道主义和经验而工作的志愿者，没有接受过相关专业的教育或有关老年知识的培

① 许福子. 中日老年产业比较研究 [J]. 社会福利，2005 (3).

训，真正既懂经济又懂体育的人，可谓凤毛麟角。由于缺乏老龄体育经营方面的人才，已经严重制约了老龄体育产业的发展，由于不熟悉市场经济的运作规律，因此，在从事老龄体育市场的开发和经营活动中，亏损现象极为普遍。老龄体育产业要发展，需要一大批老年体育经济的人才，所以，必须尽快地培养老龄体育经济管理人才，以适应老年体育经济发展的需要。

4. 发展不平衡、结构不合理的问题。老龄体育产业在我国的各省、市及地区已有所启动，但由于客观条件及地域的差异，全国的老龄体育产业发展很不平衡，在项目开发上，结构不尽合理，基本上达不到以健身娱乐业和竞赛及表演为核心的产业，其他服务产业同步的格局。此外，由于缺乏规范化管理及资金的匮乏、经营理念和方式的落后，服务质量也难以令人满意，严重挫伤了老龄人的消费积极性，使他们产生重重顾虑，不敢接受一些老年服务项目。另外，我国老年人口的绝大多数分布在经济不发达地区，尤其是在农村。受经济条件的限制和传统消费观念的影响，老龄人口的消费特征并不明显，对专门的老年体育用品尚未形成大规模的市场需求。面对滚滚而来的“银发浪潮”，发展我国的老年体育产业不仅是势在必行，而且是当务之急。

由于现阶段我国老龄体育消费者市场所具有的某些特征，在不同程度上限制了我国老龄体育产业的发展。然而，这些制约因素的存在毕竟是暂时性的、阶段性的，在我国社会经济持续、稳定、快速增长的形势下，随着我国人口老龄化的到来和老年人口高龄化的发展趋势，这些因素都能转化为支撑老年体育产业发展的强大动力。

第四节　发展老龄旅游产业

随着老龄化的发展，老龄社会形成了一个潜力巨大的老年旅游消费市场。如何满足老龄社会的基本需要，以提高“养老”生活质量，实现变“安度”晚年为“欢度”晚年的良性循环，应该引起社会的关注。

一、人口老龄化给旅游业带来机遇

老龄市场和老龄产业如同老龄问题一样，已成为当前和跨入21世纪的社会热点问题。老龄人已构成了旅游人口中颇具规模的一支队伍。从对日益扩大的老龄旅游队伍来看，我国目前还没有专门从事老龄旅游的旅行社和旅游服务组织。开创老龄旅游市场，为老龄人旅游提供专门的服务，是旅游企业谋求发展的一种机遇。

随着近年来老龄人健康水平的改善和经济收入的提高，老龄人中外出旅游观光的越来越多。据不完全的统计，2001年老龄人平均旅游消费，广州为1685元，上海为1500元。广东的东莞、汕头等地组织成立了长者俱乐部。北京、天津和哈尔滨等地的老龄组织与铁路部门协作，为老龄人组织了27次“旅游专列”；贵阳市老龄委组织了首届“千名老人游华东”。老龄人历经世间沧桑，有着比青年人更加丰富的内心世界和更高的精神需求，服务于老龄人的旅游产业，更加需要有历史和文化的内涵和特点。老龄人是家庭的尊长和社会的资深公民，发展老龄旅游产业，满足老龄人怀旧访友、观光休闲的精神文化需求，不仅是建设“不分年龄，人人共享”和谐社会的需要，而且是“以人为本”对老龄人的支持和回报。

二、老龄人出游的主要原因

（一）具备一定的旅游消费动机是产生老龄旅游需求的内因

老龄化社会的来临，预示着一直被忽视的老龄旅游业将展现出巨大的发展机遇。据调查显示，70％的老人有退休后旅游的倾向，旅游成为众多老年人提高生活质量的重要方式。

随着社会消费层次和消费结构发生变化，老人消费观念也在更新。过去“重积累、轻消费、重子女、轻自已”的传统观念影响渐小，开始注重自我的生活品质和精神世界的充实。旅游将老龄人引入大自然，实现人与自然的交流，将老龄人从孤独引向群体，实现人与人的交流，无疑将给老龄人的生活注入一种生命的活力。所以，从心理的角度来看，老龄人无太多后顾之忧，都有着很强的旅游愿望，有的想回到自己的家乡四处看看，有的想利用有限的时间满足游览祖国风景名胜的心愿。

（二）具有一定可自由支配收入是老龄旅游需求的外因之一

改革开放 20 多年来，随着社会整体经济收入的增长和生活水平的提高，老龄群体的可自由支配收入也在不断增加。首先，一部分老人离退休在家，有固定的收入；其次，子女们独立了也不需要老人经济上的接济，并且参加工作的儿女经常会定期给老人一定的经济补贴。各种来源的经济收入就成为老人可自由支配收入。假如身体尚好无须担心看病之虞，物质生活得到保障，精神需求的边际效用更大，旅游便成为一项重要的消费手段。

（三）宽裕的闲暇时间是老龄旅游需求的外因之二

足够的闲暇时间是构成旅游活动的必要条件之一。老龄人在时间上极为宽裕。老龄人从工作岗位上退下来了，儿女也长大了，心态也放松了，剩余的时间完全可以自由支配。虽然子女工作繁忙，定期或不定期回家看望老人，但是大部分时间老人感到比较孤独，他们希望有合适的活动可以使生活更加丰富多彩，而安排合理的旅游是老龄人比较喜欢的方式之一。

三、老龄旅游市场的特点

1. 对旅游目的地选择性强，对出游活动的安排比较慎重。老龄人已经失去了青年人所具有的对旅游活动中探险成分的好奇，因此，出发前会通过各种媒介，对旅游目的地的情况做尽可能详尽地了解，并力求提前安排。

2. 以纯旅游活动为主，在旅游消费支出中，基本上全部用于旅程中的吃、住、行、游、娱，很少购物。

3. 以团队旅行活动为主，往往老两口结伴而行，对旅程中各种活动的安排，要求以舒适、休闲和旅游机构的高质量服务为标准。这之中，健全的医疗安全保障体系，是老龄旅行团完成旅行的一个极其重要的组成部分，这也是老龄旅行团不同于一般旅行团的一个显著特点。

4. 美丽的自然风光和独特的传统文化，是对老龄游客吸引力最大的两类旅游项目。

5. 旅行距离受局限，通常是参加游远途旅行的老龄人趋少。

四、开发老龄客源市场的策略

1. 由于老龄旅游市场有着区别于其他市场的重要特点，因此，我们在开发老龄旅游市场时，要以这些特点为依据，有的放矢。老龄人对目的地选择性强，对出游活动安排慎重，这就要求我们在针对老龄人作促销宣传时，内容丰富、详尽，并且简单明了，一目了然。老龄人旅游受身体状况及经济能力的限制，就要求我们在制定旅游线路时本着“短而精”的原则，行程路线要短，旅游景点精炼而特色鲜明，内涵丰富。鉴于老龄人对旅游目的地文化意义情有独钟，应在这方面多花费些精力。老龄旅行团一个显著特点就是要有健全的医疗保障体系，这就对我们旅游服务的硬件和软件都提出了更高的要求。应配随团医护人员，及时与旅游途中和目的地的医院挂钩。对导游也提出了更高要求，不但要求有丰富的专业知识和过硬的语言表达能力，还要求在老龄心理、老龄保健等方面有所了解，如安排老龄人用餐时，尽量安排香、脆、软和含糖少、营养高、易消化、易咀嚼的食物。安排活动时本着稳健的原则，强度要适当。

2. 我国东部沿海地区经济比较发达，老龄人出游比例高；内陆和西北地区经济比较落后，老龄人出游比例比较低。城市经济比较发达，老龄人出游比例较高；乡村经济相对落后，老龄人出游比例较低。所以我们在开拓国内老龄市场时，要考虑到我国的国情，一方面重点开发经济发达地区的老龄旅游市场，积极为这部分老龄人的出游提供方便；另一方面适当开发经济不发达地区的旅游市场，鼓励经济不发达地区老龄人出游，并对这部分老龄人采取相应的优惠政策。

3. 由于经济发展水平不同，各个地区的老龄人采取旅游的形式也有明显差异，在对不同地区老龄人旅游促销时也应采取不同的形式。对经济发达地区的老龄旅游者特别是国际旅游者，应注重宣传我国五千年灿烂文化、具有中国特色的民族风情。对于经济不够发达地区的老龄旅游者，在促销时应充分考虑到他们的经济状况和他们的心理特点。那就是“花费少点，看的地方多点。”尽量多安排景点，可以是一系列优美的自然风光游，也可以是一连串名胜古迹游，也可以相互交织穿插。总之，开发老龄旅游市场一定要真正做到想老龄人所想，急老龄人所急。这既是对旅游从业者的一种机遇，又是一种考验。

在竞争激烈的旅游市场中，开发老龄旅游这一个潜力巨大的客观市场是一个非常明智的选择。开展老龄旅游，应办出自己的特色，符合老龄人的生活规律，有一套规范化的服务体系。所以，发展老龄旅游，不但会带来良好的经济效益，还能获取更多的社会效益，带动我们整个社会敬老、爱老的良好风气。

第十章　老龄文化民生问题调查研究

第一节　老龄人休闲状况及问题调查研究

老龄人有大量的闲暇时间，这些时间如何分配，即老龄人的休闲生活。老龄人的休闲状况会直接影响其休闲生活质量进而影响到老龄人的寿命，寿命长短影响健康预期寿命，从而影响到人们的人文生活质量，最终会影响到政府执政目标的实现。

一、老龄人休闲活动分类

美国学者 Max Kaplan 认为休闲活动具有以下特征：非经济性或酬偿性，少量的社会义务，心理上感觉自由、自愿性的，低度的“重要性”的活动。

根据休闲活动的空间距离划分，把老龄人的休闲活动分为五类：室内休闲活动、社区休闲活动、市区休闲活动、郊区休闲活动和异地休闲活动。

1. 室内休闲活动

室内休闲活动主要以家庭为活动单位，以室内空间为活动场所，休闲活动主要包括：阅读报纸杂志、听广播、看电视、养花草、养宠物、上网、做家务、与老伴聊天、闲坐、睡觉、照看小孩等，调查结果显示，看电视、听广播、读书看报等媒体休闲活动是老龄人的主要室内休闲内容，这三种休闲活动也是老龄人获取社会信息、了解世界的主要渠道。虽然上网的人很少，但网络已经开始成为低龄、高学历老龄人获取信息、丰富休闲生活的一种方式。目前处于中年阶段的人群中有很多人都会使用网络，在他们步入老龄阶段后，上网就会成为他们与外界沟通、休闲娱乐的一种重要方式。

2. 社区休闲活动

社区休闲活动主要是老龄人在社区内开放空间、社区外街道、公园绿地、老龄活动中心等场所进行的休闲活动。

老龄人每天运动的方式，首先以散步为主要的运动方式，其次是参加老龄集体活动，如打太极拳、舞剑、气功、唱歌、唱戏、舞蹈、扭秧歌、打麻将、打牌、下棋、遛宠物、演出等自发性老龄活动和社区居委会组织举办的老龄活动等。

散步是一种个体活动，只是锻炼身体，不能够与他人交流。而老龄集体活动除了能够锻炼身体以外，还是老龄人很重要的一种社交方式和交流渠道。因为影响老龄人休闲生活质量的因素，除了身体健康状况，还有心理健康状况，即内心是开放的还是孤单寂寞的，与人交流少的老人往往容易产生孤单寂寞的感觉，从而影响到老龄人的心理健康。所以，参加老龄集体活动，有助于消除老龄人的孤单寂寞感，愉悦老龄人的身心。但从调查结果来看，老龄社区休闲活动内容较为单一，老龄人主要每天以锻炼身体为目的的运动，参加集体活动的老龄人并不多。老龄人社区休闲活动场所主要是居住区附近公园，其次是居住区外街道和居住区内开放空间。

3. 市区休闲活动

市区休闲活动主要包括老龄人的文化娱乐休闲活动，包括茶馆、博物馆、展览馆、美术馆、图书馆、戏院、电影院、书店以及老龄大学、养老院等文化娱乐场所。市区休闲活动主要从三个方面进行调查，包括参观游览市区内的文化娱乐场馆，如博物馆、展览馆、美术馆、图书馆、电影院、戏院等；丰富老龄人文化生活的老龄大学；发挥老龄人“余热”、服务社会的老龄志愿者活动。

(1) 文化娱乐场馆。有近一半的老龄人在过去两年内没有去过博物馆、展览馆、美术馆、图书馆、电影院、戏院等文化艺术娱乐场所。三个主要原因是门票太贵、路途远交通不便和不感兴趣。

(2) 老龄大学。只有极少数老龄人上过老龄大学，占总数的6.4%。没有上过老龄大学的老龄人表示主要原因是“不感兴趣”，或是对老龄大学不了解，或是由于身体不好、文化程度太低、没时间等。

老龄大学教授的主要内容多为技能型，如书法、绘画、戏剧、按摩、模特、编织等可以愉悦老龄人身心的有较强操作性的课程，目的是为了丰富老人的生活，这不同于普通大学单纯教授知识的目的。调查结果是：一方面反映了老龄大学在老龄人群中具有较低的认知度，老龄大学向社会宣传的力度太小，存在信息不对称问题；另一方面，也反映出老龄人的兴趣、爱好较少，并缺少接受新事物的主动性；还有一种可能则是老龄大学设计的课程内容不能满足老龄人的实际需要。

(3) 老龄志愿者活动。大部分人都没有参加过老龄志愿者活动，只有低龄老龄人和学历高的老龄人对参加者愿者活动有更高的积极性，参加过老龄志愿者活动。

4. 郊区休闲活动

郊区休闲活动主要指老龄人郊外旅游的情况。郊区休闲活动主要内容包括到所在城市近郊的公园、寺庙等景区景点进行一日游活动，还包括参观工业生产区、农业观光采摘园等工业旅游和农业旅游。有40%的老龄人没有外出旅游过，主要影响因素首先是身体状况和经济因素，其次是个人不感兴趣，再者选择因为“子女没有时间”，老人希望能和子女一起外出旅游，但由于子女没有时间而不能实现。大部分老龄人倾向于选择花费较低的一日近郊旅游，目的地多为门票免费的公园，或者是由活动组织单位安排车辆接送，老龄人自己基本不需要什么花费。

5. 异地休闲活动

异地休闲主要指老龄人异地旅游和异地养老的情况。异地休闲活动内容包括中长距离旅游、异地购置第二居所、异地养老休闲等。有近一半的老龄人异地旅游，这主要是因为老龄人有充裕的空闲时间，经济上有自己的积蓄或者儿女、亲属赞助。而且，在异地旅游的老龄人中，有一部分是出于探亲访友的目的。

二、老龄人休闲状况改善的对策建议

从老龄人的休闲活动空间和时间分配特征上看，老龄人大部分的闲暇时间集中在室内休闲和社区休闲上。市区休闲、郊区休闲和异地休闲活动较少，休闲方式单一，休闲内容单调，无指向性活动和被动休闲活动多。

1. 发挥政府提供休闲产品、休闲服务的主动性和积极性。要改善老龄人的生活状况，提高老龄人休闲生活质量。老龄休闲产品、休闲服务的供给部门，包括市、区级民政局和老龄委，地区街道办事处等政府相关部门和派出机构，社区居委会、社区服务中心等社区管理组织，还有与老龄人休闲及生活服务密切相关的商业企业以及日益发挥重要作用的志愿者等非政府组织和民间社会团体。应及时发现老龄人生活存在的困难和问题，探讨方便老龄人、丰富老年人生活的服务内容和形式。

2. 开展对老龄工作部门人员的培训。强化老龄人休闲意识，引导老龄人休闲行为，改善老龄人休闲环境，丰富老龄人休闲活动内容，提高老龄人休闲生活的质量，需要各级老龄工作部门发挥培训引导作用。

由于受文化程度和经济水平的影响以及个人经历的不同，很多老龄人缺少主动休闲和积极休闲的意识，他们主观地认为自己目前的生活方式就是最好的方式，不存在改变和提高的必要性与可能性，缺少发现更有意义休闲生活方式的积极性和能力。所以，在引导老龄人积极休闲方面，各个相关部门就需要发挥好引导作用，对老龄人进行培训和休闲知识的讲授，对老龄人的休闲观念和行为进行引导。

但是，传统的老龄工作部门在工作方式和工作内容上，对于多方面开展老龄工作、丰富老龄人生活、探索老龄人积极休闲和积极养老的方式缺少积极性和主动性，也表现出一种群体休闲意识的缺失和淡薄。所以，要想改变老龄人的休闲生活现状，很大程度上需要先对老龄工作部门的工作人员进行系统的培训，让他们从思想上重视探索老龄人积极休闲方式的重要性和意义，通过开展培训，使工作人员掌握老龄人积极休闲的相关知识、技能和方法。

在开展老龄工作部门人员培训的基础上，各老龄工作部门要认真开展老龄人的积极休闲研究工作，研究老龄人积极休闲的需求和问题，学习国内外积极休闲的经验和方式，结合社区居委会及老龄人活动组织，开展老龄人培训、教育、引导工作，利用社区资源和社会资源，通过社区讲座、技能培训和老龄大学教育等多种方式和渠道，引导老龄人改变传统的生活习惯和休闲方式，掌握一些有关休闲的技能，积极参与社区休闲活动，丰富休闲生活内容，实现积极老龄休闲，共同提高老龄人休闲生活质量。

除了传统的健康知识讲座和老龄人自我保护讲座以外，社区还应该重视精神环境的建设与完善，组织各种休闲技能培训班。如舞蹈、模特、音乐、书法、绘画、编织、盆栽、电脑等培训和讲座，并注重唤起老龄人的自立性、主体性及自我实现精神，可以在培训或讲座中向老龄人讲授“向市长建议”、“向居委会建议”的内容，培养老龄人表达诉求、争取权益的意识和能力，使老龄人的休闲生活需求能够得到更为及时和畅通的表达。

加强社会各种力量对提高老龄人休闲生活质量的支持，通过政府政策支持、财政投入、社会资金进入、市场化运作的方式。完善老龄人休闲服务体系。对博物馆、美术馆、影剧院、戏院等文化场馆，可以考虑采取门票补贴的办法，根据老龄人数量、文化场馆数量，测算确定向老人免票的比例，按人头数将免票“补贴”发放到各文化场馆。同时，考虑出台政策，实行老龄人专场免费开放日，与场馆所在地区的街道办事处或直接与社区居委会取得联系，专门向老龄人开放，组织老龄人免费参观游览，丰富老龄人的休闲活动。

此外，还应该探讨老龄大学社区化模式，利用社区自有资源，如社区提供教室、社区内有才艺的老龄人担任辅导老师，组织大家开办各种学习班，开展各种活动。老龄人只需交一些活动经费，而不需要分担从社会上请老师的费用等，形成一种资源共享、自娱自乐的无围墙老龄大学形式。

3. 开发老龄休闲产品市场。中国老龄人休闲产品消费市场有巨大的潜力，但现状是老龄休闲产品无法满足老龄人的休闲需求，不能帮助改善老龄人的休闲生活质量。个人的消费需求需要引导，老龄人的消费需求更需要引导。随着中国老龄化进程的加快和养老事业提上议事日程，老龄人和他们的子女都有足够的消费能力，尤其是很多子女都愿意为父母购买高质量的、方便老龄人生活、丰富老龄人休闲活动的产品，很多商业企业认识到了老龄市场的巨大潜力，但缺少对老龄消费者消费特征的研究和充分认识，缺少对老龄休闲产品开发的研究，市场开发还处于探索阶段。所以，要加大对老龄休闲产品市场的研究，引导企业开发、生产老龄人休闲产品和特殊用品，促进老龄休闲产品市场发展，既能更好地满足老龄人的多方面需求，又能给商家带来经济效益，可以达到双赢的效果。

4. 利用社会资源关心爱护老龄人。关爱老龄人，为老龄人营造良好的休闲生活环境，需要全社会的力量。发挥慈善协会、志愿者协会、宗教协会、基金会等社会团体和组织的作用。通过与社会各界建立广泛联系，吸收不同背景的志愿者加入到积极为老龄人提供休闲服务和便利的志愿活动中来，可以为老龄人提供服务和帮助，增强人际交流和代际交流，有利于人与人之间的相互理解和接受。除开展社区志愿活动以外，还可以充分利用社会各方力量，实现志愿者群体的多元化、志愿服务内容和服务方式的多样化。如针对社区一般老龄人开展社区唱歌、跳舞、主题演讲和诗歌朗诵会等活动，天气好时组织老人一起到公园游玩；对不能自理的老人开展志愿者入户活动，与老人聊天，帮老人做家务，对老人进行精神慰藉和健康情绪引导。

在广泛利用社会资源的同时，还可以将低龄老龄人和身体状况良好的老龄人吸纳到志愿者队伍中来，充分发挥低龄老龄人的能量，招募身体健康的老龄人做公益活动的志愿者。志愿者协会等组织可以主动建立与各社区居委会的联系，及时传递志愿活动的动态信息。使有志于参加志愿者活动的老人能够及时获取这些信息，并能够顺利地参与其中，这样既可以减少组织活动的成本，同时，老龄人在社会公益活动中通过向他人提供帮助，一方面可以克服孤寂感和失落感，感到自身存在的价值和对社会的意义，使他们有一种集体归属感和个人被社会认同与需要的感觉；另一方面也让老人活动了身心，有益于健康。此外，通过参加志愿者活动，还可以获得一些免费培训，学到新的技术，可以广交朋友，丰富晚年生活。

第二节　老龄旅游现状及发展的调查研究

老龄人作为一个特殊的市场群体，老龄旅游市场有其自身的发展特点和发展轨迹，其背后蕴藏着巨大的旅游消费需求和潜力，“银发浪潮”将对旅游业的发展产生影响，并为其带来巨大的发展机会。

一、老龄人旅游市场的基本特征

老龄人具有不同于年轻人、中年人的消费特点，主要是由于老龄人的生理变化引起的。老龄人是一个特殊的消费群体，其特殊性表现在他们的消费内容、消费能力、消费行为、消费方式、消费理念、消费习惯和消费决策，等等。老龄旅游市场作为旅游市场中的一个特殊的细分市场，有着区别于其他旅游细分市场的一些明显的特征，只有正视这一点，才能有的放矢地发展老龄旅游。老龄旅游市场其特点大致表现在以下几个方面：

（一）老龄旅游市场呈现高增长率、强地域性特征

老龄人具有较长的闲暇时间，但他们感到无所事事，在情感上处于孤独状态之中，渴望交流和安慰，再加上丰富的阅历和经济实力，精神消费的需求逐年增加，所以普遍具有出游的欲望，或重返故里，或了却年轻时的一桩心愿。据预测，到 2020 年，中国 60 岁及 65 岁以上的人口比重分别为 16.23％和 11.30％，2030 年为 22.34％和 15.21％，2040 年为 25％和 20％。到 2030 年中国将进入“超老龄型”社会。而到了 2050 年，60 岁以上的人口总数将达到 4 亿左右，占总人口的比重将超过 25.2％，中国将成为高度老龄化的国家。而在这个快速增长的老龄市场中，我国已经有 30％的老人先后进行了出游。根据国家旅游局公布的数字，长期以来到中国旅游的国际游客中，51 岁以上的游客占到 30％左右，65 岁以上的游客占到 5.8％，且呈上升趋势。因而专家预言：在未来 30 年间，每年的老龄旅游者将保持 7.3％的持续增长。

从地域特征上，根据人口统计资料显示，环渤海（北京）、长三角（上海）、珠三角（广州）的老龄人口比例相对较高，老龄化进程显著，高龄化程度高于全国平均水平，并将在 2040 年达到高峰。经济发达区高度集中的老龄资源为老龄旅游带来了雄厚的旅游条件。

（二）市场潜力大，消费经济实惠

目前老龄人口的年总收入在 3000 亿元～4000 亿元人民币之间，这些收入包括他们的养老金、再就业的收入以及亲戚和朋友的赠与。从 2025 年到 2050 年，预计老龄人的潜在购买力将高达 5 万亿元人民币。

老龄人有着比青年人更强烈的旅游需求，“重积蓄、轻消费”，“重子女，轻自己”的观念开始成为过去式，花钱买健康、花钱买潇洒成为现代老人的时尚追求。但由于历史的原因，我国老龄人大多数有勤俭节约的习惯，即使在外出游玩时也十分注重物有

所值，强调舒适、安全，不太追求单纯的奢侈和豪华。总之，老龄人的消费心理和消费观念日趋科学、实用。

（三）喜欢休闲养生旅游

尽管不少老龄人选择长途旅游消费，但是仍有许多老龄人只是参与出游时间短、路程短的旅游消费。旅程远、出游时间长的旅游项目，参游的 70 岁以上的高龄人则较少。一般来说，老龄人的身体素质都比较差，因此，舒适养生的旅游行程成为他们出游的首选。总的来说，老龄人仍然比较保守，新奇的事物对他们有一定的吸引力，但真正参与的还为数不多。所以，老龄人大多选择文化底蕴厚重、节奏较慢的旅游消费活动。多以游览观光、健身疗养、度假和探亲访友为主，具有传统旅游的特征，并且以纯旅游活动为目的。在旅游消费支出中精打细算，旅程非常注重吃、住、行、游、娱的“物有所值”，所有旅游支出基本上都用于吃、住、行、游、娱乐的开支，很少用于购物。

（四）出游方式以团体为主

老龄人从生理、心理上来说都是谨小慎微的，拥挤的交通、令人担忧的社会治安等问题都可能让老龄人忧虑担心。所以老龄人在出游方式的选择上更喜欢参加旅行社组织的夕阳红旅游团，由旅行社替他们安排车行食宿，要求舒适、休闲和旅游机构的高质量服务。因为纯老龄人的旅游团体更适合老龄人的心理和生理特点，给人以安全感。故旅行社在设计旅游产品的时候，不可忽视这个极具潜力的老龄旅游市场，同时要提供优质体贴的服务，创造良好口碑。

（五）旅行时间自由，中意淡季出游

进行旅游活动必须具备两个最基本的条件，那就是要有足够的空余时间和可随意支配的收入，简称“有钱又有闲”。离退休的、正在家里颐养天年的老龄人有着得天独厚的优势，他们拥有充裕的、可自由支配的时间。因此，很多老龄人已经把外出旅游当成度过这些自由时间的最好选择之一。面对节日放假期间人满为患的旅游形势，让老龄人避开了旅游的高峰期，选择不太拥挤的淡季外出，这样既免除了高峰旅游时拥挤不堪的顾虑，又为淡季旅游注入了活力，使得淡季不再“淡”。

二、老龄旅游市场存在的问题

1. 在老龄旅游市场开发和营销方面，旅行社延续了传统旅游产品的营销方式，但没有充分重视老龄旅游市场的独特性。

老龄人在旅游需求方面表现得较为被动，在调查中发现，很多老龄人即使有较好的经济条件和身体状况，也很少主动搜寻到外地旅游的信息，很少主动向子女提出旅游的要求。多数情况是老龄人在得到相关的旅游信息以后，考虑要不要参加旅游，或者是在子女提出为老人安排旅游活动的情况下，决定去不去旅游和到哪里旅游。所以，旅游企业在进行老龄市场宣传营销方面，就应该抓住老龄人旅游需求的特征，向老龄人宣传老龄旅游产品，实现旅游产品营销进社区，通过社区平台将旅游信息提供给老龄人，而且通过社区提供信息，可以有较强的可信度，老龄人能够打消顾虑报名旅游。没有恰当的营销渠道，就无法最大限度地发掘老龄旅游需求，难以将潜在市场变为现实的消费群体，一方面不能够给旅行社带来利润；另一方面也不能满足老龄人的旅游需求。

2. 在老龄旅游服务方面，很多旅行社没有考虑到老龄人的身体、心理及需求特征，在旅游过程中，经常有导游诱劝甚至强制老龄人购物的现象发生，极大地降低了老龄人对旅行社的信任，使得老人认为旅行社就是骗人出去花钱的，在参加旅行社组织的旅游活动方面缺少安全感，所以，通常有过一次类似经历的老龄人就不再有参加旅行社组团旅游的想法。

三、未来老龄旅游市场的四大发展趋势

（一）老龄市场有望成为未来分众休闲市场的领头军

20 世纪中国的休闲产业经历了一个休闲意识被认知到快速增长的时期，大众休闲是这个时期的典型特征。

老龄群体作为未来休闲市场结构中重要组成部分，与年轻人有不同的出游喜好一样，不同年龄、不同群体的老龄人，对旅游也有不同的需求，以分众休闲的意识引导产品的规划设计是必要的，即需要针对不同年龄、不同群体的老龄人群进行定位，细分旅游群体，“量身订制”旅游产品，精心布置旅游线路。

（二）老龄养生疗养的产品将成为未来老龄旅游消费的主流

根据老龄市场所体现出来的“慢旅游”的特征，度假属性的休闲产品是老龄市场的主导产品，在老龄市场对养生、保健、养老等旅游需求的刺激下，度假住宅、康体疗养两大产品有望成为未来老龄人旅游的主流。两大产品的设计对气候的适宜性和综合配套服务比较敏感，所以气候适宜、环境良好的近程区域最具有潜力，能成为养老住宅和康体疗养度假产品开发的热点区域。

（三）“候鸟型养老”将成为一种潮流

据中国老龄科研中心调查，目前我国城市“空巢”家庭已达49.7％，农村空巢和类“空巢”家庭达48.9％。而北京、上海老龄人家庭“空巢”比例分别达到34％和36.8％。

空闲时间的增多、“空巢”家庭的增大、可支配资金的自由，让越来越多的老龄人从家中走了出来，像“候鸟”一样四处度假旅游，“候鸟型养老”旅游成为老龄人的时尚。有专家认为：在未来5～10年内，“候鸟型养老”将成为一种潮流。

（四）老龄休闲度假市场的联动消费现象显现

虽然老龄旅游产品的购买者都是老龄人本身，但是子女为表爱心、孝心，在周末、节假日等空闲时间探视老人、与老人一起在休闲度假地休闲旅游成为众多家庭的选择，由此在旅游度假地引发一种老人度假，牵动子女被动消费的消费链现象。这个特点将随着老龄休闲度假市场份额的增长越发凸显出来。因此，老龄休闲度假产品的设计在以老龄消费者自身的需求为核心的同时，需要将潜在的子女消费一并考虑，设计综合性产品。

四、开发“银色”旅游市场的对策建议

我国目前已经在逐步进入老龄化社会，重视和开发老龄人口旅游消费，是开发旅游市场的一个重要任务。

1. 由于老龄旅游市场有区别于其他市场的重要特点，因此，我们在开发老龄旅游市场时，要以这些特点为依据、有的放矢。老龄人对目的地选择性强，对出游活动安排慎重，这就要求我们在针对老龄人作促销宣传时，内容尽量丰富、详尽，并且简单明了、一目了然。老龄人旅游消费受身体状况及经济能力的限制，就要求我们在制定旅游线路时本着“短而精”的原则，行程路线要短，旅游景点精炼而特色鲜明，内涵丰富。鉴于老龄人对旅游地域文化意义情有独钟，应在这方面多花费些精力。老龄旅行团一个显著特点就是要有健全的医疗保障体系，这就对我们旅游服务的硬件和软件都提出了更高的要求。应随团配备医护人员，及时与旅游途中和目的地的医院联系。同时，对导游人员也提出了更高的要求，不但要求有丰富的专业知识和过硬的语言表达能力，还要求对老龄心理、老龄保健等方面的需求有所了解，如安排老龄人用餐时，尽量安排香、软和含糖少、营养高、易消化、易咀嚼的食物。安排活动时本着稳健厚重的原则，体力支出强度要适量，既要达到旅游消费的目的，又不能体力支出强度过大。

2. 从国际市场看，由于不同经济发展水平地区老龄人的出游比例不同，在开发老龄市场时应采取“全面出击、重点突破”的策略。从国际范围来看，继续巩固我国在西欧和北美的市场，大力开拓周边和大洋洲的老龄旅游市场，适当发展非洲和东欧的市场。

从国内市场来看，我国东部沿海地区经济比较发达，老龄人旅游消费比例高，内陆和西北地区经济比较落后，老龄人旅游消费比例比较低；城市经济比较发达，老龄人旅游消费比例较高，乡村经济相对落后，老龄人旅游消费比例较低。所以我们在开拓国内老龄市场时，要考虑到我国的国情，一方面，重点开发经济

发达地区的老龄旅游市场，积极为这部分老龄人的旅游消费提供方便；另一方面，要适当开发经济不发达地区的旅游市场，鼓励经济不发达地区老龄人旅游消费，并对老龄人旅游消费采取相应地减少费用、提供更多方便等。

3. 由于经济发展水平不同，各地区老龄人采取旅游的形式也有明显差异，在对不同地区老龄人旅游促销时也应采取不同的形式。对经济发达地区的老龄旅游者，特别是国际旅游者，应注重宣传我国五千年灿烂文化、具有中国特色的民族风情。如已列入世界文化遗产的泸沽湖摩梭族人的母系生活，尽管交通不便，但每年还是吸引了大批外国老龄人旅游消费，特别是欧洲等游客。针对日本的崇佛情怀，苏州的“寒山撞钟”引来日本老龄游客如织。对于经济不够发达地区的老龄旅游者，在促销时应充分考虑到他们的经济状况和他们的心理特点。那就是“花费少点儿，看的多点儿。”尽量多安排景点，可以是一系列优美的自然风光游，也可以是一连串名胜古迹游，也可以互相穿插交织。

4. 开发适合老龄人心理需求的产品。产品是企业营销中至关重要的一个因素，也是市场研发的一个核心问题，更是企业提高竞争力的关键。企业只有研发出适销对路的产品，才能适应和满足市场的需求，从根本上有效地开发老龄旅游市场。老龄人出游目的主要以观光为主，传统的“观光型”产品是十分适合老龄人旅游市场的。老龄人大都经验阅历丰富，又有“怀旧”情结，十分希望能有机会重游故地，回忆美好时光，寻访昔日友人，叙叙旧。所以组织老同学、老战友、老同事、老龄夫妇等重回故地的“怀旧游”也能引起老龄人的兴趣，值得开发。另外，老龄人最好组成老龄团队，不要组织普通的旅游团，以满足老龄人特殊的心理需求。

另外，在产品宣传上要适度，要做到名副其实，实事求是。因为老龄人多为成熟的消费者。同时，老龄人对价格十分敏感，所以制定产品的价格要符合老龄人的经济收入和心理预期，在做报价、宣传时要特别注意降低直观价格，让老龄人从心理上愿意关注旅游产品。而且，对老龄旅游市场的促销要注意与当地政府的相关机构，如老龄人服务中心、老龄大学、老龄报社、企事业单位的工会组织和退管会等进行良好的沟通，争取他们的支持和配合，以扩大促销的影响面和影响力，达到事半功倍的效果。

关注老龄人旅游，这也许是旅游市场挖掘并未到位的一块“蛋糕”。开发老龄人旅游市场一定要真正做到想老龄人所想，急老龄人所急，才能真正抓住老龄人旅游消费市场的发展机遇，既有利于老龄人的身心健康，又促进了旅游市场的开发。

第三节　老龄体育现状及发展的调查研究

一、老龄人参加体育锻炼的现状

随着全民健身计划的深入开展，体育已经成为老龄人生活中重要一部分。老龄人参加体育锻炼既是生活的需要，也是现代社会人类发展的需要，更是现代文明的标志。1995 年 6 月《全民健身计划纲要》的实施，更好地推动了老龄体育的发展，老龄人体育锻炼积极性和健身意识逐渐增强。另外，随着社会经济的发展，人民生活水平的提高，老龄人的闲暇时间比较充裕，对健康越来越重视，客观条件也允许更多的老龄人参加健身，老龄人是全民健身中比较稳定的群体。

（一）参加体育锻炼的场所

随着经济水平的不断提高，人们对健康意识的不断增强，越来越多的老龄人为了增进身体健康、康复保健、社会交往、展示自我、消除心理疾病等目的，在更多的闲暇时间内逐渐步入体育锻炼的行列。不同的老龄人根据自身的各种情况来选择体育活动及场所。

老龄人参加体育锻炼的首选场所是免费公园和路边。其次是学校体育场所、收费体育场、家庭院落和随地进行。老龄人有着勤俭节约、精打细算的优良传统，选择免费公园和路边的人多，而选择收费体育场的人少，这是老龄人参加体育锻炼的特点之一。

在对老龄人选择锻炼和居住地距离的统计中发现，老龄人选择锻炼场所也与居住地与锻炼场所之间的距离远近有关系。锻炼场所与居住地 2 公里以内的锻炼人数多于 2 公里以上的人数。他们分别占锻炼人数的 86.8%和 13.2%，就近锻炼是老龄人参加体育锻炼的又一特点。

（二）参加体育锻炼的时间和次数、人数

随着人们生活水平的提高，生活环境的改善，老龄人更加关心自身的健康。主动参与体育锻炼的意识大大提高，超过半数以上的老龄人每周参加一次以上的体育活动。经常性地参加体育锻炼已经成为城市老龄人生活方式的一个组成部分。他们健身活动的时间与频率、人数的特点，是由其生活方式的特点和年龄特点所决定的。

越来越多的老龄人逐渐认识到锻炼时间过短，对机体不能产生足够的刺激，起不到应有的作用。锻炼时间过长，老龄人的体力有限，很容易产生疲劳，从而产生抑制过程，或对锻炼产生厌恶的情绪。所以老龄人一般都根据自身的情况而选择锻炼时间、锻炼次数。老龄人也认识到集体锻炼能让自己心情愉快，更能满足自己社会交往的心理需要，结交社会各界朋友，使自己的晚年生活更加丰富多彩。

调查结果显示：城市老龄人经常参加体育锻炼的人数高于不参加体育锻炼的人数。原因是大多数老龄人退休后有很多的空闲时间进行体育锻炼，也有的因过去的经济条件不允许，很多退休人员身体状况不太好，为了增强体质、减少疾病，利用大量的空闲时间进行体育锻炼。老龄人选择锻炼的时间以早晨为最多，其次是晚上和下午。他们锻炼的周频率，与《中国群众体育现状调查与研究》中老龄人的周锻炼频率基本一致。而且他们锻炼的时间也很长，这与他们退休后闲暇时间较充足有关，每次的锻炼时间在60～90分钟的占多数。老龄人体育锻炼活动动机呈现多样化特征，强身健体、娱乐身心、康复保健、调节精神等，其中增进健康、身心娱乐、增进交往等是城市老龄人体育锻炼活动的主要目的。

（三）参加体育锻炼项目的选择

老龄人体育活动项目、内容、形式具有明显的年龄特征，同时也受到职业、兴趣、习惯、运动能力、体质、区域、气候、经济条件等因素的影响。目前，我国老龄人体育活动所选择的内容广泛，项目众多，如跑步、散步、太极拳、气功、健身操、舞蹈等。然而，老龄人体育锻炼活动的内容、项目的选择有明显地区性，不同的地区都有自己较为盛行的项目。例如，华北地区较为盛行的是保健类和气功类；东北地区则热衷于“扭秧歌”和“老龄迪斯科”等舞蹈类锻炼；新疆和内蒙古地区盛行富有民族特色的体育活动。老龄人根据自己地区的特点选择了一些锻炼方法简单、动作节奏缓慢、投资低、符合老龄人的身心特点，不仅可以强身健体，也可以修身养性的体育锻炼项目。

在选择体育锻炼项目上，老龄人的选择排序依次是：健身舞、太极拳、健身操、慢跑等。这一情况说明，老龄人群体在选择运动项目时，项目选择比较集中，同时注重锻炼方法的简单化，动作节奏的缓慢柔和化，经济投入的最低化，并且还愿意集体练习，以增加他们的社会交往，满足他们的心理需要。

（四）老龄人体育消费现状

现代市场经济条件下，随着社会的发展，老龄人的生活消费水平逐渐提高。他们对健康的意识越来越强烈，越来越多的老龄人在闲暇时间进行充分的体育锻炼。随着生活水平的提高，更多的老龄人为了自己的目的开始进行体育消费。他们体育消费的形式多样、内容广泛，既有体育休闲类的项目，也有健身、健美等各种体育锻炼和体育技术培训、传统消费，还有一些体育服装和简单的体育器材消费。

但是，不同职业的老龄人在各项体育健身消费中也有自己显著的特点；不同文化程度的老龄人在体育消费上有非常鲜明的特征；不同城市的老龄人，由于受城市经济发展水平、个人收入和消费习惯、消费心理等影响，其消费项目选择、消费额既有一致性也有较大的差异性。

老龄群体由于受传统消费观念的影响，对于体育消费的投入有其特殊的认识和理解。但是随着经济水平的提高，他们大都进行了不同数额的体育投资。调查结果表明：注重体育投资、有过体育投资的人数占较高的比例，不进行体育投资的人数基本为零，体育投资取向说明了现代的老龄人越来越注重体育的健身作用，也更加愿意参加体育锻炼。

（五）老龄人的体育锻炼方法

老龄人群体的锻炼方法集中，内容单一，主要是老龄人缺乏锻炼方法引起的。调查结果显示，老龄人的体育锻炼方法主要来源于个人兴趣和他人推荐，这一结果和老龄人的自发锻炼的形式是分不开的。60％的老龄人非常主动自愿地参加体育锻炼，61.4％的老龄人不是受他人影响参加体育锻炼的，80.8％的老龄人不在乎家人、同事、邻居对他们参加体育锻炼的看法。这一情况说明老龄人进行体育锻炼是自愿的，是为了满足自己兴趣爱好，与别人的态度无关。由此可以看出，随着社会以及全民健身运动的发展，老龄人进行体育锻炼的意识也在提高，他们逐步认识到了体育锻炼的重要性。可是，由于他们的锻炼方法没有经过体育辅导员的指导和体育有关部门的培训，而是根据自己的兴趣爱好和别人的推荐，所以他们的锻炼方法很集中也很单一。调查结果是，有50％的老龄人进行体育锻炼的项目是健身舞。虽然65.7％的老龄人进行体育锻炼的目的是健身，但是他们有些人却选择了健身舞这一锻炼形式，同时因为他们选择的锻炼方法也影响了他们的锻炼效果。健身舞并不完全适合老龄人，有的老龄人练习健身舞能达到健身的目的，有的却不能。不能达到健身目的的老龄人因为自己的兴趣爱好和别人的推荐还在坚持练习健身舞，这就严重影响了他们的锻炼效果。

二、老龄人参加体育锻炼的原因

（一）老龄人自身生理、心理特点

1. 老龄人的运动系统变化。老龄人由于钙代谢紊乱，骨骼中的有机物减少，而无机盐增加，导致骨的弹性、韧性减弱。骨质硬而脆，易发生骨折；又由于关节软骨、关节囊及关节韧带的水分减少，可塑性较差，弹性、伸展性都减弱，关节不灵活使运动幅度减小，所以老龄人容易骨折和关节损伤。

2. 老龄人循环系统的变化。因为老龄人的动脉壁内膜的弹性纤维丧失，胶原纤维含量增加，钙沉积及内膜粥样硬化，主动脉及周围的管壁增厚，弹性降低并发生硬化，各种脏器的毛细血管数量减少，通透性降低，血流量变小，最后导致血液循环缓慢等的生理变化。

3. 老龄人的心肺功能变化。进入老龄后，心脏的泵血功能会逐渐减弱，心肌细胞已出现衰退，收缩力受到一定程度的影响，心包上脂肪增厚，影响了心脏的充分舒张与收缩。随着年龄的增长，心内膜增厚，心瓣膜变硬或钙化，瓣叶之间出现粘连，瓣膜变形等，从而影响了瓣膜的正常活动，使血液动力改变；维持和提供心脏血液的冠状动脉可因脂质沉积而发生动脉粥样硬化，狭窄的冠状动脉易使心脏发生缺血缺氧而造成肌细胞的损害。

4. 老龄人的心理特点。老龄人心理变化会对其健身运动产生直接影响，当老龄人处于极度愤怒、猜疑、忧虑、恐惧等恶劣情绪时，整个肌体处于紧张待命状态，这种情绪带来的结果与行动不能如愿以偿，在心理上受到打击，直接影响身体健康。因为老龄人的神经细胞数目逐渐减少，脑的重量也随之减轻，一般老年人的大脑比年轻时减少10%，由于老化会导致神经细胞萎缩和死亡的结果。据报道，70～80岁老人神经细胞只有年轻时的69%左右，脑血流量约减少17%，脑血液循环、氧利用率下降，使记忆力下降，对周围的事物不感兴趣，易生气，缺少感情色彩等心理变化，对老龄人身体大有损害，所以，老龄人更需要他人的关心和体贴。

由上述老龄人生理、心理变化，导致他们普遍具有通过参加体育锻炼而改善身体状况的动机和愿望。

（二）老龄生活环境决定了他们的体育锻炼活动

1. 老龄人有很多的闲暇时间去进行体育锻炼。在退休之前，他们从早忙到晚，早晨上班，晚上下班，整天忙忙碌碌，没有更多的时间由自己支配，也没有多余时间进行体育锻炼。退休后，忙忙碌碌的生活一下子空闲下来，大量的时间归自己支配，拥有了很多的闲暇时间。同时也忽然觉得很失落，整天无所事事不知道自己应该去干些什么。甚至有的老龄人因为退休而影响了身体和身心的健康发展。为了丰富自己的退休生活，为了保持身体机能的良好状态，追求身体健康，他们利用大量的空暇时间进行体育锻炼。他们的体育锻炼时间、每周锻炼的次数、每次锻炼的时间长短比较自由多样。但他们大部分都选择在上午进行体育锻炼，每周的锻炼次数为3～5次，每次的锻炼时间在一个小时以上。这些现状都是由他们拥有大量的空暇时间决定的。

2. 老龄人勤俭节约的传统。老龄人的体育消费水平较低，体育投资项目狭隘是和他们的勤俭节约的传统分不开的。由于中华民族几千年的文化历史和几千年的优良传统，养成了勤俭节约的优良传统。他们对进行体育锻炼的场所要求很低，认为只要能进行体育锻炼，只要能满足身心的需要就可以了，很少在活动场所方面投资，所以他们的活动场所选择在免费的公园和街道。而且他们的体育消费水平也很低，他们只是买些能进行和满足体育锻炼的衣服和器材。消费的数额每年为50元左右，占他们所有的消费的比例最低。

3. 社区对老龄人体育锻炼的影响。随着社会的发展，社会竞争不断加剧，很多人感到紧张、疲劳和心理压抑。尤其是老龄人退休后，社会角色的转变使他们很消沉、很失落，身体的健康状况很令人担心。老龄人在社会角色转型期要提高自身的健康水平和适应能力，适应社会的发展和变化，所以健康素质的要求比以往任何时候都重要。

要提高老龄人的基本身体素质和健康素质仅仅依靠先进的医疗手段是办不到的。现代的物质文明在解放人类的同时也给人们带来了许多负面的影响。由于生活工作的快节奏，使许多生活在城市的居民感到很大的压力，身体处于“亚健康”状态。先进的医疗设备和医学手段对于长时间压抑造成的非健康状态，也显得束手无策。只有通过科学的体育健身活动，才能保证人们良好的生理、心理状态，才能投入到积极的社会生活中去。

由于民族传统文化和经济发展水平的影响，目前我国大众的体育健身意识还不够，体育健身活动还不普及，相当一部分老龄人的体质水平令人担忧。开展社区体育活动可以动员、吸引人们积极参加体育活动，帮助人们学会体育健身方法，指导人们进行科学的体育健身，提高人们的生理和心理健康水平。

但是，目前我国的社区体育还不很完善。各方面的体育措施还不完备。调查结果表明：83.6％的老龄人认为自己所居住的小区没有任何健身器材；82.7％的老龄人认为小区的健身器材不能满足健身的需求；57.5％的老龄人认为小区的场地不能满足健身的需求。这就在很大的程度上限制了老龄人的体育锻炼。很多的老龄人因为某些疾病，如高血压、脑血栓等留下了腿脚不便、心脏不适等后遗症。他们认为自己居住的小区设置的健身器材过于简单，不能达到他们的要求、满足他们的愿望。一些老龄朋友因为家离公园很远，自己居住的小区又缺少可以进行体育锻炼的场地和器材，就只好在车来车往、人口拥挤的街道上进行体育锻炼，这就对他们的人身安全带来很大的危险。而且67.1％的老龄人认为需要社区体育辅导员的辅导，但是86.4％的社区没有专门的体育辅导员。因而许多老龄人不知道何种健身方法和锻炼方式更适合自己，也不知道如何根据自身的情况去进行体育锻炼。这就使他们的锻炼效果受到很大的影响，有的达不到锻炼的目的，还有的甚至会适得其反，不但达不到目的，还会把身体搞垮。可见社区体育对老龄人的体育锻炼起着至关重要的作用，在很大的程度上影响着老龄人的体育锻炼。

总之，老龄人体育锻炼场所以免费、方便为主要特点；锻炼内容以轻缓有氧居多；锻炼目的以健身娱乐为重；锻炼方法以兴趣为主；锻炼时间相对充裕。老龄身心特点、空暇时间、消费水平、社区体育环境是形成城市老年体育锻炼特点的主要原因。

三、对老龄人体育锻炼的建议

1. 老龄人应从自我做起，正确对待退休，调整好自己的心态，以便更好地进行体育锻炼。许多老龄人在刚刚退休后的相当一段时间内在心理上似乎总感觉缺少了一点东西，他们刚刚离开工作岗位，离开朝夕相处的同志们，好似大雁离群，总有一种没着没落、怅然若失和遭受冷漠的感觉。往往人在家中，心在单位，他们失去了长期热爱的工作、熟悉的环境，失去了长期充当的那个角色的生活模式。他们中的大多数人身体尚好、精力充沛、能力未减、热情不退，还想继续为社会做贡献。他们对过去熟悉的工作环境、人际关系、权利与物质待遇等仍然怀有深深依恋，因此，往往会产生一种不顺心、不安心的心理状态。如果在家庭和社会遭到某种冷嘲热讽，更容易使老龄人伤心，从而更强化了他们内心的失落感。而且我们一些老龄人随着年龄的增长，身体器官的机能发生了一些变化，机体逐渐衰老，身体容易疲劳，思维也不像年轻时那样灵敏了。衰老是一个无声无息很难被觉察的发展过程，在这一过程中，机体各器官的功能普遍下降，容易患病，而疾病往往又催人衰老。这种由于衰老带来的各种生理和病理变化，对于老龄人心理影响颇大。有些老龄人因听觉迟钝而多疑，动作缓慢而急躁，记忆力衰退而唠叨，因年老体弱、力不从心而自卑、抑郁，对自己晚年生活缺乏信心。因此，进入老龄期的老龄人应该正视这些身心方面发生的变化，正确地对待和发挥心理潜能，促使他们保持良好的心理状态，延缓心理衰老。为了预防和减少疾病，保持健康的身体和心理，消除离退休后的失落感，老龄人应该做到：消除不愉快的心情，使自己保持一种积极乐观的精神状态，认识到离退休是人生的一个新起点，自己应该努力适应新的生活，避免使自己总是沉浸在消极、悲观、伤感的不良情绪中。老龄人经验丰富，在身体和环境条件许可的情况下，应根据自己的专业知识、工作经验、特长，从事力所能及的社会服务工作，不计较报酬、不计较原来的职务、地位，志在发挥余热，参与社会发展，使自己生活充实，并感受老龄人生的价值，为社会多做贡献，使晚年生活过得更有意义。

正确对待疾病，不要过早产生衰老感，减轻因衰老而产生的心理负担。老龄人首先应该正确对待疾病，重视及时治疗；其次是不要怀疑忧虑、惧怕恐慌，保持与疾病作斗争的勇气和信心，采取“既来之则安之”，以积极的科学态度，战胜病魔。老龄人应该意识到，因自我察觉和意识到衰老而产生的心情沮丧、颓废，只会更加加速衰老，加重心理负荷。要以积极进取的精神对待生活，推迟衰老感的产生。

树立正确的自我观念。一个人在特定的社会和群体中所处的位置、角色，是随着社会环境和人的活动范围不断变化及社会关系的重新组合而改变的，老龄期是角色发生变化时期，应该正视主客观环境的变化，正确认识自己、估价自己，并根据环境的变化调整自己的心态和行为。要加强学习，更新观念，努力跟上时代的步伐，适应新的角色和环境的变化。

2. 加强领导，提高认识。各级主管部门要认真贯彻落实党中央关于“加强老龄工作，发展老龄事业”的指示精神。在全国老龄工作委员会的领导下，认真履行职责，适应人口老龄化社会对体育工作的要求，不断建立和完善老龄人体育组织网络，满足广大老龄人日益增长的体育需求。发挥体育在丰富老龄人生活和促进社会稳定等方面的作用，开创老龄人体育工作的新局面。

首先，应做好宣传工作。以提高全民对人口老龄化的认识。使人们认识到老龄化是经济发展和社会进步的标准，是我国人口发展不可逾越的一个阶段。养老事业是一项社会事业。敬老、尊老、养老是一个公德问题。所以，要利用各种宣传媒介，大力宣传我国人口老龄化的现状、特点和发展趋势；明确人口老龄化将会给社会、经济的发展及千家万户带来怎样的后果，宣传老龄工作的战略意义和必要性，提醒我们每个社会成员明白自己未来所承担的社会责任，从思想认识和观念上做好充分准备。其次，通过各种宣传引导全民正确认识老龄人不是“社会包袱”，老龄人有着丰富的智力和经验的积累，智力和经验的积累是青少年所不能替代的。要认识到健康老龄人的知识、技能、经验乃至多年养成的良好敬业精神和责任心都是十分宝贵的财富；要认识到有劳动能力的老龄人，特别是低龄老龄人是一支有所作为的智力大军，是生产力中活跃的因素之一。从人口老龄化社会的实际出发，努力实现老龄人体育与人口老龄化社会的协调发展。建立和完善各级老龄人的体育社团，提高老龄人的体质和健康水平，建立具有中国特色的老龄人体育锻炼健身体系的基本框架。

3. 培养专门负责老龄人体育锻炼的体育辅导员，做好对老龄人体育锻炼的指导工作，让老龄人的健身活动更加科学合理。通过对老龄人的调查发现，缺乏组织和专业体育人员的指导是老龄人不爱参与体育健身活动的主要原因之一。自我国第一个老龄体育组织——老龄体协建立以来，老龄体育组织获得了较大的发展，但从目前情况来看，由于老龄体育组织还没有真正地进入到社区，而且也没有专门的体育辅导人员来指导老龄人科学合理地进行体育锻炼，所以有很多的老龄人对体育锻炼不感兴趣，从而影响老龄人的体育发展。建议社区、企事业单位等建立旨在组织、指导老龄人体育锻炼的机构和专业人员，提高老龄人的体育锻炼活动的组织程度，并把其当作为国家和社会分忧的大事来做。老龄人身体和机能方面的特殊性，决定了老龄人应该有其特殊的体育锻炼方法和项目。在社区里建立具有一定规模的、固定的体育健身辅导站，具有方便老龄人参与，便于组织的特点和优势，是社区老龄人参加体育健身活动的有效的组织形式。为此，要充分发挥社区体育组织在老龄人体育锻炼中的作用，加快建立社区老龄人体育健身俱乐部势在必行。应进一步加大对社区体育工作的指导力度，重点抓好社区老龄人的体育锻炼工作，同时加强对老龄人体育锻炼的科学研究工作。

另外，由于老龄人对活动量和强度的敏感性，必须对老龄人的体育锻炼进行科学的安排和指导，否则可能会事与愿违，今后要加强针对老龄人的体育科研工作，为其进行科学体育锻炼提供理论依据。

4. 为老龄人创造良好的体育锻炼环境

（1）建立良好的体育锻炼场所。老龄人作为一个特殊的社会生活群体，有自身独特的闲暇和娱乐需要及其模式。他们需要在户外有安静的消遣活动和娱乐活动的场所，与其他各年龄层的人，尤其是与老龄人进行交往。应当参照老龄人的身心特征来规划和设计活动的空间环境。在社区或居民小区建设符合老龄人特点的场地设施，让老龄人更方便地参与体育健身活动，以延缓老龄人机体能力的衰退，创造适合老龄人的体育活动环境。目前我国适应老龄人体育活动的场地设施建设还比较落后，因此，不仅要强调加大老龄体育场地设施建设力度，而且还应在设计中考虑到老年人的身心特点。

老龄人从社会参与的主流退出，其活动范围明显缩小，脱离社会愈久，其机能丧失愈加迅速，年龄老化进程亦带给老龄人一系列的生理、心理和社会方面的变化，影响了老龄人对环境的感知、判断、理解和行为。为此，要鼓励老龄人参与各种社会活动，使老龄人交往活动增加，这样才能延缓生理机能的衰退。“凡是有社会生活的地方，就有闲暇和娱乐的特有模式。”①

（2）创建适合老龄的社区体育文化，使老龄人能老有所为、老有所乐。就目前我国社会的社区体育文化而言，适合于老龄人的体育文化形式，文化场所都很有限。老龄人除了打拳、扭秧歌

① 阿历克斯·英克尔斯．社会学是什么——关于这门学科和职业的介绍[M]．北京：中国社会科学出版社，1981:85.

之外，其他活动形式很少。在 21 世纪的老龄化社会中，政府应充分考虑到这一点。可以从多方面来满足老龄人的体育文化和娱乐需求。创办老龄人体育健身俱乐部、老龄人体育联谊会。在社区建设过程中，应考虑给人口逐渐增多的老龄人留有更多的活动场所。

第一，建立和完善社区体育的消费和服务体系。由于人民生活水平的提高，余暇时间的增多，以及休闲、娱乐体育的兴起，将会加速体育消费市场的形成和发展。老龄人对体育的消费，“花钱买健康”积极性会越来越高。运动服装、健身器材以及收费低廉的体育场馆将会成为社区老龄体育消费的热点。为此，体育用品生产销售部门和体育场馆的管理部门，应当抓住这一机遇，根据社会不同层次人员的需求，提供良好的服务。

第二，随着社区老龄体育的发展和普及，人们已不再满足于一般简单的体育活动，需要加强科学指导。例如，各级老龄体协可根据老龄人健身、娱乐的要求，举办一些趣味性、娱乐性较强的体育项目培训班；针对老龄人养生保健的需求，为他们开设养生保健讲座以及提供保健咨询服务等。为此，体育管理部门要加快社会体育指导员的培养，加强对社区老龄体育活动的科学指导，不断提高社区老龄体育科学的水平，为提高广大老龄人的体质与健康水平多做贡献。

第三，以社区和小区为重点加大适合老龄人活动特点的体育场地设施的建设。老龄人退休以后，依据自身的生理特点他们较少到离住宅区较远的体育设施和场地参加活动，一般采用就近锻炼的方式。而社区和小区作为住宅区范围内的功能齐全的生活单位，便成为老龄人参加体育活动的主要场所。因此，为了改善老龄人参与体育活动的状况，通过开展丰富的体育活动提高老龄人的生活质量，城市体育发展中要加大社区内和住宅小区内附近的体育设施、场地的建设。而且对城市体育场地、设施及其他与体育活动配套的基础设施的空间布置，也要考虑老龄体育人口的数量及其参与体育活动的特点。

5. 多渠道筹资，保证老龄体育工作的全面开展。目前老龄体育经费短缺是开展老龄体育工作面临的一大困难，直接导致缺少设施建设和专业人员培训的缺乏。基于这种现实，各级老龄体育部门应尽力自筹资金，在实际工作中应发扬因地制宜、因陋就简的创业与创新精神，利用现有老龄人的优势资源，改善老龄体育工作的现有条件。同时，发动全社会关注老龄体育工作，争取社会各界对老龄体育事业的赞助、支持，提高各级领导干部对老龄体育工作重要性的认识，多方位筹集资金，增加对老龄体育的经费投入，鼓励社会力量支援老年体育工作。随着人口老龄的发展趋势，我国正出现一个专为满足老龄人需求的新兴市场，在这个市场中，包含了专为老龄人康复、健康、娱乐服务的相关产业，将促进老龄人体育事业的发展，这也是我国新世纪体育事业发展的特色①。

各级政府及体育行政部门要制定切实可行、行之有效的管理政策，加强老龄体育的社会化工作。同时，适应经济社会的快速发展，加快老龄体育相关产业的形成，加快老龄体育事业向科学化、产业化转变，将老龄体育的资金与管理纳入体育市场化管理之中，促进老龄体育事业的经济化运营。随着社会的发展，人们对体育健身价值的追求呈现出多元化的趋势，通过各种形式引导更多的老龄人参加体育活动，是提高老龄人生活质量的有效手段。因此，要修建一些适合老龄人活动的场地设施，各地体育场所应以多种形式对老龄人开放，为老龄人参加体育健身活动提供更多的场地器材和客观条件，加强老龄体育健身活动开展的多样化。因时、因地制宜，组织开展系列活动，开发适合老龄人特点的健身体育项目，为老龄人体育活动的发展提供全方位保障。使老龄体育工作向多元化发展，为社会创造丰富的物质与精神财富，为全社会老龄人健康生活创造文明的新环境。

6. 完善规划，加强老龄体育工作的组织管理。由于社会经

① 曲宗湖．21世纪中国社区体育［M］．北京体育大学出版社，2001.

济、文化、教育发展不平衡，导致了老龄体育发展的不平衡，体育管理部门在制定老龄体育工作的规划中应体现分类指导、分层要求的原则，面向老龄人制定统一的发展目标，实现老龄体育工作的普及与开展。在实现统一目标的基础上，提出了更高的要求，加强老龄体育组织队伍的建设，改善老龄体育场地设施条件，为提高老龄体育工作水平奠定良好的人才物质基础。老龄体育管理部门应加强与各部门之间的配合管理，完备县级老龄体育组织领导机构，配齐专职管理人员，明确职责，提高各级管理者、组织者的思想素质和业务能力，使其在老龄体育组织管理中发挥积极的作用。各级政府及体育管理部门应认识到，解决人口老龄化所带来的一系列问题是一项社会系统工程。重视和加强对老龄体育的组织与管理，完善相应的管理与运行机制是当前老龄体育事业发展的迫切要求，是推进老龄体育快速、健康、持续发展的重要保证，是老龄体育事业发展的根本目的。在老龄人中开展健康、科学的体育活动，发挥老龄人在社会主义现代化建设中的重要作用，对体育工作者在新世纪开展老龄体育工作提出了更高、更新的要求。

参考文献

1. 李本公. 中国人口老龄化发展趋势百年预测 [M]. 北京：华夏出版社，2007.

2. 王树新. 北京市人口老龄化与积极老龄化 [J]. 人口与经济，2003 (4).

3. 郭爱妹，石盈盈. “积极老龄化”：一种社会建构论观点 [J]. 江海学刊，2006 (5).

4. 陈　敏. 加强养老服务机构建设　积极应对人口老龄化——我国养老服务机构存在的问题及应对措施浅析 [J]. 经济与社会发展，2008 (1).

5. 黄彦萍. 积极人口老龄化研究 [J]. 人口与计划生育，2008 (7).

6. 屠年松. 减持宜从国有控股上市公司开始 [N]. 中国证券报，2007-07-12.

7. 陈　昀. 和谐社会视角下的中国老龄教育现状及对策 [J]. 湖北省社会主义学院学报，2006 (6).

8. 方　丽. 老龄人成美国职场“新宠” [J]. 老友，2006.

9. 马克思. 1844 年经济学哲学手稿 [M]. 北京：人民出版社，2000.

10. 海德格尔. 存在与时间 [M]. 陈嘉映，王庆节，译. 北京：北京三联书店，1999.

11. 李宗华. 老龄人社会参与的理论基础及路径选择 [J]. 山东省农业管理干部学院学报，2009.

12. 陈成文. 社会弱者论——体制转换时期社会弱者的生活

状况与社会支持［M］. 北京：时事出版社，2000.

13. 李　林. 法治社会与弱势群体的人权保障［J］. 前线，2001 (5).

14. 韩青松. 老龄社会参与的现状、问题及对策［J］. 南京人口管理干部学院学报，2007.

15. ［德］文德尔班. 哲学教程（上卷）［M］. 北京：商务印书馆，1997.

16. 牟　岱. 民生哲学问题研究［M］. 北京：人民出版社，2011.

17. 王　健. 马克思民生思想及其当代启示［J］. 求实，2010 (1).

18. 马克思恩格斯选集：第一卷［M］. 北京：人民出版社，1972.

19. 王伟凯. 论"民生"的哲学性特征，理论界［J］. 2008 (10).

20. 霍益辉. 共产党的哲学是民生哲学，人民网，2009-08-06.

21. 曲江川. 老龄社会学［M］. 北京：科学出版社，2007：8.

22.《论语》［M］. 济南：山东友谊书社，1990.

23.《孟子》［M］. 上海：上海古籍出版社，1987.

24.《孝经》［M］. 济南：山东友谊出版社，1993.

25. 雷镇阁，林国灿主编. 宗教知识宝典［M］. 南京：中国广播电视出版社，1991.

26. 中国基督教协会. 旧约全书［M］. 南京：南京爱德印刷厂，1987.

27. 中国基督教协会. 新约全书［M］. 南京：南京爱德印刷厂，1987.

28. 王思斌. 社会学教程［M］. 北京：北京大学出版社，1987.

29. 吴方桐. 社会学教程 [M]. 武汉：华中师范大学出版社，2000.

30. 郑杭生. 社会学概论新修 [M]. 北京：中国人民大学出版社，2003.

31. 米尔斯. 社会学的想象力 [M]. 陈强等，译. 北京：三联书店，2005.

32. 李迎生. 社会工作概论 [M]. 北京：中国人民大学出版社，2004.

33. 邬沧萍. 老年学概论 [M]. 北京：中国人民大学出版社，2006.

34. 陈 勃. 老人与传媒——互动关系的现状分析及前景预测 [M]. 南昌：江西人民大学出版社，2008.

35. 杜 鹏. 农村子女外出务工对留守老人的影响 [J]. 人口研究，2004 (6).

36. 田雪原. 中国老龄人口经济 [M]. 北京：社会科学文献出版社，2007.

37. 谢联辉，宋玉华. 全球行动——迎接人口老龄化 [M]. 北京：华龄出版社，1986.

38. 董长瑞，周 宁. 微观经济学 [M]. 北京：经济科学出版社，2009.

39. 海德格尔. 存在与时间 [M]. 陈嘉映，王庆节，译. 北京：三联书店，1999.

40. 张铠佛，段成荣，梁 宏. 老龄人的社会活动和思想政治状况 [M]. 北京：中国标准出版社，2003.

41. 颜延健. 社会转型期老龄人自杀现象研究 [J]. 人口研究，2003 (5).

42. 梁 渊，曾尔亢，吴植恩等. 农村高龄老人主观幸福感及其影响因素研究 [J]. 中国老龄学，2004 (2).

43. 李少琳. 终身教育——我们的必然选择 [J]. 中国成人教育，2002 (10).

44. 袁缉辉，张钟汝. 老龄化对中国的挑战 [M]. 上海：复旦大学出版社，1991.

45. 高志敏. 成人教育心理学 [M]. 上海：上海科技教育出版社，1997.

46. 王　颖. 我国老年教育的功能 [J]. 成人教育，2007 (9).

47. 熊必俊. 保障老有所养的理论与实践 [M]. 北京：经济管理出版社，1999.

48. 费孝通. 乡土中国生育制度 [M]. 北京：北京大学出版社，1998.

49. 恩格斯. 反杜林论 [M] //马克思，恩格斯. 马克思恩格斯选集：第 3 卷，北京：人民出版社，1966.

50. 吴季松. 知识经济 [M]. 北京：北京科学技术出版社，1998.

51. 辛自强，池丽萍. 社会变迁下的青少年社会化 [J]. 青年研究，2008 (6).

52. 布尔迪厄. 社会资本随笔 [J]. 社会科学研究，1980 (7).

53. 林南等. 社会资源和关系的力量：职业地位获得中的结构性因素 [M]. 上海：上海人民出版社，2002.

54. 袁振国. 当代教育学（修订版）[M]. 北京：教育科学出版社，2004.

55. 熊必俊，郑亚丽. 老龄学与老龄问题 [M]. 北京：科学技术文献出版社，1989.

56. 陈可冀. 老龄化中国：问题与对策 [M]. 北京：中国协和医科大学出版社，2002.

57. 王　英. 中外老龄教育比较研究 [J]. 学术论坛，2009 (1).

58. 世界百科全书：第 13 卷 [M]. 海口：海南出版社，三环出版社，2006.

59. 李卫东. 提高健康素质：教育目标的新维度［N］. 光明日报，2003-01-29.

60. 李京文. 迎接知识经济新时代［M］. 上海：上海远东出版社，1999.

61. 杨国璋. 当代新学科手册［M］. 上海：上海人民出版社，1985.

62. 高德胜. 生命·休闲·教育［J］. 新华文摘，2006(17).

63. 谢南斗. 中外成人教育理念和教育模式比较［J］. 新华文摘，2004.

64. 方建文等. 全面素质教育手册［M］. 北京：中国物资出版社，1997.

65. 小林文人. 当代社区教育新视野［M］. 上海：上海教育出版社，2003.

66. ［法］保罗·朗格让. 终身教育导论［M］. 北京：华夏出版社，1988.

67. 张宇峰. 网络环境下的现代信息服务［M］. 北京：国防工业出版社，2005.

68. 费孝通，李亦园. 中国文化与新世纪的社会学人类学［J］. 新华文摘，1999 (3).

69. ［美］N. R. 霍曼，H. A. 基亚克. 社会老龄学——多学科展望［M］. 北京：社会科学文献出版社，1992.

70. ［美］托夫勒. 第三次浪潮［M］. 朱志焱等，译. 北京：三联书店，1983.

71. ［美］奈斯比特. 大趋势——改变我们生活十个新方向［M］. 梅艳，译. 北京：中国社会科学出版社，1984.

72. 许福子. 中日老年产业比较研究［J］. 社会福利，2005(3).

73. 孙 樱. 北京市区老龄人口休闲行为的时空特征初探［M］. 地理研究，2001 (5).

74. 曲宗湖. 21 世纪中国社区体育［M］. 北京：北京体育大学出版社，2001.

75. 熊必俊. 老龄经济学［M］. 北京：中国社会科学出版社，2009.

76. 董之鹰. 老年教育学［M］. 北京：中国社会科学出版社，2009.

77. 陈 勃. 对“老龄化是问题”说不——老年人社会适应的现状与对策［M］. 北京：北京师范大学出版社，2010.

78. 孙颖心. 老年心理学［M］. 北京：经济管理出版社，2007.

79. ［美］亚历克斯·英克尔斯. 社会学是什么？——对这门学科和职业的介绍［M］. 北京：中国社会科学出版社，1981.

80. 顾明远. 教育大辞典（增订合编本）［M］. 上海：上海教育出版社，1998.

81. 马惠娣. 我们为什么要学会休闲［J］. 学术通讯，2007（2）.

后 记

本书是辽宁社会科学院2011年省财政资助的重大课题“老龄文化民生问题研究”的最终研究成果。在本项研究进行的过程中，课题组成员牟岱研究员、齐心助理研究员、汪萍助理研究员、张研博士、吴伟博士为本项研究工作不辞辛苦，广泛而深入地开展理论探索、资料搜集、实证研究，通过深入基层调研、采集、整理和分析数据，为本课题按时顺利完成做出了重大贡献。在此深表感谢！

感谢辽宁省民政厅、沈阳市民政局、辽阳市民政局、沈阳市皇姑区陵东街道办事处、沈阳市苏家屯区湖西街道办事处为本书提供的相关数据以及为调研活动提供的帮助。

感谢辽宁大学出版社贾海英女士为本书的出版花费了不少的时间、精力及心血。

作 者

2011年8月于沈阳